KB273373

해방 전 (1940~1945) 공연희곡집 ④

이 도서는
한국학술문화재단의
제작비 지원사업으로 출판되었습니다.

연구과제명 : "해방 전(1940-1945) 공연희곡과
시나리오 자료 정리 및 공연문화사 연구"
과제번호 : 2003-073-AM1005

해방 전(1940~1945) 공연희곡집 ❹

이재명 엮음

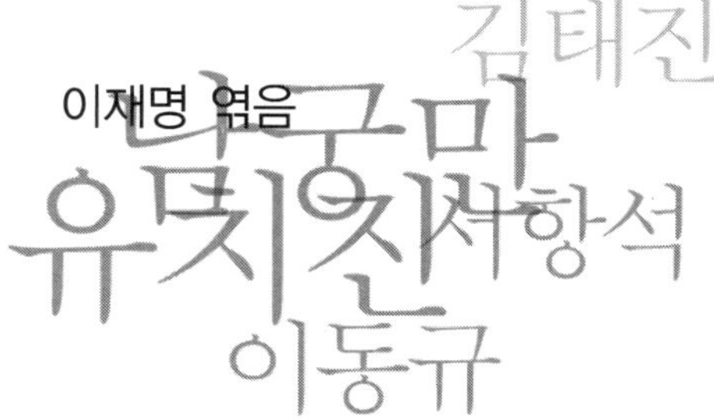

평민사

머 리 말

해방 전 공연희곡집 시리즈는 2003년도 한국학술진흥재단의 인문사회 분야의 한국 근·현대 연구 지원사업으로 수행된 연구 과제 "해방 전 (1940~1945) 공연희곡과 시나리오 발굴 정리 및 공연문화사 연구"의 결과물이다.

이번 연구 과제의 출발은 1942년부터 1945년에 걸쳐 세 차례 시행된 바 있는 연극경연대회 출품작 다수가 미국 하버드대학교 옌칭도서관에 있다는 사실을 확인하면서부터였다. 일제 시대 공연대본 다수가 멀리 이국땅에 존재한다는 사실이 이미원 교수(연극원)에 의해 처음으로 알려진 이후, 그중 일부는 여러 연구자들의 손을 빌어 조금씩 소개되기도 하였다. 그러나 그 전모가 밝혀지지 않아 안타까움을 느끼던 차에, 필자는 2001년 안식년을 맞아 하버드대학교 옌칭도서관을 직접 방문하여 장막극으로 이루어진 공연대본 대다수를 입수하게 되었다.

송영, 임선규의 해방 전 희곡 작품을 발굴·소개한 바 있는 필자는, 옌칭도서관 소장 공연대본 중에서 박영호의 희곡 작품을 소개하는 과정을 거치면서, 공연대본 전체를 정리하여 공개할 필요성을 느끼게 되었다. 그리하여 필자가 그동안 발굴·소개했거나 소장하고 있던 일제 시대 공연대본과 함께 옌칭도서관 공연대본을 정리하는 작업으로 학술진흥재단의 연구 과제로 신청하여 선정되기에 이르렀다.

연구 과제를 수행하는 동안 필자는 국립도서관을 비롯한 여러 도서관에 산재해 있던 희곡 자료들을 여러 편 수집하게 되었다. 이 과정에서 같은 시기의 시나리오 자료 수집에도 눈을 돌리게 되었는데, <망루의 결사대> 등 그동안 사장되어 있었던 일제 말기 시나리오 다수를 확인할 수 있었다. 또한 일본 출장을 통해 영화 <망루의 결사대> 복사본과 일본어로 표기된 희곡 및 시나리오 여러 편을 새로이 입수하게 되었다. 그리하여 연구 과제 신청 당시 51편이었던 정리 대상 작품의 숫자가 최종적으로 82편에 이르게 되는데, 이는 40% 정도가 증가한 셈이다.

본 연구 과제 결과물로서 80여 편의 희곡과 시나리오를 발표한다는 점은 단순히 기존의 작품에다가 수적 증가가 이루어졌다는 사실보다는 질적인 면에서 소중한 사료들을 많이 확보했다는 데에 더 큰 의의가 있다. 그리하여 그동안 연구가 거의 이루어지지 않았던 극작가 박영호와 송영, 임선규, 서항석, 김태진, 이동규, 김건, 김승구, 그리고 남궁만 등의 존재와 그들의 희곡 작품 면면을 확인함으로써, 잃어버린 시대의 연극사를 되찾는 결정적인 전기가 마련될 수 있다는 점이 이번 연구의 가장 큰 성과가 아닐 수 없다. 또한 신파극(혹은 대중극) 대 신극 논란, 친일극(친일영화) 논란, 월북 극작가를 중심으로 한 이념극 논란을 재정립하는 계기가 제공됨으로써, 희곡 및 시나리오 연구에 새로운 기폭제가 될 것이다.

또한 본 연구 과제를 통해 근대 문학 연구에 기여한 바로는 일본어로 발표되었다는 점 때문에 연구가 미진했던 희곡·시나리오 작품들을 번역했다는 사실이다. 23편의 일본어 희곡 및 시나리오 작품을 번역함으로써 문학사의 또 다른 공백을 메울 수 있는 계기가 마련되었다. 특별히 우리나라와 일본에 각각 3편의 필름만 남아 있을 뿐 존재 자체가 모호했던 상영 시나리오 6편을 발굴하여 번역한 것도 우리 근대 영화사 정리에 적지 않은 밑거름이 되리라 믿는다.

본 연구 과제를 수행함에 있어 연구진의 구성은 연구 책임자에 이재명 교수(명지대), 공동연구원에 양승국 교수(서울대), 박명진 교수(중앙대), 박영정 박사(한국문화관광정책개발원), 백현미 교수(전남대), 최경국 교수(명지대), 이기한 교수(명지대)가 수고하였다. 열심히 땀 흘려 자료 정리와 입력, 연구 작업을 병행한 연구진으로는 책임연구원에 윤석진 박사, 선임연구원에 현재원 박사, 김명화 박사, 정호순 박사, 송태욱 박사가 수고하였다. 이들을 도와 자료 정리에 애쓴 연구보조원으로는 연세대

국문학과 박사과정의 김기란과 타지마 데츠오, 석사과정의 홍효정, 그리
고 명지대 문창과 박사과정의 양수근, 안희철, 이성자, 성현주, 석사과정
의 노문영, 명지대 일문학과 석사과정의 박연희와 김영욱이 수고하였다.
이들의 헌신적인 노고가 있었기에 이번 연구 과제를 무사히 마칠 수 있
었다.

　　본 연구 과제를 수행하면서 많은 분들의 도움과 격려를 받았는데, 일
일이 인사드리지 못하고 지면을 빌어 감사의 뜻을 전한다. 먼저 본 연구
과제를 선정해 준 한국학술진흥재단에 감사드린다. 또한 하버드대학교
옌칭도서관의 자료를 기꺼이 제공해 주시고 격려해 주신 이충남 선생님
께 감사드린다. 특별히 난해한 번역 작업을 꼼꼼한 필체로 옮겨 준 심원
섭 교수(와세다대학)와 심교수의 번역 작업에 커다란 도움을 주신 오오
무라 마쓰오 교수님(와세다대학)과 사이토 아츠코 선생께 감사드린다.
끝으로 까다로운 과정을 6개월 넘게 참아낸 평민사 편집부 차주희님과
이정옥 사장님께 감사드린다.

2004. 8.
10년 만의 무더위를 견디며
이재명

차　례

일 러 두 기

1. 수록된 작품은 원문 그대로 게재하는 것을 원칙으로 한다. 다만 의미 전달의 효율성을 높이기 위해 띄어쓰기는 현대 방식을 적용하였다. 그러나 작품 전체가 일본어로 발표된 경우는 번역하는 과정에서 띄어쓰기와 맞춤법 모두 현대 문법을 적용하고, 일본어 원문은 별도로 영인하였다.

2. 한자(漢字)의 경우 역시 원문 그대로 표기하는 것을 원칙으로 한다. 따라서 '한자(한글)' 혹은 '한글(한자)', '한자'의 경우나 '정자·약자·간자'의 경우 가급적 원문 그대로 표기하였다.

3. 문장 부호는 가로 조판 방식에 맞게 현대적으로 변형하였다. 또한 '◇ ○ ◎ ( )' 등 원문의 독립 지문 표시 기호는 현대 방식에 맞게 모두 생략하고 위아래로 한 줄씩 띄워 독립된 지문 표시를 하였다. 다만 시나리오의 경우, '씬(scene)' 앞에 '#' 기호를 붙여 표시하였다.

4. 단어가 반복될 때 ' 〈 '이나 ' 〃 ' 기호로 표시하거나 일본어 'ゝ'를 사용하는 경우, ' 〈 '이나 ' 〃 '는 현행 가로쓰기 체계에 맞지 않기 때문에 앞의 단어나 구의 반복을 그대로 살려주는 방식으로 표기하였다(예 : 떨어질 듯이 〈 → 떨어질 듯이 떨어질 듯이). 다만 일본어 'ゝ'를 사용한 경우는 당시 표기법을 살리기 위해 원문 그대로 표기하였다.

5. 일본어 번역의 경우, 한자로 되어 있는 일본 사람의 이름은 한자 그대로 표기하였고 일본 지명은 일본식으로 읽어주었다. 그리고 일본어 원문의 경우, 한글 문장에 일본어 발음으로 읽은 한글이 들어갈 경우는 번역을 해서 주석 처리하였다. 그러나 한글 문장 안에 단어나 구가 일본어 표기로 들어간 경우는 번역을 해서 본문 중에 '[ ]' 표시하였다. 전체가 일본어 문장으로 되어 있는 경우도 번역을 해서 '[ ]' 표시하였다. 다만 'の, さん, はい(ハイ)'와 같이 자주 쓰이는 단어들은 처음 나왔을 경우에만 번역 처리하고 이후에는 생략하였다.

6. 문맥상 오자(誤字)임이 분명한 것이라 할지라도 본문에서 수정하지 않고 주석 처리를 하였다. 또한 의미 해석이 필요한 단어나 구, 절에 대해서도 주석 처리를 하였다.

7. 원문 판독이 불가능한 글자의 경우, 가능한 그 숫자만큼 '□' 표시를 하였다.

幸福의 啓示

▷ 서지사항 : 4막 8장, 《조광》 1942년 10월호~11월호
▷ 공연사항 : 극단 아랑, 안영일 연출, 김일영 장치, 부민관
                    1942. 10. 2.~
▷ 특기사항 : 제1회 연극경연대회 참가작

人物[1]

黃　澈	젊은 医學士	韓澈眞	二八才
朴永信	그의 어머니		六十才
梁白明	담뱃집 하라버지	朴僉知	六三才
孫瑞玉	소 孫女	立粉이	十二才
朴純姬	立粉의 母	任姓女	三十才
崔承伊	八号室 婦人患者	香姬	二四才
朴銀実	檜나무집 딸	粉実	十九才
李　夢	그의 아버지	尹서방	四八才
崔根芳	그의 큰 오빠	長突	二四才
韓昌愚	그의 작은 오빠	二突	十七才
金斗燦	마을의 '고순도치'	金川億七	二七才
李廷薰	駐在所 主任	三木部長	四十才
	소 아들	いさを[이사오]	七才
姜承一	国木田 巡査		二五才
太乙民	愛国班長	竹村	五九才
高雪峰	서울집	崔主事	四九才
	巫　女		
裵　勇	内科々長	徐博士	五四才
任土만	外科医博	申錫玄	三八才
李廷薰	内科医(研究部屬)	金晁植	二七才
文貞福	内科女医(研究部屬)	文賢肅	二四才
太乙民	外科医(研究部屬)	崔明浩	二九才
유英周	看護員 金		二十才
裵숙자	看護員 李		十八才
	檢菌係員		二三才
金윤봉	新聞記者		三十才
根　芳	写眞班		二六才
	給仕		十九才

엇던 女患者, 뱃사공, 龍鉉, 左官, 木手, 巫女同僚, 面長, 郵便配達, 少女, 其他村童, 村民男女 若干, 靑年団員, 勤勞奉仕隊 歡送群衆, 警防団[2], 靑年団, 愛国婦人 等々 多多益善-.

---

1) 공연 심사용 대본으로, 등장인물란에 역할을 맡은 배우들의 이름까지 명기되어 있다. 자료적 가치를 위해 원본대로 표기한다. 왼쪽이 배우 이름이고 그 옆에 역할, 역할이름, 나이 순으로 정리되어 있다.
2) 일제 강점기 말기에 치안을 강화하기 위하여 소방대와 방호단을 통합한 단체.

第 一 幕

京城. 財団法人 救済医院 內科 診療室. 下手에 診療室. 白布 '쯔이다데3)'
를 사이로, 上手에 医師室. 그 뒤로 廊下- 맑은 봄 어느 날 午後.
診療室- 診療室에 適当한 빼드4). 椅子藏, 医療具 其他 諸備品과 設備가
整然하야 一目 大病院의 片貌가 들어난다. 医師室- 課長 以下 医師 看
護婦 等々의 자리가 適当히 配置대였고 壁, 額面, 窓, 冊藏, 花草 等 裝
飾한 室內 全体의 雰囲氣에서 市井의 여엄 病室에서는 볼 수 없는 謹嚴
한 氣品- 일을테면 一種 아카데믹크한 印象이 그윽하다.
……. 어둔 데서 前奏曲…….
開幕 - 褂鐘이 五時에 들어간다.

科長 徐 博士 消毒대야에 손을 씻고 自己 '떼스크'5)로- 新刊雜誌를 펴
든다.
檢菌係員과 韓澈眞 檢菌 '카-드'로써 애기하고 잇다.
徐 博士 뒤로 金 医師 亦是 손을 씻고 医師室로.
文賢肅, 한 婦人患者의 處方箋을 쓴다.
看護員 金, 李가 診療室에서 療器들을 치우고 잇서 하로의 勤勞가 끝날
무렴임을 알 수 잇다.
다음에 対話는 双方에서 同時에-.

韓澈眞	('x레이' 乾板을 들고 檢菌 '카-드'와 対照해보며) 五号室 患者ㅅ 거요?
檢菌係	네 ! TB도 '마이너스'고 '지스토마'두 '마이너스'올시다.
文賢肅	入院하실 必要까진 없음니다. (婦人患者에게 処方箋을 주며)
婦 患	네……. 그러세요. (반가워하며 밧는다)
徐博士	흠-. 이거 누가 읽어 보섯소.
金医師	(등 두에 가서 기웃하며) '螺旋狀菌의 形態에 関한 変則学的 考察……. 네…….
韓	(그쪽에 若干 注意를 주며) 이건 三号室 ㅅ 거죠.
檢菌係	그 患者는 오좀에서 蛋白이 나옴니다.
韓	plus proteids6). (카-드를 들고 끄덕끄덕)
婦 患	感謝함니다, 그럼 安寧히 게십시요.

---

3) '칸막이'라는 의미의 일본말.
4) 베드, 침대.
5) 데스크, 책상.
6) '단백질 과다'라는 의미.

文　　　그 薬 잡숫고 便히 쉬십시요.

看護金　얼는 가 보세요, 파하기 前에 (또워7) 拾口에서 廊下를 가르키며) 거……. 거기……. 네, 게서 薬 달나세요. (퇴장하는 婦人患者에게 조곰 머리 숙여 人事하고 다시 들어온다)

文　　　(褂鐘을 보며 消毒 대야로)

韓　　　(거더 가지고 나가는 檢菌係員에게) 앗가 보낸 것도 얼는 檢査하시요.

檢菌係　血液 말슴이지요. 네, 곳 하겠음니다. (퇴장)

金　　　吉田-. 吉田가 누굼닛가.

徐　　　지금 日本細菌学界는 이 사람에 独壇場이죠.

文　　　(그 말에 손 씻고 얼는 徐의 등 뒤로-)

韓　　　看護員 五号室 患者의 칼테 어듸 잇죠.

看護李　(얼는 칼테를 차저다 쥰다)

文　　　(유심히 注目하며) 螺旋状菌의 形態에 关한 変則学的 考察…….

徐　　　文 君도 쳐음이요?

文　　　(갸웃갸웃하며) 누굼닛가?

徐　　　(韓을 보며) 韓 군은 잘 알지만……. 놀라운 사람이야. 아즉 世上에 널니 알여지지 않어서 그럿치, 이 論文만 해두 量은 얼마 안되지만 内容은 日本 細菌学에 最高峯이거든…….

韓　　　(안즌대로) 참 좋드군요.

徐　　　私立 出身이라서 그러케 추지 안치만 欧羅巴에서는 '요시다'라면은 쩡々하오.

文　　　그래요?!

徐　　　내가 独逸 갔을 때두 日本서 왓다닛가 '딱터' '요시다'를 아느냐구 教授들이 뭇든대……. 그런데 文 君의 細菌学도 인젠 一家를 일우어 갈 걸……. 그래서 論文도 着手해야지-.

文　　　아이 先生님도-. 工夫해야지요, 論文이 무엇닛가.

徐　　　참! 올 봄엔 우리 病院에서 낸 論文들이 죄 通過해야 할 텐데…….

金　　　自信이 있어야지요.

徐　　　그럴 理가 잇나.

金　　　아녜요, 다섯 사람 中에 確実한 사람은 아마 져 韓 先生 한 분일 건 같음니다.

徐　　　그래서야 되나, 다섯 사람이 論文을 提出햇스면 다섯 사람 다- 博士가

---

7) 도어, 문.

	되여 줘야지, 허々々. 엇잿든 奮鬪努力 해 주시요.
韓	感謝합니다.
徐	(잠간 沈默하고) 要컨대 実力이닛기, 学閥이니 뭐니 해야 最後에는 実力이닛가.

金, 文 默頭한다. 韓 沈默.
外科 崔医師 急登. (칼테를 들엇다)

崔医師	(座中에 인사하고) 科長 先生님, 急한 患者가 生겨서 잠간 엿줘보러 왓음니다.
徐	(한참 보다가) 外科 아니요?
崔	네-. 전 外科 崔올시다.
徐	그런데…….
崔	手術을 한 後에 갑작이 人事不省에 빠졌는데-. 單純한 昏睡狀態인지 다른 作用을 일으켯는지 얼는 分間을 할 수가 없음니다.
徐	主治医는 누구지요?
崔	申 博士신데 공교롭게 지금 大学엘 가시고 안 게심니다.
徐	韓 君 잠간 가보시요.
韓	네.
崔医師	患者는 밖에 廊下에 와 있음니다.
韓	看護員 患者 좀.

看護 金, 李 奔走히 서두른다.

| 崔医師 | 韓 先生, 미안합니다 |
| 韓 | 천만에요. (칼대를 바더들고) 病床8)은 內科患者 같은데. |

휠췰9)에 누운 患者를, 患者 목에 분대한 香姬를 조용히 끌고 밀고 前後해 登場하는 患者에 少女와 看護 金, 李.

| 韓 | 徐 先生님. (科長에게 무엇을 기대린다) |
| 徐 | 어서, 韓 君이 보와 주시요. |

室內는 갑작이 静寂해진다.

---

8) 病狀의 오자인 듯.
9) 휠체어.

小　女　香姫 아씨, 에그 香姫 아씨.

金医師　조용하오.

韓　　（脈본다‑ 聽診하면서 다시 칼테를 보며）只今 熱은.

崔医師　熱은 平溫以下올시다.

韓　　平溫以下지요? （손을 만져본다 얼굴을 디러다본다）崔 先生 생각에는…….

崔医師　글세올시다, 手術 뒤에 오는 虛脫症으로 역이는데 엇더케 보면 무슨 倂発症 昏睡状態가 아닌가 합니다.

韓　　그러나 부르스10)도 고르지가 안챤어요.

崔　　네, 脈도 나쁩니다.

小　女　（울상으로）……. 일가 親威 아무도 안 게신 이랍니다.

文　　좀 떠들지 마라요. （看護員에게 눈찟）（看護員, 少女를 달녀 밖으로 내보낸다）

韓　　看護員. （急히 서둔다）注射 準備하시요‑. （말하면서 손수 患者의 다리를 높힌다）

看護金　무슨 注射ㅂ니까.

看護 金과 文이 다리 높이는 것을 거두러 준다.

韓　　葡萄糖 二0cc하구 아드레나링 곳 가져오시요.

看護金　네. （곳 바지런이 서둘는다）

韓　　오른팔에 絞圧帯를 처매요, 李 看護.

看護李　네. （곳 絞圧帯 가지려 간다）

韓　　그리고 유탐보11)와 담요 가져오슈.

看護李　네. （絞圧帯부터 가져와서 患者의 팔에 둘누러 할 때）

外科医 博 申容変12) 登.

申博士　（科長에게 黙礼하고 座中 一八의 人事 받으며）患者가 엇더케 됐다죠. （崔에게만）

崔医師　갑자기 原因 몰을 虛脫症을 이르켯길래 急하 김에 이러케…….

韓　　어서 오십시오. （黙礼하며 椅子를 비켜준다）

---

10) 브레이스(breath), 호흡을 의미하는 듯.

11) 뜨거운 물을 담아 이불 속을 덥히는 기구. 일종의 탕파(湯婆)를 일컫는 일본말.

12) 희곡 앞 등장인물란에는 이름이 申錫玄으로 소개되어 있다.

申   手苦하시오. (韓의 섰든 位置에 스며 診脈, 聽診을 대견스럽게 하고서,
        崔에게) 葡萄糖 五0cc와 인슈링을 얼핀 準備해 주시오.

        科長, 안진 채 잠간 大勢를 一瞥할 뿐. 韓澈眞 大端 놀낸다. 잠시 병병
        하든 崔, 看護員들에게 분부한다

看護金   그럼 아드레나링 注射는 그만둡니까, 韓 先生님?
申博士   아드레나링? 아냐 인슈링 가져와.

        사람들 서루 마주 본다.

韓   ……. 申 先生. 大端 失礼될 지 몰으겠읍니다만 제가 본 바엔 昏睡狀態
        는 아닌 것 같은데…….
申博士   (斷然하게) 처만에. 糖尿病性昏睡狀態가 분명하오. 인슈링 어덯게 됐지?
韓   (손을 들어 看護員들 서둘늠을 제지시키는 양하며) 잠간……. 先生님 唐
        突한 말슴 갓습니다만, 다시 한번 보셨으면 좋겠읍니다.
申博士   (쓱 한번 홀터보면서) 그럼 韓 医師는? …….
韓   제 생각엔 一時 쇽크로 생긴 症狀갔읍니다.
申博士   (잔득 느려부친 語調로) 쇽크? (全員은 申과 韓을 번가러 보며 緊張한
        다 申은 不快함을 감추며 再診하고 나서 勢外虛門한 소리로) 쇽크는 아
        니오. 亦是 昏睡狀態요.
看護金   (崔에게) 先生님……. (注射器 준다)
崔   (받어) 인슈링 注射 가저왔읍니다, 先生님.

        申 받어들고 흔들며 잠간 보고 허리를 患者에게로 굽인다. 看護員, 患者
        의 팔을 닥그며 집는다. 막 찔르려 할 때.

韓   (잠時 망서리다가) 先生님, 그 注射 잠간만 保留해 주십시오. (가벼히 申
        의 팔을 집는다)
申   韓 君! 이건?
韓   용서하십시오. 그러나 臨床学上 나타나는 事実을 不定할 수가 없어 그
        럽니다. (그때 科長도 비로소 그들 겻흐로 가서 슨다 다들 자리를 내여
        준다 韓 科長을 爲始해 보며) 여기 여러 先生任 게시니 잠간 상의하여
        보시는 게 좋을 것 같습니다. 畏濫13)한 말슴 같으나 저는 쇽크의 症狀
        인 것을 確認합니다. 그렇타면 인슈링 注射는 그 結果에 있어 염녀돼쟌

____

13) '猥濫'의 오자인 듯.

습니까. 適実한 證據로는 저 患者의 얼굴을 보십시오. 蒼白하고 땀을
흘리며 惡寒까지 일으키고 있읍니다. 게다가 熱조차 平溫以下로 내린
것, 脈搏이 고루지 못한 것 어디로 보든지 쇼크를 이르킨 것이지 決코
昏睡狀態는 아니라고 저는 믿습니다.

申　　　그건 一方的인 觀察이오. 쇼크라면 쇼크에 따르는 痙挛이 있어야지.

　　　　때에 給仕 急登.

徐博士　韓 君……. 잠간만 그리고 저…….
給　仕　科長 先生님, 院長께서.
徐博士　院長?
給　仕　네. 院長께서 곳 좀 오시람니다.

　　　　徐 博士와 給仕 退.

韓　　　勿論 痙挛을 합니다.
申　　　그런데? …….
韓　　　이미 痙攣할 고비를 経過해 버렸읍니다. 인젠 벌서 危險참습니까?
申　　　도대체 君은 뭐고 뭐야. (高声)
韓　　　네?
申　　　시골 学校에서 하든 버릇을 아모데서나 하려고……. 건방지게.
韓　　　그게 무슨 점잔치 않은 말슴입니까? 내 出身学校와 이것이 무슨 関係
　　　　가 있읍니까.
一　仝　韓 先生. (하고 말닌다)
申　　　잇지 있어, 있구 말구. 門閥과 学閥은 못 속이는 법야. (韓, 그 말끝에 苦
　　　　笑默然. 申이 注射를 찌르려 할 때)
韓　　　申 先生! 萬一 그 患者의 生命에 致命的 結果를 끼치면 엇덯어시럼
　　　　니까.
申　　　(그 말에 질녀 주저하며 韓을 노려보다가 다시 固執하려 할 때)
韓　　　(조곰도 주저하지 않고 申의 손에서 注射器를 뺏어 던지며) 용서하십
　　　　시오.
申　　　(놀람과 憤怒로 물너스며 한참 말문이 맥혀 버린다) 崔 君. 顚末을 곳
　　　　가서 院長께가 報告해요. 이런 者 당장 이 病院에서 쪼차내야겠음니다.
崔　　　…….
韓　　　아드레나링 어느 거지? (看護 金 注射器 하나를 준다) 아니 저 먼저

16

葡萄糖부터 (받고) 二0cc지?

看護金　네. (患者의 팔을 잡고 닦는다)

韓　　요-도로 닦지 말고 알콜노 닦그시오. (看護 李 準備했든 알콜 脫脂綿
　　　을 디려댄다 看護 金 닦는다) - (韓, 처음에 葡萄糖, 다음에 아드레나
　　　링 継続 注入한다 다시 看護員을 指揮하야 유담보와 담요로써 患者를
　　　保溫식힌다 그리곤 沈默. 文 뚜러지게 디려다보며 제 이마의 땀을 닦
　　　는다 - 間 -)

申　　(一種의 嘲笑를 먹음고 나가면서) 그 患者의 生死에 対한 責任은 인젠
　　　君이 져야 해. (획 나간다)

　　　少女 울며 드러다본다. 看護員 다시 달내 내보낸다.
　　　間- 내려드리웠든 患者의 팔이 움직인다. 이마에 간다. 드디어 "물"
　　　"물" 呻吟과 더부러 소리질는다. 一소 一齐히 安睹하는 한숨.

韓　　물 갖다 멕이시오. (곳 다시 칼테를 잡는다)

　　　看護 金 컵을 갖다댄다. 看護 李 登.

看護員金　물 마십시요. 물 마시세요.

患　者　(물 마시고 나서 눈을 뜨고 두리번거리다가 崔에게) 先生님 우리 今順
　　　이 어듸 있에요. (목이 메진다)

少　女　(밖에서부터) 아씨, 香姫 아씨. 저 여기 있에요. 아씨.

患　者　今順아. (今順 운다)

親　戚　아이구 살어낫구나. (눈물진다)

崔　　韓 先生 애쓰셋습니다.

看護金　崔 先生님 인제 病室에 데려갈가요.

崔　　아 조心해 데리고 가시오.

韓　　(갈테를 유심히 보고 잇다가) 잠간 患者 內科病室에 옴기시죠. (의아허
　　　는 崔를 보고) 主治医에겐 내가 얘기하지요, 確実히. (제 가슴을 가르
　　　치며)
　　　…… 진작 內科에서 봐야 할 患者 아닌가요.

崔　　그러치마는 申 先生헌데 먼저 말슴 드리고 그러시지요.

韓　　글세 괜찬은이가 내에게 맷기시오.

金　　內科病室리면 八号室이 비였으니가.

看護員　八号室리요. (退)

文　　　(손수 茶를 가저다가) 手苦하셨음나다. 茶 잡수세요, 先生님.

韓　　　(받어 마시며) 네-.

金医師　崔 先生은 院長께 報告를 하세야지.

崔医師　공연히 金 先生은 그러시오. 원체 성미가 그런 안방14)을 탄해 무얼
　　　　하오.

韓　　　어쨋든 先輩인데 나두 뭐 잘햇다고는 생각지 안치만 이런 경우에 進退
　　　　를 云々하는 게 참……. (입맛을 다신다) 엇잿든 내가 処理하지오.

看護金　(急登) 韓 先生님 五号室 患者 좀 봐 주세요.

韓　　　五号室.

看護金　저 熱이 四十 度나 되요.

韓　　　(x線 乾板을 들어보며) 이 患者 말이지. 四十 度. (退場)

看護金　文 先生님 來日 病院에 무슨 祝賀会가 있답니다.

文　　　祝賀会?

看護金　무슨 일인지 몰으겠지만 야단이예요.

崔　　　누가 가나, 누가 새로 오나.

看護金　지금 막 廊下에서 看護員長이 그러세요.

金医師　(独白처럼) ……. 医學을 다른 一般科学과 同一視한단 말야. 그리구 医
　　　　師란 것도 마치 무슨 機械에 매달리는 엔지니어처럼 생각나는 모양들
　　　　이지. 그러기 때문에 걸핏하면 남의 人身攻撃들이구……. 申 博士처
　　　　럼…….

文　　　 정말 그 先生은 말끗마다 学閥이시어. 申 선생님은 東大시라지오, 崔
　　　　先生?

崔医師　그런가 봅니다. 여기 徐 博士보다 두 해 늦게 나오셨다나 보드군요. 참
　　　　失礼올시다만 金 先生께선 九州시지오.

金医師　九州면 엇덯구 東大면 엇덯구 시골 学校면 엇덯다구 그러세요.

崔　　　일을테면 말슴이지오 헛…….

金医師　学閥이 곳 実力이 아니란 것이 악가 같은 境遇에두 證明되지 않습니
　　　　까? 決定的인 것은 実力이지요.

　　　　　文과 崔도 同感을 表한다.
　　　　　新聞記者와 写眞班員 登.

看護金　누구를 차즈심니까?

---

14) '양반'의 오자인 듯.

新聞記者 저 外科에 崔 先生 여기 계십니까.

崔   네. 나올시다.

新聞記者 (멋없시 벙글벙글 하며) 아 그렀음니까. 자, 金村さん どうぞ この方
        から一枚. [카네무라 씨, 이 분부터 한 장 부탁해요.]

寫眞班 (카메라를 디려대며 이것도 벙글벙글) お目出度ふございます. [축하드립
        니다.]

崔   (記者를 보며) 이거 뭡니까. 대관절?

記 者 (대답 없이 웃기만 하고) 에. 그리고 또 內科 金 先生은 어느 분이십
        니까.

金   난데, 아니 대관절……?

記 者 아 그렀음니까. 참으로 반갑습니다. さあ お次ぎは比 先生……. [자 그
        리고 다음은 이 선생님…….]

寫眞班 あ そうですか 本当に お目出度ふございます. [아 그렇습니까, 정말로
        축하드립니다.]

記 者 一人の方は 眼科だつたね. [또 한 분은 안과였지.]

寫眞班 御二人樣共 お祝ひ申し上げます. [두 분 모두 축하드립니다.]

        두 사람 나가려 한다. 一소 벙々하다가.

崔   (쿃少 怒気를 품고) 여보시오. 그런데 대체 뭐요.

記 者 네? 아참 깜박 이졌음니다. 우리들은 新聞社 사람들이올시다. 지금 院
        長室을 댄겨 나오는 길입니다.

金, 崔 (마주보며) 院長室?

記 者 참으로 경사스럽습니다. 두 先生님의 경력과 学位論文의 內容에 対해
        선 곳 댁으로 찾어가 뵙구…….

        金, 崔, 文 看護員 一齐히 異口同声 "学位論文?" "学位論文." 하고 갑자
        기 설네여마지 안는다.

記 者 아니 그럼 두 분께선 엿태 몰느고 계셨세요. 学位를 받은 쓸者들께서
        그런 줄 몰느고 게시다니 이건 너무 泰平들이신데, 핫…….

        明朗하게 웃으며 二人 退場.

看護金 (省躍하며) 아이그 先生님, 先生님들 論文이 通過됐나 봅니다.

文   그런가 보군요. 金 先生님, 崔 先生님 한 턱 하셔야겠읍니다. 오-라, 앗

가 그 무슨 祝賀会 이 얘기두 그리구 보니까…….

看護金   올치 참. 마졌읍니다. 마졌어.

文   그런데 누구 누구신가, 眼科엔 누구신가…….

崔   이거 엇지 됀 일입니까, 金 先生.

金   ……. 글세올시다.

科長 喜色과 憂色이 한데 빗긴 얼굴로써 무거히 登. 아무도 보지 않고 自己 테불 앞에 앉는다. 아무도 말이 업고.

徐博士   (고요히 일어스며) ……. 金 君, 그리고 崔 君, 반갑소. 족음 전에 院長께로 君들의 学位論文이 通過되엇다는 通知가 왔소.
(金과 崔 놀랜다) 내가 在職 五 年에 세 사람식 한 번에 学位를 얻기는 처음이오. 참말 여러 아들이 한까번에 壯元을 한 것처럼 이러캐 有爲15)한 学者를 앞에 놓고 보니 깁부고 반가운 마음을 무어라고 말할 수가 없오.

金医師   감사합니다. 모두가 先生의 恩惠올시다. 그런데 또 한 분은 누구십니까?

徐   (卓上을 내려다본 채 沈默한다) 眼科의 高医師요.

金医師   네? 그럼. 저 韓 先生은?

徐   遺憾스럽게 돼였소. 허나 機会가 이번 뿐이겠오.

金医師   선생님! 韓 先生께서……. 모를 일이올시다. (머리를 떠러트리면서) 다른 사람이 다 안될지라도 韓 先生만은 틀님없으리라고 생각들 했엇는데……. 뜻밗입니다.

崔医師   참말 意外입니다. 어듸로 보든지 우리가 通過되고 韓 先生이 이러캐 되셨다는 것은 想像할 수 없읍니다.

徐博士   遺憾되지만 結果가 그런 것을 엇덕케 하겠오.

金医師   先生님, 한 마듸 엿줘 보겠읍니다. 韓 先生 論文은 先生님도 親히 보시지 않으섰어요?

徐博士   보다 뿐이오.

金医師   院長 先生님까지 堂々한 內容이라고 硏究室에 나와 말하지 않으셨어요.

徐博士   (沈默)

文医士   先生님……. 이런 말슴 드려서 괜찬을지 몰으겠읍니다만 韓 先生 論文

---

15) 능력이 있어 쓸모가 있음.

이 不通過된 게 或 出身学校나 그他 무슨 関係가 있지 않을까요.

金医師　저두 그 点을 생각하면 유쾌치 안습니다.

崔医師　저 亦是 그것이 생각됩니다.

徐博士　(마치 어린 것들을 달래듯이 溫和한 우슴을 지우며) 그럴 理가 잇겠
　　　　오…… 어듸가 亦시 論文 自体에 缺点이 잇겟지.
　　　　그러나 実力으로 보아 별서 学位를 請求했어야 할 韓 君이 여태 默々
　　　　히 工夫에 沒頭하고 잇다가 그저 年老하신 母堂을 爲하야 提出햇든 論
　　　　文이 이 結果에 이르니 섭々하오. 그 母堂께서야말노 別々 苦生을 다
　　　　하시면서 韓 君에 뒤를 봐 주섰으니 老人들이야 子息이 六十을 먹어
　　　　도 어린애처럼 아는 것인데 実力의 有無라는 것을 아실 理가 있소. 그
　　　　저 学位를 얻어야 비로서 出世를 햇거니 하는 것인데 참 유감스러운
　　　　일이오. 그러나 諸君에게 忠告할 것은 諸君이 오늘 学位를 얻었다고
　　　　별한간 韓 医師보다 実力이 니허잔 것도 아니오, 사람이 훌륭해진 것
　　　　도 아니며 依然 韓 医師는 여러 가지 点에서 諸君의 先輩라는 것을
　　　　잊지 말어 주기 바라는 바요. 부듸 銘心해서 그를 왜롭게 대접하지 마
　　　　시오.

金/崔　깊이 銘心하겠읍니다.

　　　　이때 韓澈眞 登場.

韓　　　(眞心으로 感激하야 드러오는 길로 金, 崔 두 사람의 손을 번가러 잡
　　　　으며) 반갑습니다.
　　　　경사스럽습니다. 徐 先生님. (徐 博士를 向하야) 정말 경사스럽습니다.

　　　　金, 崔 다 無言.

徐博士　(韓의 虛心提懷한 態度에 마추어 滿足히) 韓 君! 나는 대단히 자랑스
　　　　럽소이다. 君들과 가튼 젊고 有爲한 後輩들을 가젓다는 것이 얼마나
　　　　자랑스러운지 모르겠오. 韓 君! 부듸 젊은 두 学者들을 変함없이 사랑
　　　　헤 주오.

韓医師　네…… 모든 것이 先生님의 高德의 所致인 줄 암니다. 줄거움을 무어
　　　　라고 形容해야 조흘지 모르겠음니다. 이로써 우리 半島学界도 光彩를
　　　　한아 더했나 봅니다. 참말로 깁부고 반갑습니다.

金　　　모두가 科長 先生님과 韓 先生님 힘이였읍니다. 그런데…… (亦是 잘
　　　　처다보지 못하며) 韓 先生께선……?

韓　　　네? 무슨 말슴이시지오. (大端 疑訝)

金　　　(그저 몹시 죄송하야 한다)

韓　　　네. 헛……. 그게 무슨 말슴입니까. (낮으나 底力있게) 나를 그처럼 용렬한 사람으로들 아셨읍니까.

金　　　천만에요. 그런 게 아니라 원일인지 공연이…….

崔　　　(亦是 게면적어 허며) 뭐라고 할가요. 형님부터16) 먼저 장가든 동생의 심정이라구나 할는지오. 아무튼 뭔지 不安하고 죄스러워서…….

金　　　韓 先生님. 누가 뭐라고 하든지 저이들을 괴롭습니다.

韓　　　(正色하고) 뭐가 그처럼 不安하고 괴롭단 말슴이오? 이런 것이 여러분의 單純한 感傷癖이라면 물으거니와 그 이상 내게 보내는 다른 심정이라면 내야말로 괴롭다기보다도 차라리 不快할 정도올시다. (짐짓 弄調로) 그러찮소, 여러분이 나를 同情하실 권리가 어딨겠오?

金·崔　(蒼慌히 拒否) 천만에, 아니올시다.

金　　　……. 韓 先生님을 충심으로 尊敬해 온 우리들 심정이 그저 괴롭다는 것뿐이올시다. 동정이라니오.

韓　　　(虛心提怀한 부드러움을 가춰) 그러니까 인젠 그만들 둡시다. 그보다도 인젠 堂々한 學者들이 돼셨으니 한 사람의 學者로서의 부끄럼이 없도록 努力해 주십시오. (가벼웁게) 그래서 나 같은 後進의 尊敬을 받도록 해 주십시오. (다시 正色) 사람의 精神生活엔 이따금 刺戟이 必要해서 이런 機会가 흙이는 長足의 進取를 가져올 수도 있는 겁니다. 아무튼 많이 努力해 주시요.

徐博士　(感動된 勢로 韓에게 와서 손을 잡으며) 韓 先生, 과연 훌늉하시오. 君의 그 無盡藏한 自信力과 넓은 度量에서 지금 나는 한 사람의 誠実한 韓 学者를 본 동시에 또한 不屈의 意志力을 가진 丈夫를 보았오……. 学位가 무슨 소용이 있단 말요……. 내가 今年에 쉰 넷에 났오. 君 같은 後進을 가졌단 것이 実로 자랑스럽고 또 내 이미 늙어두 조금도 쓸々하지가 않소. 韓 先生 부듸 나의 이 자랑과 기대를 저버리지 말어 주시오!

韓　　　(亦是 感激하야) 先生님, 저를 너무 偏愛하시지 않습니까. (약간 떨려서) 어려서 아버지를 여의고 교훈과 사랑을 몰으고 자랐읍니다. 그래서 제겐 人情이 生素하기 때문에 恍惚한 것인지도 몰으겠읍니다. 이렇게 恍惚할 때면 저는 弱해지고 어리석엇든 것만 갓습니다.

---

16) ‘형님보다’의 오자인 듯.

徐　　　韓 君.

給　仕　(登) 金 先生님! 崔 先生님! 院長게서 두 분을 곳 오시라십니다.

徐　　　가 보시요.

　　　金, 崔. (잠시 사이)

韓　　　(多情하게) 어서들 가 보시오.

　　　金, 崔, 給仕 고요히 退場.

徐　　　자! 이리들 안즙시다. 좀 안젔다가 오늘은 우리 어듸 함게 나가서 져
　　　녁들이나 갓치 하시지-. 文賢肅君도 오늘 別 일 없으면. (文 며리 숙여
　　　対答)

　　　看護員 金, 氷枕17)을 들고 나갈 때 看護 李 急登.

看護李　韓 先生님! 앗가 그 婦人患者 얼는 좀 가 보세요.

韓　　　참! 徐 先生님, 앗가 쏙크를 일으켯든 婦人患者를 內科病室로 옴겻는
　　　데 아직 報告를 못했음니다. 여러 가지로 봐서 呼吸器病狀이 分明하기
　　　에 療養室 八号에다 옮겼음니다.

徐　　　죳켓지요.

看護李　벼란간에 熱이 三十九 度나 됐에요.

韓　　　三十九 度? (가 보자는 눈짓)

文　　　韓 先生님! 졔가 가 볼가요.

徐　　　그렷케 하시지 !

韓　　　책임上 졔가 가 보겠음니다. 그럼.

　　　韓, 看 李 急退.

徐　　　……. 하, 무거운 사람이라 져런케 泰然하지만 內心 자당을 생각할 땐
　　　미상불 괴로울 텐데. 文君으로붓터 무엇에나 慰勞 좀 잘해 주시오.

文　　　(숙이며) 아이……. 내가 엇텃케…….

徐　　　내가 두 분 새를 일즉이 몰으는 바가 아니고 또 두 분 사이에 親分 亦
　　　是 나로선 자못 근엄하게 보아 왔게 말요. 다른 어머니와 달러서 이번
　　　일에 韓 君에 어머니께서 失望하실 겄을 생각하면 참 남의 일 것잔소.

---

17) 속에 얼음이나 냉수를 넣어서 베는, 고무나 비닐로 만든 베개. 열이 있을 때 머리를 차게
하기 위하여 씀.

韓 君도 実相은 외로울 것 아니요? 누구보다도 그를 격려하며 그의 心情에 変化가 안 생기도록 할 사람도 文賢肅 君인 줄 아오. 그를 위해서 좋은 힘이 되여 주시요.

文　(눈물지며) ……. 感謝합니다. 그렇치만 져 같은 것이……. 져 보다두 徐 先生님께서 말슴 좀 하섰으면 좃켓서요. 学位 같은 것두 否定하지는 안치만 대건하게 역이지는 안나 봐요. 真正한 研究도 実験室 속에만 잇는 게 아니라 実験室밧게……. 学者와는 因緣이 머-ㄴ 어지러운 거리나 거츠러운 흙 속에 잇는 듯이 韓 先生은 日常 생각하시나 봐요. 더구나 요즈막엔 이 서울이란 곳이 大端히 싫여지 모양 같애요.

徐　서울이 싫여지다니?

文　괴벽스럽다면 어패가 있을지 몰으지만은 엇잿든 最近 韓 先生이 心情은 퍽도 고집스러워 보여요.

徐　韓 君에 그러헌 態度는 나도 짐작은 하겠소. 허지만 学問에 発展이라는 거슨 생각해야겟고 아즉은 나를 떠나주지 말엇으면……. 하는데……. (나가런다)

韓　(登)

徐　(코-트를 입으며) 手苦하섯소.

韓　나가십닛가?

徐　아니요. 副院長 잠간 뵐려구. 왼만하면 잇다 함게들 나갑시다. 할 얘기도 잇구 하니-. (徐 退場 - 韓 우두머니 생각)

文　(갓가하 가서 정숙히) 疲勞하지 않으세요?

韓　……. 내가요-. 疲勞해 보입니가.

文　(대답을 못하구 고요히 도라서 버린다)

韓　(식은 茶 한잔 따러 마시며 文의 등 뒤로 가까히가며) 賢肅氏-. (文, 하얀 한케취18)를 끄내 코끝을 매만진다) 賢肅 씨? (椅子로 도라오며) 당신까지 이러면 내가 정말 섭々하잖소? 그러지 말고 이리와 얘기나 합시다……. 당신이 나를 믿고 사랑했지 '学位'를 믿고 사랑한 것 아니지 않소. 어서 오시오.

文　……. 제가 先生님의 뭘 믿고 사랑했는지는 저도 몰나요. 허지만 분하지가 않아요……. 先生님의 実力이 정말 그뿐이라면 전 아무말도 않겠어요. 그러치만……. 전 암만 해두…….

韓　(너그러운 웃음으로 亦是 正色하고) 賢肅 氏, 그건 우리가 우리 自信을

---

18) 손수건.

가장 못난 사람이 疑心허는 겁니다. 그런 말은 두 번도 말기로 합시다. 우린 젊고 힘 있잖습니까? 무엇이든지 할랴구만 하면 우리 힘으로 우리 손으로 다 될 수 있읍니다. 뭣이 不足해서 그런 못난 시늉을 해야 헌단 말이겠오?

文　그래두 이상하지 않어요. 물론 그야 저두 学閥이 절대라군 생각잖어요. 그만치 每事에 学閥을 爲主로 내세우는 傾向도 軽蔑해요. 그러치만 남에게 진다는 것은 좋 게 없잖어요. 또 先生님에게 不足하신 것이 있대두 이것이 아니겠어요. 先生님 하로밧비 学者로서의 權威를 세워 주세요.

韓　(寬大히 우스며) 權威를? 그래 權威를 갓기로 하지요……. 그러나 学問이라는 것은 顕微鏡 속에서 자라갈 수도 잇지만 또한 넓은 '生活' 속에서도 자라갈 수 잇는 것입니다. 우리가 心身을 밧치랴는 医学은! 한층 더 現実! 卽 다시 말하면 国民에 生活 가운데 立脚할 것을 要求합니다. 이러기에 現代 医学은 모름직이 낡은 時代에 偏癖된 研究室中心主義를 떠나서 大衆- 卽 国民 가운데로 들어가야만 할 것입니다.

文　그렷치만 科学에 発展이라는 건…….

韓　잠간! 이건 나 個人의 將次 学問에 対한 信念인 同時에 態度닛가 누구의 힘으로도 엇절수 없을 겜니다. 万一 앞으로 賢肅氏까지라도 나의 이런 態度에 간섭하신다면 나는 거절하기를 서슴치 않으렴니다.

文　잘 알았에요. (눈물이 어린다) ……. 간섭이라니……. 져 갶은 것이 간섭을 한댓재 벌서 아모 힘도 아모런 보람도 없을 것 아녜요?!

韓　怒하섯소? (부드럽게)

文　져 갶은 것은 問題 外로 치구라도 老母님게서 期待하시는 것이 무었인지 잘 아실 것입니다.

韓　(힘이 없이 窓 앞에 가서 주져안는다)

文　年老하신 그 어른게서 이번 일에 落心하실 것을 생각할 때 왼일인지 져좃차 견딜 수 업는 心情에 잠기게 돼요. 정말 좀 어머님을 깃부게 해 들여야 하잔켔어요.

韓　고맙소. (괴로워하다가) 그러나 누누히 말한 바지만 学位란 功利的 問題에 対해서 賢肅氏까지 이러케 熱中할 줄은 몰낫소. 나는 그것이 누구의 무슨 소리보다도 쓸々하기가 짝이 업소. 차라리 우리 어머니 겶은 이야 別問題지만……. 賢肅氏까지가 그혀럼…….

文　……. 澈眞氏.

韓	(疲勞를 것잡으며) 난 來日이라두 어듸 旅行 좀 갈가 합니다.

韓　(疲勞를 것잡으며) 난 來日이라두 어듸 旅行 좀 갈가 합니다.

文　旅行요? 來日예요?

韓　혹 그럿케 되면 그새라도 틈 게신대로 우리 어머님게 좀 들러 주십시요.

文　벼란간에 가시면 病院은 엇더케 하세요?

韓　病院요? 글세요.

文　가시는데는 어덴데요.

韓　옛날 中学을 같이 나온 엇던 親旧의 山소도 돌러볼 兼 어듸랄 것 없이 한동안 좀 쉬여 보겠음니다.

文　그져 쉬시는 거야. 누가 뭐라겠어요. 허지만 行方도 確定치 않으신 旅行을 갑자기……

韓　갑작이가 아니요. 언제나 밧버서 뭃허든 旅行을 하랴는 것뿐이지요……. 한동안 못 뵙도래도……. 或時 우리가 永遠히 못 뵈드라도 한 가지 맘에 남겨두실 것은 七十을 살든 八十을 살든 全 生涯를 다 밧치고도 오히려 不足을 늣기는 것이 学問에 길이요, 学問에 밧친 学徒의 길이란 것을 부듸 잇지 말어 주시요. 그럼으로서 仁術과 人間生活과의 正当한 関係도 찻게 되는 것이닛가요.

文　몰느겠어요. 永遠히 못 뵐는지 몰으시다니 무슨 말슴에요. 네? 澈眞氏!

韓　그럼으로서만 우리가 功利的인, 넘우나 功利的인 現代의 仁術을, 仁術의 正道로 조곰이라도 끌어올여 볼 수가 있을 것이요. (부드러우나 決然하다)

文 걸터안즈며 고요히 늣긴다-.
韓 우두머니 슨 채로-.
幕.

第 二 幕

一 場

京畿道와 忠清道々境. 어느 半農半漁의 가난한 섬 - 舞臺.

멀리 若干 俯瞰돼 보이는 黃海, 舞臺와 바다 사이의 즐펑허게 언덕져 흘너내린 벌판은 半은 여윈 밭이, 남저지19) 저쪽은 白沙場, 홀낭 벗어진 대머리山 하나 - 山 中腹20)의 희슥희슥한 자죽은 火田인 듯, 上体를 물 우에 내던진 老松 한 그르, 외로 뻗어 있다. - 初夏.

담배ㅅ집 - 一部는 土壁, 一部는 板子 뜻어 느리고, 덧대이고한 건넌방이자 同時에 담배 가개론 어울리잖게 휑한 넓은 가개. 쇼-윈도와 賣捌口21)는 下手로 面했고 꽤 넓은 울안엔 어설핀 옥수수대와 호박너울. 大門도 없고 울타리도 없서 앞마당은 이 집 뜰이자 길인 양 가개에 붙어 마루 안방과 마루와 부억-.

그대로 어둔 데서 '넓고 넓은 바닷가'의 코로스가 아득히 들리는 데서 開幕. 초여름 초저녁, 달밤 옥수수 잎새에 滿月이 걸럿다. 어둔 데서부터 幕이 열리면 절문이들의 춤과 노래에 어울여 진걸문 섬사람들의 즐거운 노래다.

村民 새에 끼어 韓, 이뿐이를 데리구 求景한다. 가개 안채에는 朴 첨지, 魚망을 꼬매고 있다. 절문이들 한창 놀다가 "저 아래 동내로 가세." 하며 몰여간다. 村民들 따른다.

이뿐이　아저씨 우리 갖이 求景 가, 응.

韓　　　그래……. 그럼 뭘 신고 가야지.

이뿐이　뭘 신을 게 있으야지. 집세기두 업구 고무신박게 웂는데.

韓　　　그럼 그 고무신이라도 신고 가자, 응.

이뿐이　안되요, 엄마한테 매 마저요. 名日날이나 신으라구.

韓　　　내가 엄마한테 말해 줄게, 신구 가자.

이뿐이　시려 시려. 안 신어두 조와, 그냥 가.

朴僉知　온 저년은 괴연니22) 先生님을 못살게 굴지. 너 그럼 아자씨 서울 간다.

이뿐이　거짓 뿌렁이. 곳 가우, 아젔이.

---

19) 나머지.

20) '산허리'의 북한어.

21) 판매창구.

22) 공연히.

韓　　　　왜, 그럼 이뿐이하구 살가 아주.

이뿐이　　응 그것 바. 안 가신다는데 할아버지는 알지도 못하구 괘니 그짓 뿌렁이야.

朴　　　　그럼 단겨 오십시요 헛……

韓　　　　네. (이뿐이하구 退할 때 그와 스처서 香姬 登)

香　　　　(韓을 보며) 아저씨 담배 주세요.

朴　　　　香姬 아니냐. 너 앞으다드니 이럭캐 나단녀도 괜찬으냐.

香　　　　괜찬어요. カイタ[카이따]23) 업세요. (돈 준다)

朴　　　　カイタ가 어듸 있니. 그러나저러나 오래간만에 집이라구 도라오니 맘이 좀 便하니?

香　　　　뭘요. 八 年 前이나 只今이나 마찬가지지요. 그런데 아저씨, 宅에 서울손님이 와 잇다드니 이제 그분이세요.

朴　　　　그래 왜 우리내 갓흔 집엔 서울손님 와 있으면 못쓰니.

香　　　　아이 아젔씨두, 그런 게 아니라 서울서 뵌 어른 같에 그래요.

朴　　　　참, 너야 봤을넌지두 모르지. 넌 서울서두 쩡쩡한 손님들 축에 붙여다 넛다니간.

任姓女　　香姬왔우.

香　　　　안녕하섯세요. 참 접때 뵀을 덴 人事두 밋처 못듸리구 그새 이뿐 아버지가 도라가서서 얼마나 외로우세요.

任姓女　　……

朴　　　　이 늘근 걸 두고 그놈이 먼저.

香　　　　(任氏에게) 그래두 이뿐이가 잇지 안우. 아이 고것이 웃지두 똑々하구 구여운지.

億 七　　담배 주.

朴　　　　무슨 담배요.

億　　　　みどり[미도리]24)지 뭔 뭐요.

朴　　　　에구 億七이 아닌가. 난 또 누구라구. 자자 十 五전일세, 十 五전.

億 七　　잇다 듸리지요.

朴　　　　아 이 사람아, 담배 외상이 어듸 잇다구 이러나, 이러길.

億 七　　언제 떼워 봤오. (닥어스며) 요 崔가란 子息 못 봤오.

朴　　　　아무턴 이레선 안되네, 안돼.

---

23) 당시의 담배 이름 중 하나를 일컫는 명칭인 듯.
24) 녹색이라는 의미로, 여기서는 당시의 담배 이름 중 하나를 일컫는 듯.

(任 退)

億 七　안되면 엇덕헐 테요.

朴　　　뭘 엇덕하란 말인가.

億 七　담밴 펴야 할 게 아니냐 말야.

朴　　　누가 아나.

億 七　누가 아나, 누가 아나. 朴 첨지 나허구 이러기유. 崔가란 놈이 어듸 잇
　　　나 점 아르켜 주.

朴　　　崔간 또 누군데 또 이 야단닌가. 자넨 그저 그 性미 때문에ㅡ. 엥이 참.

億 七　性민 무슨 性미야. 여보 香姬, 서울집 崔가란 놈 못 봤어. 응? 홍 요
　　　꼴에 새침하긴.

朴　　　이 사람이 웨 이래. 좀 있으면 손님도 들어오실 텐데, 왜 이럭케 왁자
　　　저걸하나.

億 七　손님? 올치 여보 첨지령감, 그 사람이 医師라지요. 의사면 病 점 곳처
　　　줘야쟌소. 저 다른 게 아니라 말요. 웨 영감도 알쟌소. 檜나무집 큰아들
　　　여석이 다 죽어가는 대 엿떠케 좀ㅡ.

朴　　　그 어른은 病 보려 오신 니가 아닐세. 檜나무집 큰아들리면 長突이란
　　　놈 말린가.

億 七　바루 粉実이네 큰아들 말이요.

朴　　　자넨 粉実네 집일 참견에 웬 참견인가.

億 七　참견할만하니간 허지요. 그런데요 崔가란 놈이 살々 꾄단 말야, 粉実이
　　　아버지를.

朴　　　건 또 무슨 소린가.

億 七　뻔하지 안소, 응 잽히기만 해 봐라. 홍 요 맹꿍이 가튼 子息같으니라
　　　구. (退)

香　　　저게 고슴도치죠, 아젔이.

朴　　　그럿탄다.

香　　　그 前이나 只今이나 조곰도 変하지 앗엇군요. 어듸 갓다드니 언제 도
　　　라왓서요.

朴　　　말 말어라. 內地에 가서 뱃사공 노릇에 石炭矿夫에 別々짓을 다 하다
　　　가 죽지도 안코 도라와서 또 저 말성이단다. 그새 監獄所사리까지 하고
　　　도라온 모양인데 제 버릇 개 주겟늬.

香　　　저 그런데 아저씨, 악가 그 서울손님이 医師ㅁ니가.

朴　　　응. 서울 어느 病院에 게시든 医師시라는데, 머 自己 親旧 산소엘 왓다

구 벌서 十余日째 묵고 있단다.

香　　네 그래요.

朴　　아차 이놈의 精神 좀 보게. 악가 電報하구 편지가 왓든 걸, 뭐 오시
　　　란 電報라든 걸.

　　　(얼골에 개기름 짤막한 키에 옆으로 자란 몸집, 崔主事 下手로 登)

崔主事　（담배전 앞에서）하도[25] 없소, 하도.

朴僉知　崔主事 아뉴……. 하도 없나 보웨다.

崔主事　그럼 아무거나 한 갑 주슈.

朴　　（껍대기와 돈, 담배를 밧궈주며）서울 가섯다드니?

崔　　아침에 왔지요. 근데 이 檜나무집 애, 病 좀 엇던지 몰르슈.

朴　　그저 그 금사지[26] 머. 헌데 崔主事 고슘돗치 億七이란 놈이 잔득 별르
　　　고 다닙듸다.

崔　　날요?

朴　　몸조심 하슈, 괜이.

崔　　홍, 그 자식이 콩밥 생각이 또 나는 게지. （가개에 걸치며）제가 날 무슨
　　　턱에. （喫煙）

朴　　崔主事, 저 사람 몰루?

崔　　네? 아, 이게 香姬 아니냐?

香　　姬 오래간만이군요. 글력 조세요.

崔　　응……. 그저 그러치. 그래 몸이 편찬어서 왔다니, 아주 왔니.

香　　몰아요, 아즉.

朴　　너의 아버지가 게섯으면 네가 이게 될 말이냐.

崔　　아버진 서울 가서 그예 도라가섰다지.

香　　그런 이예긴 그만두세요.

　　　檜나무집 尹 서방과 粉實 登.

尹서방　형님 어듸 가섯나.

朴　　누군가, 분실넨가.

尹서방　나 좀 뵙시다, 형님. （허다가）아니 崔主事.

崔　　아침에 왔우다. 좀 엇었오.

---

25) 당시의 담배 명칭 중 하나인 듯.
26) 문맥상 '그저 그렇다'는 의미인 듯.

30

尹   그새 엇덕긴요. 그래 가섯든 일은? (은근하다)

崔   어련할까, 원.

香   애, 粉實아.

粉 實   아이 언니 왼일유.

香   너 왜 온다드니 안 왔니.

粉   (머릴 숙인다)

崔   (그새 尹서방허구 쏘군대다가) 사람은 이왕이면 서울 가서 살 거드군.
        돈 많것다, 물견 흔하겄다, 펼이하겟다. (粉實이를 흘금흘금) 電車니 뻐
        쓰니 五戔27) 한 잎에 淸凉里서 龍山 三十 里를 씽 – 실어다 주렸다, 鐘
        路 진고개 百貨店마다 줍니다 그려. 하여간에 서울이라는 데가 좃키는
        좃읍듸다. 나 잡시간 새에28) 다궐같은 살림두 딱 채려 제킬 수 있게 마
        련인데, 과연 마소 색긴 나커든 제주도루 보내구 사람의 색긴 서울오
        보내란 옛말이 적실29)하드라니깐 헛……. (뚝 그쳤다 응근하게) 내 병
        원까정 대강 터놓구 오잔었읍디까, 정녕 멋허문 서울 병원에라두 보내
        서 살녀야지 될 말요.

尹서방   ……. 崔主事만 믿겠웨다.

崔   나, 내 돈두 많이 썼오. 이따가 집으루 오시지.

尹서방   가 뵈야죠.

崔   이건 구리무, 粉實이 주려구…….

尹서방   (받으며) 그건 무얼…….

崔   그럼 꼭요, 꼭. (上手로 나가며 粉實에게 눈웃음치고 退)

朴僉知   그자허구 무슨 꿍꿍이를 꿔미나, 자네.

尹서방   아내요, 꿍꿍이라니오. 그런데 형님.

朴   (가가30)서 나오며) 왜 그러나.

尹   ……. 저 어렵지만 접대 주시든 알약 하나만……. 말슴 좀 해 주세요.

朴   이 사람, 손님에게 염체두 업시.

尹   그러니 엇턱함니까.

朴   (冊장을 여전이 뒤적이며) 무슨 病인데요. 그 약, 흠 있었나요.

尹서방   네네. 몇 일식 자질 못하던 여석이 그 약을 쓰든 밤엔 담배 뒤대 텔
        동안 눈을 부치드니만, 아 이 녀석이 그 약만.

---

27) 錢의 오자인 듯.
28) 문맥상 '잠시잠깐 사이에'라는 의미인 듯.
29) 적실(適實)하다 : 실제에 들어맞다.
30) '가게'의 오자인 듯.

朴　　　그럿타면 잇다가 그 先生님 오시거든 말해 봄세.

尹　　　꼭 좀 이러놧다 주십시요. 粉實아 넌 이거 잦구 먼저 가거라. (구리무31)
　　　와 藥주며) 나루껜 내 댕겨 오께. 兄님 安녕이 주무십시오. (退場)

香　　　참 옵빠 병은 좀 엇대.

粉　實　글세 작구만 더해서 걱정이라우.

朴　　　너의 집두 그 병 땜운네 걱정이겟다.

香　　　(長太息) 그래 너 어적게 얘기 대루 해볼 작정이냐.

粉　實　(머리를 숙인다)

香　　　잘 생각해서 해라. 나를 보지 못하니 못난 척 허는 것이 수니라.

粉　　　그래두 난 옵빠만 살어난다문.

香　　　　가 보겟단 말이지? 그여 갈여그던 가 보렴으나만은. 아……. 서울이
　　　란…….

粉　　　(복바치는 눈물을 감춰 바다로 向한다)

　　　　音樂.

香　　　(고요한 잔기침 드듸여 머리를 잡드니 그 자리에 안는다 에깨32)에 지는
　　　물결이 기침 소리보도 아차롭다)

粉　　　(나즉이) 언니.

香　　　粉實아, 나 물 좀 다우.

粉　　　아젔이 물 좀 주세요.

朴　　　안에 들어가 봐라. (粉實 內退) 웬일이냐. (곁에 간다)

香　　　괜찬어요, 아저씨.

粉　　　(다시 나온다) 언니 물 마세요.

香　　　(마시고 나서) 아이 기침두. (허드니만 또 다시 기침)

朴　　　네가 거 웬일이냐.

粉　　　언니 빨이 宅으로 들어가요.

香　　　오냐. (粉實의 힘을 빌어 이러난다) 아저씨 미안해요.

　　　　(韓, 이뿐이 업구 登)

朴　　　인제 오심니까. 커다란 걸 업으시구.

韓　　　애가 감기를 들엇는지 벼란간에 熱이 좀 나서 데리구 왔음니다.

---

31) 크림 종류의 화장품.
32) '어깨'의 오자인 듯.

朴   얘야 立粉이 좀 바더라.
韓   (네려노며) 열이 잇으니 그대루 멀루 점 덥퍼 주세요.
任   (나와서) 그런데 웬 일릴까요. (업는다)
朴   아이 참 악가 이겄이 왔음니다.
韓   고맙슴니다. ハヤクジョウキョウセラレタシ33). [빨리 상경하시오.]

         韓 도라설 때 香姬와 視線이 마조친다.

香   아이 先生님.
韓   누구신지.
香   (大端 반색) ……. 엇저면 저 몰으시겟예요.
韓   ……. 글세올시다!?
香   저 救済醫院에서 안 뵀어요.
韓   네?
香   몰으시나 베-. 저 八 号 室에 있든 李香姬예요.
韓   아 네-. 참 失禮햇음니다. 네 그럿읍니까, 그런데 언제?
香   벌서 退院해 버렸에요. 先生님께서두 안 보이시구……. 또 하루 이틀 아
         니구……. 누어만 있으면 뭘 합니까.
韓   그래두 참구 게셔야지오.
朴   원 세상이란 넓구도 좁은가 봅니다. 헛……. 그……. 참 무슨 因緣인가
         보나.
韓   픽 조와지섯음니다.
香   아이 참 반갑습니다. 그런데 이런 데까지…….
韓   네 그저 한번 와 밧지오.
香   한동안 게시겠음니까.
韓   원걸요. 내일이라도 곳 올나가야겟어오.
香   엇저면 그렇게 떠나세요. (얼른 다른 말) 좋은 収穫 많이 얻으셨에요.
韓   친구의 山所 좀 도라볼 겸 왔든 길인데요.

         上手에서 쫏겨나오는 崔主事.

崔   여 여러분, 사 사람 좀 살여 줘요.
億 七   (上氣해서 쫓아나와) 이놈의 자식. (붓잡는다) 너 인제 살구 십잖으냐.
         아주 요 자식. (시메끼리 崔의 悲鳴) 요요 자식. 해 먹을 것이 그렇게도

---

33) 전보 내용을 읽는 중.

없어서 뚜쟁이 짓이니. 저기 선 색신 누구냐. 봐라. (비드러 보인다) 알
겟지 누 누구냐.

崔主事・香香姬[34]　……. (任氏 나와 슨다)

億 七　제 애두 너 때문에, 너 때문에……. 요 자식 그러구두 분실일 똑, 엥이.

朴僉知　여보게 億七이, 億七이, 億七이.

韓　　　여보, 여보시오. (힘써 말린다)

億 七　비켜들 나라ㅅ 응!!

　　　　国木田 巡査와 竹村班長 下手로 急登.

国木田　こら. [이봐.] 金川 金川. (머리를 잡어 대린다)

億 七　(했윽해 도라다보다가 표번하야 씩 웃으며) 안녕합쇼.

国木田　(따구[35]) 놔, 안 놀 테야. (몽뎅이를 찾어가지구 팬다) 놔라, 놔.

億 七　(맞으면서두) 나리 이 자식만은…….

国木田　망할 자식. (捕繩을 보인다)

億 七　(비로소 崔를 팽겨치듯 놔준다)

竹 村　이 사람 億七이 왜 이러구 다녀, 한동안 잘 잇드니.

国木田　인마 엇재줘야만 사람 되겠니. 한동안 맘 좀 잡는 줄 알었드니 여전히.

億 七　나리, 저런 자식을 그냥 둡니까.

国木田　득기 싫여. 나뿐 건 法律이 다 조처하는 거야. 너 이번에 가면 조련히
벼ㅅ구경두 못한다, 괜이.

億 七　(かしこまって 禮[정색하고 인사를] 하며) 알아요.

国木田　빨이 가. 그러구 잇다가 駐在所에 들여.

億 七　네. (下手 退)

竹 村　그놈이 또 야단이요.

朴　　　누가 아우. 粉實이를 엇더케 햇다구…….

国木田　그런데 僉知 영감, 저 서울 손님께 急한 請 좀 디립시다.

朴　　　먼뎁쇼.

国木田　다른 게 아니라 저 駐在所長宅 애가 갑작이 탈이나 야단을 치는데, 야
반에 어려십지만 잠간만.

竹 村　서울 선생님, 잠감만 좀 가 봐 주십시오.

朴　　　韓 先生 가실 수 있겠읍니까.

---

34) '香姬'의 오자인 듯.
35) '빰따귀'의 방언.

韓　　　못 갈 거야 머 있겠습니까 만은, 아시다싶이 아무 차비도 없는 맨 몸
　　　　인데.
国木田　邑內에 電話는 걸었지만 배가 언제 올지 압니까. 잠간 手苦해 주십
　　　　시오.
韓　　　病 症勢는 엇덧읍니까.
国木田　갑자기 목꾸멍이 붓고 밥은 거녕 춤두 잘 못 넘기면서 몸이 펄々 끌은
　　　　담니다.
韓　　　목 쉰 소리 안 하든가요.
国木田　웨요, 목이 꽉 쟁겼든데요.
韓　　　네, 하여간 가 보십시다. (웃은 그냥−)
国木田　안됏읍니다.
竹　村　이것 참 페스럽읍니다.
韓　　　천만에요. 아무 준비도 없스니 그러 줄이나 알아 주십시오. 가시지요.
朴僉知　아가 나두 잠간 모시고 갓다 오마.
任姓女　댕겨들 오세요. (粉實□□□□)
香　　　그럼 우리두 가겟어요. (粉實과 가치 退)

　　　　一仝 退− 뒤로 崔主事 간신이 退. 任姓女, 이뿐일 덥퍼준다.

이뿐이　……. 엄마. (깨난다) 어머니.
任姓女　왜 그래. 안에 들어가 자렴.
이뿐이　나 좀……. 아이 추어.
任姓女　춥기는 오뉴월에……. (하며 마루에)
이뿐이　아이 골치야.
任姓女　머? 골 앞허.
이뿐이　아이 떨려. 어머니 물, 찬물 좀.
任姓女　(얼핀 머리를 만저보며) 에그 애, 네가 웨 이럭케 몸이 뜨거우냐.
이뿐이　(벼란간에) 엄마 엄마. 아이 춰. 아이 무서워.
任姓女　(뛰여나오며) 웨 그러니, 웨 그러니.
이뿐이　엄마 엄마. 아이 무서워. (任에게 안켜)

　　　　(暗)

第 二 場

그 翌日36) 夜半. 四圍는 몹시 어둡다. 소깡불37)이 魚油 람포로 바귀워
서 두 군데 켜졌다. 마루에는 이뿐의 病床, 가개에는 駐在所 主任의 어
린 아들이 죽은 듯이 누어 있다. 간간이 목 쉰 呻吟 소리가 드세다.
마루 아래로 石油궤짝을 놓코 테불 대신으로 쓴다. 짚테리 対應에 該当
한 여러 가지 治療具. (勿論 應便道具38)들로 奇異하다) 韓徹眞, 궷짝에
붓터안저 患者의 病狀을 적고 있다. 駐在所 主任, 가개에 걸터안저 아들
을 디려다본다. 任姓女, 이뿐의 머리맞에 愁然39)히 안젔다. 朴僉知 마루
한 구통이에 걸터안고 愛国班長 竹村와 巡査 国木田도 遍所40)에 쭈구리
구 안젔다.
前場보다 若干 드세인 波濤 소리로 溶明41)-. 무거운 沈默. 小間-. 이뿐
이가 누구를 부른다.

韓　　　(머리맞에 麥酒瓶의 물 멕이며) 이뿐아 양추하자, 응. 자 양추해.

任姓女　선생님 식히시는 대로 해라 좀 애야.

韓　　　조용하십시오. 자 올치. (물약을 멱인다 누은 채 양추질 식힌 다음 그릇
　　　　으로 받어내고 여러 군데를 만져보고 집허본다 眉間에 愁心을 그리며
　　　　가개 患者에게로) 醒めましたね さァ ウがいをしませう 一寸三木さん.
　　　　[눈 떴어요, 그럼 양치질하죠. 미키 씨 좀 도와줘요.]

三　木　ハツ. [예.] (아들 곁에 가서 韓의 指示대로 부축을 한다) いさを うがい
　　　　を しなさい. [이사오, 양치질 해.]

韓　　　どうれいい子だから ようし 口に喰へるんですよ 飲んでしまううん ぢや
　　　　ありません ほら こうこう さして よろしい. [착한 아이니까 옳지 그래,
　　　　그렇게 삼키면 안돼. 옳지 그래 우루루루 그래 옳지.] (대야를 디려댄
　　　　다) さァ その 通り も一ぺん. [자 아까 한 것처럼 다시 한번만.] (또 한
　　　　번 식히고 나서 診察을 仔細히 한다 亦是 근심이 자욱해지며 궷작에
　　　　와서 무얼 적는다)

三　木　(뚜벅뚜벅) 失張り……. 急性ですか. [역시……. 급성입니까.]

韓　　　二人とも 急性ですね チプテリ- の. [두 사람 모두 급성입니다. 지프테

---

36) '다음 날'.
37) '관솔불'을 의미하는 듯. '소깡'은 '속갱이'나 '소깝'처럼 관솔의 한 방언으로 보임.
38) 문맥상 '임시로 대용해서 쓰는 기구, 물건들'을 의미하는 듯.
39) 수연(愁然)하다 : 시름이나 걱정에 잠겨있다.
40) '아무데나'.
41) '점차 밝아짐(페이드 인)'.

리의-.]

朴劍知 대관절 지프테리-42)가 엇더케 돼는 病입니까. 가갑하니 좀 알기라도
       합시다, 韓 先生.
国木田 조용하시유.
韓   목병입니다.
国木田 그런데 선생님, 이러면 엇테겠음니까.
韓   엇터케요 ?
国木田 아주 邑內病院으로 데리고 가는 게 엇덜까요.
韓   勿論 그 우에 더 초혼 일이 없지오. 허지만 이 重態에 배를 태울 수가
       있음니까…… . 게다가 急性폐렴가지 겸혔으니 爲先 安静이 絶大로 必要
       하니까요.
国木田 그러죠. 그러나 予防住射がこうまで 行渡ってゐなのでは ほんとに…… .
       [하지만 예방주사가 이렇게까지 보급되지 않는 것은 정말로…… .]
韓   그렀음니다. 予防注射만은 徹底하게 식혀야 함니다. 昨年 가을에 이 病
       이 이 섬에두 流行됐담니까. 今春엔 予防注射가 実施됏을 텐데, 이뿐에
       게 마첬음니까. (劍知에게) 안 마첫을 껄요.
朴劍知 나야 암니까. 愛国班에서 무슨 票가 나왔든 것 알죠만, 마젓거니 잇지요.
韓   愛国班에선 注射맞은 사람에게 맞엇다는 票를 주는 게 있지오, 아마.
       (班長에게)
班 長 그야 잇다 뿐임니까. 그래도 證明書를 뵈라면 잃어버렷느니 집에 두고
       나왓느니 평게를 하고 피하니 기가 막힙죠. 더군다나 腹疾扶斯 가튼 것
       은 몇 일식 된통으로 알치를 안슴니까. 그래노니 밧분데 농사일은 누가
       해 줄 테냐고 하면서들 피하니 도모지 쪼차 댕길 수가 없군요.
韓   그야 별 사람이 다 잇겠지요. 그러나 엇더케든지 마처야지오. 실탄다고
       그대로 두면 이 지경에 이를어지니깐요. 注射 한 대면 아무러치도 않은
       것을…… . 貴重한 生命을 잃어버리게까지 되는 수가 잇지 안슴니까. 每
       事가 다 그럿치만 더욱이 厚生問題는 그 中에도 徹底해야 함니다. 問題
       의 対象이 人間의 生命이 아님니까. 人間의 生命보다도 더 貴한 것이
       또 있음니까? (거위 独白. 嘆息하듯) 病勢는 각각으로 危重해가고 方策
       은 없어감니다…… . 強心済거낭 양추약 하나 없으니 이게 멀전한 생명
       을 죽이는 게 아니고 무엄니까.

---

42) 디프테리아(diphtheria) : 주로 어린이가 잘 걸리는 병으로, 급성법정전염병.

間. 波濤 소리.

이뿐이　(목 쉰 소리 悲鳴) 아저씨!

任姓女　아버님! 이 애가 아저씨를 차저요.

韓　（얼른 뛰여가 안는다 입안을 본다 목을 만저 보고 慌急이 내려서서 끌은 물에 당거두엇든 싸리 꼬쟁이(끝이 솜방맹이로 된)를 소금물에 적실 때) (꼬쟁이를 들고가서 이뿐의 목 안을 닥거내며 연성 흘너내리는 침도 씻처 준다)

いさを　お母さん　お母さん　のどが痛いよ. [어머니. 어머니. 목이 아파요.]

三　木　お母さんは　今速く來るからそのまんま　おねんねしな. [엄마는 빨리 올 테니까 그냥 코하고 자요.]

韓　いさをさんの　お母さんは? [이사오의 어머니는요?]

三　木　今ちょっと　里の方へ行ってゐるもんですから. [지금 잠깐 마을에 갔어.]

이뿐이　아저씨 여긔 있어, 가지 말구.

韓　아저씨 여긔 있쟌어. 내 얼는 낫게 해 주께……. 응 암말두 말구 잘 때와 가치 잠자고 있어야 한다, 음. (가마니 이러나서 또 다른 꼬쟁이로 いさを의 입속을 닥거준다 心臟에다 손을 너 본다) あの子よりは　いくぶんか　かるい方ですけど　殘念です. イントラクシン　注射が　慾しいな. [저 아이보다는 얼마간 가벼운 편이지만, 유감입니다. 인토락신 주사가 있음 좋은데.]

三　木　イントラクシン? それさへあれや　大丈夫でしようか. [인토락신? 그것만 있으면 괜찮나요.]

韓　とにかく　それがあったら　一應症狀の惡化は喰ひ止められますが. [어쨌든 그게 있으면 일단 증세 악화는 막을 수 있지만.]

香　先生님, 여기 무슨 注射藥들이 있읍니다. 제가 쓰든 건데 혹 소용돼는 게나 없을가요.

韓　注射요-. 어, 어디 좀 (恍惚한 期待를 갖는다) 끌리꼬-. 제 로지농……. 칼슘……. 에메찡……. (가벼운 失望) 고맙읍니다. 고맙습니다만은……. 혹시 캄풀 주사라도 있었드면…….

香　캄풀 주사요?

韓　있읍니까?

香　모두가 이것 뿐인데요.

朴僉知　캄풀 注射란 것만 있어두 살아남니까, 韓 先生.

韓　네 그것만 잇어두……. 이뿐이는 心臟이 弱해서요……. (하며 다시 이

뿐에게 가서 体溫器를 빼 보고 놀아며 脈을 얼른 본다 同時에) 香姬氏.

香　(몇 발작 주룩 그 앞으로 가며) 네.

韓　그 수건에 찬물 좀 축여 주십시오.

香　네. (부엌으로)

三　木　邑內の病院にはその注射があるでしょうか 先生. [邑內 병원에는 그 주사가 있습니까, 선생님.]

韓　あ? あ? あるでせう. [예? 아, 있지요.]

国木田　邑內の 植田病院ならなんですよ田舍では相当大きい方ですからね. [邑內의 우에다 병원이라면 그럴 거에요. 시골에서는 상당히 큰 편이니까.]

三　木　あああそこならわしはその先生とも懇意だが. [아, 거기요. 나는 거기 선생하고 친한데.]

国木田　部長殿 どうです 一つ今から行って來たら? [部長殿 어떠세요. 지금 다녀 오는 게?]

班　長　배만 있으면야 가다 뿐인가요. 아 이런 때에 갔다오는 것쯤 무엠니까.

香姬 타올을 갖다준다. 韓이 그것을 이뿐이 左便 젖가슴 우에 넣어준다. 다시 氷囊에도 물 너오라고 식힌다. 香姬 退.

三　木　船か. [배가.]

朴僉知　여러분, 배만 한 채 어더 내 주시오. 가는 것은 내라도 가리다. 하다 못해 사공이라두 풀지요. 밤길이라 삯전은 되게 내라 하리다만은 돈이 머요 저 불상한 년만은……. 하누님두 (한숨을 쉬며) 아이구.

香姬 氷囊에다 물 담어가지고 韓에게, 韓은 '이사오'의 가슴에 넣주랴고 한다. 香姬 그대로 한다. 다음 台詞 進行 中, 韓의 態度는 이뿐이를 웨싸고 양추 목 까심. 身熱, 脈搏等으로 彐繁한데 漸々 惡化해 가는 것을 알 수 있다. 香姬 亦是 韓의 彐繁감에 따라 무엇에나 힘이 돼랴고 안절부절 한다. 任氏는 침을 닥는다.

班　長　甲石이네 배가 오늘 돌오는 것 같든데. 国木田さん.

国木田　그건 들왔다가 곳 나갔는 걸.

朴僉知　신둥이네 배가 있겠구려. 올치 내가 가 보구 오리다.

班　長　가지도 마시요. 돗대를 고치누라구 내겠오.

朴僉知　그럼 엇덯어나.

班　長　섬인데 배가 이렇게 없나 원.

国木田　지금이 어느 때라고 노는 배가 있겠오. 가만있자.

三　木　船はある, 面長さんの 弟さんの船がある. [배는 있어, 面長의 동생에게 배가 있어.]

国木田　あ, そう, そう. [아, 그래, 그래.]

班　長　오라 참 面長의 동생네 배 말이죠. 아, 이런 정신 좀 보지.

韓　　　(몹시 신경질 석인 조자로) 여러분 떠들지들 마십시오.

朴僉知　(韓에게 얼는 가서) 韓 先生 얻어올 것이 멋멋인지 거기 좀 적어 주시요.

韓　　　(治療에 熱中할 뿐, 땀을 흘린다)

国木田　あいつ 出してくれるかな. [그 녀석이 배를 내줄까.]

班　長　세를 주지오, 줘요.

国木田　세가 문제요, 사공들이 안 간다고 핑게를 댈 게란 말야, 필시.

班　長　앗다 그러면 우리끼리 갑시다 그려.

朴僉知　갑시다. 배만 있으면 그런건 다 문제가 아니라니까요.

三　木　じまいでいこう よし船も わしが行って掛合ってくる 先生邑內まで行って 來ることにきめました. [우리들만으로 갑시다. 좋아, 배도 내가 가서 협상하고 오지. 邑內까지 다녀오기로 마음먹었습니다.]

韓　　　(火爐 곁으로 뛰여오며) 一寸 靜にして下さい. [좀 조용히 해 주세요.] (떨리는 손으로 끌는 물 속에서 一場에서 가시 빼여주든, 그 핀세트를 끄내가지고 이뿐이에게로, 목구녁에 붙은 백태를 뜯어내 준다 不合理한 器具에 因한 苦心의 慘憺한게 눈물겨움다)

　　　　若干 높하진 바람 소리. 그에 比例되는 波濤 소리.

任　　　先生님 엇덕케 살아나겠읍니가.

竹　村　念慮마슈, 어련하겠오.

韓　　　(거진 失望에 가까운 焦燥- 문득 뛰어 뜰 안 구석구석을 삥그르르 미친 듯이 一周하야 뭣을 찾다가 궷작 곁에 주져안지며 핀세트를 내던지고 웨친다) 얼핀 좀 댕겨오십시오. 얼핀 좀 갔다오십시요.

朴僉知　웨 그러시오. 엇덩게나 됐서요. 우리 이뿐이가…….

韓　　　이대루 두면 오늘밤을 넘기지 못합니다.

任姓女　에그 이뿐아!!

韓　　　무서운 백태가 꽉 끼였으나 긁어낼 도리가 있어야지요, 무엇으로 엇덩

40

게 밝어냅니까. 게다가 時々刻々으로 목구녁이 붓읍니다. 이대로 가다 간 未久에 목구녁이 合着해 버립니다. 목구녁이 막혀 버리고 맙니다.

任姓女 (자지러지게) 아이구 엇덯어나. 엇덯어나, 엇덯어나, 엇덯어면 존고.

朴僉知 (冷靜하게) 아가 떠들면 못쓴다. 게집애지만 이 山川이 정지한 子孫이다. 설마 데려야 가겠느냐.

韓 では 三本さん 御願ひします. [그럼 미키 씨 부탁드립니다.]

三 本 あ. ぢゃわしは 面長さんとこ寄って 賓へまっすぐ行くから そこで. (退) [아. 자 그럼 난 面長집에 들렀다가 바닷가로 곧장 갈 테니까 거기서. (퇴장)]

国木田 承知しました. [알았습니다.]

朴僉知 아가 거기 내 덧옷 좀 내온.

韓 잠간 이것 갖이구 가십시오. (적으면서) 얻어올 것도 있고 사야 할 것도 있읍니다. 医療器具같은 것은 邑內에도 파는 데는 없을 거니까 病院걸 좀 얻어오십시오. 그리고 注射와 그他 药品은 病院에서 사정하시면 줄 겝니다. 될 수 있으면 이대로 여기 적은 대로 골루 얻어오셨으면 좋겠 에요.

香姬, 이뿐이 시중한다.
任姓女, 사공 옷을 내다준다.

国木田 部長만 가시면 다 얻어옵니다.

三 木 (소리만) 国木田君, ちょっと. [国木田군, 잠깐만.]

国木田 (놀나 나간다) ハツ. [예.]

三 木 むこうのあれは なにかね, あれ きんちゃくちやないか. [저쪽에 있는 거 혹시 킨챠쿠43)아니야.]

国木田 あつ, きんちゃくです. [예 그렇네요 킨챠쿠에요.]

發動船 오는 소리.

班 長 아니 이게 웬일인가. 올치, 바루 甲石이네 發動船이구려. 朴僉知.

朴僉知 (뛰여가 보며) 여보 班長, 하눌이 도왔구려.

三 木 あ あよかった よかった. [아. 잘됐다 정말 잘됐어.]

国木田 僕が行って, 話して 置きますから. [내가 가서 말해 놓을 테니까.] (退)

---

43) 원래의 의미는 허리에 차는 주머니. 그러나 이 작품에서는 발동선을 일컫는 별명이나 약자인 듯.

三　木　いや きんちやくなら 大勢行く 必要はない わしと 誰かも一人でいい. [아니 킨쨔쿠라면 그렇게 많이 갈 필요 없어, 나하고 누군가 한 명만 더 가면 돼.]

班　長　僉知 영감 가시려우, 내가 가리까.

朴僉知　이게 무슨 말이요, 내가 가야지오.

韓　　　ぢや 三木さん これだけ 一つ 是非共も 具面して 載きたいんです. [그럼 미키 씨 이거 하나만은 꼭 마련해 주시길 바랍니다.]

三　木　(紙片을 받으며) ハ 分りましを 是が非ても なんとかして 來ませう. [예 알겠습니다. 어떻게든 꼭 해 오겠습니다.]

韓　　　なるだけ早く御願ひします. [가능한 빨리 해 주세요.]

三　木　(時計를 끄내보며) えーと 今 一時ですから, 四時か 五時までは 大丈夫戻って 來ますわ. [그럼 지금이 한시니까 4시나 5시까지는 돌아오겠습니다.]

班　長　넉々잡고 다섯 時間이면 댕겨 옵니다.

韓　　　發動船인데두 그렇게 걸립니까.

朴僉知　그렇게 걸닐 게 머요, 기관만 조면야 세 時間에두 갓다 오는걸 머.

韓　　　엇잰든 날이 새기 전으로 꼭 도라와 주십시오.

朴僉知　어런하겠읍니까. 누구 일이라구……. 저넌 목숨이나 꼭 좀 붇잡고 게셔 주십시요, 先生任.

三　木　では 一つ 御賴みします. [그럼 잘 부탁드리겠습니다.]

韓　　　は. [예.] (いさを에게 들어가 안는다)

　　　　배사공 칸데라44)를 들고 登.

배사공　僉知 영감 서울서 손님 오셨예요.

朴僉知　서울서.

　　　　文賢肅, 韓의 어머니 登. 사공 退.

朴僉知　……. 韓 先生을 찾어들 오셨읍니까.

文　　　네, 韓澈眞 先生을…….

朴僉知　게십니다……. 저 韓 先生.

三　木　さあ さあ こっちは いこう いこう. [자아 우리는 갑시다.]

---

44) 칸델라(kandelaar) : 금속이나 도기로 만든 주전자 모양의 호롱에 석유를 채워 켜들고 다니는 등.

朴僉知　　네네. 아가 이 손님들 좀……．

　　　三木, 朴僉知, 班長 退. 韓은 治療에 如前히 沒頭하다. いさ를 봐와 주
　　　고 呻吟 소리를 쪼차 이뿐이를 보와 준다. 꼬쟁이로 닥거 주며 양주 식
　　　혀 주며. 그것을 먼방45)에서 驚異와 失望의 눈으로 보다가 賢肅, 머리를
　　　떠러트린다.

香　姬　　……. 韓 先生님, 韓 先生님. (가르킨다)
韓　　　(비로소 発見하고 놀나며) 어머니, 왼일이세요. 그런데 엇더케 오섰읍
　　　　니가.
文　　　보내 주신 葉書로서 모시고 찾어 왔읍니다. 배가 없어서 가까스로 이제
　　　　야……．
韓　　　어머니, 險路에 엇덯게 오섰읍니까.
어머니　(가개방과 마루방을 '관'하야, 아들의 위아래를 흘터보고) 澈眞아, 네가
　　　　이게 무슨 일이냐……． (外面하며 운다)
韓　　　어머니?

　　　暗.

三　場

　　　이뿐의 다시 괴로워하는 소리-. 発動船 떠나는 소리로 溶暗-. 어둔 대로
　　　波濤 소리, 바람 소리, 갈메기 소리 한참-. 그대로 어둔 데서 字幕 '五
　　　時間 後'와 함께 突然 뒤없는 듯한46) 暴風雨와 그에 狂奔하는 激浪 소
　　　리로서 極히 徐徐히 溶暗-. 환히 밝았으나, 비와 안개로 컴々한 가운데,
　　　옥수수대 새에 烽火가 타고 있고 그 곁에 비에 젖은 任姓女, 정안수을
　　　상에 밧처 바다을 向하고 無数히 절한다. 風浪을 멀게 해 달나는47) 애
　　　끊는 祈願일 것이다. 蒼白해진 韓은 아래 웃방으로 번가러 治療하나, 이
　　　뿐의 病狀은 絶望的인 모양이다. 여러 번 下手에 가서 바다를 내다본다.
　　　하눌을 우러러 보고 한숨 짓는다. 班長과 国木田도 있다. 班長은 한 구
　　　통이에 안져 존다. 三木夫人은 아들 곁에 꼭 안져 있다.

国木田　　엎친 데 덮치는 격이로군요. (独白調)

---

45) '먼발치'의 오자거나 방언인 듯.
46) 뒤엎는 듯한.
47) 문맥상 '멎게 해달라는' 의미인 듯.

韓의 主意를 時々로 끄으는, 이뿐이의 呼吸 困難-. 목쉬인 悲鳴-.
香姬, 함지박에다가 큰 그릇 두 낯에 죽 같은 飮食을 만들어, 小女에게
이워가지고 登- 小女 곧 退場.

香　姬　(韓에게) 先生님 너무 無理를 하십니다. 요기라두 좀 하십시요.
韓　　주무시지 왜 또 나오셧읍니까.
香　姬　전 괜챤습니다.
　　　　(国木田에게) 좀 잡숫기두 하고 좀 권하기두 하세요.
国木田　글세……. 이 양반은 잠 하군……. 여보 竹村さん, 竹村さん. [타께무라
　　　　씨 타께무라 씨.]
香　姬　(任氏에게) 이뿐 어머니, 이뿐 어머니. (그래도 못 듯는다 가서 잡는다)
　　　　그만 하세요, 네.
任姓女　(퀭허니 도라다본다)
香　姬　그만 빌섰으면 인젠 靈驗도 날 것예요, 요기 좀 안하시려우.
任姓女　(못 들은 척하고 바다를 向하야 몸을 돌려가지고 멍허니 서 있다)
国木田　아 이 양반 그만 좀 깨요.
班　長　응. (번적 깬다) 왔어? 왔어? 였대 안 왔어?
国木田　날시 좀 봐요.
班　長　(落心한다) 허…….
香　姬　(空器 다섯에 죽 따러 놋는다) 손님들두 시장들 하시겠는데…….
　　　　(하면서 한쪽 그릇을 갖고 안으로 退)
国木田　韓 先生님.
韓　　어서들 잠수십지요.

　　　　二人 잠시 망서리다가 먹는다.

香　姬　(나오며) 배멀미에 몹시 욕들 보신 모양입니다. 아직까지 취해 게시
　　　　군요.
韓　　(그러냐고 하는 默答, 主意는 다른 데 잇다)
이　뿐　……. 엄마, 엄마. (韓, 곁에 뛰여간다)
香　姬　(얼른 任姓女에게 가서) 이뿐 어머니, 이뿐이가 찾어요.
任姓女　(쪼차 올나간다) 아가 나 여기 있다.
이　뿐　엄마, 하라버지.
任姓女　하라버지? 온야 네 약 가지려 가셨다. 곳 오신다, 곳 오시면 네 病두 나
　　　　을 터니까 잠잣고 있서 응, 아가.

44

이 뿐48) 서울아저씨 어디 갔어?

韓   (体溫 보고 맥 보고만 있다)

任姓女   서울아저씨, 네 곁에 게시잔니.

이 뿐   오늘이 명일이지.

任姓女   이뿐아, 네가 왜 이러느냐. 오늘이 명일이라니 무슨 명일이냐.

이 뿐   …….

韓   (香姬가 가저온 타올을 얼는 젓가슴에 그리고 最后의 施療로, 핀세트를
        달래서 목구녁을 끓어낸다 必死的이다)

        香姬는 연성 타올을 交代해 준다.

이 뿐   (施療를 拒否하면서) 엄마, 고무신 신구 놀려 갈 태야. 쥐, 응.

任姓女   고무신 신구 놀더 가다니, 애 이뿐아.

韓   고무신 갓다 주십시요.

任姓女   (다락에서 열은 빗49) 고무신을 내려주며) 에그, 에그 엇저면 조냐.

이 뿐   (고무신을 한 쪽식 잡는다 그리곤 最後의 呻吟을 한다)

韓   (문득 귀를 귀우린다) 앗 배, 배. (하면 미친 듯이 달녀가 바다을 내
        다본다)

        다른 사람두 一齊히 간다. 그러나 風浪만이 더욱 激烈하다.
        韓, 反動的으로 한칭 失望하야 時間을 보면서 いさを에게.

いさを   お母ちやん, お母ちやん. [엄마, 엄마.]

韓   (보며) 今にでも すぐ來てくれさへすればいいんですが. [지금이라도 당
        장 오기만 하면 좋은데.]

        두 아해의 惡化하는 쉰 숨소리. 이뿐의 소리는 오히려 희미하다.

いさを   お母さん, お母さん. [엄마, 엄마.]

班 長   앗, 왔다. 왔다.

        一同이 一齊히 귀를 기우린다.
        멀리서 風浪에 석겨 들리는 发動船 소리. 全員이 와르르 나서본다-.
        漸々 가까워오는 엔징 소리- 반가운 남어지 班長과 国木田는 나루께로
        내달으며 웨친다. "어." "어-."

---

48) ‘이뿐’의 오자인 듯.

49) ‘옅은 빛갈의’이라는 의미인 듯.

韓　　　(안房을 向하야) 文 先生, 文 先生, 文 先生, 잠간 일어나 나오십시요.

香姬가 들어간다.

韓　　　(火爐의 불을 도둔다)

香姬가 배 멀미에 어질어질한 文을 데리고 나온다.

韓　　　文 先生 얼는 協力 좀 해 주십시오.
文　　　엿태 배 멀미로 그만……. 죄송합니다.
韓　　　좀 빨리 셔둘어 주서야겠어요.
文　　　네. (洋服 포켙에 스폰치을 끄내 일변 自己 손부터 消毒하고 待機의 勢)
韓　　　이 患者는 내가 할 테니까 文 先生은 저쪽 患者를 맡어 주십시오. 인 타
　　　　락신 ○○瓦50)注射부터 于先 먼점 해 주시구요.
文　　　네.
韓　　　그리군 곧 따불로슈도 왔을 게니까 그놈으로 양추 식힌 댐 口腔과 咽喉
　　　　를 스프레이루, 患者가 좀 피로해도 괜찬으니까 充分히 시쳐낸 다음에
　　　　塗薬51)을 넉넉히 좀 발너 주십시오.
文　　　네 알었읍니다. 消毒은 이것으로 합니까.
韓　　　그거루 조와요. 잘 끌었으니까.

三木, 朴僉知, 폭 저저서 登. 各其 箱구 하나식 携帶, 너무 緊張하야 서
루 無言.

韓　　　(부리낳게 끄르며) 캠풀부터 차져 주십시오, 캠풀.
文　　　네. (沈着하게 器具, 药, 脫脂綿, 꺼스, 手術器具, 붕대 等 끄내놋느다)
韓　　　(各種 注射液 中에서) 올치. (꺼스에 싼 注射器를 보고) 오 이거 참 고
　　　　맙군. 미리 消毒까지 해 보냈어. (재빨리 皮下 注射器에다가 캄플液을
　　　　옴겨들고 쭈루루, 이뿐의게로- 그새 文도 所要注射를 갓고 いさ을에게
　　　　로. 韓 이뿐에 팔을 잡어보드니, 깜작 놀라 이르켜 꼭 안으며 "이뿐아"
　　　　"이뿐" 하고 불러본다)
韓　　　(얼는 口腔을 디러다 보고 다- 놀라) 賢肅 씨, 賢肅 씨. 잠간 좀 手術刀
　　　　와 고무管 빨리 좀, 큰일났어요. (文, 亦是 꺼스에 싼 手術刀具를 慌々
　　　　히 차어갖고 간다) 큰일낫군요. 이뿐아, 이뿐아……. 고새 목구녁이. 아,

46

어서…….

韓　　(躍気で怒鳴る [기를 쓰고 고함을 지르다]) 빨리, 메스, 메스. 여보, 메스.

文　　先生님……. (가벼운 絶叫로써 이뿐의 表情을 가르키며, 확 이러슨다)

韓　　(눈알과 要所를 檢視하드니 납덩이가치 沈默한다– 이뿐의 死)

（文은 いさ을에게로 韓는 무거히 내려서서 下手 옥수수를 가벼히 잡고 바다을 건너다 보며 남의 눈에 띠지 않게 嗚咽한다 눈치 채린 朴僉知 그 자리에 주저안즈며 땅 한번을 쿵 치고는, 몸을 이르키지 않는다 거진 同時에 任姓女 狂的으로 “이뿐아” 하며 껴안어 보고는, 다시 내려놓고 決定的으로 놀라다가 자즈러줘 뒤로 쓰러진다 香姬가 얼는 그것을 가슴에 안는다 – 暴風雨가 最平調52)로 席卷하엿다가 漸弱해진다）

朴僉知　（그냥 쓰러진 채, 사연이 많으나 간신히 알아들리는 말은 “이년아” “이년아” “이연아” 소리 뿐이다）

任姓女　아버지, 아버지. 이뿐이가 엇덕케 됬음니가. 살아남니가, 살아남니가. 네, 아버지 (間) 이뿐아, 이뿐아. (운다)

文는 비교적 冷徹하게 自己의 治療에만 全力.
고요히 幕.

第 三 幕

一 場

香姬의 집. (寄宿하고 잇는 姑母네 사랑채) 淨潔하고 넓은 房에 幅 넓은 一字 마루. ‘初秋’ 內部는 上手로 通한다.
溶明하면 香姬, 朴僉知 対座. (겻에 보에 싼 광주리 하나)

朴僉知　（울고 잇다）

香　姬　（딸러 울며) 그래 장례는 無事히 치루섯지요. 난 가 보지도 못아구…….

---

52) ‘최고조(最高潮)’의 오자인 듯.

朴　僉　되 묻어 버렸다. 파묻어 버렸어. (늣겨 운다)

香　姬　에구 입뿐 어머니가 오죽 하실라구.

朴　僉　관을 즐어안고 구뎅이 속으로 뛰여들려구 하드라. 같이 파묻어 달라구.

香　姬　그걸 하나 밋고 사시든 어른인데 왜 안 그러시겠어요!

朴　僉　卋上에 일런 변이 어데 잇느냐. 이런 변이 어데 잇서!

香　姬　그만 긋치세요. 인제 우신들 뭘 하세요.

朴　僉　오냐! 안 운다, 안 울어. (如前히 운다)

香　姬　재주껏 정성껏 할대루 다해서 죽는 거야 엇덕해요.

朴　僉　에이구 누가 아니래니, 내 말이 그 말이란다. 엇덕허면 살릴가 그 애를
　　　쓰시든 韓 先生의 功도 보람 없이 생각할사록 그 한가지가 절통해서
　　　못 견듸겠구나!

香　姬　아졌이 혼자만 당하는 일임잇가, 어듸.

朴　僉　아이에 이런데서 子息 색기 길을게 아니드라, 어휴.

香　姬　그만 좀 고정하세요. 네? 아졋시!

朴　僉　(눈물을 씻으며) 이거 안됐다. 헌데. 文 先生게서두 안 계시냐?

香　姬　두 분이 함게 나가셨이요. 그런데 한참 되는대 윈일일가?

　　　(韓의 母 登場)

香　嬉[53]　아이 좀 괜찬으세요?

母　　　누어만 잇자니 엇지도 답々한지, 엿태 안을 들어왓구먼……. 이 사람들.

朴　僉　마넴……. 날새[54] 안녕헙쇼.

母　　　어이구……. 난 또 누구시라구. 그래 어린 것을 일쿠 엇더케나 지내시우.

香　姬　엿태 그 얘긴데 그 뒤룬 그냥 눈물로 세월이시람이다.

母　　　그러실 테지 왜 안 그러시겟소. 원수의 귀신도 무심도 하지…….

朴　僉　다- 제 命인 걸 엇젬닛가. 그러나 져러나 손님 어른들게 내가 엇지
　　　나 죄스러운지 몰으겠읍니다. 초상까지 치루시구 이렁케 옴기시게
　　　해서…….

母　　　온 별말슴을, 오히려 우리가 오나가나 폐만 끼처서요.

香　姬　폐가 무슨 폐예요. 졔가 모-든 게 섯툴러서 여간 불안스럽지 안은 걸요.

母　　　그런 소리 마오. 인제 우리가 서울로 올나가면 이 신세는 갑흐리다.

朴　僉　서울입쇼? (香姬를 흘끔 보며) 서울은 언제 올라가시는뎁쇼.

---

53) 香姬의 오자. 필사본이기에 이런 오자가 많다.
54) '날사이'의 준말. 날사이는 '지난 며칠 동안'이라는 의미.

48

母　　　배人便만 있으면 오늘이라도 올라가야지요.

朴　僉　오늘요? 아니 그럼 져- 韓 先生님두 함게 올라가심닛가?

母　　　아 그럼 아들 데릴러 왔다가 나 홈자 올라가란 말슴요!?

朴　僉　애야 이게 참말이시냐……. (香姬……) 韓 先生이 올라가시다니, 정말
　　　　이심닛가 마넴!

母　　　이게 무슨 소리요, 僉知 영감……. 거 무슨 곡절잇는 소리구면. 참말 아
　　　　니면 내 子息이 아조 이 '섬' 사람 되여줄 줄 아셨소?

香　姬　(朴 첨지에게 말하지 말나는 눈짓)

朴　僉　(알어채고) 아, 아니올시다. 하도 뵙기 드문 貴人을 뵌지라 그 先生게
　　　　의 떠나신다는 말슴을 듯자 空然히 마음이 좃치안어 그랬읍니다.

母　　　(겨우 安心하며) 가면 아조 永 이별인가요. 여름철이면 각금 네려오리다.

朴　僉　(뭔가 몂이 망서리다 홀적 이러스며) 안져 게십시요. 전 좀 가 봐야겠읍
　　　　니다.

香　姬　아니 별안간 왜 그러서요.

朴　僉　아니다. 져 이어른 韓 先生 좀 急히 맛나 뵈야 할 일이 있어서. (門까지
　　　　나갓다가 다시 돌려스며) 마넴……. 져……. 이런 생각 해 보신 일은 없
　　　　음잇가……. 져……. 아드님과 함게 참 보잘것 업는 고장이올시다 만은
　　　　그래두 사람 사는 곧인 뎁쇼. 예서 좀 살어 보실 생각은 없으심닛가.

母　　　앗가붓터 僉知영감은 거 무슨 얘기를 작구…….

朴　僉　내친 걸음이니 말슴이올시다만, 마님, 韓 先生게서 정말 올하가신다면
　　　　인젠 다 죽는 줄만 아는 사람이 한 두 사람이 안일 게 올시다. 韓 先生
　　　　을 무슨 神ㅅ님갓치 못 닛게들 됐담니다, 마님!

母　　　(傲然히 이러서 內退하며) 거 다 무슨 소리요, 僉知 영감. (退場)

　　　　- 間 -

香　姬　아져시도 별안간 그게 무슨 말슴예요!

朴　僉　왜 그러니……. 내 왜 못할 소리라도 햇니?

香　姬　어럼이나 잇세요. 그러지 안어두 '섬' 사룸들이 韓 先生님을 붓잡는
　　　　눈치를 채시구 어젯밤에는 자졍까지 韓 先生님을 붓들구 울구 따지
　　　　구 하셧는대.

朴　僉　그럿케 기승한 어른이시냐.

香　姬　그럼 어는 父母가 조와하시것서요.

朴　僉　그야 그럿치만 너도 좀 생강해 봐라. 이런 貴人을 언제 다시 모셔 보

겟나……?

香　姬　그야 게서 주시기만 한다면야 좀 좃켓서요. 그러나 아즉 나희도 젊으시고 人望도 높으신 어른의게 넘우도 한편 생객만 하시는 게 아니예요.

朴　僉　앤 이게 무슨 소리야. 그젓게 面所에서 이 섬에 모々한 사람들이 모힌 자리에 韓先生을 請해놋코 초벌다짐은 해 본 일이 잇기에 말이지…….

香　姬　그래 先生님은 뭐라구 하세요.

朴　僉　안된다구 하실 수야 잇느냐, 왼 洞네가 되리 우젓는데 亦是 어머님 걱정은 하시드러만…….

香　姬　그러니 先生님만 딱하시지 안어요. 졈- 졈-.

朴　僉　그 말이야 다해서 뭘 하겟니. 정말 우리가 와- 하구 일어날 지경이면 韓先生만은 참아 우리들을 뿌리치고 自己 압일만 캘 분은 아니시드라.

香　姬　글세 그런 줄야 누가 몰음닛가. 문졔는 꼭 그 어머님 한 분 쌤은이시라 닛가요.

朴　僉　애……. 그 文先生이라는 분두 마나님과 갓치 한 便이시냐.

香　姬　글세요.

朴　僉　엇잿든 文先生은 네가 좀 잘 삭의여 봐라.

香　姬　졔가 엇덯케 그럴 줄 알어요.

朴　僉　오냐. (손을 겨으며) 일 업다, 다 된다. 정녕 뭣하면 이번에는 마나님을 붓잡고 느러질련다. 내 어듸가서 이 어른을 빨니 맛나 뵈야겟다.

竹　村　(登場하여 僉知와 下手에서 맛난다) 僉知 영감 여기 게신 걸 그럿케 차젓구려.

朴　僉　왜, 왜 그러시유. 다들 모였읍딋가?

竹　村　다들 모힌 게 뭐요. 面長아우님섯건[55] 오셔서 얘기들이 다 되여가는데.

朴　僉　그러니 이 先生님게서 게서야 될 게 아니요? 어듸서 못 뵛소?

竹　村　왜 안 게시오.

朴　僉　안 게셔서 막 차져 나가는 길이라오. 엇잿든 이 어른붓터 차져법구…….
　　　　(急히 나간다)

竹　村　얼는 좀 차져 봐요. (香姬에게) 참 몸이 좀 엇던가?
　　　　우리가 모셔야할 손님들을 자네가 애써 줘서 미안하네……. 그런대 女子 先生님께서도 안 게신가?

香　姬　함게 나가셔서서 안 들어오셨는데 왜 그러세요.

竹　村　음……. 잇다가 先生님이 들어오시거든 내가 駐在所主任 심부름을 왓

---

55) 섯건 : '하고'라는 의미의 연결형 조사.

50

드라구 엿줍고 所長아들 いさをさん. [이사오 상.] 이 인젠 아조 깨끚
이 나서 오늘밤에 韓 先生 인사차로 오시겟마구 햇는데, 갑작이 邑內
를 가실 일이 생겨서 못가니 미안함니다ㅡ구, 그 말씀을 좀 엿줘 달라
구 해서…….

香 姬　네! 드러오시는대는 엿줍지요.

竹 村　그러구 참. 그런데 거 엇더케 韓 先生을 못 올라가시도록 자네 재주로
　　　　좀 붓들 道理가 업겠나?

香 姬　네!? 제가 무슨 힘으로 韓 先生을…….

竹 村　그럴 테지……. 난들 오죽 답답해야 이런 소리를 하겟나?
　　　　하여튼 잇다가라도 다시 한번 들믐세. 난 또 檜나무집엘 좀 들러봐야겟
　　　　네……. 長奐이 病이 대단한 모양이야. 그러니 韓 先生님 들어오시거든
　　　　그럿케 엿줘 주게.

香 姬　네 安寧히 가세요.

竹 村　(急히 나가렬 때)

韓　　　(登場)

竹 村　에구 先生님 맞츰 들어오시는군. 아 그러잔어도 지금 져……. 面長宅에
　　　　들…….

韓　　　네……. 지금 僉知영감을 맞나 봤읍니다.

竹 村　네……. 그럼 져ㅡ 말씀은 다.

韓　　　지금 몹시 피로함니다. 잇다가 다시 한번 들러 주십시요.

竹 村　네 네……. 그럼 먼져 좀 가 보겠읍니다. 안녕히 게십시요. (退場)

香 姬　文 先生님은 어데 가섰어요?

韓　　　뭐 郵便所엘 좀 들러오신다나 봄니다. 어머님은?

香 姬　아마 지금 누어게신가 봐요.

韓　　　(말우에 걸쳐 담배 피운다)

香 姬　참……. 앗가 僉知영감이 여러 가지로 애기가 만튼데 先生님게서는 퍽
　　　　걱정되시겠어요.

韓　　　글세올시다. 아닌게 아니라 엇쟀으면 조흘는지 걱정이올시다.

香 姬　괘니, 한쪽 생각들만 하구 그 야단들이예요.

韓　　　그런데 香姬氏ㄴ 왜 이럿케 작구 움즉이심닛가? 아즉 微熱도 가시지안
　　　　코 했으닋가 힘써 安靜을 하셔야 할 텐대.

香 姬　그래두 요샌 気分이 행결 조와졌어요. 이러다가 先生님게서 훌적 떠나
　　　　버리신다면 전…….

韓　　　結局 精神力으로 病을 이기서야 합니다.

香　姬　글세요……. 先生님…….

韓　　　네!?

香　姬　언졔쯤 올라가시게 되겠읍닛가?

韓　　　아즉 잘 몰으겠읍니다.

香　姬　(망서리다가) 져도 요번 先生님들이 가시게 되면 갓치 가고 싶어요.

韓　　　누가 간다고야 그랬음닛가…….

香　姬　(망서리다가) 져 홈자서 療養한다는 겄이 인졘 안될 일 갓하요. 어데고 先生님 게신 곳에 가서 여러 가지로 가르침을 밧어야만 젼 살어날 것 갓어요. 만일 先生님게서 폐롭게 역이신다면 져는 先生님 게신 곳 갓가히 가서라도 살어야지 이럿케는…….

韓　　　香姬 氏를 누가 폐롭댔읍닛가?

香　姬　아모도 말슴하시지는 안치만은 모도들 그러시는 것만 갓어서 젼 견될 수가 없어요. (목이 멘가) 제가 차라리 아-무것도 몰으고……. 先生님을 맛나지도 말고 그대로 죽엇드라면……. 얼마나 조왔을지 몰라은, 정말 져 갓은 겄이 先生님을 뵙게 된 것부터가 過分한 일 갓아요……. (間) ……. 그래서 지금 져는 그 罰을 밧고 잇는지도 몰으겠어요.

韓　　　(正色하며) 무슨 그런 말슴이 있읍니가. 벌이라니요? 사람이 서로 알고 親히 지내는 겄이 왜 낫부겠읍닛가. 그리고 제가 医師라서 그런 게 아니라 香姬氏는 언재나 내 엹에 있어도 좃코 또 나는 언제나 香姬氏의 健康을 삺허뒤려서 조곰도 不自然할 겄이 업다구 생각하는데요.

香　姬　그래두……. 윈일인지……. 韓 先生님게두 그럿치만 文 先生님게두 져는 그져 괴로운 위인인 것만 갓아서…….

韓　　　文 先生이요. (香姬 고요히 처다본다) 그럴 理가 있읍니가.

香　姬　그래도 그런 위인으로 보여질가 봐 젼 몺이 두려워요!

韓　　　하여튼 다 누구나 몸이 몺이 쇠약할 땐 空然한 생각에 사로줣이기가 쉬운 일입니다. 조곰도 그럿케 어려워하실 것 없이 香姬氏의 健康을 위해 저의 힘이 소용되시는 때는 언제나 말슴해 주십시요. 힘 자라는 데까지 무었이든 돌보아들일 게닛가요.

香　姬　……. 넘우도 과분한 말슴예요. (솟는 感情을 억제하며) 져는……. 그리고 오늘까지 스믈 내해 동안에 이처럼 과분한 말슴을 들어보기는 정말 처음예요. (목이 멘다) 그리구 요새는 윈일인지 작구 울구만 싶어요. (기침을 한다) 이러다가는 얼마 못살 갓 같아요.

韓　　　香姬氏 왜 그런 생각을 하서요. 그런 생각은 몸에 해롭습니다. 明朗하게 사서야 함니다. 이럿케 살아간다는 게 좀 즐거운 일임잇가. (가가히 가서) 香姬氏.

文　　　(登場) (줏줌헷다가 그대로 들어슨다)

韓　　　(거리김 없이) 片紙 다 붓쳤어요.

文　　　네-. 郵便所두 엇지 먼지……. (香姬의게) 어머니 어디 가섯서요.

香　姬　안에 게심니다.

香　姬　(가만히 일엇슨다)

韓　　　왜 일어나심닛가.

香　姬　점심 때가 지냇는 걸요. 진질 채려야지요. 文 先生님 안져게세요. (안으로 退場)

　　　　寸間.

文　　　어머님게서 무슨 말슴 없었어요?

韓　　　있엇음니다.

文　　　엇더케 하실 作定이세요.

韓　　　글세요.

文　　　左右間 얼는 決定은 지으서야 하잔켔어요……. 변々치는 못하나마 所謂 医学을 한다는 져로서야 서울 올라가시기를 주져하시는 澈眞氏의 胸襟을 외 몰을 理가 잇겠어요! 그럻이만 어머님의 意思을 거슬리면서까지 이럿케 지체하실 건 업지 안허요.

韓　　　거슬리다니요. 내가 어머님 의사를 거슬리고 싫어서 거스림닛가. 그게 무슨 理解없는 말슴예요.

文　　　어폐가 있음닛가. 그럼 취소하겠음니다. 허지만 이런데서은 아주 살 수는 업잔어요? 그럴 바앤 요 다음이란 期会로 밀우시고 차라리 올아가시는게 어머님을 위하시는 道理라고 생각합니다.

韓　　　다음 期会애요? 그래도 죳켓지만 그러나 이 섬사람들이 얼골을 볼 때, 이대로 훌적 떠나 버릴 勇気가 나질 안어서 그럼니다.

文　　　네!? 젼 先生님이 이럿케 과단성이 없으신 줄은 몰랐에은. 참 이상합니다.

韓　　　이상하다니?

文　　　(決然히) 올라가시기를 주져하시는데 대해서 졔가 엇던 딴 理由를 차져도 괜찬습닛가?

韓　　딴 理由라니요?

文　　(똑 바로 쳐다본다)

韓　　香姬氏를 두고 하는 말이요?

文　　怒하섯서요?

韓　　不快합니다.

文　　제가 誤解ㄹ가요?

韓　　아니지은, 제가 賢肅氏를 誤解햇는지도 몰으지요.

文　　그건 엇지 하시는 말슴이세요.

韓　　(소리를 낫추어) 허나 亦是 文 先生이 나를 誤解하고 게시오. 설마 내
　　　가 香姬라는 女子를 조흔 사람이거이…… 或은 좃타는 程度를 넘어서
　　　사랑하드라도 그것 때문에 내 去就라든가 내 生活에 重要한 目標가 変
　　　하리라고 생각하섯다면 大壇히 섭々한 일이올시다. 지금 問題는 決斷코
　　　그런 곬에 잇지 앗습니다. 다시 내게 問題되는 것은 나를 붓잡고 놋치
　　　안는 이 섬이요. 대체 내 한 몸이 무어라고 이쳐럼 간곡히 붓잡는 그
　　　정성들을 물리칠 수 잇겟소.

文　　그건 져도 잘 암니다. 그러나 설마 지금 떠나신대도 이 '섬'을 영 져버
　　　리시는건 아니잔어요. 다시 오셔도 늣잔찬어요? 어머님을 져버리시며
　　　까지 이곳에 꼭 게셔야 할 理由를……. 전……. 져의 쳐지로선……. 해
　　　석하기에 골란해욘.

韓　　(물끄럼히 바라보다가) 지금껏 나를 괴롭인 것이 그 점이요. (끊엇다
　　　가) 나도 남에게 지지 안케 어머님을 사랑합니다.
　　　또 나 하나로 해서 그 어머니의 눈물겨운 一生을 나도 뼈에 색이도록
　　　잘 알고 있음니다. 그리구 어머니의 내게 對한 기대를 져버리기가 나로
　　　서 얼마나 괴롭고 어려운 일인지도 잘 알고 있음니다. (끊엇다가) 그러
　　　나 어머니는 내 어머니지 남은 아니요. 내 것을 犧牲하지 안코 엇더케
　　　남을 돌볼 수 잇겠소.

文　　그럼 게시기로 作定하섯단 말슴예요.

韓　　– (沈　黙) –

文　　(도라서 운다)

香　姬　(登場) 졈심 채려 놨음니다. 들어들 가세요.

韓・文　– 沈　黙 –

香　姬　(韓의게) 先生님, 잠간 들어가 보세요. 어머님께서 차즈심니다.

韓　　네. (急히 들여간다)

文   香姬 씨, 좀 안즈십시오. 이리로 온 후 한번도 조용히 얘기도 드릴 기회
      가 없어서……. (香姬 안는다) 퍽 유감으로 생각했습니다. 여러 가지로
      失禮되는 行動이 많었을 줄 압니다.

香 姬   별말슴을……. 제가 되레 넘우 무관하게 굴어서 죄송해요.

文   失禮올시다만 앞으로 香姬氏는 언제까지나 이곳에 게시겠읍닛가.

香 姬   (뭣을 決心한 듯이) 언제고 先生님께서 떠나시는 날 갓이 떠나랴구
      해욘.

文   ……. 무슨 말슴인신지……?

香 姬   져도 잘 몰으겟서요. 허지만 져는 先生님을 떠나서는 하로라도 살어나
      갈 힘이 없을걸 갓아요.

文   (가볍게 우스며) 病院에 게실 때 比하면 행결 나섯는대 뭘 그러서요.
      韓 先生님도 인젠 自己工夫도 좀 하서야지요. 그분의 成功을 조곰이라
      도 방해하는 것은 그분을 생각하는 道理가 아니닛가요.

香 姬   (놀러며) 방해라니요. 져를 그렇케 밧게는 안 보세요. 제가 先生님을 先
      生님으로 따른 것도 방해가 되나요?

文   아닙니다. 그런 意味가 아니라 제가 말한 것은 그분에게 對한 香姬
      씨의 참맘을 물어본겜니다.

香 姬   네? 져의 참맘이요.

文   조곰이라도 香姬氏가 先生님을 對할 때 先生 以上의ㅅ 것을 늣기신다
      면 그것은 곳 그분의게 알여질 것이요, 알여진다면 그분의게 졸 理야
      잇겠어요?

香   (落望) ……. 제가 그분의게 엇던 것을 늣겻는지는 져도 잘 몰라요. 그
      러나 져는 단지 제가 病者닛가 언제까지 医師이신 그 先生님을 따러도
      죄 될 게 업다고만 생각했음니다. (어느듯 눈물이 어린다)

文   (무엇에 後悔하며) 졔 말은 그져 香姬 씨나 韓 先生을 위해서 잠간 염
      녀한것 뿐입니다. 香姬 씨가 한사람의 病人으로써 先生님을 쫏는 것뿐
      이라면 終身토록 쫏튼들 그거야 무슨 상관이 잇겠음닛가.

香 姬   (싸늘히 우스며) 제가 만일 先生 以上에ㅅ 것을 밧첫다면 그건 韓 先
      生님에게만 알여질 것이 아니라 文 先生님께두 따라 알녀졌을 것이 아
      니예요. 그런 点을 왜 말슴해 주시지 않으심닛가. 지금 文 先生님게서
      하시는 말슴이, 줄거리도 그런데 잇는 것이 아니겟서요?

文   (이 亦 싸늘한 우숨으로 마주보며) 굿태여 請이라시면 말슴드리지요.
      그러나 女子들끼리란 더구나 이런 일에야, 말로 通하는 일도 잇지만 말

없이 通하는 일도 만찬어요. 그건 이제라도 香姬 씨 自身의 마음에다
물어보셔도 잘 아실 걸임니다. 그렇치두 않을가요?

香　姬　(唐慌하나 冷情하게) 몰은다구 대답할 수밧게 없어요.
　　　　전 韓 先生님을 尊敬한 記憶밧게는 없으닛가요. 훌늉한 先生님으로서
　　　　尊敬한 것 그 뿐입니다. 그것이 죄가 될는지는, 賢肅氏가 尊敬하는 분
　　　　을 제가 尊敬해선 안된다는 境隅56)는 업잔어요 (돌안즈며 손수건을 끄
　　　　낸다) …… (間) …… 다만 이제 文 先生님 말슴을 듯자 한가지……
　　　　그래요. 文 先生님 말슴을 通해서 져는 지금 제 모양을 다시 한번 살피
　　　　고 바라보게 되였에요. (목매어 文을 避해 숨어서 嗚咽한다)

文　　　(쫏차가서) 香姬氏 香姬氏. (달래랴할 때)

母　　　(소리만) 맘대로 해라. 몰은다 몰라.

文　　　(놀라 視線을 돌닌다)

母　　　(登場하야 文의게) 왜 点心 안자시요?

文　　　네……. 이제 먹지요.

母　　　그런데 文 先生 이거 큰일낫구려. 애가 아조 있을 모양이구려.

文　　　글세요.

母　　　그러니 博士도 学士도 다 버리구 이 섬 구석에서 가난뱅이와 씨름하다
　　　　니 될 말리요.

文　　　아마 韓 先生은 무슨 큰 決心을 하신 모양 갓애요.

母　　　그러니 오늘은 무슨 일이 잇든지 끌구 갈 도릴 차려야겠오.
　　　　개가 只今까지 내 말을 억여 보지 안튼 애닛가 오늘은 내 끗장이 나도
　　　　록 극성을 좀 부려야겠오. 이 사정 저 사정 보다가는 큰일나겠오. 뱃時
　　　　間이 엇덕케 됫는지 오늘밤이라두 올나갑시다.

韓　　　(登場하여 端正히 正座하고) 어머니 그만 좀 고정하십시요. 전들 뭐 잇
　　　　기로 確実이야 했을닛가?

母　　　確定하나마나 그겻게 동네 사람들 모힌 데두 갓다면서…….

韓　　　그런 말슴은 어데서 들으셨어요.

母　　　왜 난 귀먹어린 줄 아니. 네가 얘기하지 않으면 통 밤중일 줄 알어? 그
　　　　런데까지 왜 참견을 해 글세.

韓　　　뭐 가기만 하는 데야, 아모 데를 간들 산관 있음닛가.

母　　　네 맘대로 상관이 업서? 아이예 이 '섬'에 잇는 동안엔 내 말 없이
　　　　누구를 맛날 것두 업구 교계할 것두 없다는 당부른 뭘로 들엇니?

───────────────────────

56) '境遇'의 오자인 듯.

56

응?

文   어머님, 몸도 성치 않으신데 그만 진정 하십시요.

母   文 先生은 잠간 가만히 게슈. 그리구 너 하로잃을57) 이 핑게 져 핀게
      하면서 이까짓 고장에 느러붓틀 곡절이 뭐냐 뭐야?

文   그건 生각잔튼 危急患者들이 작구만 붓잡고 놋치를 않어서 할 수 없이
      그리된 게 아닙닛가?

母   아니 네가 여긔서 무슨 病院을 차렷니? 그럿찬으면 무슨 往診出張을
      왓니? 그져 몰은다면 그만일 겄을 왜 기를 쓰구 그래.

文   어머니 금방 죽는 사람들을 보구 医師로서 엇텃케 못 본 척 하겠어요?

母   文 先生은 가많이 좀 있으래두 이러시우. 도대체 재가 하는 꼴이 통 틀
      넛지 뭐야! 너는 네가 조와 참타탑게 단이든 病院을 그만두고 이 짓이
      지만 이 文 先生이야 뭣 땜은에 病院을 쉬고 널 쪼차와 이 苦生이겟니.
      넌 남의 폐라는 것두 몰으는 사람이냐.

文   어머니……?

      香姬 下手 뜰에 우두머니 섯다가 退場.

母   그리구 어듸 말 좀 해 봐라. 동네사람들이 널 뭐라든, 널 못 떠나게
      빗그러맨다든. 그럿타면 그것 내가 가서 따질 테다. 남의 子息에 젼
      정58)을 막어두 분수가 잇지 응, 그런 不良無識한 사람들리 어데 잇
      단 말이냐??

韓   어머니 고만 고정하서요.

母   어듸 내 앞에서 말을 다 터러 놔 봐라. 왜 말을 못하니? 날 속이구 네가
      무슨 흉게야, 흉게가. 안대, 안돼.

韓   어머니 제가 왜 어머니를 속임인가. □上59)은 面이나 駐在所에서 그리
      고 이 '섬'사람들이 져를 붓잡는 것도 事實임니다. 사람 아쉰 데라 져
      갏은 의인도 긴하게 생각해서 그러는 일이 일변 고맙기도 하고 또 아
      시다 싫이 医療機関 하나 없이 애매한 不幸이 뒤따러 일어나는 겄을
      볼 때 혹 있어 볼가 하는 생강도 가져보기는 했음니다만은, 졔 自身
      아즉 確實한 일은 아인데 뭤을 속인다고 그러심닛가, 어머니.

母   그래 동네 사람들이 널 보고 病院을 세워 줄 테잇가 여기서 살어다고

---

57) '하루이틀'.
58) 前程 : 앞 길.
59) 문맥상 '실상(實上)은'인 듯.

한 말을 안 했니?

韓　　그런 소리두 있었음니다만 졔가 어듸 승낙을 했어야지요.

母　　승낙을 안 했으면 뭐라구 대답을 햇단 말이냐.

韓　　어머님이 게시닛가 한번 엿줘바야 한다구 했음니다.

母　　인제야 바른말을 하는구나. (울면서) 이래두 어미를 속인 게 아니냐. 오
　　　냐 다 그만둬라, 다 그만둬!

文　　先生님 自身 確定도 안하섰다는대 인제라도 갓치 올라가시면 될 게 아
　　　님닛가.

母　　文 先生……. 어서 짐 좀 꾸려 주슈. 내가 靑春에 혼자 돼서 저 하나를
　　　밋고 살어왔소. 그래 이게 그 보복이겠소? 남들은 져보다 더 젊은 것들
　　　이 다―들 博士가 되여 떵々거리는대 다 말라빠진 이런데 와서 지내라
　　　고 그랫겠오. (주먹을 치며) 소 갈 데 말 갈 데 가리지 안코 내가 엇허
　　　케 해서 져를 工夫를 싫엿냇오! (다시 怒気로) 두 말 말구 빨니 떠나
　　　자, 안 떠날 테야? 안 떠난다면 난 나대로 가겟다. 그때는 너허구 나
　　　허구는 永々 남 될 줄 알어라.

文　　(母의게) 앗가 郵便所 갓든 길에 알어 밧서요. (다시 韓의게) 오늘 져녁
　　　에 배가 들어올 것 갓다구 그래요. 어머님게서도 이쳐럼 말슴하시고 하
　　　니 고만 떠나시도록 하시는 것이 엇덧켔어요?

韓　　…….

文　　先生님 뜻은 잘 알고도 낢음니다만……. 네?

韓　　…….

文　　위선 올라가셔서…….

母　　그만두, 고만둬! 그러구 우리끼리나 올나갑시다.
　　　博士学士두 인젠 다 틀닌 거, 나중엔 남 혼인갓치 장사치레까지 다―
　　　많어 보고 싶어서 하는 걷인데 무슨 얘기은, 얘기가……. 제 발등에 불
　　　도 못 끄는 것이 무슨 남에 걱정이겟소, 글세. 어이구 이리도 에미 心
　　　情을 몰라줄 줄이야 누가 알엇겟소.

文　　그야 어머님 心情을 몰으시는 게 이님니다. 韓 先生케서 설마 생각
　　　업는 일을 하시겟서요. (韓의게) 선생님 우리 그만 떠날 準備나 하세
　　　요……. 네!?

竹 村　(恍急[60]이 登) 先生님 先生님. 이거 큰일났음니다. 檜나무집 病者가 아
　　　죠 샛파랏케 질려 가지구 금방에 숨이 끊어질 것 갓아서 뛰여 왔음니

---

60) '遑急'의 오자인 듯.

다. 염체가 없어서 입이 떨어지질 안슴니다만은 엇덕험닛가, 금방 죽
는 목슴을 못 본 척 할 수 없어 이렇케 뛰여왔는뎁죠. 그저 잠가만
좀…….

母   文 先生……. 그리고 애……. 어서 안에 들어가 点心이나 먹자. (이러
스다)

韓   文 先生, 어머님 뫼시고 먼져 좀 잡숴 주십시요.

母   (놀라 다시 주져안져 韓을 노린다)

竹 村   아이구 원 너무나 신세스럽고 미한합니다. 그 아범 尹書房이 죽으면 죽
엿지 선생님게 엇지 請을 드리느냐고 안절부절하는 꼴을 참아 보지 못
해 뛰왔어요, 先生님.

韓   알는지는 오래 됏다지요.

竹 村   말슴맙쇼. 그 집은 아조 홈빡 망해 버렷담니다.
        그 병치레에…….

韓   賢肅氏- 거기 가방 좀 집어 주십시요. (竹村의게)
        竹村さん 한걸음 먼져 가십시요. 곳 가겠음니다.

竹 村   네……. 그럼 먼져 갑니다. 곳 좀 와 주십시요. (退場)

韓   그럼 賢肅氏! (退場)

母   어휴! 이 늙은 게 왜 죽지를 못하구 사래서 이 꼴을 보누. 내 호랭이를
        길럿느니라. 범에 색기를 길럿서……. (주져안는다)

文   어머님! 고만 고정하세요.

        暗

二 場

檜나무집- 下手 한 구석에 늙은 檜나무.
오양간부터 건는방, 안방, 마루, 부엌, 土墻, 싸리 大門 等 제법 規模 있
으되- 이미 그 規模란 것은 形體 뿐으로 뭉어지고 씨러지고 風雨에 삭
고 頹色하고 마치 엇던 物体가 그 生存을 다한 殘骸같은 그런 모습.
前場에서 数日後 黄昏.
울타리 밖 한참 떠러진 곳에서 굿하는 騷音이 継续하야 들린다-.
그 소리로 開幕.
건는방에 누어 있는 長突. 그 곁에 端正히 안져 부채질하는 二突-.
마루 아래 김나는 큰 솟. 울타리 밖에 고슴도치[61]가 눈으로 누굴 찾는

듯 기웃거리다가 살어진다.

二　突　누나 누나. 성이 情神 채렀어. 성이 情神 채렸어.

粉　實　저 물그릇 다우. 옵빠, 물이여 물. 情神 점 채려요, 옵빠.

長　突　(신음하구 물 마신다 粉実리 마조보며)

粉　實　옵빠 옵빠, 이젠 괜찬우 응.

長　突　나 약 좀 다우 약.

粉　實　나 뒤겻헤 나가 볼 테니 虎骨 국물 갓다 듸리구 좀 잇다가 虎骨 가루약
　　　　두 듸려라, 응.

　　　　檜나무 밋흐로 尹 서방, 崔主事 登場.

崔主事　(뒤떠러지면서 딱々어린다) 마음대루 하지. 마음대로 해. 약조금 三百
　　　　円하구 내 비요듸린 것[62] 八十円만 당장 내놓지. 앗다 그 뒷일이야 무
　　　　슨 것을 하든 내가 아랑곳 잇나.

　　　　尹 서방 한숨만 짓고 섯다. 집 뒤에서 분실이 나오다가 崔를 보고 잠간
　　　　멈춧햇다가 부엌에서 체를 갓다 二突에게 주고 長突의 옆에 가 앉엇다
　　　　가 다시 집 뒤로 도라가려 할 때.

二　突　(솟에서 뿌연 국물을 체로 걸러 사발에 받으며) 굿은 무슨 굿을 밤 새
　　　　가며 해.

분　실　쉬. 그런 소리 말래두.

尹서방　분실아 오늘은 일즉암치 끝을 내라.

분　실　그운 다 끝나가요.

尹서방　(갑작이 거칠게) 오늘 億七이란 녀석 또 봣니?

분　실　아니요. (慌々이 집뒤로 退場)

尹서방　(檜나무 밑에 걸터앉으며 시름없이) 골고루 망하는구나, 골고루 망해.

崔主事　(時計를 끄내 보며) 허 어느새 여섯時야……. 여보 尹書房, 딸의 전정
　　　　을 생각해서라두 서울루 보내는게 난 것이, 그래 여기다가 두고서 고
　　　　슴도시란 놈 밥을 맨드는 것이 옳겠오?
　　　　웨 사람이 이 지경이요, □□□□□□□□□.

尹書房　香姬돼 온 꼴을 보니 참아…….

崔主事　여보 尹 서방 그것도 다 사람 나름이오. 분실이 가치 똑々한 애를 엇덧

---

61) 앞서 등장한 億七의 별명.
62) 문맥상 '내가 빌려 드린 것'이라는 의미인 듯.

　　　　　케 香姬에다 비한단 말요, 참.
尹書房　엇쨌으면 졸지 그야말루 진퇴양난이구료.
崔主事　쓸데없는 생각 마슈. 그럼 종내 고슴도치밥을 맨들겟오?
尹서방　이건 말을 너무 하는구료. 내가 아무레기로 그 늠에게 딸년을…….
崔主事　그럼 엇절 테냐 말요, 온 이것도 저것도 안이면 시간은 작구 가는
　　　　데…….
尹서방　…….
崔主事　서울선 눈이 빠지게 색시 오기만 기다리는데……. 오늘 안 가면 난 아
　　　　주 신용 타락요. 온 十余年이나 이런 노릇을 해 먹든 중 처음 본단 말
　　　　야, 처음 봐.
尹서방　작々 좀 떠들너요. 저 큰놈이 알면 남 천신만고해 살리려든 것을 지레
　　　　다 쥑이겠오.
崔主事　(더 크게) 그럼 숫제 파타하지 자. (손 짝 벌린다)
　　　　三百八十円만 내, 내요.
尹서방　무러 줄 수만 있다문 오작 좋겠오.
崔主事　홍 돈은 돈대루 다 써 버리구, 아니 내 소식 몰으는 모양이지.
二　突　(사발에 藥 국물을 식히며 있다)
尹서방　그 돈은 벌서 宋参奉네 藥갑으루 다 들어갔오. 내가 쓴 술 한잔 그 돈
　　　　으로 먹었겠오.
崔主事　藥갑에 썼든 술갑에 썼든 내가 무슨 아랑곳이냐 말야. (時計를 다시)
　　　　오늘루 배를 타든가 三百八十円 무러놓든가 양단간에 요정을 지어야
　　　　지??
二　突　(가까히 와서) ……. 아버지?
尹서방　한술 더 뜨는구려, 여보 잠간 이리 나갑시다. (일어서 끈다)
二　突　아버지, 누나가 그예 서울 가게 돼요? 오늘 간단 말예요?
尹서방　쉿 떠들지들 마라. 널낭 몰은 척 하구 있어. (二突이 픽 돌아슨다) 자자
　　　　엇잿던 이리 나갑시다.

　　　　尹, 崔 退. (그와 스처 香姬 登 몹시 沈蔚해것다)
　　　　音樂−.

香　姬　(도라 서 있는 二突에게) 누나 있우?
二　突　(그냥 도라슨 채) 굿해요.
香　姬　……. 왜 이러구 섰우?!

二 突　……. (- 間 -)

분 실　(나와서 안방을 向한다 치마 자락으로 콧물을 씨츠며)

香 姬　얼마나 비뿐아[63].

불 실　언니 어서 오세요. (그냥 안방으로 香姬와 二突, 各其 딴 생각으로 우두
　　　머니 서 있다 분실 婦人服 上下를 들고 다시 나온다)

香 姬　나 굿 구경 왔다. 그게 머냐.

분 실　도라가신 어머니께서 입으시든 건데 이걸 태야 한다나.

香 姬　어머니가 비치신다니?

분 실　그럼, 어머니가 원귀가 되섯대요.

香 姬　그런대 너 그예 떠나기루 했드구나.

분 실　(큰오빠를 삼가는 表情을 하고 以下 소군소군) 인젠 할 수가 없게 됏서.

香 姬　망할 것…….

분 실　오빨 위하는 것두 인제 마즈막야.

香 姬　至誠이면 感天이지. 네 정성에 효험 보실 게다.

분 실　효험이나 보셔서 살아나시면 죽어두 한이 안되겟에요.

二 突　(長突 곁에 앉아 사발에 藥먹이 시중 든다) 성, 후골탕야, 어서 마셔요.

　　　(長突, 기를 쓰고 마신다)

香 姬　사라나시지, 그 돈이 어떤 돈이냐.
　　　하눌이 아는 돈이지…….

분 실　…….

香 姬　부듸 아무 델 가도 정신 채리고 똑々이 구러 하로밧비 버젓허게 사라야
　　　지. 내 꼴 못 보니. (粉実 "응" 하구 끗덕한다)

二 突　자 그리구 성, 가루藥. 가루藥, 가루藥 먹우. 응, 자.

長 突　오냐, 인다우. 二百円니라. 二百円式 듸린 藥이 아니냐. (누란 가루약 마
　　　신다)

香 姬　그런데 분실아. 그 사람은 엇덕허구 가니?

분 실　(얼골이 붉에지며 한참 잇다가) 뭘?

香 姬　동네가 아는 걸. 나만 속일 년…….

분 실　(말없이 도라슨다)

香 姬　너 정말 億七이를 조와했니?

분 실　…….

---

63) 문맥상 '많이 바쁘냐'라는 의미인 듯.

香　姬　큰일낫다. 億七이 성미에 그냥 보낼 것 가트냐.
분　실　(울며 뛰어드러간다)

　　　香姬도 한숨 지우며 뒤따라 退場.
　　　한참 高調되는 굿 소리.

長　突　(空然 胃를 붓잡고 펄々 뛴다 虎骨粉末과 그 湯이 胃潰瘍에 致今傷[64]이
　　　된 것이다) 아이구 아이구, 아규 아규.
二　突　성, 성. 웨 이러우 응! 웨 이래.
長　突　아이구 나 죽는다. 나 죽어.
二　突　성…… . 어듸가 아푸? 어듸가.
長　突　아이구! (자지러진다)
二　突　어덧커나.
長　突　아이구- 宋參奉이 날 쥑인다. 虎骨이 사람 쥑인다. 아이구, 이놈이 날
　　　돈[65] 二百円 먹구 날 쥑인다. 아이구.
二　突　어듸가 아푸? 성, 어듸가? 말 좀 하우. 그놈의 돈타령 말구.
長　突　가슴을 칼노 쑤시어 낸다. 가슴을…… . 아이구-.
二　突　누나. (一独白으로) 아이구머니, 어더커나? (뒤로 退)
長　突　이 녀석아…… . 돈타령이라니? 二百円이면 하눌이 안다.
　　　하눌이…… . 우리 식口가 一年 살고도 남을 돈을 한 번에 터러 먹구
　　　두…… . 아이구. 인젼 죽어야지. 늙은 아버지, 어린 동생들 복지 말구 진
　　　작 뒈저라. (가슴을 탕々 치며) 이 아귀놈아 어서 죽어라, 어서…… .

　　　粉实, 香姬, 二突 先頭로 巫女와 女子 兒孩들 群衆 - 와르르 몰려 登場.
　　　巫女 제금을 치고 한참 춤추고 도라가다가 患者房으로 드러가서 푸닥거
　　　리. 그 사이 患者 苦痛 如前한다.
　　　乱을 떤다. 그럴수록 患者는 더욱 기급을 한다. 二突이는 內心 增惡하나
　　　敢不発言이다. 香姬는 보다못해 길루 내났다.

巫　女　시위를 하소서, 시위를 하소서.
　　　제산동방에 칠기명천에.
　　　상하단에 성인호기, 윤 씨 가중에 본향호귀, 부리호귀 성주호귀, 조비조
　　　상에 말명호귀.

---

64) ‘致命傷’의 오자인 듯.
65) 생돈.

　　　　모두 아니면 무었이요-. 무었이요.
　　　　(이때 대가 무섭게 내린다 巫女 미친 듯이 신이 올라 춤추며 넉두리
　　　　한다)
　　　　의어- 어허구자, 말명이로구나.
　　　　너의 어머니 내르러왔다.
粉　实　에그머니-. (하며 쓰러진다)
巫　女　죽어 영천가두 오매불망 늬 남매야 살어 생전 젊어
　　　　청춘
　　　　삼사월 긴긴 해에
　　　　배곺아도 아니 먹고
　　　　오류월 삼복지경
　　　　베옷 한 벌 입지 않고
　　　　구시월 단풍머리
　　　　햇밥 지어 먹인 후에
　　　　밤으로 낮을삼어
　　　　핫옷 지어 두었다가
　　　　동지섯달 설한풍에
　　　　추울세라 더울세라
　　　　옹기종기 잎여 놓고
　　　　기나긴 결을밤66)을
　　　　수명장수 발원하며
　　　　생전영화 보잣드니
　　　　혼이라도 설은지고
　　　　넋이라도 섧은지고
　　　　양장 가튼 저승길을
　　　　구비구비 도라갈제
　　　　참아 발길 뜨지 않어
　　　　자욱마다 눈물지니
　　　　잡어가든 사자들은 어서 가자 재촉하고
　　　　문직히는 수문장은 돈 달라고 덜밀 치고
　　　　굴머죽은 아사귀신 밥 달라고 손 내밀고
　　　　얼어죽은 동사귀신 옷 달라고 내닫으니

---

66) 문맥상 '겨울밤'인 듯.

멀고 먼 저승길을 적수공건 이내 몸이
엇지 걸어갈 것인고 애통하고-. 애통하고…….

粉　实　(느껴 울면서 안방과 부엌으로 들낭거리며 돈, 쌀, 衣服을 있는 대로
　　　　몽땅 내여다 山태미가치 싸 노아준다)

二　突　(드디어 增惡가 터져서 巫女를 向해서) 여보, 여보.
　　　　다 집어쳐요, 집어쳐.

粉　实　二突아, 애야.

二　突　생사람 잡잔컀어. 医員두 못 고치는 病을 이까짓 수작으로 고칠 테야.

粉　实　글쎄, 이러는 게 아니래두. 신령님이 노하시면 네가 엇절녀구 그러니.

二　突　신령님? 왜 그럼 이틀 사흘식 집잇 걸 다 터러 바처도 왜 病은 더한
　　　　거야.

粉　實　(울면서 二突이를 말린다) 에그 엇덯거나, 엇덯거나.
　　　　큰일나겠네, 큰일나겠어.

巫　女　(反撥的으로 더 한칭 騷然하게 高喊쳐) 멀고 먼 저승길을 적수공건
　　　　이내 몸이 엇지 걸어 갈 것인고, 엇지 걸어갈 것인고, 엇지 걸어갈
　　　　것인고.

　　　　病者는 多少 뜸해졌으나, 時間的으로 如前히 苦痛을 訴할 때 尹 서방,
　　　　香姬, 竹村, 韓澈眞 等 登場. 韓과 文67), 건는방으로.

韓　　　(長突의 診斷을 한다 이 体溫을 넛는다 聽診도 하고 脈搏도 보고 患
　　　　者하고 自覚症 等을 물어 보다가 尹 서방에게) 거 좀 조용하도록 하
　　　　십시요.

윤서방　네……. 粉实아, 애야 그만 좀…….

粉　实　(망서리고 巫女의 狂乱을 制止 못한다)

二　突　뭐야, 이 도적년! 사람 쥑이려고…….
　　　　(巫女의 所持具를 동댕이친다)

　　　　粉实이가 巫女 一싈68)들을 撫摩하며 退.

韓　　　(眞정제 한대 논는다)

尹서방　虎骨을 썼는데두 저 모양이냐?

二　突　가루로 맥이구 다려서 멕였세요. 그랬드니만 갑자기 펄々 뛰고…….

---

67) 착오인 듯. 아직 文은 등장하지 않았다.
68) '一堂'의 오자인 듯.

竹　村　虎骨이라니, 호랭이 뼈 말리냐?

尹서방　宋參奉인가 먼가 이놈 역시 도져놈이로구나. 참아 못할 짓을 해서 얻은 二百円을, 아이구. (長 嘆息)

竹　村　先生님, 참 고맙습니다. 엇덕케 괜찬켔읍니가.

韓　　우선 잠 좀 들게 해 낳으니까요.

尹서방　에그 잠이라뇨, 잠을 못 잔 지가 벌서 달포두 더 될 건넵쇼.

韓　　그랬을 겁니다. 자리에 눈지도 꽤 오래 되지오.

尹서방　네 발서 이래 좋이 됐답니다.

韓　　그동안 藥은 무엇을 쓰셨지오?

尹서방　말슴두 맙쇼. 藥이란 藥은 골고루 다 썼읍지오. 쥐새끼 땅벌레 심지어 쇠오즘까지 좋단 게면 다 멕여 봤드랍니다. 허다가설낭 요새 와선 호랭이 뼈가 즉효라길래 별々 것을 다해서 한 틀에 二百円식을 주고 멕였드리만, 이거야 사람 미칠 노릇이 아닙니까. 낫는 게 멈니까.

韓　　호랭이 뼈요? 어디 좀 봅시다.

二　突　(얼는 갓다가) 이것이 가루고 저것이 다린 국물이예요.

竹　村　그 닭 국물 갓군.

韓　　(가루를 보고 마터 보고) 이거 쓰지 마십시오.

尹서방　네…….

韓　　호랭이 뼈지 무슨 뼈지는 몰으겠지만 하여간 뼈는 뼈니까요. 患者의 病엔 맞잔을 뿐더러 되례 큰일납니다.

尹서방　원 이 노릇을 엇저누. 그래 대관절 병 증세가 엇덯습니까.

韓　　胃潰瘍인가 본데 肺도 겸 낫분 것 갔읍니다.

尹서방　胃潰瘍이란입쇼?

韓　　胃 안이 허는 病이지오. 헌데 조리를 잘못해서서요. 만히 험해졌읍니다 (粉实이가 나와 香姬 곁에 슨다) 이담엔 药과 飮食을 아예 한부루 쓰지 마십시오. 첫재 저 虎骨이란 것부터가 그렇잔습니까. 본대 뼈란 것은 健康한 胃에두 잘 색이기가 어렵습니다. 항차 胃안이 허렀으니 점々 더 할 수 밧게은.

尹서방　아이구, 하누님 맙시다. (땅을 친다) 네가 죽는구나.

竹　村　尹 서방 이러지 마슈. 엇더케 살어나는 수가 잇겠지. 설마 죽기야 하겠소.

　　　　二突과 粉实이도 絶望的으로 운다.

韓	胃궤양이란 가장 무섭기두 하지만 조리만 잘하면 잘 낫는 병임니다.
尹서방	조리를 엇지 합니까? 여태두 조리를 잘못해서 저 꼴이 됀 것을, 무슨 재주루 엇덯게 조리를 합니까, 글세.
韓	(이윽코 생각다가) 글세요. 먹 형세가 용혀만 하신다면 서울같으데 큰 病院에 얼는 入院을 식혔으면 좃겠음니다만……
尹서방	入院입쇼?
粉 実	아버지 그렇게 하세요.
尹서방	그랬으면 아, 여북 조켔느냐만은……. 선상님 돈이 한량없시 들겠읍죠.
韓	(우울하게 우스며) 물론 돈 있어야 합니다.
粉 実	오늘이라두 내가 서울 갈테유. 언니, 서울 엇던 病院이 좃수.
香 姫	韓 先生님 저 患者에게 제일 적당한 병원이 엇덧 病院이겠어요.
韓	(잠간 말없이 粉実이를 고요히 본다)

崔主事, 出他 차비를 가춰가지고 登.

崔主事	(연신 時計를 보면서) 배 떠날 時間이 다 됫는데, 아 엿태 채비두 안 했군.
粉 実	아버지 남저지 三百円 마져 받으세요. 그 돈으루 오빠 데리구 아버지두 곳 서울 올너오세요. (안방으로 退)
竹 村	粉実아 그럼 너두 아주 崔主事를 따러갈년?
崔主事	(지갑을 끌느며) 딴님 하난 사글사글하게 잘 두섰어. 연고로 딸이란 길 늘 맛이 있으렸다 헛……. 자 이러면 都合 六百円에 그리고 여기다 도 장 하나만 쳐 주시오.

音樂.
尹 서방 도장 끄내쥐고 찍지도 안 찍지도 못하고 戰々競々[69] 悲歎한다.
二突은 맨봉당[70]에 펄석 도라안진 채 沈默. 한편에서 香姫를 中心으로 竹村이 이 집 運命을 속삭이고 있다.
簡單하게 新裝에 꾸레미 하나로써 紛実이 다시 나와 건는방에 가 長突 을 오래오래 디려다본다-. 문득 멀리서 汽笛 소리-.

| 崔主事 | 엑키 어느새 배가 들왔군. 애 粉実아 그만 나가잣구나. 요샌 걸핏하문 배두 滿員야. 일직암치 나가야지…… |

---

69) 戰戰兢兢의 오자인 듯.
70) 아무 것도 깔지 아니한 봉당.

粉　實　(마루에 나려서서) 아버지. (尹 서방 처다 못 본다) …….
　　　　二突아……. (亦是 도라나 보지두 못한다) 오빠 모시고 꼿 올나 오세요.
　　　　오빠 꼭 살려야 하우, 아버지.
香　姬　분실아……. (주루루 와 스며) 나를 마지막으로 한번 더 보구 가거라
　　　　(興奮했다, 기침한다) 조곰안 이웃 새에 나 같은 년 다시 나쟌케 해라.
　　　　영악스러워야 한다. 서울이란 그런데다.
粉　實　응……. (嗚咽)

　　　　(崔主事 앞에 서서 粉實이 退場하자 곳)

尹서방　粉実아.
二　突　누나. (거진 同時에 터저 나오는 嗚咽)
粉　實　(곳 뒤니어) 아! (慌唐히 失色하야 도루 들온다)

　　　　村人村童 二三人 “쌈 났다, 쌈 났다.” 웨치면서 울타리 밖을 달린다

崔主事　응一. (悲鳴) 사람 살뉴. (설々 기여 上半身을 나태낸다)
　　　　으 응…….
億　七　사람 살뉴? 요놈의 자식, 저승 갔다가 다시 깨나라. (집안을 쓱 둘너 보
　　　　고) 尹 서방, 宅따님은 벌서부터 내 사람이지 당신 사람 아니우. 뉘 승
　　　　낙 맡어 가지구 이따윗 행색요, 숫제 잡어먹지 텟!- 粉実아, 내가 너 없
　　　　시는 못살 줄 알지. 서울 간다면 내가 못 갈 줄 아니? 그러나 못 가.
　　　　(崔主事을 움켜 잡으며) 못 가 이 자식. (질々 끌고 다시 退場 때리고
　　　　맞는 소리)

　　　　うらごえ. [무대 밖에서.] 村人甲 “에그그그, 무지허게두 패네”, 村人乙
　　　　“崔主事 대가리 봐라”, 村童甲 “터졌다 터졌다” 村人甲 “저 피……”, 竹
　　　　村 소리 “저거 살겠나. 된장 좀 가져와, 된장 없서” 이 틈에 佩劍 소리
　　　　절그락 절그락. 고슴도치 휙 울타리 밖을 달린다. 国木田巡査 追擊해 끗
　　　　捕繩한다.

国木田　行かう. [가자.]
億　七　(粉実이를 쭉- 본다 그 視線엔 野獸의 그것 가튼 愛情이 비가지 흘은다
　　　　문득 떠나가게 소리친다 그 소리엔 창잘로부터 울어나오는 眞実이 있
　　　　다) 粉実아- 粉実아-. (울며)

　　　　国木田에게 핵끌려 億七이 退場.

粉　实　(소리쳐 울며 주져안는다- 그 소리에도 億七이만 못쟌은 眞実이 풍
　　　　겼다)
香　姬　粉実아 울지 말고 어서 일어나. (끌고 退場)
韓　　　学生. (낫게)
二　突　네?
韓　　　멋 살이지?
二　突　열 일꿉살이예요.
韓　　　걱정 말구 형님을 서울로 모시고 가도록 하오.
二　突　…….
韓　　　내 病院에 편지를 써 줄게. 잇다 나 있는 데로 오오.
二　突　네?
韓　　　只今부터라도 곳 떠날 準備를 하우.
二　突　先生님……. (머리 숙여 人事하며) 고맙습니다.
尹서방　先生님 이런 고마운 실레가……. 어유 황송합니다.
竹　村　韓 先生, 崔 主事 다 죽어갑니다. 저대루 뒀다간 필시 펴나지도 못할
　　　　것 가터요.
韓　　　(竹村에게) 어듸 잇지요, 피 만히 흘였읍니가.
竹　村　네, 일누 좀 나와 보십시요. (두 사람 前後하여 나갈 때)
文　　　(登) 先生님, 어머니 좀 얼는 가 보세요. 只今 떠나신다구 우기며 나섰
　　　　서요.
韓　　　(몹씨 짓친다)
竹　村　(소리만) 先生님 얼는, 윗점 원 이런 変들이라니 참.

　　　　(韓, 文 그리루 退)
　　　　(香姬, 韓, 文과 反対 方向으로 愁然히 退場한다)

二　突　(우는 목소리루 훌적이며) 성, 성. 인젠 念녀업서. 韓 先生님이 성을 서
　　　　울로 보내 주신대.
尹서방　二突아 떠들지 마라. 지금, 지금 막 잠이 들엇는데.

　　　　- 暗 -

<h1 align="center">三 場</h1>

韓과 文의 歸路. 어둑어둑하다-.
멀니서 波濤 소리, 새 소리.
文, 韓 登場. (文은 韓에 가방을 들엇다)

文　……. 先生님은 참말 용하세요. 젼 아무런 한 일도 없으면서 괘니 엇터케 고닯흔지, 이 곳에 정말 더 잇기가 싫여졌에요. 어머님 뫼시고 先生님게서 안 올라가시드라도 저 먼져 올라갈가 봐요. (대답을 기다리고 쳐다본다)

韓　…….

文　몇을71) 되지도 안컨만 몹이 서울이 그립고 또 病院에서 지내든 가지가지가 눈에 서-ㄴ한 겄이 요즘은 밤이면 져 波涛 소리, 바람 소리 좃차 뭔가 威脅을 늣기게 돼요. 그래서 제 自身 무슨 顯微鏡 속에 들은 实險体72)나 갓치 그 동안 부댁겨 온 여러 가지 試練에 젼 이 以上 견듸여 낼 것 갓지가 못해요. 亦是 져 갚은 安逸한 人生은 安逸한 人生의 자리로 돌아가는 것이 졸 것 갚애요. 그래서 아무런 도움도 안될 바에는 숫졔 先生님 겹을 떠나들이는 것이……. 져야 있어두 맛찬가지지만 僉知영감도 게시고……. 또……. 香姬氏까지 게니닛가…….

韓　사람이 서로 사귈 때, 더욱히 異性 間이 서로 사귈 때 長久한 時間이 必要할 겄을 나는 賢肅氏의게서 오늘 두 번 알았음니다.

文　勿論 엿태 드린 져의 말이 先生님에 지금 處地나 그 心境에 빗치여 당돌한 겄인 줄 져도 몰으지는 안어요. 그럿트래도 져의 그런 告白을 엿줍지 안코는 견딀 수 없었어요.

韓　(蔑視感을 누르며) 賢肅氏보다 제가 넘우 어리고 不足한 겄이 많엇든 탓인가 보. 그러나 그밧게 賢肅氏에게나 누구에게나 난 誤解밧을 일을 한 記憶은 업소. 이래서도 나를 밎지 않으시면 어서 아주라도 올라가 주시요. 그래서 어머니도 賢肅氏도 모두가 나를 버리고 모도가 이 '섬'을 져 버릴지언정 나만은 이 '섬'을 져버리지를 안켓소. 아마 이 '섬'은 孝道를 하기에도 不幸하고 사랑을 하기에도 못 맛당한 곳인가 보. 그럿트래도 있어야겟고 있어수어야□□ 이 '섬'에 現実을 나는 지금 다시 똑〻히 목도하고 돌아온 길이요……. (낮게 떨닌 소리로- 나가며) 애초

---

71) 며칠.
72) 실험체(實驗体)의 오자인 듯.

의 잘못은 내가 仁術이라는 科學을 배운 데서 始作됐는지도 몰으겠소.
(退場)

文　　先生님, 先生님-. (쫏차 나간다)

가만가만 幕이 네린다.
(幕)

第 四 幕

一 場

半埈工[73)]된 二層屋舍. 아래層은 벌서 落成돼여 玄关과 廊下와 그 左右
로 窓 업는 室內가 보인다. 한쪽엔 테불과 닉켈 消毒器와 그 他 医療器
具新着荷物들이 있고 한 면 방은 살림방으로 채려젔고 집 두에 살림집
이 있는 양, 下手에 밧삭부터, 簡素한 埠頭. 貧弱한 棧橋 하나 外에 아
무것도 없다. "露島医院"이란 좀 큼직한 看板이 벽에 기대여 세워젔다.
가을- 저녁 때.
開幕.
文賢肅이 노래소리, 病院 뒤에서 들린다.
病院 反対便에서 香姬, 행결 초조해서 나와 노래 듯는다.
朴첨지 무슨 일를 하고 잇다.

朴첨지　香姬 아니냐. (新着荷物 궷작들을 끌르며)
香　　아이 깜작이야.
朴　　깜작은 무슨 깜짝이야. 저런 얼굴 좀 보게. 드러안저 있으랴셧는데 왜
　　　이럭케 작구만 싸단기느냐 글세.
香　　집에 가는 길예요. (나가려 한다)
朴　　모르는 집이냐, 그냥 가게. 이왕 왓건 안에 게신데 뵙고 가렴.

　　　(香, 집 뒤로 가며)

---

73) '半竣工'의 오자인 듯.

香   文 先生 게시죠.
朴   오냐 드러가 봬라.
香   韓 先生님도 게세요.
朴   응 두 분 다 안에 게시다. 드러가 베렴.

     (香가 망서리다가 下手 退)

朴   웨 근냥 갈네.
香   피곤해서 가 눕겠에요.
朴   응 그게 좃켓다. 애 그런데 二突리 못 밧니. 약 가주고 너이 집 갓는데.
香   네. (退)

     崔 主事 下手 登.

崔   첨지 영감 날세 안녕하셋소.
朴   崔 主事 오래간만이구려.
崔   先生님 안 게쉬.
朴   先生님은 웨, 갯끗이74) 나셧구면.
崔   낫게 차저윗조. 人事두 듸릴 兼.
朴   韓 先生만 아니엿드면 거참 큰일날 번 햇지—.

     崔 머리를 만지며.

崔   그 말이야 다해 뭣 해쉬. 그러게 이 先生님을 못 잇지 안소, 내가.
朴   인젠 崔 主事두 맘볼 점 곳처야 해. 근데 粉実의 빗 三百圓은 아주 쓱
      싹 햇다드니 정말요.
崔   에그 그 애긴 그만 점 해 두. 말만 드러두 골치가 아푸. 참 粉実리 男
      妹ㄴ 어듸들 간나요.
朴   심부름들 나갓오. 엇잿든 잘햇소. 그래야지 고슴돗치 녀석이 나오드라도
      崔 主事 숨줄이 그대루 남지.
崔   작구 이려면 난 가겟오, 그만.
朴   하…… 先生님두 안 벳구.
崔   잇다 내려오는 길에 벱죠. 거 아주 病院 꼴 잽혀가는데. (上手로 退)

     面長이 그와 스처 登.

---

74) '깨끗이'.

朴　　에이그 面長 영감 나와겝쇼. 어딜 이럭케.

面　　요 아래 겸 가는 길린데 韓 先生 게슈.

朴　　네. 先生님 先生님, 面長 어른 벳습니다.

韓　　(집뒤로 カウン[가운]을 입고) 아이구 웬일이세요.

面　　집 求景두 할 兼해서- 거참 훌늉합니다. 邑內에 갓다놔두 빠지잔켓군요.
　　　허…….

韓　　다 여러분에 德澤이죠. 그런데 저이 어머니, 宅에?

面　　네 네. 집에 게십니다.
　　　내 叔母되는 어른하구 요샌 사귀셔서……. 그리구 참 先生이 請하시는
　　　대루 이 사람이 변々친 못하지만 일장 演説를 한번 디련음니다.

韓　　네, 感謝함니다.

面　　過히 걱정 마심시요. 내가 엇덧커든 그 으른을 붓드러놓요.

韓　　여러 가지로 感謝함니다.

面　　잇다가라두 또 한번 들르지요. 허허……. 그 참, 놀나운 病院이 됐읍
　　　니다.

文　　(안에서 듯고 나오며)

(人事하구 헤여진다)
(文, 집 뒤로 나온다)

文　　아이 엇저문 顯微鏡 왔어요.

韓　　오-.

朴　　난 뭔가 햇드니만 이게 그게러군.

(母, 粉実과 함게 登 粉実은 안으로 退)

韓　　어머니.

文　　어머님 인제 오세요.

母　　응. (벽을 둘너 본다)

韓　　어머니 드러가서서 진지 잡수세요.

母　　응 面長 宅에서 막 먹구 오는 길리다. 벽이 이럭케 얇버서 겨울엔 춥
　　　겟군.

朴僉知　괜찮습니다. 겨울을 나 보세요. 서울보단 행결 따뜻할 테니간요.
　　　(귀짝에 나온 현미경을 만친다)

母　　그건 머요?

朴僉知   전들 암닛가……. 꼭 요지경 같군요, 핫……. (韓을 따라 文도 밖으로)
母   오라 차암……. 에그 애 전에 늬가 学校 댕길 때 쓰든 것과는 아주 달
         으다.
文   어머님, 이런 물건 中에선 제일 훌륭한 거랍니다.
母   올치.
韓   賢淑氏, 얼른 던보 한 장 칩시다.
文   徐박사에게요? 네. (하며 안으로)
母   고맙기도 해라, 너를 장 사랑하시드니만……. 끝까지 보삷혀 주시는구나.
         애야, 인사 말슴 잘 엳줘라.
韓   네. 지금 이 물건 받었다는 겄과 이 가치 우수한 걸루 보내 주서서 감격
         한다는 것, 반다시 이 恩功에 報答하도록 애쓰겠다는 것을 간단히 요령
         잇게 좀 엳줘 주십시요.
文   네. (들어가 던보 쓴다)
母   무척 빗살 텐데. 徐 博士는 무슨 돈으로……. 그나마 이것 뿐이냐. 저기
         저 오만 가지 기게석건 그 先生님께서 부쳐주신 게 아니냐.
韓   네. 그야 돈은 없지만 徐 先生님은 돈 이상 가는 人望이 게시잖습니까.
         어머니, 人望의 힘이란 이렇게 큰것이예요. 제가 여기다가 病院을 낸다
         구 발벗고 나스는 것을 어딘가 갸륵하게 보신 모양이지요. 그래서 官庁
         과 一般有志들헌테 이얘기하서서 이 가치 後援을 해주신 거랍니다.
母   원 저렇게 고마울 데라고……. 그 은헬 갑흘 길이 웁겠구나.
韓   글세올시다. (웃스며) 어머니 무슨 존 생각 없스세요.
母   아이 애 봐……. 나 같은 게 무슨…….
韓   그리구 徐 先生님뿐만 아니라 이 섬사람들이 없는 힘으루 이런 建物까
         지 提供한다는 게 여간한 情 아니고는 어려운 일이그던요.
朴僉知   (다른 着荷를 끌느며 치우며 하다가) 섬 사람들야 그까짓 있든 建物
         材料 좀 추렴해낸 게 츰75)이 멉니까. 실상인즉 마님 덕분이시지오,
         헛…….
韓   …….
母   넉々한 형편이라면 몰으지만 다들 애들을 썼지오.
韓   그럼은요, 어머니. (여전 웃으며) 엇덯게 이 공들을 갑허야 허잖겠어요.
母   글세. 다 네가 알아서 할 게지 내가 뭘 아니. 그 애두 참…….
韓   (상양하게 母의 손을 두 손으로 잡으며) 어머니……. 벌서 여러분의 공

---

75) 문맥상 '정'의 오자인 듯.

74

에 반은 갚은 셈예요. 제가 이 섬에 잇도록 용서해 주실 때 그 공은 벌
서 반이나 갚은 것예요. 아시겠예요, 어머니?

母   오냐, 힘써 해라. 내가 어데 뭘 아니. 너를 믿으련다.

韓   (한칭 상양히 웃으며) 그런데 어머니 왜 우세요?

母   아니다. 너이 아버지 생각을 하고 그랬다. (눈물을 감추며 집 뒤로 退)

朴僉知 인전 됐예요. 행결 풀리셨군요. 에이그 저러실 어른이 그때 그 고집이
     시라니. 그저 나남 할 것 없이 늘그면 다 그리 돼는 법야. 핫…….

文   (나오며) 아이 電報라구 처밧서야지.

韓   ケンビケウ マサニウケトル センセイノオホシメシ カタジケナク カツ
     カンゲキニタエス ケイゼウ キウサイインナイカ ジヨジウケンハカセ.
     [현미경 잘 받았음. 선생님의 은혜에 진심으로 고맙고 감격스럽게 생각
     한다. 경성 구제원 내과 서 박사.] 잘됐군요. 그런데 二突인 어디 갓나.
     이것 좀…….

文   (朴僉知더러) 香姬氏 宅에 가서 여테 안 왔예요.

朴僉知 네. 인 주세요. 내가 치구 오죠. (때에 二突 登) 오 마침 오는군.

韓   藥 갓다 디렸어?

文   大端해요? 병세가?

二 突 (文에게) 갓다 주구 나오다 만난는데요, 大端하진 않은데 또 感気르 들
     었나 봐요.

韓   요센 신색두 좋든데 어느새 가을철이라 날새가 싸늘해서 그런가. 賢肅氏
     좀 가 보시겠어요.

二 突 참 그러잔어두 文 先生님 좀 뵀으면 좋겠다 그래요.

韓   잠간 다녀오시지.

朴僉知 옛다. (던문을 주며) 넌 이거나 치구 와서 밥 먹어라.

韓   자 돈 가지구 가야지. (돈도 준다)

文   (그새 까운을 벗어 놓고) 그럼 잠간 댕겨오겠어요.

韓   잘 위로 좀 해 주고 오십시오. 그 이가 왜 그렇게 憂欝헌지.

文   (그 말에 잠간 도라보고 나간다)

二 突 ……. 先生님 저-. 香姬가요 술 먹었어요, 술……. (은근하다)

韓   머 술을 먹어.

朴僉知 넌 말버릇 좀 고쳐. 香姬가 머냐.

二 突 그럼 머라 그래요?

朴僉知 누이라든지 아주머니라든지 하면 못써. 빨낭빨낭 던보나 치구 와.

韓　　　……. 그 몸에 술을 먹어선 안될 텐데.

朴僉知　글세올시다. 그 애가 왜 그럽니까.

二　突　(밖에서) 어서 오세요. (하며 退場)

竹　村　(소리만) 어이그 이건 참 훌륭한데.

朴僉知　아무렴, 제 버릇 개를 줍니까. 안만해두 서울리란 데가 사람을 버려 놔요.

竹　村　(登) 벌서 다 돼갑니다 그려. (깍듯이 허리 굽혀) 애쓰십니다, 先生님.

韓　　　나오섯서요? 얼마나 바뿌십니까.

竹　村　뭘 입쇼. 우리들이 한 게 머 있읍니까. 그저 先生님꺼서야말누 우연이 오셨다가 종시 이 가치 붓잽혀설낭 골고루……. 참 혼이 나십니다 그려, 핫…….

朴僉知　班長이 責任지고 미리 말이나 잘 식혀놔요. 앞흐로 약값들이나 또박또박 잘 내도록요.

竹　村　앗다, 어련하겠오 그야……. 올치 病院 식구가 되셨누라구 노랭이 朴僉知께서 어느새 노랭이 솜시를 피시는구면.

朴僉知　여부가 있나. 어느 년놈이든 약값만 잘나 먹어 보지. 내 등살에 못백여 날테니.

竹　村　헛…….

韓　　　(따라 웃고 나서) 그런데 어디 出入을 하시나요. (顯微鏡을 다시 매만진다)

竹　村　저, 뭍엘 좀 갈 참인데. 배 아직 안 들어왔죠, 僉知영감.

朴僉知　아직 안 왔나 본데.

竹　村　그러구 보니까……. 여기가 나루께란 말야.

朴僉知　이제 와서 무슨 딴소리야.

竹　村　나루께가 돼 그러지 여기두 괜챤쿤입쇼, 先生님. 엇저다가 キンチャク[킨챠쿠]나 들오면 다소 시끄럽지만 그밖엔 사철 종용한 걸.

韓　　　네 지금 같어선 괜챤쿤요, 비교적…….

竹　村　그건 무슨 기갭니까. 이키, 저기두 수두룩합니다 그려.

朴僉知　보면 알겟오. 顯微鏡이란 거라오.

竹　村　오라 이게 바루 顯微鏡이라. 딴은 그래, 이거루 보면 눈에 안 뵈는 벌네까지 다 뵌다지오.

韓　　　네. 지금 하나 보시렵니까.

竹　村　에이그 그만둡쇼.

76

韓　　　가만 게십시오. (파리 한 마리 잡어 窓틀 우에 놓고 핀트를 마춘다) 자 이걸 디려다보십시오. (竹村 본다)

朴僉知　(곁에 오며) 멋이 뵈오.

竹　村　(どんきような 声) [괴상한 소리] 에그 저거 머냐. 파리 대리에 써케같은 놈이 다닥다닥 부텄으니, 엥이 슝해.

朴僉知　(竹村를 밀치고) 어디 어디 나 한번 봅시다. (亦是 高喊) 딴은……. 엥이. (물러슨다) 그게 뭡니까?

韓　　　그게 寸百의 알이랍니다.

　　　　朴, 竹村, 함께 놀나며 "촌백의 알".

韓　　　요 파리란 놈이 더러운 곳에 가서 저 촌백의 알을 저 가치 무처다가 우리가 먹는 음식에다가 옴겨 노치오. 우리는 눈에 뵈지가 않으니까 몰으고 먹지 않겠어요…….

朴僉知　어허.

竹　村　허- 맹낭두 해라.

韓　　　그러나 寸百쯤야 문제나 됩니까. 열병, 肺病, 그리구 花柳病 같은 무서운 病들이 傳染돼는 理致도 마찬가지지오. 언제 어디서 새여 들와서 우리들 속으로 침입을 할 지 보이지가 안흐니가 몰늘 게 아님니가. 그겄을 맛기 위해서 수없는 學者들이 수 업는 時間과 労力을 디려 研究해 낸 것이 所謂 予防注射가 아니겠에요. (이때 郵便配達 "편지 받으십시오"하며 数枚의 片紙를 朴僉知에게 주고 退)
이얘기가 낳으니 말입니다만은 절대루 予防注射를 소홀리 해선 안됩니다. (懇曲히) 그 까닭에 얼마나 애매한 죽엄들이 생기는지 몰으겟고 아마 이뿐의 죽엄도 미상불……

朴僉知　先生님, 편지가 많이 왔습니다. (韓을 더러주며) 이건 粉実헌데 온 거군. 애 粉実아.

竹　村　오라 참, 편지 맛다나 내 정신 좀 보게. (주머니에서 편지 끄낸다)

粉　實　(登) 불르셨예요.

朴僉知　옛다, 京城이란 걸 보니 서울 병원에 가 게신 너의 아버지신가 보다. (편지 준다)

粉　實　선생님 모시고 들와 진지 잡수라세요, 아저씨.

韓　　　(편지들을 보며) 어머님은 잡수셨어.

粉　實　내. (內 退)

竹　村　僉知, 우리 섬이 韓 先生때문에 짜장76) 저승이 極乐된 격이라니까. 자
　　　　이 億七이란 여석 좀 보시겠오.
朴僉知　고순도치 말요, 그놈이 참 엇지 됐오.
竹　村　허허 해가 서쪽에서 도들 이리라린간. 어제 駐在所엘 들넜는데, 三木部
　　　　長을 거쳐서 이 편지를 韓 先生님께 부디 좀 보여 달나고 그래서…….
　　　　(韓이 보려 한다) 가만 게십쇼, 내가 읽어디릴께. (속을 끄내며) 헌데
　　　　이놈이 이번야말루 홱 달은 놈이 돼 나올 게라구 駐在所에서들두 여간
　　　　반가워하지 안슙듸다. 에 무어냐가설나면……. 윗 대가리는 다 볼 게 없
　　　　고 “에” 하여설낭 部長先生님이 여러차례 보내 주신 편지올시다. 일직
　　　　이 父母 情두 몰으든 제가 그가치 親切하신 글을 받어볼 때 저는 많이
　　　　울었읍니다. 엇재 이 가치 눈물이 많이졌는지 저도 몰으겠읍니다. (粉实
　　　　이 편지 들고 나오다가 였든는다) 그리구 댐은 韓 先生님인데 저는 이
　　　　속에서두 꿈이면 그분을 장 뵙니다. 그 先生님께서 서울로 가 버린 줄
　　　　만 알었든 粉实이를 빼여내 주신 우에, 갈 데 없는 것을 二突이하구 슬
　　　　하에 두어 잘 보호까지 해 주진다니 정말입니까. 정말이라문 部長先生
　　　　님과 가치 그 先生님에게두 저는 머리를 벼혀 신이라도 삼아 올리겠읍
　　　　니다. (읽다가 콧방구 서슬에 中断) 이게 참말일가…….
朴僉知　홱 도라섯구려, 편지 사연 보니까.
竹　村　본 바탕은 이놈도 하나 나뿌진 않나 보지오.
韓　　　그야 애초부터 그리 잘난 사람이 없듯이 애초부터 그리 나뿐 사람도 없
　　　　는 법이니까요.
竹　村　과연 옳은 말슴이웨다.
粉　實　(편지 들고 총々거름으로) 先生님……. 저…….
朴僉知　너이는 대관절 엇지나 됐니, 어디 보자. 에크 이거 진서77)가 많어
　　　　서…….
竹　村　언문은 보는데? 희떱게 굴지말구 이리 내소. 에헴……. 에 그 애 粉实
　　　　아, 너이 오빠두 살아났구나. 밈도 못 먹든 것이 밥을 먹게 됐다니. 뭐
　　　　냐가 설나문……. 韓 先生님 恩惠가……. 암 그러치. 泰山如海구 말구,
　　　　돈 한 푼 없는 것을 一等 病院에다가 설낭……. 헌데다가 徐 博士나리
　　　　까지 극진히 봐 주서서……. 암 어느 어른의 소개시라구 잘 안 봐 주실
　　　　가……. (다시 콧방구로 韓을 흘금흘금) 韓 先生님! 여보 僉知, 우리 동

---

76) ‘과연 정말로’.

77) 진서(眞書) : 한문을 높여 이르는 말.

내가 更生했지오, 안 그렀오.

朴僉知 누가 아니라오. 그 콧물 떠러지오.

竹 村 이거. (콧물 훔치고 壁에 기대 우는 粉実에게) 넌……. 애 반가운 소식에 통곡허는 법 어딧니. 億七이 때문이냐?

粉 實 아저씨두. (韓 앞에 가서) 先生님……. (인사 끄내다가 다시 복바치는 啼泣78) 玄関에 逃亡)

韓 (쪼처가서) 二突이하구 아버님께 回答이나 써 보내지. 아무 걱정 마시구 병시중이나 잘하시라구, 안심 식혀 되려요 응.

竹 村 무슨 걱정이냐. 億七이두 맘 잡었다는데.

粉 實 아이……. (붉히며 內 退)

朴僉知 여보 情이란 웃읍구려. 정말 좋아허는 모양이지, 그 녀석을…….

班 長 귀엽쟌소, 핫……. (朴도 哄笑) 에크 배가 오는군. 그럼 先生님-.

韓 읍낸 멋허러 가세요?

竹 村 네, 이번에 郡農会에서 勤労奉仕隊를 조직하질 않했읍니가.

韓 글노奉仕隊요? 아, 內地로 보내는?

竹 村 네, 邑內에 가서 그걸 좀 의논할여구요.

韓 그럼 어서 단녀오십시요.

竹 村 (소리만) 네 읏더문 二突이란 놈두 한번 보내 볼가 합니다.

朴 勤労奉仕隊란 건 뭔데 二突릴 데려가.

　　　물 소리, 노 젓는 소리. 바다엔 안개가 서린다.

竹 村 첨지 영감은 몰느시는 게예요.

　　　韓 웃는다.

韓 조심해 단녀오십시요. (內 退)

竹 村 네. (退)

　　　香姫, 文의 안돈을 받어 登. 一見 술 먹은 것 갓쟌타.

朴僉知 이제 오세요. (香姫에게) 그 몸에 웨 술은 먹구 이러느냐 글세…….

文 괜찮어요. 암 말슴 마세요.

香 姬 저요? 저 아무렇지도 않은데요 뭐……. (僉知 內 退)

---

78) 소리 높여 운다는 의미.

文　　　　우리 안에 좀 드러가실까?

香　姬　아이 박같이 조치 않어요. 바다도 보이고……. (桟橋로 간다) 다들 어
　　　　데 가셋서요.

文　　　　아마 진지들을 잡숫나 봅니다.

香　姬　네-. 아이 오늘은 참말 미안해요. 부끄럽습니다.

文　　　　아네요. 그런 생각 마세요. 그보다도 香姬 씨, 좀더 몸조심 해야겠어요.
　　　　이렇게 작구 비관만 하시면 어쩝니까.

香　姬　고맙습니다. (話題를 돌여) 아이 저 바다 좀 봐. (쭈루루 잔교로 가며)
　　　　꼭 호수같으네……. 文 先生님 저 물결 좀 보세요.

文　　　　(얼런 가서 잡으며) 위험합니다……. 바다가 정말 야름답군요.

香　姬　저는 아무리 불행한 순간에도 바다를 사랑한 마음엔 변함이 없었읍니다.

文　　　　고향이 바다라서 그러실 거예요.

香　姬　고향이요? (그러나 곳 귀치않은 듯이 한숨) 미웁고 야속하기 이를 데
　　　　가 없는 게 고향의 기억이랍니다.

文　　　　……. 故鄕은 야속할스록 더 이저지지 않은 거라는데요. 그리고 女子에
　　　　겐 ‘흘러간 세월’처럼 그리운 곳일 것 같애요.

香　姬　(부정하며) 다 내겐 아무 인연도 없는 말이예요……. 고향은 앞은 매질
　　　　로 나를 내치고 다시 쓰라린 기억으로 나를 불럿서요.
　　　　……. 내게 모든 것을 빼았은 대신 辱된 세월과 견딜 수 없는 서름을
　　　　주었을 뿐이예요. (서글피 우스며) 하지만 여시 내게도 제일 그리운 곳
　　　　은 이 고장이였든가 바요. 그런데 그곳에 다시 뜻하쟌은 괴로움이 나를
　　　　기대리고 있을 줄 어찌 알었겠어요. 아이 작구만 짓거려서-. 오늘은 웬
　　　　일인지 몹시 액이가 허고 싶어요. 용서하세요.

文　　　　상관없어요. 허지만 피곤하시면 어떻거시렵니까.

香　姬　저야 다 망거진 몸, 상관 없읍니다.

文　　　　(딱한 듯이) 그런 말슴 마시고 이후엔 다시 약주 같은 것 잡숫지 말게
　　　　허세요.

香　姬　내게 눈물이 남엇다면 오늘 마즈막으로 다 울어 버릴여고 술을 먹었나
　　　　봐요.

文　　　　……. 저도 다소 알기는 했읍니다만, 香姬 씨가 이처럼 韓 先生을……

香　姬　(急히 부정) 제가요……. 그게 무슨 말, 말입니까. ……. 정말 전 韓 先生
　　　　님을 끝가지 선생님으로만 믿으렵니다. (間- 탄식) 헌데 정말 딱한 겄
　　　　은 사람의 마음인가 바요. 제가 韓 先生님을……. 그게 말이 됩니까.

文　　말이 안되다니? 웨 말이 안됩니까. 너무 그렇케만 생각허지 마세요, 香
　　　姬氏.
香　姬　그럼 말이 됩니까? 안녜요. 말이 안돼요. (間) ……. 文 先生님 일후에
　　　부듸 한 선생님을 훌륭이 받들으시고……. 저는 문 선생이 몹시 부릅습
　　　니다. ……. 세상에서 아무것도 부러위해 본 적은 없어요. (문듯 嗚咽)
　　　……. 별은 아무도 따지 못한다구 하지만 누구나 맘에 않어 볼 수는 잇
　　　쟎어요. 맘에는 안어봐두 상관없지 않어요. 文 先生 이겄도 罪가 됩니
　　　까? (文, 깊은 理解로 亦是 눈물진다)
韓　　(조곰 전에 나와섰다가) ……. 香姬氏.
香　姬　(놀나 처다본다)
韓　　(溫和한 목소리) 언제 내가 술 자시라구 했읍니까. (香姬, 沈默)
文　　? ……. (방긋 웃으며) (다시 정색하고 多情히)
　　　香姬氏, 여기서 잠간만 말슴하고 게서요. 내 안엘 점 드러갓다 올게요
　　　(退)
香　姬　文 先生님.
韓　　이리 좀 들오십시오.
香　姬　용서하세요, 전 그만 가겠읍니다.
韓　　글세 잠간 이얘기 듯고 가십시요. 香姬氏, 웨 술을 마십니까. 그냥 약주
　　　가 조아서 잡수셨대두 안 될 일릴 텐데, 다른 이유가 있어 마시셨다면
　　　더욱 좋이 안습니다. (한칭 부드럽게) 얼덯거든 빨리 나셔야지요. 사람
　　　이 산다는 겄은, 건강하게 잘 산다는 겄은 아무 조건 없이 좋은 일에
　　　속하는 겄이올시다. 그리고 香姬氏ㄴ 물론 그럴 리야 없겄지만 아무리
　　　좋이아는79) 환경 가운데서라도 살아있는 정렬과 성의를 잊는 사람은
　　　극히 미운 사람이올시다. (香姬 몹시 괴로워진다) 香姬氏 웨 몸을 돌보
　　　지 았읍니까? 내가 香姬氏의 건강을 몹시 염려하고 잇단 겄을 향히氏
　　　는 잘 알지 안읍니까. ……. 부듸 希望을 가저 주십시요!
香　姬　(놀나며) 希望을요?
韓　　네- 希望을 가저 주십시요. 히망을 가지는 사람마니 아름다운 사람입니
　　　다. 그리고 래일이라도 곳 이 섬을 떠나기로 하세요.
香　姬　(더욱 어지러운 눈으로) 네?
徹　眞　이 섬에 공기가 향히氏에겐 대단 좋이 안습니다. 서울로 다시 올라가
　　　십시요.

---

79) ‘좋지 않은’.

香　姬　서울로요?
徹　眞　네. 내 친구가 경영하는 료양소가 있으니 글루 가기루 허세요…….
　　　　얼마를 게서도 상관 없으니까요. 내가 짐작해서 통지할 때까지 마음
　　　　놓코 편안이 쉬세요……. 이후부터 나는 향히氏의 오라버니라도 좋고
　　　　선생이라도 좃읍니다. ……. 부듸 마음을 굳게 먹고 항상 감격을 가
　　　　지고 살어가 주십시요.
香　姬　先生님……. (그 자리에서 쓰러지며 크게 운다)

　　　暗.

二　場

仝 前場. 二层도 竣工되고 '露島病院' 看板이 玄关기둥에 걸여 잇다. 数
日 後, 早朝, 日出 前, 밝은 새벽 안개, 假살림房에 朝飯食卓 周囲 椅子
에 正面에 새옷 닙은 香姬, 右에 僉知와 文, 左에 韓과 그 母親. 対座하
고 잇다.
안에서 말소리만-.

二　突　다 꿔맺소.
분　실　가만 잇셔, 자-.

二突国防服에 同帽, 팔에 腕章을 두루고 나오며 분실 뒤따러 나온다.

朴僉知　허-. 아주 헌다한 青年이로구나.
二　突　(微笑)
朴僉知　거 병정 갓기두허구 제법입니다 그려, 아주.
二　突　先生님! 그럼 곳 댕겨 오겠읍니다.
母　　　아 밥도 안 먹고 어딀 가니?
朴僉知　面長이 오늘 앗츰은 農業報国 가는 애들 모아 놓고 한턱 헌담니다.
母　　　온, 길 떠나는 사람이 집에 밥을 한 술두 않뜨구…….
韓　　　그래두 여려시 뫼는데 빠저 씀니가. 어쨌든 이번 길에 工夫 잘하고 와
　　　　야해.
二　突　네.
韓　　　農業報国隊로 가는 게 内地로 農事일 도우러 간다구만 생각하면 안
　　　　되요. 그 바다도 重要한 것은 内地에 農業技術을 배워다가 実地農業

82

改良에 指導者가 되는 거니까…….

二 突　네 우림 찜에 자랑이 될 成績을 내고 오겟읍니다.

朴僉知　암 그래야지. 자랑거리가 되어야지…….

韓　　어서 갓다 와요.

二 突　네. (人事하고 나가고 粉実 안으로 退場)

박첨지　인젠 그 녀석두 다 길럿군…….

韓　　똑々한 사람 될 껨니다.

母　　너두 저맘땐 너무 층찬들을 해 듯기가 실트니만…….

韓　　어머님 또 제 博士 못 된 꾸중이시죠, 어머니께서 무슨 말 하실 줄 전
　　　미리 다 아니간요, 핫…….

母　　난 네가 医師 中엔 젤 높은 사람될 줄만 알엇거든…….

朴僉知　지금은 韓 先生께서 웨 절 나즈심니까, 마님?

母　　博士가 못되엿으니 博士만 허우, 어듸…….

朴僉知　그건 뭘한 말슴님니다만 마님께서 여태 잘 몰으셧음니다.
　　　博士가 뭡니까, 博士 열 줘 안 박굴 어른을…….

母　　원 무슨 소린지…….

朴僉知　다들 보시구 무러 보십쇼, 안 그런가.

母　　그럿오? 文 先生…….

文　　제가 뭘 암니까.

母　　그럼 색시두 모르구?

香 姬　제가 덕우나…….

朴僉知　百줘 안 박구지요.

母　　百이라니, 그건.

朴僉知　우리 朝鮮天地에 博士가 百만 되겟음니가. 千도 넘을 껨니다만 우리 섬
　　　엔 医師 그림자도 볼 수 업고 생사람이 텅텅 죽어가지 안습니가? 참 예
　　　사 博士님쯤으론 이런 일 못하지요. 못해. 博士, 学士보다 훨신 갸륵한
　　　어른이신데…….

母　　오라, 영감은 그래서 저 애를 층찬하시는구료.

朴僉知　어쟀든 갸륵한 어른이시구 말구요. 갸륵한 어른이시죠.

母　　아이구 난 모르겟오. 어째든 조흘 일이야 해야지 허긴……. (內 退하
　　　다가 돌처서서 香姬 보구) 부디 몸조리 잘하우.
　　　내 서울가면 찾으리다. 어서 마니들 먹구…….

香 姬　네 고맙습니다.

母   어서 病두 낫구, 시집두 가구 하면 오지 말래두 내 가지. (內 退)
韓   온 어먼님두.
香 姬   참 잘 먹었에요. 괜이 부산을 떠러서 늦게 주무시지도 못하시게 했읍
       니다.

       香姬 수저를 놓고 물러난다.

韓   왜 더 잡숫지?
香 姬   아이 량것 먹었에요. 아침을 이럭케 먹어 보긴 처음예요.
文   괜이 차린 것두 없이 일즉 오시레서 돼레 진지두 못 잡숫게…….
香 姬   아주 손님 대접허시네, 文 先生까지. (하며 이러난다)
文   그럼 손님두 貴한 손님이시지.
朴僉知 왜 집엘 또 댕겨나오런?
香 姬   집을 가저와야겠에요.
朴僉知 가만 있거라. 내 그쪽에 갈 일두 잇으니 들려 가지고 나오마.
香 姬   죄송합니다. 아젓씨.

       朴僉知 退場.

香 姬   참 요젼엔 엇더케 失禮를 했는지 부그러워 죽겠어오.
文   아이 별말슴을 다…….
香 姬   그래두 그날은 저에겐 一生을 두고 이즐 수 없는 날이였쉐요. 이러케 두
       분 先生님 곁을 떠나가면셔도 셥〻하지 안고 슲으지도 아고, 즐겁다면
       거짓말일지도 모르겠음니다만 오히려 힘이 나요. 그날까지 저는 人生이
       란것에 希望을 늣겨 보지 못했음니다. 希望이라면 어느 먼 곳에 땅이름
       가치 생각됨니다.
文   香姬氏. 香姬씬 저를 부럽다고 그러섯지요? 그럭케 부러울 게 뭬 잇
       세요.
韓   사람이 希望이란 것을 뼈여 사모치게 늣긴다는 것은 정말 幸福된 일임
       니다.
文   아름다운 일이예요.
韓   그러나 또 누구나 다 그렇게 될 수는 없는 겜니다. 極히 誠実할랴는 한
       두 사람에게만 人生도 眞正한 希望을 啓示하는 것 임니다.
香 姬   감사함니다. 정말 무슨 運命이엿나 봐요. 졔가 이 섬으로 도라올 땐 조
       곰두 다시 사라나가려니 하는 생각은 없었에요. 그러든 내가 지금 이렇

계 기운이 나셔 떠나갈 힘이 어듸셔 생겼는지 모르겠읍니다. 제가 생각
해두 신기하구 긔이해셔…….

文　　香姬 씨. (갓가히 오며) 정말 저이를 잇지 마셰요. (언짠어 한다)

香　姬　제가 엇더케 先生님들을 잇껫습니까. 先生님들 生覺을 하면 가도 외로
울 것 것지 안허요.

文　　(눈물 지운다 억지로 서름을 참고) …….

韓　　자— 인졔 우리가 香姬 씨 故鄕사람이 되었으니까 어듸를 가도 알녀야
하고, 무슨 일이 있어도 기별을 해야 합니다.

文　　(韓의 말로 気分이 밖귀며) 꿈이요.

韓　　시집을 가셔두 우리가 먼저 선을 바야 하구…….

香　姬　아이 참 先生님두……. (외롬이 나타날가 겁낸다)

喇叭 소리. 一同 문득 이러나다.

韓　　　벌셔 나오는군.

喇叭 소리 끝나지, 勤勞奉仕隊의 旗를 든 二突의 先頭로 竜鉉, 班長, 竹
村, 뒤로 面長, 三木와 그 아들 いさ을, 觀送[80]男女群衆, 群衆의 손에 日
章旗 차례로 登場. 그들과 韓의 一同 인사 後,

竹　村　지금 面長께서 訓示의 말슴이 이겠읍니다. (三人 気着한다 二突, 龍鉉,
班長 自身)

面　長　에—. 그동안 여러 가지 勤労奉仕에 일이 많었으나 이번 內地로 가는 勤
労報国隊의 意気는 각별이 크고 다른 것이요.
本 郡 十八 面에서 三十 五 名이 뽑힌 中, 諸君 三名이 本 面 即 우리
‘露島’를 代表해서 參加했다는 것은 미상불 諸君의 名誉이쟈 또 本面의
榮光이라고 아니 할 수가 없소. 이 사람이 特히 本面을 代表하야 한 마
듸 말할 것은 農業半島의 農民을 代身해 가느니만큼 內地 農民들에게
북그럼이 없도록 奮発해서 農業報国의 実을 거두도록 努力해 주기를
바라는 바이요. (마춘다)

三人敬礼.
멀리서 発動船 들어오는 소리.

三　木　只今 面長씬의 御話通りわが半島は吾国の大事な穀倉であります. そ

---

80) ‘歡送’의 오자인 듯.

れだけに 諸君の 腕と仕事振りに. 内地の方でも大きな期待を持ってゐ
るのだから. 決してどこの農民にも劣らない様な成績を擧げ、將來 半島
の農産拡充によき先覚者になる様シッカリと 修養を積んで來られん事を
お願ひします. [방금 面長님께서 말씀 하신 대로 반도[81])는 우리 나라의
귀중한 곡창입니다. 그만큼 제군의 솜씨와 일 진행에 대해 内地에서도
큰 기대를 걸고 있으니까 결코 어느 농민과 비교해도 뒤떨어지지 않는
성적을 올려, 장래 반도의 농산 확충에 선각자가 되도록 확실하게 수양
을 쌓고 오실 것을 부탁드립니다.] (배 드러오는 통통통 소리)
(いさをを 安고 面長과 対話하는 韓에게)
先生 何か一言……. [선생 뭔가 한 말씀…….]

韓　　　　いや、もう 船が 入ってきましたから. [아니요, 벌써 배가 들어와서.]
班 長　　礼-. [경례-.]

　　　　三人 人事한다. 全員 人事 받는다. 朴歛知 가방 들고 나온다. 母, 粉实,
　　　　任姓女 等도 나온다.

三 木　　農業 報国 青年隊 万才[농업보국청년대 만세], 農業報国青年隊 万才, 農
　　　　業報国青年隊 万才.

　　　　一同 막 万才를 부르고 난 때, 배 드러와 닷는다. 班長이 탈 준비를 命令한
　　　　다. 문득 배 안에서 홀적 이러스는 億七, 보따릴 들고- 一同 멈춧한다.

朴歛知　　億七이다.
竹 村　　億七이……. (韓, いさをを 내려놋는다)
億 七　　(뛰여내려 三木 앞에) 部長さん[부장님]……. (운다)
三 木　　手紙は讀んでゐる. よく 分かった. もうまじめになるんだね? [편지를 읽
　　　　고 알았네. 이제 착실하게 살 거지?]
億 七　　ハイツ! ハイツ! [예, 그렇습니다.]
三 木　　(등을 치며) 難有ふ[82]) よく かへって 來た. [고마워. 잘 돌아왔어.]
億 七　　그런데 이 사람들은 뭡닛가. (두리번거리며)
竹 村　　응 内地로 가는 農業 報国隊라네.
億 七　　二突아, 너두 가니. (二突의 대답을 듯고 다시 粉实을 한참 본다- 韓을
　　　　発見한다 꾹 쏘아보드니) ……. 先生님, 先生님!!

------

81) ‘조선’을 일컬음.
82) ‘有難ふ’ 고맙다 의 오자로 보임.

(왁 목노와 울며, 탁 달녀들어 잡고) 先生님!!!

韓　　……. 편지 보았소. 모두들 나오기를 기둘렸오.

億　七　先生님! 고맙습니다, 고맙습니다—!!

韓　　인젠 저기 떠나는 隊員들처럼 国民을 为하고 이웃을 为하야 좋은 일꾼 돼줄 것을 난 밑소.

億　七　(홱 도리켜 隊員들을 다시 쏘아본다)

隊員들 탄다. 万才 三唱 다시 우렁차다. 香姬 한편에 탄다.

文　　부디 편지 끊치 마세요.

母　　얼른 충실해지우.

香　姬　안녕히들 게세요. (허리를 굽히며 韓에게도 目礼한다)

韓　　…….

出船 — エンヂン[엔진] 소리, 고둥 소리—.

億　七　(突然 웨친다) 二突아, 二突아, 너 나허구 밖구자. 넌 틀녀. 내가 가야 한다. 내가 가야 해. 一寸, 船待て……. 部長さん 行かせて下さい 僕 行かせて下さい. [잠깐 배를 멈춰……. 부장님 가게 해 주세요. 저를 가게 해 주세요.] 二突아! 部長さん! 面長님! 제가 가겠음니다. 웨, 아무도 가란 말슴이 없서요. 저을 이제두 안들 믿으세요? 제가 가야 저런 애들 열 사람 목을 하고 옴니다. 部長さん.

三　木　良く 分った ありがたふ. [잘 알았어, 고맙네.]

億　七　お願ひします, お願ひします. [꼭 부탁 드려요, 꼭 부탁 드려요.]

三　木　この次ぎは きっと 行かせてやるから. [다음엔 꼭 가게 해 줄 테니까.]

億　七　いや いやです 今いきます. [싫어요. 지금 가겠어요.]

面　長　댐 번에 가게나, 인젠 느진 걸…….

億　七　싫여요. 싫여요. (떠나가는 배를 쫓는— 旗대를 빼서 들고)

出船, 雜音, 作別 船退場. 億七 "二突아" "龍鉉이" 高喊치며 退. 소리 次々 머러진다. 그 뒤로 面長, 三木, 文, 母, 韓外 全部 退.

朴　　마님, 새벽바람이 꽤 참니다. 어서 드러가세요. (하며 母을 데리고 안으로 退)

三　木　先生은 全く この島の恩人です. 改めて厚くお礼申しあげます. [선생님은 정말로 이 섬의 은인이십니다. 다시 한번 더 진심으로 감사 드

립니다.]

韓   どういたしまして. [아니, 뭘. 그렇지 않아요.]

面　長   앞으로 이 섬에 諸船施設과 建設을 爲해서 더욱 큰 힘이 되 주세야겠음
        니다.

韓   므슨 힘이 있음니가.

三　木   ではお先に失礼します. [그럼 먼저 실례할게요.] (三木, 面長 나간다)

韓   では又. [그럼 다음에.]

三　木   (나간다) いさを 先生にさよならしな. [이사오, 선생님께 안녕히 계세요
        라고 해야지.]

いさを   先生, 左様奈良. [선생님 안녕히 계세요.]

韓   いや さようなら. [그래 いさを도 잘 가고] (退)

粉　実   (登, 속으로 이미 운다)

億　七   (登) 粉実아…….

粉　実   (느낀다)

億　七   인젠 난 뼈가 부서저도 일을 할 테다.

韓   億七君, 苦生 만히 햇지. 인제붓터는 정말 똑바루 사러야 해요. 잇다라
        두 病院엘 점 들여요.

億　七   네. (粉実이와 退)

韓   賢肅氏 自己에 젂은 努力이 남에게 조흔 결과를 맺는다고 生覚될 때처
        럼 즐거운 일은 업슬 것 같오.

文   네. (애매하게)

韓   뭘 그럭케 生覚하고 있오.

文   아니예요. 저 先生님

韓   네.

文   先生님 來日쯤 저이 집에다 제 짐 좀 다 보내라구 편지를……. 좀…….

韓   賢肅이. (間) ……. (손을 잡으며) 바람이 차지.

文   (가볍게 피하면서 멀리 바라보다) 香姫氏가 탄 배가 벌서 저 浦口를 도
        라가는군요.

韓   (각가히 가 슨다)

아침 해발리 두 사람을 浮彫식킨다.
音樂 소리 놉하지며.

幕.

그 전날 밤

▷ 서지사항 : 4막, 《신시대》 1943년 8월호
▷ 공연사항 : 극단 태양 창립 공연, 전창근 연출, 영보극장
　　　　　　 1943. 7. 31.~
▷ 특기사항 : 1943년 8월 서선 순연
▷ 四幕 五場 中 二幕 揭載

人物

金思敏 (國語 講習所張, 高農 出身)
李 氏 (늙은 寡婦)
丁 吉 (그의 외아들)
龍 善 (마을의 篤實한 靑年)
차돌네 할머니 (地主)
僉 知 (々)
先 達 (々)
農民 甲 (自作農)
　　乙 (々)
　　丙 (々)
　　丁 (々)
李惠苟 (미순[1]系 專門 出身, 金의 愛人)
李東勳 (興德鑛業會社 支配人, 惠苟의 오빠)
그들의 姑母
뿌라운 (興德鑛業會社長, 卽 米麴人[2] 鑛主)
姜主事 (仝會社沙金鑛 德大[3])
憲兵 甲
　　乙
　　丙
刑事, 農婦女 若干

---

1) 미술.
2) 일제 시대 미국을 폄하하여 지칭하던 말. 米麴, 쌀누룩이라는 의미.
3) 덕대(德大) : 광산 임자와 계약을 맺고 광산의 일부를 떼어 맡아 광부를 데리고 광물을 캐는
사람.

一 幕

때

昭和 十六年4) 十二月 六日

곳

金鑛街化한 農村, 寡夫 李氏네 집

舞臺

上手에 바싹 대여 마루房 하나 房과 부엌을 通한 문이 適當하게 달렷고, 한편만 멍석같은 것으로 사람 허리만한 높이로 防寒을 꾀한 마루와 부러질 듯 검웃테ㅅ한 丸太 기둥에 바처진 天井은 몹시 낮으며, 또 아무렇게나 傾斜가 젓다. 뜰은 그러니까 比較的 넓은데 下水에 눈을 쓴 枯木과 나무 토막과 돌멩이들. 뜰 恩正面으로 찌그러진 大門, 그곳에 불꺼진 古風의 장명등 등에는 '떡 파오'라고 석 字가 씨여 있다.

開幕.
모진 눈보라 소리, 山즘생들(승냥이) 소리로써 開幕. 時間은 밤 八時를 지냈을 무렵.
갓 없는, 람포燈은 바람에 이따금 끔벅ㅅㅅ하야 집은 희물끄림허다. 쥔댁, 李氏 혼자 마루에 댕그라케 걸터앉어 발치 앞 땅바닥의 흰 김을 솟구있는 風爐의 찌개를 마치 얼빠진 사람같이 멍허니 내려다볼 뿐. 그 손엔 떠러진 덴 깃누라고 잡은 少年用 쎄-터-5). 무엇을 하든 그것은 놓지를 않는다.
間.
突然, 놓아진6) 바람 소리와 더부러, 大門께서 뎅그랑하는 생철 소리.

李 氏 (자즈러지게 놀라며 大門께로 내달어 밖을 휘휘 내다보고 섰다)

漸弱해지는 바람 소리.

李 氏 (긴 한숨과 더부러 처음 그 자리에 도라와 앉어, 첨 姿勢대로 不動)

멀리서 승냥이 울음소리.

李 氏 (즘생 소리들 向하야 꾹 노린다 그 눈은 憎惡와 怨氣로 번적인다)

---

4) 일본 히로이토 시대의 연호(1926~1989). 소화 16년은 1941년.
5) 떨어진 델 기우느라고 잡은 少年用 스웨터.
6) '높아진'이라는 의미인 듯.

다시 漸强해지는 바람 소리와 함께 下水 울타리에 기대 세웠든 板子 한 닢이 찰삭 날려 떠러진다.

李　氏　(다시 아까와 같이 大門께로 한참 섯다가 그 近處에 힘없이 걸터안는다 잠간만에 마루로 다시 와서 짤막한 대를 風爐에 대고 빤다 빨다 놓고 찌개를 삶여본다 연이여 마루위에 밥床도 들먹어려 본다 곧 처음 그 자리에 와서 담배를 빤다 문득 대들 탁々々 터러 버리고 아무 생각두 안허리란 듯이 부지런히 쎄-터- 깃든 것을 게속 하며 있을 때)

　　　村民들 登場, 먼저 男子들 말소리로, ①靑年 崔龍善, ②이웃 老婆, 차돌 할머니 ③農民 甲, ④農民 乙 等이 適當한 間隔을 두고 뒤로뒤로 列을 지어 大門깐으로 前房에 들어스랴 할 때

李　氏　丁吉이냐. (하며 뛰여나슨다)

　　　村民들 주춤하고 슨다. 서로 잠간 말이 없이 멍청한다.

李　氏　(무뚝々하게 쉰사7)도 없시 다시 마루로)

　　　村民들, 서로 걱정되는 양으로 마루엔 안 가고 뜰 適當한 곳에 座定들 한다.
　　　차돌네 할머니만 혼자 마루 끝으로
　　　멀리 汽笛 소리와 汽車 지나가는 소리.

李　氏　(쎄-터의 일손을 쉬이고 멋을 생각)
村民甲　여덜시 반 차지?
用　善　서울 가는 여덜시 반 차야.
차돌네　……. 여태도록 아무 기별도 없오?
李　氏　(말없이 자리만 조곰 비켜 안는다)
農民乙　찾어 볼 만한 덴 다 찾어 보았든가.
龍　善　찾아 보는 사람이 따루 있나. 뷘 걱정만 말구 좀 댕겨 보게나.
農民乙　자네 애 쓴 줄은 아네, 허기로니 뷘 걱정이라니…… 그 사람 참……
農民甲　원 참 별일이지 그렇게 영특하고 똑똑한 애가 벌서 이틀재 됏지?

　　　僉知 登場.

---

7) 수인사(修人事) : 인사를 차림.

92

一 소　　僉知 영감 진지 잡쉐겝쇼.

僉 知　丁吉이 소식 여태들 몰르나. (一同 沈默) 거 참 히한한 일이 아닌가…….
　　　　그러나 저러나 멋 좀 자셋소, 丁吉 어머니?

李 氏　네.

차돌네　자시긴 멀 자셨겠어요, 밥이 목에 엇떻게 넘어갑니까.

僉 知　저런 소리라니, 괘니 곁에서들 더 야단들이지. 누가 어디서 초상이라두
　　　　났단 말이요 원.

　　　다시 승냥이의 떼울음소리.
　　　村民들 몰래 몰래 마주 처다본다.

차돌네　저 거시기 동구 밖에 참봉한테 가서 물어 보았소. (李氏 無言, 머리를
　　　　돌려 村民에게) 에그 참 용케두 마친다는데, 아주 쩡쩡허게 들어낸
　　　　대…….

農民甲　용타구들 허나 보드군요.

僉 知　암 그게 제법 방불[8]헌 데가 있지. 작년 겨울에두 왜 저, 쉰돌네 할아
　　　　범이 눈길에서 독갑헌테[9] 홀린 일이 있잔나.

農民甲　네네 그래두 사흘만에야 저 각시바우 밑에서…….

僉 知　그렇지, 각시바우 밑에서 찾어냈지. 그것두 용케 알아마쳤거든…….

차돌네　저것 봐요, 뭇구리[10] 안 햇소. 안 했걸랑 해 봅시다.

龍 善　뭇구리 왜 안 해요.

차돌네　에그 했어, 그래 머랍디까. (李氏에게)

李 氏　했든 말었든, 에이그, 좀 웬간이들 해 둬요. 날랑…….

　　　一同 沈默, 다시 생철 소리 절그랑.

李 氏　(부엌을 향하며) 우리 丁吉이가 엇쟀다구들 야단들인감. (문득, 哭聲으
　　　　로써) 우리 丁吉이가 왜 안 들어올가 봐서……. (울며 부엌으로 退)

차돌네　(냉큼 일어스며) 가지 머.

僉 知　왜요.

차돌네　성가서 하질 않습니까. 참 별일이지.

龍 善　할머니두 참.

---

8) 방불(彷彿)하다 : ~과 거의 비슷하다.
9) 도깨비한테.
10) 무(巫)거리.

農民甲　이제 모다들 모이실 텐데. 洞會를 안 보시구 가세요.

仝　乙　요정11)을 내세야죠. 오늘은.

차돌네　(다시 앉으며) 정칠12) 마나님이 우리보구 웬 역정인구? 남들은 일
　　　　껀…….

龍　善　할머니두 참 할머니 같으문 안 그러겠어요, 홀어머니가 저만 믿고 사
　　　　는데 게다가 어린 것이에나 이틀식 간 데 없이 안 들어오니.

僉　知　왜 안 그렇겠나, 한 절반 얼도 빠지게 됐지 멀 그러시요.

차돌네　에그 딱두 해라. (남비) 이건 먼데.

僉　知　먼데 그렇게 구수헌구?

차돌네　오라 닭곰이로군.

僉　知　닭곰?

차돌네　누가 오누.

龍　善　오긴, 오늘이 丁吉이 생일이래요.

차돌네　정길이 생일? 바루 오늘? 온 이런 딱한 일두.

僉　知　그래노니 마나님이 좌불안석일 수밖에요.

차돌네　會社엔 누가 가밧든가.

農民乙　가면 한 두 번만 가요 나두 두어 번 갔지만 마나님은 열 번두 더 댕겼
　　　　을 거예요.

僉　知　그래 會社에선 머라든가.

龍　善　여니 때와 같이 어저께 저녁 때에나 갔는데 집에 안 나가다니 웬일이냐
　　　　구만 그러드군요.

　　　　　先達 登場.

僉　知　先達 오시요?

一　仝　어서 오십시오.

先　達　다들 모이셨군. 金先生이 안 오셨나.

農民甲　네, 좀 늦겠다 그랬어요, 姜主事, 꼭 오라 하섯어요.

先　達　아이들을 보내낳네.

農民乙　그 자가 안 나오문 안됩니다.

先　達　염려 말게 장정들을 둘 식이나 보내 낳다니간 그래. 그런데 이 집 丁吉
　　　　인 그냥 안 나섰나.

---

11) 了定 : 결판을 내어 끝을 마침.
12) "경치다"는 의미의 방언인 듯.

94

차돌네　필시 무슨 탈이 생겼나 봅니다.

先　達　허-, 그거 참 안됐군 그래. 그래 수소문할 만한 덴 다 해 밧든가.

차돌이　그럼은요.

農民乙　어듸라구 안 찾었겠어요. 저 龍善이가 그 때메 진이 빠지도록-.

先　達　龍善이가? 어……. 애쓰네 우리 동네가 자네 없으문 매사에 참 꼼작을 못할 걸세.

龍　善　멀요 히ㅅ물만 키구 만 걸요.

僉　知　그러나 저러나 하여튼 이거 귀신이 곡할 일이란 말야. 선달!

先　達　가만 있소. 설마 그 똑々허구 영악한 놈이 아무려면 원…….

僉　知　허- 그야 알 수 있소. 제 아무리 똑똑하구 영악했대야 이제 겨우 열댓 살된 어린 것이 회사에서 혹 어둬서 퇴해 나오다가설랑…….

先　達　그두 그래, 지난 겨울에두 이 동네에서 그게 누구든가, 독갑에게 홀린 것이.

僉　知　압다 저저 쉰돌네 하라범이지 누군 누구요.

先　達　오라 참, 그 늙은이도 생죽엄을 했껏다, 그래서…….

僉　知　여보게 암만 해두 이게 맨일13)은 아닐세, 자네들 어렵지만 그놈의 델 다시 한 번 가 보구 오게.

龍　善　그놈의 데라니오?

僉　知　각시바우 말일세.

龍　善　왜요. 丁吉이두 독갑헌테 홀렸을가 봐서요.

僉　知　그런게 아녀, 글세 옛날부터 거기가 승허기가 짝이 없는 곳이너니.

農民甲　벌서 다 두저 밧대요.

先　達　여보게들 즘생들 조화 아닐까.

農民乙　그 애가 승냥이에게 물려가요 원.

先　達　허 요샌 벗직 꾀는 것이 거 어른두 싫든대, 애들야 혹 알 수가 있나.

龍　善　다 두저 밧예요.

僉　知　아냐 승양의 짓은 아냐. 즘생 같으문야 발자국과 피 흔적이 일목환연한 걸 머.

龍　善　승냥이가 물어갔다문 골과 손발은 어디 남어 있을 게 아녀요.

先　達　그두 그래. 좌우간 주재소엔 알려놔야지.

龍　善　이제 사람이 넘어갔어요.

先　達　겨우 이제.

---

13) ‘보통 일이 아니라 심각한 일’이라는 의미인 듯.

龍　善　그럼 누가 이리 될 줄야 알았어야죠.
先　達　주재소두 五十里나 되니 게선들14) 언제 기동을 해 주겠나 원.

　　　　李氏 登場. 그림자 같이 大門을 나간다. (退)

차돌네　저々々 누구 좀 쪼처 가 보게.
農民乙　온 저런 (따라 나간다) 마나님 마나님. (퇴)
先　達　꼭 정신 빠진 사람 같구려.

　　　　다시 바람 소리, 즘생 우는 소리.

차돌네　앗다 못 봐서 그러치오, 괜히 우리허구 생으로 역정이랍니다.
僉　知　울화가 나서 그러는 거죠. 공교롭게 또 오늘이 丁音이 생일이라니까.
先　達　바루 오늘인가? 오라 참 그렇게 되겠군, 그 녀석이 생겨서 三七日만에
　　　　저이 어른이 돌아가셨스니까……. 아녈 말루 丁音이가 橫死라두 허는
　　　　날엔 저 노인두 지 따라가 갈 거부구면 내야 그 속심정을 잘 알구도 남
　　　　는 데가 있지.
차돌네　그야 그럿켔지요. 어는 父母가 이런 변을 당하구야……. 세상에 간이
　　　　뒤집혀질 노릇이지…….
農民甲　허니까, 어제 아침에 나간 애가 어제 하루, 오늘 하루간 종적 없구만요.
차돌네　그러치.
先　達　龍善이 저 사람이 이 집 사정은 잘 알지만은 丁音이만 아녔드면 진작
　　　　어디루 再嫁해 갔을 마나님이죠.
龍　善　참, 훌륭한 마나님이서요. 불여우들처럼 디리 再嫁허라구 성화 같이 구
　　　　는 친정댁 등쌀에도 꺼떡 없었지요.
차돌네　혼자 난 때가 벌서 나이 四十된 때라문서?
僉　知　헛……. 이제사 바른 때루 부는군. 그 때 先達이 한창 丁音이 엄마에게
　　　　몸이 달어 씨근씨근 하든 그 꼴이라니.
차돌네　멀 다 아는 사연을…….
僉　知　헛……. 인제야 그랬다문 엇떻구 안 그랬다문 엇떻소. 팍 까부러진 단
　　　　풍닢들인 걸 헛…….
先　達　거 친정에서 再嫁허라구 못살게 군대두 일리가 있었지 멀 그래. 영감이
　　　　피천15) 한 푼 안 지치고 그야 말루 백수건달루 가 버렸스니깐.

____

14) 게선들 : 거기에서인들.
15) 아주 적은 액수의 돈, 노린 동전.

96

龍　善　참 고생두 질력나게 하셨지요.

僉　知　그래노니 유복자 같은 핏댕이 丁吉이 녀석을 받어가지고 거기다만 모든
　　　정과 온갖 정을 쏟구 살어오다가 이제야 가까스로 자식낙도 볼 만허니
　　　깐 참.

龍　善　그 형편에 그래두 丁吉일 보통학교까정 마춰주지 안었에요. 싹빨네 싹
　　　바누질 그예 떡장수까지 해 가면서.

僉　知　헛…… 그 새 막 까부러진 단풍닢이 돼버렷지…….

先　達　그러게 말요. 삽시간에 그 곱든 人生이 그 곱든 美人이 저렇게 쪼그라
　　　저 버리두라니.

僉　知　에그 그 美人 타령 인제 그만 좀 해 둬요, 人生이란 본래 그런 건데 멀.

차돌네　정말 그 신세 가엾은 마나님이었군요.

先　達　가엽다니 그 신세 기구한 사정야 당자 아니곤 다 몰을 거요.

龍　善　이제 丁吉이가 안 나오는 땐 미치시든지 동네가 떠나가든지 한바탕 차
　　　마 못 볼 난리가 날 테니 어떻거누.

農民乙　그런 소리 말게. 여보게 어떻거든지 나지게 해야지.

僉　知　이게 죄 그 육실할 놈의 金鑛인가 금전이 생겨난 까닭이란 말야.

차돌네　어유 그 금전 이야긴 듣기만 해두 치가 떨리오.

僉　知　간난이년이 없어진 것두 그 때문이 아뇨?

農民乙　그년야 덕대 놈허구 배가 맞어 三十六게 논 걸요.

龍　善　어쨌든 금전이 들오매부터 생겨난 날리가 아냐. 丁吉이 역시두 金점 事
　　　務所에 댕기다가 이 모양 됐구…….

農民乙　여보게 그런데 저놈들이 도레저-를 새루 디려맨단 소리 들었나.

龍　善　도레저-? 발서 기게가 와 있는 걸.

차돌네　여보게 도레저- 가 먼가 또.

僉　知　砂金을 캐는 배 같은 기게가 있어요.

차돌네　온 저런 죽일 놈들, 그예 우리 土地를 깡그리 버리게 맨글 심인감.

農民乙　그런데 선달님, 이 姜主事가 먼가 허는 작자가 왜 안 옵니까 여태.

先　達　인재 올 거래두 그래 그보다두 金先生이 빨리 와야 하잔켔나.

農民乙　어련이 오시잔을랴구요.

차돌네　다 안 와두 조와. 난 여기서 끊어 말하네. 다신 한 이랑 땅두 금점에
　　　빌리지 못하겠네. 망할 여석들.

先　達　그래 여기서 동회를 열겟소, 僉知.

僉　知　여기 모이기루 허잔었소. 어떠리까.

先 達 그래두 경황이 없는 집에서…….

僉 知 글세…….

          때에 農民 甲, 丙, 丁 農婦女 甲, 乙, 丙 등장.

龍 善 마님은 어쩌구 오나.

農民甲 차돌네 아주머니댁에 게시네.

차돌네 우리 집에. 거 잘 됐네.

僉 知 멋 허시든가 게서?

農民甲 멀 허시긴요, 자꼬 울구만 게시지요. 그런데 洞會 안 여세요.

차돌네 여나마나 모두들 합심해서 土地만 안 빌리문 되지 멀 그러나.

農民乙 土地라니?

農民甲 아 그놈들헌테 다시 토지를 빌려요? 오늘 모은 건 그런 이야기 안예요.

農民丙 姜가 놈 안 왔어요.

農民丁 그까짓 자식 오나마나 먼저 金을 캐먹은 땅세나 받어내기로 합시다.

先 達 땅세라니?

農民甲 뒤엎어 논 논밭을 제대루 무러준다 그러잔었예요. 그 비용이지 멈니까.

先 達 그게 무슨 땅센가, 土地 復舊 報償金이란 거지.

農民丁 土地 復舊 報償金인지 먼진 몰라두 어쩟든 그거 坪當 三十 錢엔 안돼요.
          안되.

農甲乙丙 안되다마다 어림두 없지.

차돌네 흥 멀정한 놈들, 남의 땅을 묵사발을 만들어 놓구 겨우 坪에 三十 錢
          이라. 三十 錢으로 그게 바루 잡혀? (先達을 본다)

僉 知 하여튼 크게들 속엿느니.

龍 善 머, 맨 배지 저고리들이죠. 벌서 결단난 것만두 논과 밭을 얼러 한 八萬
          坪이야 되구 말구.

차돌네 흥. 金만 제일인감. 우리헌테 金보다두 더 귀한 土地야.

僉 知 그 땅들이 삽시간에 한 길 두 길의 자갈밭이 되여 버리다니.

農民丙 땅 뚜껑만 살작 긁었다 덮는다 농사엔 깜족 같다 흥 그러든 金이 한
          길 두 길 밑에 깔렸든 걸?

農民乙 그놈들 측량대루 만약에 열이 깔렸다문 손 쉽게 캤을 게고 손쉽게 캤드
          라면 그 土地가 애당초에 수시미16)가 됐을 이가 있나.

農民丙 아 이 사람들아 첫째 그리 얕이 깔린 砂金이라면 우리가 왜 진작 몰랐

____

16) 수세미.

98

겠나. 보기 좋게 속았지 멀 그래.

農民丁　テボリ□ 홍 テボリ17)가 사람 잡았지. 도레저-루 파는 건 못쓴다, 땅
　　　　뿌리부텀 뒤엎어서 밭을 결단낸다, 그러나 손으로 판다 이게 テボリ란
　　　　거다, 염려없다 살작 긁었다 덮는 데 논이 왜 상허니, 밭이 왜 못쓰게
　　　　되니? 엥이 날도적놈들 같으니라구……

차돌네　여보게들 우리 논을 좀 밧나. 그 거얼든 논은 간 데 없고 자갈이 먼
　　　　가? 이마큼한 바웃돌루 한 길 두 길 다 저 났으니 세상에 이런 참혹한
　　　　변이 어디 있겠나 글새. (눈물진다)

僉　知　누구네 땅은 안 그런가요 어- 참.

農民들　누구네 누구네 할 것 있나요, 다아죠.

農民甲　八萬坪이 송두리채 묵사발이 됐다면 그만이지 머.

農民乙　그래 그래 놓구 土地 報償金이 한 평에 三十 錢이라? (先達을 본다)

農民丁　저이 놈들더러 三十 錢 받구 제대루 고처노라 해요.

차돌네　三十 錢? 三十 圓이면 될 일이냐, 돈두 다 일 없이 제대루 무러내지만
　　　　안어바라 어느 놈이구 물고 늘어질 테야.

農民甲　아주머니 잠간 이 일에 대해선 先達님두 책임이 있습니다.

先　達　내가 무슨 책임인가?

農民丙　왜 책임이 없어요?

先　達　히-. 이 사람들이-.

農民丁　이렇게 시침이 때시기에요. 先達님께서 저놈들의 가짓말에 찬성을 안하
　　　　셨세요?

農民丙　그렇지 그때 先達 같은 양반만 저놈들의 거짓말에 두던만 안하서두 일
　　　　이 이처럼 될 리가 만무하지요.

先　達　내가 찬성이라니, 내가 누굴 두던하다니 원 이런?

農民甲　우린 鑛業會社나 姜主事보다두 先達님을 믿었단 말예요.

先　達　이게 무슨 소리들인가.

農民丁　압다. 이 사람들, 연설 말슴이 왜 이리 수다한가. 페일언하구 우리 밭이
　　　　나 논에서 砂金을 캐는데 말예요. 土地는 상해 놓잖는다구 저놈들이 떡
　　　　먹이 맹세한18), 그 맹서에 先達께서 찬성을 하셨고, 先達任이 찬성하는
　　　　바람에 죄들 움지기게 됐든 게 아니냐 말예요.

先　達　허 이 사람들이 시어미 역정에 개 엽구릴 찬단 격이군 그래.

---

17) 기계를 사용하지 않고 간단한 도구를 사용해 손으로 파는 방식을 일컫는 일본말.
18) 문맥상 '떡 먹듯 (쉽게) 맹세한'이라는 의미인 듯.

農民甲　그만큼 윈 동내가 先達任을 믿어온 것두 사실이지 멀 그러세요.
先　達　그래 그 믿든 내가 자내들을 배반하고 무슨 딴양이라두 냈단 말인가,
　　　　응.
農民丁　누가 알 게 머예요?
先　達　머야?
農民丁　비단 先達님만이 아니라 저 僉知 영감하구 이 동네 老人들때메 우리가
　　　　요 꼴이 된 건데 머.

　　　　先達, 僉知 서루 기가 죽는다.

農民甲　그 말두 일리 있는 소리야. 애당초에 우리 젊은 방축에선 안된다구 구
　　　　지 잡아때는 걸 가루채 가지구설랑 저 아까운 논밭을 저놈들헌테 떠넝
　　　　구도록, 아널 말루 쌍지팽이루 나스다싶이 주책없게 군 이들이 누구예
　　　　요. 죄 老人네들이 않었나 말슴예요. (땅을 딱 한 번 친다)
農民丁　世上엔 공 것이 없는 법야. 모두들 눈 앞에 탁박이 잔만 오락가락허는
　　　　통에 언제 오늘 할 일의 하회가 이 같이 될 거야. 생각할 겨를이나 있
　　　　었겠나 제엔장.
僉　知　엑기 이 사람 게 무슨 버릇없는…….
農民乙　그럼 이런 말슴은 하셨지요? "秋收 걷은 댐에야 어차피 논이구, 밭이
　　　　구, 이른 봄까정은 놀릴 게 아닌가, 그 새만 빌려서 보상금은 보상금대
　　　　로 품삯은 품삯대로 꿩 먹고 알 먹기 판인데 마다 할 게 어딨는냐."고
　　　　우기지들 않었예요. 첫째 생원님이요, 둘째 僉知 영감꺼정두?
僉　知　당하구 보니까 속었데 그려.
先　達　어느 누군 자내들 몰래 뾰죽한 수라두 본 줄 아나. 姜主事란 친구만
　　　　믿었든 노릇이 곱다랗게 속었네 그려.
農民丁　글세 속은 건 피장파장이라 합시다. 허지만 老人들께선 한바탕 떵떵거
　　　　리구 좋기나 하셨죠, 이건 쓴 술 한 잔 이렇단 말 없이 요 모양이 됐으
　　　　니 분하잖어요 글세.
農民甲　그 치사한 소리 시끄럽네.
農民丁　압다 이 사람 입은 째저두 말은 발은대루 뀈랬다구, 만날 돼지니 닭이
　　　　니 야종엔 읍내 기생아씨까정 떼다 놓구 고 생쥐 같은 姜가놈하구 얼
　　　　려 다니면서 변학도 생일잔치 뺨 때리게 떵떵거리시든 老人네들 난봉
　　　　을 자낸 그 때 구경 못했나. 너무나 좋데, 너무 좋든 나머지엔 언제나
　　　　요렇게 제가 쏜 화살에 제가 맞는 제가 맞는 법이니.

龍　善　이 사람 말 좀 삼가게, 설마 그러셨기로니 술잔에 팔려서 이번을 저즐
　　　　르시기야 하셨을라구.
農民乙　어쨌든 우리 村에 농산 결단났지. 보따리들을 싸질머지든지 무슨 딴수
　　　　가 있어야만 살게 됐어.
僉　知　큰 실수들일세, 金두 중하겠지만 금보다 중한 게 우리에겐 土地였드라
　　　　네, 그래서 옛날부터 제 밭이나 제 논에서 설혹 金이 난다손 처두 함부
　　　　루 손을 못댔드라네.
　　　　金은 한 번 캐먹으면 그만인 것, 그러나 土地는 대대손손을 두고두고
　　　　길르는 것이오 기름인 걸. 더구나 이 砂金이란 건…….
先　達　뵐 낮이 없네. 인진19) 자네들 하잔 대루 다 함세. 짜장 호랭일 맞치려
　　　　다가 사람을 마친 것이었지, 남의 금싸락에 눈이 어둬 天下之大本인 農
　　　　土를 버려 놨으니 이런 실수라니.
차돌네　웬 딴소리들이 그리 많습니까. 어서 보상금인가 먼가나 따지구 봅시다,
　　　　빨리.
先　達　姜가가 얼른 와얄 텐데…….
農民丁　그까짓 자식 오나마나 여보게들 그리고 저 차돌네 마님 우리 회사에
　　　　가서 아주 쪽을 내는 게 어떻겠어요.
차돌네　그것두 좋네 평당에 三十 錢이라니? 경칠 놈들 같으니라구
農民들　(우- 일어스며) 그게 좃네, 가세.
農民甲　龍善이 자네 안 가려나.
龍　善　글세 밤이 이렇게 늦었는데.
農民乙　제엔장 우리 형편이 똥이 탈 지경인데 밤낮을 논지허게 됐나, 가세.
農民들　가자, 가.

　　　　　老人들과 龍善일 뒤에 두고 우 나갈 때 - 姜主事 등장.

차돌네　姜主事 오는군.
姜先達　원 자상두 하시지. 그런 장정들을 둘식이나 보내지 않으면 설마 내가
　　　　고작 요만 밤길에 出入을 못할가 봐서 햇……. (一同 敵對視할 뿐) 저
　　　　거시기 보상금 말요, 그 보상금에 대해설랑 내 아까 鑛主 어른허구 타
　　　　협을 해 갖구 왔지.
農民甲　타협? 어떻게?
姜　　　어 이 사람 놀라겠네, 왜 이리 딱딱거리나.

---

19) '이젠'의 의미.

農民乙　군소리 말구 빨리 말해 봐.

姜　　　군소리이?

農民丙　갑갑해 빨리 말해.

農民丁　왜 이렇게 어름어름하는 거야.

姜　　　아니 先達, 僉知. 이것들이 사람을 뜯어 먹자구드니 이게 이것들에 본
　　　　색요, 윗사람에게 대한.

農民丁　군소리 듣기 싫다, 그냥 三十 錢이냐.

姜　　　어 이놈들이?

僉　知　그 사람들뿐이 아니요. 지금 우리 왼촌 사람 전부가 生死岐路에 올라
　　　　맘들이 편할 수가 없게 됐소.

農民甲　우린 이제부텀 금점일하군 하직이다. 다시 농사에 힘써야겠다. 못쓰게
　　　　된 저 八萬坪을 제대루 무러내라.

姜　　　보상금을 주면 그만이 아니냐.

全　員　얼마란 말이냐.

姜　　　특별히 생각해서 十 錢 더 준다.

全　員　四十 錢?

姜　　　그렇다. 坪當 四十 錢이다. 그 이상은 한 푼 더 할 수 없다.

차돌네　이눔아 사십 전으로 수세미가 다 된 저 땅을 네가 좀 살려 봐라.

農民乙　四十 錢, 인마 四十 圓으로도 고치기가 힘든다.

農民甲　너 애초에 머라 그랬니. 땅은 상하잔는다 거죽만 살작 그러냈다가 다
　　　　시 살작 덮으면 감쪽같다구 네 그 주둥아리루…….

農民丁　(턱 잡으며) 도적놈. 한 길, 두 길식 가로 채서 남의 땅들을 자갈밭을 만
　　　　들게 새ㅅ빨간 거짓말루 넌 오늘 죽일 테다.

姜　　　놔라. (홱 뿌리치고) 이놈들. 왜 그 당장에 말하잔었느냐. 이제 와서 억
　　　　울한 걸 깨달었단 말이냐. 이 엉큼한 놈들.

先　達　여보 당신이 내 앞에서 이러기요.

姜　　　여보?

先　達　萬若 캐여 보다가 砂金이 깔려서 전답을 상하게 할 땐 보상금을 많이
　　　　준다고 그런 건 누구요.

姜　　　내가 그랬소, 내가 어디서 그랬소?

先　達　저 僉知두 들었소, 우리 집 사랑에서 안 그랬소?

姜　　　응 술좌석에서……. (씽긋 웃고) 그땐 취중이였소.

先　達　머야?

102

姜　　　이얘긴 계약으로 돼야죠. 계약이 있소, 계약이?
先　達　게약?
姜　　　핫……

　　　　一同 興奮한다.

僉　知　이눔아. (잡는다) 넌 게약 있느냐.
姜　　　있지. (紙片 두 장) 자 이건 先達ㅅ 거구, 이건 僉知에 것. 두 분에 土地
　　　　一萬 三千 坪에 대한 土地復舊報償, 先拂로 坪當 三十 錢식, 先達은 七
　　　　千坪 僉知는 六千坪 제약금 받었다는 領收證이 아니오. 이 이상 무슨
　　　　증거가 있겠소.
僉知, 先達　(땅을 치며) 우리가 속었구나.
차돌네　엑기이 바보 영감들……. 난 동전 한 푼 받은 일 없다. 四十 錢은 커녕
　　　　四十 圓두 일없다. 땅만 제대루 고쳐놔라 안 고쳐놓군 못 백인다.
農民들　옳소 아모 것두 일없다. 한 푼 안 받었다. 우리는 土地다, 土地만 바루
　　　　잡어놔라. (제각기 웨친다)
姜　　　이런 생무식 판이 있나. 이미 체결된 일이다. 十 錢두 생각해서 追加한
　　　　다. 四十 錢에 싫으면 졸대루들 해. (나가려 한다)
차돌네　이눔아 날 죽이구 가거라.
農民丁　놓지 마라.
同　乙　죽일 놈들이다.
同　丙　죽여라 죽여.

　　　　農民들과 차돌네까지 왁 덤빈다.

龍　善　여보게 여러분 이럴 일이 아니오. 회사에, 회사에 가 따집시다.
農民들　아니다 이놈에게 속았다, 이놈부터 없애구 보자.

　　　　때에 金思敏 登場.

金　　　이-게 웬일들이오. 여러분.

　　　　一同 不意에 멈춘다. 그 틈에 姜 도망친다.

金　　　여러분 늦어서 미안합니다. 어찌된 경위입니까.
龍　善　結局 報償金 問題ㄴ대 평당 四十 錢밖엔 어떤 책임이나 질 수 없다구
　　　　내부치길래 여러분이 흥분을 하신 것 입니다.

金　　　四十 錢?

農民丁　四十 錢이구 四十 圓이구 다 구찮다. (빙그르르 도끼를 찾어들고) 이놈
　　　을 죽이든 도래저를 부시든지 불뚱이 치미러 못살겠다.

金　　　여보시오. (抑壓한다) 어딜 가시요.

農民丁　놔요. 당신은 머요.

金　　　잠간만 진정하시고 제 이얘길 한 마디만 들어 주십시오.

農民丁　싫소. 난 물에서 쫓겨난 고기요. (운다) 解春20)을 하기 전에 저 땅을 죽
　　　이든 살리든 이거 놔요.

金　　　여보시오. 꼭 꼭 한 마디만…….

龍　善　여보게 자네 김 선생에게 오늘은 왜 이러나 (말린다)

金　　　여러분 보상금 四十 錢이란 물론 억울합니다. 허나 그보다도 어딘가 속
　　　은 듯한 여러분의 울적한 심정은 헤아리고도 남음이 있습니다. 이러한
　　　形言할 수 없는 不滿도 産金奉仕의 國策에 따라 여태까지 여러분이 잘
　　　참어오신 줄도 잘 압니다. 허나 주제넘은 말 같으나 감정을 눌르십시오.
　　　좀 더 냉정하게 이 문제를 처리하십시다.

차돌네　냉정하면 어떻게 한단 말이오.

金　　　물론 문제의 중점은 보상금인데 이제 그런 사람과 시비를 캘게 아니라
　　　興德砂金鑛業會社에 責任者를 찾어 直接으로 仔細한 걸 가룩21)하게 하
　　　는 게 어떻겠습니까.

龍　善　그게 젤 떳떳하구 좋겠습니다.

金　　　그럼 그렇게 하기로 하고 여기서 저들을 만날 代表 몇 사람을 뽑는게
　　　어떴습니까.

龍　善　그것두 좋겠습니다. 웬 동네가 다 가두 되려 이얘긴 안되니까요.

金　　　좋읍니까.

農民甲　좋소.

金　　　그럼 여러분이 보내고 싶은 사람을 몇 사람 천거해 보십시오.

龍　善　김 선생께서 맡어 갖구 해 주십시오.

차돌네　싫소 난 내가 가겠소. 내 일인데 왜 남을 보낸담.

僉　知　몰으시는 소리, 이런 일엔 말 잘하고 눈치 빠르고 이런 경제에 활달한
　　　사람이 가야 허우.

金　　　자 어서 말슴해 보십시오.

---

20) 봄이 되어 얼음과 눈이 녹아 풀림.
21) 문맥상 '기록'을 의미하는 듯.

先　達　선생께서 맡어보십시요.

金　　　달은 분은?

農民들　(잠간 주저하다가) 좋소

農民丁　가만 있오, 그렇게 하는데 한 가지 조목이 있오.

金　　　네.

農民丁　報償金도 일 없으니까 난 내 土地를 물어 받어야겠소.

農民들　옳소 나두 그 소견에 찬성이오.

金　　　그건 좀 어려웁지 않을까 합니다.

차돌네　멋이 어렵단 말이오.

金　　　會社하구 절충할 때는 報償金 問題의 範圍에 끄칠 줄 압니다. 金을 캐
　　　　는 것은 물론 개인도 캐지만 가지진 못합니다, 金은 國家의 所有로 되
　　　　어 있습니다. 따라서 金이 나는 땅이라면 나라에선 캐라고 許可해 줍니
　　　　다. 이런 점은 좀 신중히 생각하실 必要가 있을 것 같은데⋯⋯.

農民丁　여보, 선생은 머요.

金　　　(놀라) 네?

農民丁　머게 늦게야 와서 어려운 소리만 하며 이러시오.

金　　　대단 미안합니다. 마즘 오늘은 國語講習所에서 파하기를 늦게 파한 데
　　　　다가 다른데 實로 여러분과 우리 마을 전체와 나아가선 社會問題에까
　　　　지 미치는 그런 重大事가 있어서 그만 늦었습니다.

農民甲　우리 문제라니 그게 먼지 그걸 좀 이얘기 해 주십시오.

金　　　그건 아즉 이 자리에서 말슴 디릴 수가 없습니다. 이제 여러분 중에서
　　　　네가 머냐고 책망하시는 분이 계셨는데, 고맙습니다. 과연 전 아무것두
　　　　아닌 爲人이올시다. 무슨 생각은 있어서 집에 돌아와 있읍니다만, 여러
　　　　분의 勤勞生活에 比하면 부끄러울 만치 無爲徒食輩에 지남이 없을런지
　　　　도 모르겠습니다만은, 저 딴엔 마음만은 흙을 알자 흙과 가치 살자 農
　　　　事를 지키자 農村에 誠實하자, 그래서 多幸히 제 힘이 미치기만 한다면,
　　　　한 마지기에 벼가 나든 땅에서 두 마지기가 나게 한 섬의 보리가 나든
　　　　땅에서 두 섬을 걷을 수 있도록 힘을 디려, 되기만 한다면 무슨 짓이든
　　　　지 애낌없이 해보려는 주제 넘은 생각만은 가지고 있습니다. 그래서 이
　　　　번 여러분의 옥토가 그 같이 되는 걸 볼 때 저는 얼마나 몰래 눈물지었
　　　　는지 몰읍니다. 그러나 여러분은 결국 農村을 爲하야 죽기도 하고 살기
　　　　도 하는 農村에 主人들이심니다. 다시 말하면 農村을 지키는 여러분이
　　　　있고야 國家大本인 農事가 있는 것이올시다. 그 여러분에게 제가 종으

로 必要하시다면 저는 종되기도 꺼리지 않겠습니다. 제가 人生에 대해서 國家에 對해서 조고만 誠實性이라도 있다면 이 한 가지 뜻과 그 뜻의 準備만을 늘 지니고 있는 것 하나뿐이올시다. 여러분, 여러분에 報償金 問題를 제게 맡겨 주십시오. 여러분에 이해 관계를 爲해서 싸워보겠습니다. 제가 광주를 만나겠습니다. 저를 여러분의 종으로 부려주십시오.

農民甲　좋소, 그런데 언제 만나 보겠씁니까.

金　　　네, 낼까지 하루만 참어주십시오.

龍　善　좋소.

一　同　좋소. (喊聲)

金　　　끝으로 한 마디 부탁은 아무 데두 이런 소문을 내지 마십시오.

　　　　一同 수군수군.

金　　　물론 비밀은 아닙니다. 다만 어떤 일이고 말이 앞스면 재미가 없지 않습니까. 그래 그럴 뿐입니다.

全　員　좋소.

金　　　밤도 이슥해진 모양이니 그럼 도라가서 안녕히들 주무십시오.

　　　　三章 찬미 소리.
　　　　洞會 解散, 農民들 "金先生님 잘 좀 해 주서요." "생사문제올시다." "안녕히 주무십시오." 等 人事.
　　　　때에, 李氏, 亦是 아까 나가든 때 姿勢로 들어와서 방문으로 退.
　　　　龍善과, 金과, 全員, 조심조심 散退.

金　　　丁吉어머니께서 멋 좀 잡수셨소.

龍　善　아뇨 큰일났어요.

金　　　멋 좀 요기허시도록 권해 보시오.

龍　善　권한다구 자십니까 원.

金　　　빈 말루라두 안심을 시켜 디려야죠.

龍　善　나질 길이 상막한 걸 멋으루 안심을 시킴니까 글세.

金　　　찾어 볼 만한 덴 다 찾어봤습디까.

龍　善　그럼은요, 샅샅이 두졌는 걸요.

金　　　그래두 우선 안심 시켜야죠. 반다시 나질 거라구.

龍　善　반다시 나질 거라구요. 丁吉이가 나질까요 아니 나질 것 같해요 네 先

生님? 先生님은 혹 짐작되시는 데라두 있어요. 네?

金　　어제 아침에 나간 뒤 안 들어왔지.

龍善　네.

金　　그런데 崔君.

龍善　네?

金　　사실은 어제 내가 丁吉일 만냈소.

龍善　네? (기급하게 놀란다)

　　　金이 다시 말을 이으려 할 때 李惠苟 登場.

惠苟　……. 아니 金先生님.

金　　(놀라 보고 있을 뿐)

惠苟　오래간만이예요, 안녕하셨에요.

金　　안녕하셨습니까.

惠苟　감사합니다. …… 龍善 씨두 여기 게셨군요. 오늘은 왜 禮拜 보시려두
　　　안 오시구. 禮拜ㅅ 손님이 전에 반도 안 모였길래 궁금해서 돌아가면서
　　　몇몇 집에 들러보려구. (金에게) 그래 잠깐 들렀든 거예요.

金　　전도, 잘 되시나요.

惠苟　아이 先生님두 제가 무슨 傳道師예요. 그런데 先生께선 여전히 바뿌
　　　세요.

金　　웬 걸요. 육장22) 한가합니다.

惠苟　그럴 리가 있어요. 늘 분주하시다든 걸.

金　　글세요. 허기야 한가하다면 한가허고 또 바뿌다면 바뿌겠지요. 그런데
　　　용허십니다?

惠苟　멀 말예요.

金　　네 생활 범위는 우리 집 울타리 안인데, 그 속에서 내가 한가허게 지내
　　　는지 바쁘게 지내는지 우리 집에 오신, 惠苟씰랑 또 아직 난 모셔 본
　　　일두 없구, 어떻게 잘 아십니까.

惠苟　(발끝 작난)

金　　용습니다. 무슨 염탐군이라두 놓구 계시잖어요. 핫!

惠苟　제가 金先生님 身邊에 그렇게까지도 주의를 주고 있는 줄 아세요.

金　　主意를 받고 있지나 안나 허는 생각을 내가 가지게 된다면 어쩌시렵니
　　　까, 물론 깊은 意味가 아닌 데서 말입니다.

---

22) 육장(六場) : 한 달 동안 여섯 번 사는 장, 한 번도 빠지지 않고 늘 그렇다는 관용적 의미.

惠　苟　잘 못 알아듣겠어요. 안녕히 즈무세요. (총총 나간다)

金　　아 저 惠苟 씨. (惠苟, 슨다) 저 오빠께서두, 여전히 충실하시며 會社에
　　　두 잘 나가십니까.

惠　苟　네.

金　　참 거기 鑛主 어른이 누구시든가요.

惠　苟　아렉산더- 뿌라운.

金　　또 그리고 鑛山 技師 양반은 누구라든가요.

惠　苟　리챠-드라구 그러드군요, 왜 그러세요.

金　　아니, 한 번 뵈러 가야겠는데, 이름을요 잊어버려서…….

惠　苟　그럼……. (머리 숙여 인사한다)

金　　안녕히 나가십시오.

　　　惠苟, 退.

龍　善　그래 丁吉일 어디서 만났예요, 네.

金　　바루 어제 저녁 때요.

龍　善　어제 저녁 때? 아니 어, 어디서요.

金　　郵便局엘 댕겨, 다시 鑛事務所루 올라가는 길에서 만났드라오.

用　善　에그 先生님두 저 아주머니?

金　　쉬ㅅ.

龍　善　왜 그러세요. 왜 빨리 좀 아르켜 주지두 않으섯어요.

金　　알릴 수 없는 다급한 사정이 또 있어 그랬소.

龍　善　그럼 지금 어딧는 줄은 아십니까.

金　　대강 짐작은 하고 있소.

龍　善　그래요. (눈물지며) 그래 그게 어디란 말예요 어디?

金　　짐작만 허고 있다니간, 그보다 더 놀라운 사실이 생겼다오.

龍　善　네?

金　　(封書 한 장을 꺼내 보이며) 이게 바로.

龍　善　편지 아니예요.

金　　어제 洞口 밖에서 丁吉 녀석을 만나지 않았겠오. 이 녀석이 人事를 하
　　　고 돌아서서 하-모니까를 불고 山으로 올라가길래 무심코 돌아서서 오
　　　다가 길바닥을 보니 이 편지가 떨어졌습디다. 그 녀석이 그 때 바루 邑
　　　內 郵便局 私書函에서 鑛主의 편지를 차저 가지고 가는 길이니 分明히
　　　이 녀석이 하-모니까에 팔려서 떨어트리고 간 것인데 그 길로 갔다 줄

수도 없고 하여 집에를 가지고 갔다가 이상해서 뜯어 보니 이게 나오
는 구료.

龍 善 그게 무슨 사연인데요.

金 것봉은 京城 어떤 藥局 일홈을 쓴 봉투고 請求書 在中이란 도장이 찍
혔으나 알맹이는 天津 어떤 米國놈이 京城 米國 領事館을 거쳐서 여기
鑛主 뿌라운에게 보내는 秘密 片紙란 말이요.

龍 善 天津서요?

金 지낸 달 月末에 보낸 金떵이는 安全히 到着했으나 이 달 스무 날까지
金塊 열덩이를 다시 時急히 發送해 달라는 金 密輸 請求書라오.

龍 善 (大驚) 그럼 저놈들 鑛業이 金密輸團였든가요.

金 그렇소.

龍 善 오은 저런 찢어죽일 놈들.

金 그러니 이놈들이 産金報國에 奉仕한다고 當局을 속이고, 순진한 우
리 조선 農民이 피땀을 흘려 파낸 金을 天津으로 密輸해내는 凶惡한
陰謀團이란 말이요. 그러니 萬一 이 者들이 엿차직 하는 날이면 報償
金이구 農土 回復이구 다 날라가구 말지요. 來年엔 벼 한 포기 심어
보지 못하게 되구 말 꺼란 말이오. 어쨌든 時刻이 急하니까 崔君! 날
새는대로 첫새벽에 駐在所 좀 가 주시오.

龍 善 네 가다 뿐입니까.

金 우리 집 내 책상 설합에 投書가 있으니까 그걸 달래가지구 날 새는대
루 곧 좀 駐在所엘 댕겨와야겠소.

龍 善 네, 날만 새면 한 거름에 가지오.

金 그리고 부탁할 것은 이 말을 절대로 입 밖에 내선 안되오.

龍 善 네. ……. 그럼 先生님! 丁吉이도 이 사건하구 무슨 관계가 있을까요.

金 아니 그건 아직 알 수 없는 일이오. 어쨌든 거기까지는 아직 더 묻지
말어주시오.

李 氏 (소리만) 丁吉아 丁吉아. (서글피 불르며 나온다 정신없는 사람 같이 大
門간에 슨다)

金 그럼 崔君은 우리 집에 먼저 가 있소.

龍 善 네. (나가다가) 丁吉 어머니 좀 부탁합니다. (退)

李 氏 (나무닢 날리듯 획 쓰러지며 痛哭) 이 녀석. 죽었느냐 살었느냐 어미는
어찌 살라구 안 돌아오니. 아니 어떻게 길러온 자식을 아이그 하느님,
목구녕이 포도청이지 피두 안 말른 어린 너를 어는새 남의 고용사릴

시키다가 네가 없어지다니 꿈이냐 생시냐……. 丁吉아.

金　　(곁에 가서 慰撫하는 양하다가 좀 떨어진 데 서서 수건을 끄내 콧물을
　　　씻는다)

사나운 눈보라 소리.

二　幕

때

昭和　十六年　十二月　七日　曉朝23)

곳

興德鑛業會社社長　뿌라운의　執務室

무대

小規模의　빠락크24)　建築樣式　正方形의　室. 또어25)는　右手에　하나. 左手
에　붉은　커-텐을, 길게　내린　映窓. 正面　中央에서　左手側으로　半分쯤,
치우친　곳에　二層으로　올러가는　層層階. 一間쯤　한　面積으로　凸形의　奧
을　거쳐　右로　휘여　二層　가는　구름다리. 中央에　卓, 卓　우에.
電話.

開幕

書類와　書信들이　널려　있는　卓子가　곁에　鑛主　뿌라운　앉어서　금방　세수
한　뒤, 낯을　씻으면서　커피-에　팡을　씹고　있다. 옷은　寢衣, 그　앞에　몸
에　傷處나고　옷을　찢기고　한　丁吉이, 적은　궤짝을　椅子로　앉었는데　두
팔을　처참하게　결박　당해　있다. 그　담에　李東勳, 바싹　걷어올린　와이샤
쓰　바람에　앉었다. 殺氣　등등한　雰圍氣이다.

丁　吉　……. 어머니……. 어머니!
뿌라운　(악을　쓴다) 샤탚26)!

---

23) 새벽 무렵.
24) 바라크(baraque) : 막사.
25) 도어, 문.
26) shut up (입 다물어).

李東勳　(찰삭 갈기며) 이 자식 떠들지 마라.

丁　吉　(병든 병아리 같이 지쳐 버린다)

뿌라운　미스터 李? (불러 놓고 획 일어서 神經質적으로 거닌다 如前히 팡은 먹
　　　　으면서) 일이 재미없게 될 땐 인젠 미스터 李가 責任져야 하오?

李東勳　내가요?

뿌라운　질 수 없단 말요?

李東勳　무슨 책임을 어떻게 지랍니까?

뿌라운　대관절 저런 것에게 그런 심부름을 왜 시켰쏘?

李東勳　그건…….

뿌라운　듣기 싫여. 이게 도화선이 되야 일이 버젓이 탄로라도 될 땐 난 죽어
　　　　야 하는 사람이오!

李東勳　뿌라운 先生?

뿌라운　自由와 平等의 나라 大아메리카 民族의 恥辱을 어떻게 하느냐 말이오.

李東勳　……. 설마 탈로야? …….

뿌라운　아니야. 이 鑛業은 내가 하지만 내가 하는 게 아니오. (卓을 치며)
　　　　이 말의 뜻을 알어듣지오?

李東勳　…….

뿌라운　어디 가서 무엇을 하든, 그것이 自己의 個人事業이든, 우리 國民은 祖
　　　　國의 國策에 準해서 움지기오. 이 푸라이드27), 우리 榮光받은 大合衆
　　　　國々民의 이 푸라이드가, 내가 怠慢한 東洋 사람 하나를 잘못 썼다가
　　　　汚損당하게 됐오. 이는 곧 우리 國旗에 대한 汚損이오. 怠慢한 民族?

李東勳　뿌라운 선생?

뿌라운　責任을 못 지겠오?

李東勳　責任지기는 어렵잔습니다만?

뿌라운　어떻게 저야 할지 모르겠단 말이오. 모든 秘密은 李君이 나를 속이고
　　　　獨斷으로 계획한 것처럼 처리해 달란 말이오.

李東勳　내가 犧牲되란 말씀입니까.

뿌라운　그래줘야 할 義務感이 없소?

李東勳　네? 義務感? 그건 좀 甚하십니다.

뿌라운　故意가 아녔단 말이지?

李東勳　물론 실습니다, 저 애를 시킨 것은. 그러나 社務상 失策이었습니다.

뿌라운　시끄럽소, 그 失策이 問題의 禍根이 되잔었오? 나와 내 祖國의 面貌에

---

27) 프라이드, 자긍심.

致命傷을 끼치는……. 도저히 그 原人을 헤아려 그 結果를 참작할 性質
의 事件일 수가 있느냐 말요?

李東勳 그렇지만 아직…….

뿌라운 미스터 李, 辨明, 소용 없소, 우리 米國 사람은 그런 일 없소. 自己 職
責에 忠實할 줄 모르는 사람은 文明國人이 될 수 없소. 野蠻人이오.

李東勳 뿌라운 씨. (벌떡 일어슨다)

뿌라운 (씽긋, 無氣味한 웃음으로)

李東勳 (그 氣勢에 눌려) 선생님 너무 過하십니다, 그만 것으로 꼭 發見되란
법은 없잔어요.

뿌라운 꼭 發見되지 말란 법은 어딨소? 그 편지가 日本 官憲의 손에만 들어가
바요, 만사가 휴28)얀데?

李東勳 편진 눈에 파무쳐 버렸을 겁니다.

뿌라운 저 눔의 말을 믿는거요?

李東勳 分明히 紛失된 거루 믿습니다.

뿌라운 무엇으로 증명하오?

李東勳 밤중에 데리고 나가 찾어봤습니다.

뿌라운 어디를 어떻게?

李東勳 떨어트렸다는 곳을 찾어봤습니다.

뿌라운 몹시 어리석소.

李東勳 아니올시다, 하모니카 작난에 팔려서 떨어트렸을 것에 틀림없습니다.
전에두 하모니카에 홀려서…….

뿌라운 노- 추상적이오, 믿을 수 없소. 金이란 사람을 줬을 게요.

李東勳 金?

뿌라운 國語講習所, 所長이란…….

李東勳 金思敏요?

뿌라운 金가에게 줬지, 그 편지?

丁 吉 (선잠을 깬 듯) 엄마……. 엄마…….

　　　　요란한 電鈴 소리.

李東勳 (달려가 받으며) 할로우- 예-쓰, 예-쓰. …… 總領事館에서 리촤-드 氏
올시다.

뿌라운 오우-. 어느새 京城대 갔군 그래 (受話器) 할로-, 끋모우닝, 그 편지?

---

28) '萬事가 休 : 모든 일이 중지된다'는 의미인 듯.

아직 으응, 물론 웅 야단났오, 암 암 댕큐, 굳바이 (以上을 英語로) (電化 끈코 앉으며) 큰일났군.

李東勳 어찌 됐습니까.

뿌라운 그 편지 內容이오.

李東勳 亦是?

뿌라운 亦是, 天津서 온 密書요, 製藥社의 藥값 請求루 꾸몄지만, 실상은 天津에서 金을 보네달란, 密輸用, 暗號 書信이였소.

李東勳 역시 밀서였습니다 그려.

뿌라운 기여히 찾어내야 망정이지 (즘생 같이 달려들며) 丁吉아.

丁 吉 ……. (恐怖에 질려 쳐다볼 뿐)

뿌라운 (체쭉을 추켜들며) 金가를 언제 만났어.

丁 吉 ……. 그제 저녁 때예요.

뿌라운 어디서?

丁 吉 우리 마을……. 동구 밖에요.

뿌라운 그래 너보구 뭐라드냐.

丁 吉 뭐라구요? 누구 말예요.

李東勳 (채쭉을 빼서 치며) 앙큼한 자식, 뭘 어름어름 해, 金先生이 널 보구 뭐라구 얘기하드냐 말야.

丁 吉 아이구. (다시 지쳐버린다)

뿌라운 (李에게 턱질한다)

李 한쪽 구석으로.

뿌라운 (茶 마신다)

李, 菓子를 갖어온다.

뿌라운 (받어 가지고) 丁吉아, 너 이것 먹어, 나 너 사랑한다, 우리 미국에 너만 한 조카 있다, 자 과자 먹어. (丁吉이 처다본다) 나 널 공부 시켜주자 생각한다 대학도 좋고 미국도 보내 주랴 한다. 나 자식 없다. 너 내 쉬영아들29) 돼두 좋다. 자 과자 먹어. (결박을 끌러 주며) 내 말만 잘 들으문, 너 훌륭하게 될 수 있다. 너 집에 가구 싶지?

丁 吉 네, 빨리 보내 주세요.

뿌라운 엄마 보구 싶지…….

---

29) 수양아들.

丁　吉　네, 鑛主 나아리? ……．

뿌라운　오냐 빨리 보내 주께. 너 正直하게 말만 다 해라 응.

丁　吉　있는 말 다 했는 걸요.

뿌라운　노, 노-, 넌 학교에서도 우등만 하든 착한 애가, 왜 여기 와선 거짓말만
　　　　해. 그러면 못써, 자 너 金先生을 좋와하지?

丁　吉　金先生요? 네 좋와해요.

뿌라운　또 金先生이 시키는 말도 잘 듣지.

丁　吉　네 잘 들어요.

뿌라운　왜 어째서?

丁　吉　좋은 先生님이에요.

뿌라운　왜, 돈두 주고 그래서?

丁　吉　(强하게) 아아뇨?

뿌라운　그런데 뭐가 좋와?

丁　吉　그저 그저 내가 좋와해요.

뿌라운　그래, 金先生이 시키는 말이면 잘 듣는 거냐.

丁　吉　네.

뿌라운　그제 저녁에 그 편지두 金先生이 달라 하길래 金先生에게 줬지 응.

丁　吉　(恐怖하며) 그건 몰라요 몰라.

李東勳　이놈우 새끼. (체쭉을 높이 든다)

뿌라운　노-노. (말리고) 너 정직해야 쓴다, 너 같이 얌전한 애가 거짓말하면 못
　　　　써 정길아.

丁　吉　……. (울며) 네?

뿌라운　그 편지 한 장 까닭에 크나큰 낭패를 보고 있다. 네가 댕기는 회산데
　　　　넌 걱정두 안되니.

丁　吉　사장 어른, 미안합니다.

뿌라운　옳지 바른대루 말해, 너 그 편지 金先生을 디렸지.

丁　吉　아녜요, 잃어버렸어요.

뿌라운　丁吉아?

丁　吉　정말예요, 정말 안 디렸예요.

뿌라운　해필 여러 장 중에서 왜 그 한 장만 잃어버렸을까.

丁　吉　하-모니카 때메, 하-모니카 때메.

뿌라운　너 또 경친다.

丁　吉　에그그, 社長어른…….

114

뿌라운 金가에게 줬지? 줬지?

丁 吉 그것만은 차참말 안 줬예요. 안 줬어 아이구 社長어른……

뿌라운 (까운을 탁 벗어내치며) 미스터 李. (英語로, 묶그라고 高喊친다)

　　　　李, 丁吉이를 다시 묶는다.

丁 吉 애구 社長 어른, 李 先生님, 살려 줘요 살려 줘요.

뿌라운 샤탚 미스터 李. (입을 처매라고 英語로 또 高喊)

　　　　李, 달려들어 입을 처맨다.

丁 吉 아이그 사람 죽소, 어머니 어머니.

李東勳 요노무 새끼, 닥처라.

뿌라운 (神經質的으로) 미스터 李 塩酸 갖어 와, 요놈 끝까지 속여- 너 같이 영
　　　　리한 놈이 잃어버릴 리가 없다. (以上 英語로-Hydrochloric, acid-)

李東勳 (塩酸器를 갖다가 卓上에 놓으면서) 청강수30)로 지진다 고지 곳대로 말
　　　　해라. 괜이.

丁 吉 엄마……. 엄마…….

뿌라운 (붓에 무처 가지고 丁吉의 이마에 대여) 너 얼굴 다 탄다. 빨리 바른대
　　　　루 대, 입 끌러줘요.

　　　　李, 다시 입의 수건을 끌는다.

丁 吉 몰라요. 에그 에그 정말 몰라요.

뿌라운 (정길의 이마에 點 하나 치고 英語로 侮辱하며 심술진 웃음)

丁 吉 아이 따궈 아이 아이 아이 따궈라.

뿌라운 그까짓 것, 자 얼른 대라.

丁 吉 어머니 어머니 나 죽어 나 죽네 죽어두 몰라요.

뿌라운 (英語로, 뭐라고 한참 별르드니 달려들어 丁吉의 낯에 굵은 圓을 친다)

丁 吉 아ㄱ.

　　　　음악.
　　　　쓰러저 沈默허는 丁吉 - 間 -.
　　　　嘲笑하다가 뭐라구 指揮하는 뿌라운-. 그 指揮대로 李, 丁吉이를 地下室
　　　　에, 뿌라운 서서히 呂宋煙을 핀다.

------

30) 염산을 일컫는 말.

李, 나온다.

뿌라운 땡큐.
李東勳 난애돌31).
뿌라운 金思敏을 아시오.
李東勳 金思敏은 내 中學 同窓이였어요.
뿌라운 오우, 마츰 잘됐군.
李東勳 왜 그러십니까.
뿌라운 우리 秘密 다시 말하면 그 편지가 간 곳은 金哥밖엔 없을 거요. 썩 친하
       시요.
李東勳 지금은 나보다 내 동생하구 가깝나 봅니다.
뿌라운 오우. (하고 먼가 골돌히 생각하다가 머리를 쩔네쩔네하고, 다시 무슨
       斷乎한 態度로) 오라잍32) to live is to fight. 미스터 李 우리 싸웁시다.
李東勳 네?
뿌라운 (얼른 귀ㅅ속)
李東勳 (甚히 놀라며) 문제올시다.
뿌라운 어째서?
李東勳 곧 禍가 올 것을…….
뿌라운 勇敢하시오.
李東勳 日本 警察이 그렇게 녹녹한 줄 아십니까.
뿌라운 그야……. 그러므로 技術이 必要하지요.
李東勳 제게 무슨 기술이 있습니까.
뿌라운 이와 같이……. (다시 귀ㅅ속)
李東勳 (다시 놀라) 사람을 사 가지구요.
뿌라운 비용은 얼마 디리든지 상관없소.
李東勳 적임자가 있습니까.
뿌라운 姜主事, 그 사람 어떠오?
李東勳 (愕然, 다시 본다)
뿌라운 日本人에 탈로가 돼서 기인 수치 속에 사느니 살어서 떳떳하게 싸워야
       죠. 겁날 것 없소. 자 기밀비요. 받어 넣시오.
李東勳 社長?

---

31) 천만에요 (Not at all).
32) 좋아 (All right).

뿌라운   노-. 그러고, 나와 米國 갑시다. 우리 갈 수 있소, 나 조선 靑年 다아 좋
        와하지 않소. 미스트 李 하나요. 또 조선 있는 나의 知己도 미스터 李
        하나 뿐이오.
李東勳   뿌라운 氏, 당신은 일즉이 나의 尊敬하는 先生님이셨습니다.
뿌라운   나도 알고 있소.
李東勳   그런데 이건……?
뿌라운   미스터 李, 自己에게 忠實하고야 人生에 忠實할 수 있소. 이번 事件의
        發端이 누구에게 있었소. 그걸 깨닫는다면 君도 自己의 職責上 失手를
        恢復해 줄 義務를 느낄 거요. 미스터 李 참말로 내가 사랑하는 朝鮮 靑
        年이 돼 주시오. (또어를 노크하는 요란한 소리) 누가 왔소.
李東勳   누구요?
姜   나요, 姜이요. (소리만)
李東勳   姜主事. (뿌라운을 본다 뿌라운, 어서 맞으라 한다 열쇠를 열어준다)

        慌慌히 들어온다.

뿌라운   오 일직 나오섯소, 姜主事.
姜   일직이구 머구. (제 머리의 붕대를 만지며 엄살)
李東勳   또 술자셨구려.
姜   술이라니. 남은 하마트면 아주 갈 번한 판에, 엑 여보슈 애매한 소리두.
뿌라운   아주 갈 번 허다니?
姜   말슴 맙쇼, 버리떼33) 헤쳐 논 게 드라니오.
뿌라운   뭐가?
李東勳   오, 어젯밤 동회요?
뿌라운   그래 보상금 문제는?
姜   보상금이구 뭐구 아이그 나 죽겠는네 돈은 일 없다는 거예요. 땅만 제
        대루 무처내라구 리챠-드 氏가 서울 가시기 잘 하셨지 큰일날 겁니다.
        큰일나기 전에 鑛主 어른께서두 얼른 몸을 피하십시요.
뿌라운   나 용감한 米國 사람요. (웃는다)
李東勳   결국 평당 사십 전에두 싫탄 거요.
姜   四十 錢요? 아 부시려 온다구 기고만장인데 더 얘기할 께 뭐예요.
뿌라운   그래 姜주사 뭐라 했소.
姜   四十 錢 以上은 한 푼 할 수가 없으니 생각대로 하랬죠. 그 통에 나만

---

33) ‘벌떼’를 의미하는 듯.

녹잖었습니까, 아 디리 물어들 나 참.

李東勳　잘하셨소, 무식한 놈들이군…….

姜　무식허니 더 걱정이죠.

李東勳　……. 걱정될 것 없소.

姜　허- 부시러 온다는 데두요, 즘생 같은 것들이.

李東勳　어딜 부셔요? 産金法規가 있고 또 一般前例에 이그러진 바가 없는데 세
　　　　상 모르는 생무식들이지……. 걱정 없소, 내가 막어낼 테요.

뿌라운　姜主事, 아니 저 미스터 姜?

姜　鑛主 어른 왜 그러십니까.

뿌라운　그런 일에 겁을 내면 우리 米國사람하고 일 함께 하기가 어렵소.

姜　아, 아니올시다 社長 어른, 일테면 간밤에 생긴 일을 社長께 전갈함에
　　　　끄칠 뿐이올시다.

뿌라운　오우 탱규 그런데 姜主事?

姜　말슴허세요.

뿌라운　그 순진한 또 그 어리석은 이 곳 農業 鑛夫들이 어째서 그처럼 난폭해
　　　　졌는지 까닭을 아시오.

姜　제가 어떻게, 헤…….

뿌라운　순진한 까닭에 그들은 마귀의 꼬임에 빠진 것이오. 羊무리의 이리와
　　　　같이 이런 會社와 이간을 책동하는 몹슬 마귀가 있는 까닭이오.

姜　마귀요? 그게 누굽니까.

뿌라운　國語講習所長 金哥?

姜　金思敏이가요. 그 者가 무슨 턱으로?

뿌라운　얻어먹는 게 있지 않겠소. 하다 못해 보상금 한 푼이라도 더 받어 주마
　　　　고 꼬여서 잇속을 체려든가.

姜　오라, 따는 어제밤에도 그 자가 동회에 나타났드라니.

뿌라운　동회에? 그것 봐요. 허나 그 뿐이면 괜찮겠오. 지금 우리 興德鑛業會社
　　　　가 그 者때문에 억울한 중대 운명에 빠저 있소.

姜　억울한 운명이시라뇨?

뿌라운　(우정 怒氣衝天하여) 까딱허다간 그놈 때문에 우리들은 애매한 함정에
　　　　빠지게 됐단 말이오.

姜　아니 社長 어른 상세히 말슴해 줍쇼.

뿌라운　무슨 앙분이 있어 그러는진 몰라도 우리 善良한 興德鑛業會社더러 金
　　　　密輸團이라고 궁상을 떨구 단인다니 이런 기매킨 누명이 어딨겠소.

姜	온, 저런 대매에 쳐 죽일 놈34) 밧나. 支配人 나리? 이게 사실인가요.
李東勳	(끄덕끄덕)
姜	아니 그놈을 가만 둬요. 그래? 한 대에 쳐 죽이든가 요정을35) 내얍죠.
뿌라운	죽이기야 헛……. 하여튼 두 분이 그 인둘(일들?)의 처치에 대한 선후책은 잘 좀 공론해 주시오. (李에게 握手로) 부탁하오, 꼭요. (英語로, 남기고 二層으로 退)
姜	아 저런 능지36)할 눔 같으니라구. 金密輸團이라니 차라리 金密輸라도 했으면 나부터 요 꼴이 됐게? 支配人 나리 저놈을 어찌 건사했으면 좋겠아오이까네?
李東勳	가부 간에 너무 소문 놓지 마시고 차두 마시며 우리 宿直室에 가서 이야기나 합시다. (卓上을 치며)
姜	네 그럽시다 (앞선다) 원 생통 같은37).

前後하여 두 사람 나갈 때.
李惠苟 등장.

李東勳	너 웬일이냐 식 전에?
惠 苟	그저 오빠 보구 싶어서…….
李東勳	먼저 들앉어 게시지.
姜	네.
惠 苟	안녕하세요.
姜	원 부지런두 허십니다, 꼭두새벽 같이 헛. (退)

李東勳 椅子에 걸친다 미상불 疲勞한 양

惠 苟	(말그럼이 건너다보다가) 오빠…….
姜	오빠? (東勳이 처다본다) 또 안 주무셨구려.
李東勳	왜.
惠 苟	눈이 빨가케 피가 졌는데? 邑內에 가서 또 밤을 새셨군요?
李東勳	이앤…….
惠 苟	그럼 왜 그제, 어제 이틀식 안 들어오셨에요.

---

34) 대매에 쳐 죽일 놈 : 크게 잘못한 사람을 욕하는 말.
35) '요절을'의 의미인 듯.
36) 능지처참(陵遲處斬)의 준말.
37) '생뚱같은'인 듯. 의미는 말이나 짓이 앞뒤가 맞지 않고 엉뚱하다는 의미.

李東勳　응? 응! 몹시 바뻐서 그랬다.

惠　苟　무슨 일루?

李東勳　村 鑛夫 놈들이 괜히 무식허게 구러서 생 난리가 아니냐.

惠　苟　그런데 참 요새 오빠네 金鑛에선 무슨 問題가 그리 많으시우?

李東勳　(눈이 휘둥그래진다) 문제라니?

惠　苟　丁吉이 사건만 해두 그러찮어요.

李東勳　(훌적 일어나며) 머? 丁吉이 事件.

惠　苟　왜 이렇게 놀라시우, 그런데?

李東勳　놀라긴? ……. 너……. 꽤 심심한 게로구나.

惠　苟　왜, 동네가 떠들석허니까 그러죠 丁吉이때메. 會社에서두 통 모르세요?

李東勳　알게 머냐. 그것스게 退勤해 나간 뒤로 다시 안 오니 안 오나 부다 했지
　　　　애. 요샌 地主들 報償金 問題때메 바뿌고 머리꼴 앞어 나 죽을 지경이
　　　　란다.

惠　苟　어쩌면 丁吉이 집엔 한 번 디려다보지도 않으셨구려 그럼.

李東勳　난 모르겠다 아랫사람들이나 혹 가 봤는지.

惠　苟　늙은 과부가 울며불며 실성한 사람처럼 야단났대요 아주.

李東勳　그 애가 참, 어찌된 일이냐 그게.

惠　苟　도깝이헌테 홀려갔느니 즘생이 물어갔느니 별별 소문이 다 돌아요.

李東勳　그래? …….

惠　苟　오늘은 오빠만이라두 좀 디려다 보세요, 아무리 아랫사람이라지만 한
　　　　會社에 가치 다니든 애가 아녜요. 너무들 무심하면 돼요.

李東勳　틈 나는대루 내려가 보지. 너두 다른 볼일 없거든 내려가 아침이라두
　　　　지렴. 괜이 별 볼 일두 없이 찬이슬 맞구 식 전부터……. 참 너 찬꺼리
　　　　있니, 달란?

惠　苟　散步 왔예요. 누가 찬꺼리 타려 왔게.

李東勳　(紙幣策 하나 주며) 옛다.

惠　苟　…….무슨 돈이우?

李東勳　접대 준다구 약속한 돈이다, 冊을 주문한댓지? 그러구 구두두 마치구
　　　　옷감도 끈쿠 두구 써라.

惠　苟　아니 이렇게? 오빠 어디서 났수 이 돈?

李東勳　너 주려구 올 賞與金에서 미리 꿨단다.

惠　苟　아이 참 갑자기 별일이구려, 천하 제일 노랭이가……. 졸르지두 않은 돈
　　　　을 기분 좋게 그나마 大金을 척척 주시니 오빠 맘 고쳤구려?

120

李東勳　넌 나일 먹어두 그저 어린애로구나. 조끔만 추커 위해줘두 연성 까부러
　　　대니. (웃지 않는다 꾹 본다)
惠　苟　멀 까분다 그래요 오빠두, 어쨌든 고마워요, 아이 내 얼굴에 뭐 묻었나
　　　뚜러지게 보시게.
李東勳　응? 아, 아니다 그럼 난 二層에 좀 올라갔다가 宿直室에 나가서 잠깐
　　　누어야겠다 빨리 가 봐라.
惠　苟　네.
李東勳　(二層으로 올르며) 어- 고단해.

　　　惠苟 혼자 두리번거리다가, 新聞 (英子) 한 장, 찾어든다, 앉져서 읽는
　　　다. 문득 무슨 소리에 귀를 기우린다. 다시 新聞을 본다, 또 다시 무슨
　　　소리에 였든다, 서서 거닐며 소리를 追加한다, 허다가 無念하게 돌아
　　　서 오는데 한 구석에서, 멋을 發見한다. 가서 잡는다. 놀란다?

惠　苟　丁吉의 하-모니카? 웬일일까, 한 時도 노칠 않든 건데……. (때에 突然
　　　히 丁吉의 悲鳴 소리 들린다)
丁　吉　(소리만) 엄마 엄마, 아이그 아규.
惠　苟　앗, 丁吉이다, 分明히 丁吉이가 옳다……. 어딘가……. 어디야…….
　　　(허고 이쪽 저쪽 설레이다가 마침내 地下 密室을 발견 놀란다 가만
　　　가만) 丁吉아, 丁吉아. (密室口를 열려고 애쓴다 그 남어지 裝置式인
　　　걸 깨닫고, 그 周圍를 사뭇 배회하다가 무엇 한 가지 건드린다 절걱
　　　하고 自動式 密室口가 열린다) 앗. (하고 디려다본다) 오! (소름이 쪽
　　　끼친다 어쩔 줄 모르나 겁결에 탁 닫고 戰慄하고 있을 때)

二層에서　그 머냐.
惠　苟　(오빠 소리다 홱 쳐다보는 反撥적인 眼色, 연이여, 密室과 二層을 번가
　　　러 본다) 오빠두 아는 일인가. (손가락을 꼽아, 날자를 헤여 본다 다시
　　　密室을 보고 二層을 본다 거듭 戰慄할 때 또 번개 같이 아까 주든 많은
　　　돈이 이상하다 돈을 꺼내 허둥지둥 卓上에 던지며 이마의 땀을 씻는다,
　　　숨은 가쁘다, 구름 다리에 사람 내려오는 인기척 소리에 매섭게 냉정해
　　　진다)
李東勳　(登) 너 여태 있었구나.
惠　苟　…….
李東勳　이제 누가 댕겨나갔니?
惠　苟　…….

李東勳 자 나가자. 나두 좀 있다 집이 가마.

惠 苟 …….

李東勳 왜 그러니? 애가 왜 이럴까?

惠 苟 오빠……. (돈 도루 준다)

李東勳 이건 또 왜?

惠 苟 나 돈 필요 없어요.

李東勳 너 노했구나, 돈이 적어 그러니. 그러지 말구 받어 야중에38) 더 줏게 (주나, 안 받는다)

惠 苟 오빠는 돈만이 제일 크우.

李東勳 그게 다 무슨 소리냐. 돈으루 성공하려는 사람에게야 돈이 제일이지.

惠 苟 나뻐요.

李東勳 원 변덕두 넘 돈 달랄 땐 언제고 돈 싫달 땐 언제야, 허……. 그 애가 별안간에 철드나 보구나. 자 어째든 나가자 나가며 이야기허자.

　　　　惠苟이 몰래 눈물짓고 말뚱이 섰다.

李東勳 (나가다 돌아보고) 시장허지두 않어.

惠 苟 (두서너 발짝 나오며) 오빠?

李東勳 (멋 발짝 되돌아 슨다) …….

惠 苟 머가 있었죠?

李東勳 머가 있다니?

惠 苟 요 이틀 새 무슨 일 없었수?

李東勳 머가 있었단 말이냐. 村사람에게 시달리기에 죽다난 사람보구 괜이 새벽같이 와서 남 짜증내게 굴지 말구 그만 가자 어서. (愛撫한다)

　　　　때에 二層에서 "미스터 李" 하고 부른다.

李東勳 네 (허고 처다본다)

　　　　惠苟 도루 椅子에 앉어 느껴운다.
　　　　東勳 二層에 오르려 할 때 놋크…….

李東勳 누구요. (또 놋크) 들오십시요.

　　　　金思敏 등장.

------

38) 나중에.

金	오래간만일세 李 군.
李東勳	金 君 아닌가? 어서 오게.
金	지내가다가 이웃 층에 자네 있는 걸 보고 오래간만이라 겸두겸39)해서.
李東勳	고마우이. 惠苟일 通해서 장40) 기별은 듣네만은……. 그래 재미 존가.
金	웬 걸, 자네야말루 퍽 재미 마니 보는 모양이데 그려.
李東勳	나? 나야 이 사람 보다싶이 노가단 걸 멀 헛…….
金	무슨 그런 소리두 허나, 이 같은 가난뱅이 農村에 景氣를 갖다줘서 住民들 살림에두 어떤 活氣도 닫게 하구 모두가 자네들 덕이라 고마히 역이든 발세.
李東勳	멀, 農村은 農事에 충실해야지. 그렇지만 어차피 노러보내든 農閑期를 産金報國에 이용하는 것두 아주 無意味허진 않었을 걸세 헛…….
金	여부가 있나 헛……. (어울려 웃는다)
뿌라운	미스터 리?
李東勳	지금 올라 갑니다.
金	뿌라운 씬가? 좀 뵐 수 있을까.
李東勳	자네가? 왜 무슨 볼일 있나.
金	아니 그저 인사라두 해 둘려구.
李東勳	아직 기침 전인가 본데
金	응, 리촤-드 씬?
李東勳	그 인 서울 가섰어, 그럼 잠깐. (二層 退)
金	惠苟 씨 아니서요.
惠 苟	(그냥 인사만)
金	참 조강41)한 방이구먼요. 여기가 事務室루 돼 있나요.
惠 苟	社長室인가 봐요.
金	오, 참, 이제 보니 그렇군요. 하여튼 이 사람들은 어디 가서 살든 잘해 놓구 살거든요. 그러니까 事務室은……. 오라 이제 들오다 본 건게로 군……. 오, 루- 스벨트 氏……. 저 이가 올에 몇이든가요.
惠 苟	……모르겠어요.
金	인젠 많이 늙었구먼요. 惠苟 씨.
惠 苟	네?

---

39) 문맥상 '겸사겸사'인 듯.
40) '자네'의 의미인 듯.
41) '조용하고 아담한'의 의미인 듯.

金   저 벽 아래루 쭉 논 것이 통으로 冊欌이 아닌가요.

惠 荀   그런 것 같어요.

金   딴은 文化的이군요. (卓子를 만져 보며) 이것두 마호가니-ㄴ데요. 참 좋
     네요. 헛 매일 같이 매마지든 그 녀석의 적은 손자욱 자리가 눈에 아롱
     거리는 것 같습니다 그려.

惠 荀   (몸을 떨며) 네?

金   아니, 나 혼자ㅅ 소리올시다. 참 惠荀 氏도 아실런지 바루 여기 給仕로
     있든 왜 저 하모니카 잘 부는 丁吉이 있잖어요.

惠 荀   잘 압니다.

金   불연 간에 그 녀석 생각이 나서요. 허……. (惠荀, 찔린다) 웬 그렇게 총
     명하고 담차든 녀석이……. 아직 못 차졌나 보지오.

惠 荀   글쎄올시다.

金   무슨 소문두 못 들었나요.

惠 荀   네.

金   아 참 아담하게두, 뀌며났군. 안 가십니까 惠荀 氏.

惠 荀   가겠어요.

金   (돌아스다가) 구름다리를 일루 내였어. 이왕이면 좀 뵙구 갔으면 좋
     겠는데 그저 안 일어났나. (주춤하다가) 오 저 風景畵, 참 좋군요.
     (무심코 段을 올라슨다) 惠荀氏 이 그림 좋지 않으십니까. (하며 密
     室 위를 거닌다 惠荀, 蒼白해진다 다시 段을 내려스더니) 그럼 먼저
     失禮하겠습니다.

惠 荀   저……. 金 先生님. (따라가 슨다) ……. 지금 어디 가세요.

金   내려가겠습니다.

惠 荀   댁으로요.

金   웬 걸요. 내려 가는 길에 丁吉 어머니를 잠깐 디려다 봐 줘야겠군요.
     늙은 과부님이 혼자서 조바심치는 양이란 원 딱해서 차마 볼 수가
     없드군요.

惠 荀   (決心하고 물어본다) 식구라군 단 모자 간 두 분 뿐이었에요.

金   네 아무두 없나 보드군요. 그러니 하늘이나 끊어진 듯 과부님 속야 여북
     허겠나요. 아닌 게 아니라 이상해요. 벌써 사흘 째라니간.

惠 荀   그 댁 생계두 丁吉의 收入으로 지내왔겠구먼요?

金   그럼, 여기서 받는 月給과 또 마나님께서 따루 떡장수 같은 걸 합네 하
     지만 그게 무슨 세월이 있나요. 요새.

惠 苟   丁吉이가 그 집엔 기둥이구먼요.

金   그러쵸 기둥이구 말구요. 그런데 거참 이상한 소문이 또 있드군요. (惠苟, 쳐다본다) 或 惠苟 氏 같은 이들은 아실만두 한데.

惠 苟   멀요?

金   이 사건에 대한 會社側, 觀察 말입니다.

惠 苟   전 전혀 못 들엇어요.

金   실상은 會社 當局에두 좀 물어볼 겸 그래서 뿌라운 씰 찾어왓드니만 다른 게 아니라 丁吉이가 없어지든 날 저녁 때 누가 그 앨 만난 사람이 있다는군요.

惠 苟   ……! (平靜치가 못해진다)

金   뿐더러 똑똑히 會社로 올라간다구 가는 걸 분명히 본 사람이 있어요, 그 사람은 惠苟두 잘 아는 사람인데 그런 소문 못 들었나요.

惠 苟   제가요? 전……. 전, 아무 소문두 들은 게 없어요, (하면서두 不時間에 密室을 흘깃흘킷한다)

金   (그 눈치를 敏捷히 把握하고) 어쨌든 사실임엔 틀림없어요, 내가 신용도 하는 사람이고 또 언제나 불러다가 도□도 시킬 수 있는 사람이거든. (꾹, 직히보며) 경찰이라도 알면은 난 누구보다, 惠苟 氏 오빠가 염려 되여서 그래요, 어쨌든 한바탕 시끄러울 테니깐요. 서로 신사들 체면에 오빠 아무 의견두 없으섰어요. 惠苟 氏?

        音樂…….

惠 苟   (몹시 蒼白해지며 暗氣를 일으키드니 壁에 가 기대여 사뭇 새근새근 한다) 몰라요……. 전……. 전 아무 것두 몰라요.

金   왜 어디가 불편하십니까. (곁에)

惠 苟   先生님. (하고 울어버린다)

金   ……. 惠苟 氏! (대답 없이 그냥 운다) 왜 그러십니까, 오빠 불러디릴까요.

惠 苟   아녜요. (强하게) 싫어요. (몸을 옴겨 긴장하면서) 선생님 제가 先生님께 올리고 싶은 말슴이 있어요.

金   하실 말슴요?

惠 苟   조용하게 先生님허구만 상의하고 싶은 이에기예요. 先生님 어려우시지만 이따라두 틈 계신대루 잠깐만 저이 집에 들러 주셔요.

金   가겠습니다. 가 뵙지요.

惠 苟　너무 어렵습니다. 그럼 실례해요. (急退)

　　　金, 혼자 잠깐 멀 생각할 때.

姜主事　(登) 어이구 金先生께서? 요새두 講習所 일에 얼마나 奔走하신가요.
金　　멀요 또 뵙겠습니다. (退)
姜　　아 왜 가시오?

　　　二層을 내려오는 뿌라운과 李東勳.

姜　　社長 어른 저 저잡지오?
李東勳　金思敏 가셨나요 벌써?

　　　姜, 손구락질.

뿌라운　(내다보며) 姜主事, 얼른 뒤를 쫓어가오.
姜　　따러가서 어쩌랍니까.
뿌라운　一擧一動, 놓치지 말구 허는 행동을 꼭 직혀 보시오.
姜　　네 그렇게만 하면 됩니까.
뿌라운　그렀소. (나가려는 姜에게) 자 자.
姜　　(不少한 紙幣에 얼이 빠지며) 에크 웬 걸 이렇게나 헷…….

　　　姜主事, 나가기 前에-. (땡)

傳　說

▷ 서지사항 : 1막 2장, 『매일신보』 1941년 1월 25일부터 게재
▷ 공연사항 : 국민연극연구소 제1기 졸업생 시연회, 유치진 지도
　　　　　　　종로기독청년회관, 1941. 8. 23.~
▷ 특기사항 : 1941년 10월 8일, 극단 현대극장이 연극보국주간에
　　　　　　　부민관에서 재공연

時

　現代 □□□.

處

　平安道 어느 山脈에 位置한 □□

人物

　崔주사 (□主)
　承祚(그 아들) ―
　區長
　金氏 (流浪民)
　東植 (그 아들) ―
　焉年
　大元
　□□□□- 行人等-

舞臺

第 一 場

한설만한 川□을 굽어 감도는 □□이 높흔 平安南北에 이름하□村 平壤에서 江亦□□州□□을 건너 주는 나루터를 □□로 하고서 마을은 말으워졌다. 마을을 등지고 흘으는 나룻터는 그러니까 □□上年□으로 岩壁이 우중충 소삿고 □□밋흐로 집웅을 조아려서 나루터□□이 ㄱ字로 江를 음을에 안고 자리잡앗다. 舞臺正面을 前해서 두간房와 안간房을 썩거서 ㄱ字를 일으운 □□은 객길하는 位置에 생지가 낫고 □마다는 두 쪽으로 된 門이 한 자리에서 □□됏다.

土壇 □미트로는 퍽은 넓은 便인 □ —□압흐로 □□□을 함게 사이 두어서 숫대바주1)가 방으로 돌아왓고 그 中□□을 열이는 □으로도 숫대바주가 돌아들엇고 한가운데로 사립門이 낫다. 바주 박그로는 콘푼이글을 일으운 듯 바주 넘어도 가지를 드러우기도 했다.

下手便으로 □□□□을 째든 놉지 안흔 언덕— 언덕 한가운데로 언덕을 파헤치고 일으운 박우물— 박우물을 둘러싸서 뽕나무 서너株가 우산처럼 園을 그려서 우산에 드리웟다.

下手에서 쩌더 들어온 행길을 숫대바주를 끼고 언덕을 넘으면서 □□로 구비처 흘벗다. □□□에서는 山새가 울고 조곰만 더 □□이 드면 물 소리라도 들릴 만큼 無台는 □혀 고요하다.

太陽은 기울어서 어느듯 □□비람은 노을이 빗긴 듯 붉어 보이는 午後-土壇한 便으로 모하놋은 잡목들이 □□거리는 속에서 東植은 쩌러진 便을 다 발으고 이번에는 바주를 매만지고 어그러진 사립門에다 빳치질을 하는 等 일에 사뭇 밧분데서 幕이 始作된다.

사이.

大元□ 사루둑어 올게지고 뒤짜라서 □이 박짝어 떳개이고 □린 커다란□ 쑤뻘지 들니고 登場.

東　植　(얼는 짐을 □□ 土坊으로부터) 머어 내 일흠은 동식이여 동식이!
大　元　동식인지 함락궁인지……. 에-이□이야. (土坊으로 안즈며 담배를 피여 문다) 너 언제 술 한 잔 사야 갓다. 헤헤…….
東　植　술 사다뿐 이겟시여. (짐들을 바주헤 논는다)
金　氏　저 젊은인 애쑤진 수고도 햇구메. (숨이 뭇척 갓바서 등을 두다린다든 괴로워한다)

---

1) 수숫대 바자를 일컫는 말. '바자'는 대, 갈대, 수수깡, 싸리 따위로 발처럼 엮거나 결어서 만든 물건. 울타리를 만드는 데 쓴다.

大　元　그 쌀이 꼭 얼갈이야. 한데 인제부텀은 자네가 동네루 댕기문서 거두
　　　　라구 구당어른이그러데.

東　植　오웅 그럼 내가 거두러 댕기지.

大　元　정말 자네 푹 됏네, 一年을 잡구서 동네서 들어오는 쌀이 이 백 말이
　　　　넘겟다. 쏘 쓰내기 손님에게서 들어오는 돈두 적지 안 켓다…… 잘하
　　　　문 이 나룻터에서 돈 모지 돈 모아.

東　植　왠 썰 돈 모기야 바라겟나. 그저 살림사리나 오보-ㅅ이 되문 게서 더
　　　　깃불 원 업갓네.

大　元　남 못 놈이 우리 동네ㅅ 나루직이가 뒤쓸은 정말 꿈박길세2) 헤헤…….
　　　　처음 올 째부텀 숫테 마음에 들드니 그여이 한동네ㅅ 귀신이 되게 됏
　　　　네 그래 헤헤…….

東　植　고맙네, 내가 이 동리에 와서 싹일을 하는 지가 두 달이 넘지만서두
　　　　이럿케 느닷업시 치한3) 사람은 자네 뿐인기에.

大　元　그럼 내가 네놈의 외삼춘인데 말할 게 잇니 헤헤……. (兩人 짜라 웃
　　　　는다)

金　氏　에-이구 허리야. (저윽이 숨을 돌려서 土壇에 쓸어지드시 안는다)

東　植　(어머님쩨 눈치를 채어서) 어머님은 쏘 허리가 쑤시우?

金　氏　그저 나이가 무섭구나. 짐 두어짐 이어 날르는데두 허리가 끈어지는
　　　　것 갓흔 게 인젠 멧 년 더 못살겟는가 부다.

東　植　(쓸쓸이 웃어 보인다) 고생을 너무 해서 그러차유. 여머님두 인제 오늘
　　　　밤부터는 편이 주무시게 됏수.

金　氏　글세……. 이 마을 사람들이 오부ㅅ하게 살만한 집이문 구장어른이 웨
　　　　우리는 주엇겟니.

東　植　이 마을 사람들이야 제 짱 가지고 농사하는 듸 이까짓 나루나 부려먹
　　　　겟다구 그래유?

金　氏　날 들은다구만 하지 말아, 시방 짐을 이구 오는 데두 모판4)에서 일하
　　　　든 사람들이 모두 걱정을 하드라. 글세 날이나 구진 날은 영낙업시 귀
　　　　신 우는 소리가 들린대여.

東　植　어머니두 귀신이 무슨 귀신이구 그러유. (사립門으로 가서 모질게 맛
　　　　치질을 해 본다)

---

2) 문맥상 '네가 우리 동네 나루지기가 되어서 정말 뜻밖이네'라는 의미인 듯.
3) '치하한'의 준말.
4) 모내기하는 논.

金 氏　이 젊은인 정말 □구메, □ (절지어 房안을 살핀다) 에이구 집이 참 이
　　　　러케지 헐어젓는지 몰으겠다. 도무지 사람이 살 집 갓지 안쑤메.

東 植　그럼 二 年 동안이나 비어 두엇든 집이 게서 더 깨끗하겟수. 인제 오
　　　　는 장날 읍네 가서 신문지나 사다가 방안을 발은녘케 보슈. 아주 깨끗
　　　　해질 테니…….

金 氏　(단칸房으로 가서 잠근 門을 잡아당겨 본다) 이 방은 문이 잠겻구나.

東 植　그 방은 열어 보지 말아유, 이 집 주인네 살림자문거를 너허두엇대유.

金 氏　(□□쑤럼지로 와서 그릇을 □라 놋는다) 정말 이 집에서두 야단 맛낫
　　　　드라. 구장네 집게 엇는 이 집 쌀아이는 키가 늘ㅅ실하게 자랏더구나.

大 元　언년이 년을 시집 못 보내서 시방 구장어른이 숫태 애쓰구 댕긴다우.
　　　　동네서는 언년이 보구 모두를 채니 귀신5)이라구 놀러 먹는다우 허
　　　　허…….

金 氏　그 가시내한테 무승이가 잇다구 그러누. 그 가시내가 귀신하구 얼리기
　　　　라두 햇단 말인가.

大 元　헤헤……. 언년이년두 시집은 못 가구 야단낫지요. 엉뎅이는 비 마즌
　　　　호박통처럼 커가는데……. 헤헤…….

東 植　(퉁명스럽게) 어머니! 아버지 혼백상부터 방안에 모서야지유.

金 氏　제사를 드리구야 모시지 혼백상은 그대루 모시는 법이 안이여.

東 植　그럼 어서 죽부터 쑤어요.

金 氏　오-냐. 아버지 혼백상을 모서본 지두 벌서 二 年이 넘엇구레. (쑬자루
　　　　와 박통을 안고 정지로 들어간다)

大 元　(일어선다) 그만 가 봐야 갓해.

東 植　오늘은 누구네 품아실 나왓나?

大 元　구당네 모내는 데 나왓데. 구당네 쑬하구는 거달을 잘해놔서 모포기가
　　　　그저 질이 날게거랏단 말이야.

東 植　구장어른 덕분에 잘살게 돼서 을매나 고마운지 몰으겟네 자네가 그런
　　　　말이나 전해 주게.

大 元　말이 무슨 말이야. 자네가 나이루6)를 맛타 보게 되어 구당어른이 얼마
　　　　나 깃버하는디, 들은다네 너 오구 말이디 구당어른이 이 나루직이 사
　　　　람을 엇디 못해서 숫태 애썻다데.

東 植　그래두 내 인사는 잇서야 할 게 안이여.

---

5) ‘처녀귀신’.
6) ‘나루’.

大　元　호응 그래 자네가 매□ 나루질을 하갓나?

東　植　남의 밥을 거저야 먹겟시여.

大　元　암만 해두 걱정일세 달두 업는 구름날이 무섭지.

東　植　(침묵)

大　元　저 뒷벼랑에서는 여우란 놈이 극성을 하구 운다헤 호호…….

東　植　그까짓 죽는 것두 제 팔자겠지. 눈보라 치는 밤에 남의 벼ㅅ낙가리ㅅ
　　　　속에서 잘라닛게7) 귀신은 배두 불은 게라구 우리 어머님은 넉더릴하
　　　　데. (그마 시름업시 도라선다)

大　元　그럼 가 보겟네. (동식이 退場하려고 한다)

東　植　저 대원이—.

大　元　응? (도라선다)

東　植　이 집 가시내가 집을 내라구 그러지는 안을가?

大　元　언년이야 인제 시집갈 나이가 다 되엿는데 무얼 하갓다구 이까짓 집을
　　　　내라구 그런단 말인가.

東　植　그러지만 이 집을 팔아주든 천냥이나 조이 밧지 안켓나.

大　元　팔게 누가 사나. 이 집은 흉가라구 소문난 집이 되어서 들기는커녕 누
　　　　구 하나 발길두 얼신앗에요.

東　植　시집은 갈 수 업다며서…….

大　元　자네 안해 중매하래나, 언년이 년이 볼이 토실토실한 게 아주 곱지 안
　　　　든가 하하…….

東　植　에-ㅅ기 이 사람은…….

金　氏　(동이를 들고 나온다) 동이를 좀 어더써두 괜치 안겟지?

大　元　쓰시우 동이 점 썻다구 머랄가.

金　氏　(장독을 열어 본다) 이 단지기8)두 좀 어더썻으면 조켓는듸 그 가시내
　　　　가 야단을 현상분터 시제 김치두 담거 먹어야지. 구당 댁에서는 장을
　　　　가저다 먹으라는듸 어디 그릇이 잇서야 말이지.

大　元　여기 빈 단디기가 만쉐다. 가티 이 걸을 어더 쓰디요.

金　氏　그 가시내를 만나서 말을 해 봐야 갓어. (우물로 간다)

　　　　　李 주사 流浪民 五六人과 더부러 登場.

李주사　(意外의 狀況에 놀라서 사립門 안으로 들어온다) 일지네가 일리루 이

---

7) '잘려니까'.
8) '단지'의 방언.

사 나왔나?

東 植　네-.

李주사　누가 나오래서 나왔나.

東 植　네.

李주사　누가 나오래서 나왔나.

東 植　구장어른께서 말슴햇지유.

李주사　안되네 안돼 어서 짐을 싸 가지구 나기부틈하게.

東 植　(어리둥절해서) 아니 나가라니요?

李주사　이 집은 구당네 집이 안이야. 구당인지 하는 사람두 동네서 나무럼 밧을 일을 햇지, 제 집두 안인 걸 가지구 무슨 권리루 남을 주구 말구 한단 말인가. 왜- 그 장한 구당 벼슬이나 햇다구 권리 행사를 하는 건가.

東 植　구장어른이 이 나루를 볼 사람이 업다구 걱정을 하시기에 저이가 나왓는데유.

李주사　아 글세 제대루 사람이 범접할 집 가트면 누가 왓든 말든 내가 참견하딜안하. 하디만 그 □□ 잡귀들이 극성을 하는데 어디캐 살깃다구 이런 집으루 나온단 말인가.

東 植　…….

李주사　님자는 집두 업시9).

李주사　그저 구장의 말이면 그만인가. 그래 이집 박 첨지네가 어디캐 됏는디두 몰으나.

東 植　…….

李주사　글쎄 박첨지네만 해두 멧 햇 동안이야. 독부심업시 그럭저럭 지냇디 그러더니 웬질 어제처럼 쏙쏙하던 박 첨지 예편네가 무슨 일두 업시 쌩통스리 쪽구란디 안앗갓나. 도시이10).

　　　하나 어더왓댔다네, 한데 이 여편네라는 게 살림사리에 마음을 붓칠 생각은 안하구 그저 밋친개처럼 나가싸단니문서 매춘이구11) 집에는 들어오딜 안네. 게레 그래 아주 도망을 갓나 하문 쏘 차자 들어오기는 한단 말이야. 그러니 박 첨지하구 속 편한 해서 들은 채- 하겠나, 그래 밤낫 업시 칼부림을 하구서 싸움을 하드니 그만 박 첨지가

---

9) 이 뒤로 부분적으로 원문이 삭제되어 있음.

10) 이 뒤로 부분적으로 원문이 삭제되어 있음.

11) '며칠이고'.

이 동네서 업서지구 말데. 그게 바루 팔월 대보름 □석날 밤일세.
동네서는 쩍을 진다. 지짐을 지진다 바가는 줄을 몰으구 야단인데
박첨지하구 박첨지네 매생이(□□)는 간 곳을 몰으겟데 그려- 평강
을 짜라 서해 바다루 흘럿지. 상게두 분명이 잇지두 안앗네. 밀밭에
여우가 울엇다구해서 모두 횃불을 밧구는 동네 거들어 나서 이 나
룻가루 나오니까, 박첨지두 박첨지네 매생이두 간 곳이 업구 시방
구당네 집에 잇는 언년이란 년만이 화애ㅅ불 앞에서 앙앙 울구 잇
지를 안갓나. 흥 그게 발서 五年 전일세. 그러니 박첨지를 상게두
살아 잇는 사람이라구 하겟나.

金　氏　(바라다 보다 못해 그만 물동이를 니고 이 便으로 건너온다) 이 주사
　　　　어른 나오섯세유. (정지로 들어간다)

李주사　에ㅡ. (정지로 들어가며) 어서 집을 옴기두록 하시우. (누구에게 할 게
　　　　업시 □□□을 가르키며) 무어니 무어니 해두 이 동네는 저놈의 벼랑
　　　　이 □□들어단 말이야. 저놈의 벼랑이 얼마나 □한디 벼랑 끝에서 여
　　　　우란 놈이 울기만 하는 밤이문 어느 집 며누리가 벼랑에서 쩌러저 죽
　　　　엇습네 뉘집 꼴망태가 강물에 쎘네하구 야단이니…… 에이. (이동안
　　　　조용이 土壇으로 나와 섯는 金氏에게) 어서 짐을 챙기도록 하시우.

金　氏　글세 우리야 무얼 아우 가난한 몸이라니 구장어른이 나가라구 그래서
　　　　나왓지유.

李주사　어서 자네가 솔선해서 챙기두록 하게 그래, 자네가 째발 나무질을 해
　　　　내갓나.

東　植　…….

소　리　여보! 나루 건네시오!

　　　　강 저쪽에서 들려온다.

東　植　(소리나는 쪽으로 고개를 기우리고 머뭇거리고 섯다)

李주사　(大元에게) 이 사람! 나루를 건너 주게.

大　元　(李주사를 피하면서 東植에게 눈짓한다)

李주사　(東植에게) 정말 날이나 구진 날은 무서울 째 분명 이 나루를 건네 달
　　　　라구 저편 기슭에서 고함치질 안갓나. 그때 나가 보문 아무두 업시 들
　　　　어오문 쏘 고함을 치네게데. 쏘 어쩐 밤에는 사공의 이름을 불러서 고
　　　　함치기두 한다네. 박 첨지! 아무개가 왓스니 나루를 건네 달라구 고함
　　　　치는 밤이문 벼랑에서는 으레히 여우란 놈이 청승을 떨구……. 그러니

박첨진들 물 짜라 칠성신 서해바다루 흙으겐들 되지 안앗갓나.

소 리   여보! 나루 건네시오!

東 植   네!

李주사   이사람 大元이!

金 氏   야 동식아.

東 植   어머닌 가만 잇서유. (李 주사에게) 아무러나 구장어른의 말을 들어 보구 조토록 하겟서유.

李주사   글세 이 집은 털어 버리구 말 작정이야. 이 벼랑 넘어 동네 뒷길루 나루스터를 쌩길 생각인데 괜이 하룻일이라두 고생 할 필요가 머란 말인가.

東 植   구장어른은 만나 봐아겟서유.

李주사   죽으면서두 구장을 찻갓나 젊은 사람이 그게 무슨 고집이란 말인가.

소 리   여보! 나루 건네시오 나루 건네시오!

東 植   네! 나갑니다. (재바르게 뒷뜰로 들어간다)

李주사   대원이! 왜 멍청하니 섯나?

大 元   (□□치고 나온다)12)

東 植   ……. (□□)

李주사   (金氏에게) 갈데가 업스믄 우리 집으루라두 오시우. 내가 인제 오는 가을부터는 저-뒤에 잇는 우리 山에서 나무를 찍어내려 올라구 그럽네다. (流浪民들을 가르키며) 저 사람들두 아주만네처럼 쓰내기 살림을 하는 사람들인데 숫 굽는 일을 한다구들 왓쉐다. 나무 찍는 일두 군청에서 허가만 나으문 일은 사철업시 언제나 할 수 잇쉐다.

金 氏   네-.

李주사   □□ 고향은 어디웨가

金 氏   네 우리가 살든 마을을 옥당골이라구 햇지유. 그게 전라도지유 글세 해마다 큰물이 나서는 억건각군 나락을 들어다 째구 말앗지유. 그러면서두 백여내기는 했든 걸. 글쎄 우리가 옥당골을 쩌나구 말든 해에는 그놈의 큰물이 그냥 마을루 쓸어 들어서는 그만 한칸두지 햇든 집 짜 덜어내가구 말앗시유. 그게 벌써 두을처나 접되는구메.

李주사   전라도문 釜山 쌍이 웨다가레.

金 氏   네 예서는 二千理두 넘는다나유.

李주사   거 참 안되쉐다. 아무럿나 나무 찍는 일은 돈들 걱정두 업스니까 집의

---

12) 이 뒤로 부분적으로 원문이 삭제되었음.

아이가 나와서 일만 하면 아무 염려두 엽쉐다.

金　氏　네 그저 이주사 어른이 힘써서 한 살림 잡구서 살두록 해 주시유.

李주사　에에 올 가을까지만 막일이라두 해서 지내두록 하시우. (大元에게) 나
　　　　루를 건네 주라는데 그게 무슨 버릇인가?

大　元　…….

李주사　저녁 먹구 찌나 나루에 나와 주게 이 사람들이 인제 가서 술을 오십
　　　　석이나 실어날을래문 밤이 깊흘 테니까 돌아올 때난 자네가 나루를
　　　　건네 주게.

大　元　난 밤나루질은 못해요.

李주사　그러케 광천이 녀석이 나하구 석빗집 옥손이 놈이나하구 서너 녀석이
　　　　나와 잇두록 한단 말이야. 장정군들이 세 녀석이나 몰려나와 잇는디
　　　　그까짓 머 무서울 게 잇갓나.

大　元　그 색기들이 왜 나온댑테까.

李주사　그 녀석들이야 내 인제 들어가서 나오도록 하듸안으리, 남의 걱정 말
　　　　구 자네나 나오두록 허과네 거해.

大　元　…….

李주사　오늘 저녁에는 우리 승조 녀석은 자준 팔집에서 선 보는 날이야. 손님
　　　　들 째문에 나야 나올 수 잇갓나. (流浪民들에게) 밤이 좀 늣드라두 술
　　　　섬을 달구지에 싯두록 하구서 돌아오게.

流浪民들　네에!

李주사　그럼 자네두 꼭 나오두록 하게.

大　元　밤나루에는 못 나와요. 그적겟 밤에두 이 나루에서 귀신이 울엇단데.

李주사　귀신이 언제 울엇단 말인가. 그 적게ㅅ밤이야 달이 두성히 박지 안
　　　　엇나.

大　元　그래두 모작백이한 낮이 기우러슬 부텀에 이 집 쓸 안에서 계집의 곡
　　　　소리가 들리드라는데요.

李주사　그만두게 그만두어. (流浪民들에게) 거 그런 저편 산골작이루 돌아들오
　　　　시우.

유랑민들　네에.

李주사　(大元에게) 그 사람을 배 가서 갈 데 자네가 좀 건너주게. (□□)

大　元　예. (流浪民들과 더브러 나루로 내려간다)

金　氏　(李 주사 等을 살피든 채로 멍청하니 섯다)

　　　　사이.

136

行人이 지나가면서 뒤짜라서 東植 등장.

東　植　어머니 돈 벌엇시유 오전. (돈을 번쯕거려 보인다) 주머니에 너허두시
　　　　유. 하루에 열 사람만 건너두 이십 전 안이유. 허허…….
金　氏　(돈을 밧어 넌는다) 예 동식아─ 그만 짐을 옮겨 버리구 말두룩 허여.
東　植　짐을 옮기문 쏘 남의 방앗간에서 자것수?
金　氏　그럼 잡귀들이 극성을 한다는 걸 이런 집에야 엇더케 하룬들 마음 놋
　　　　쿠 살겟니.
東　植　제─ㄴ장 물귀신이 나오문 사정이라두 하지유. 방앗간 잠을 자문서 비
　　　　럭질 단니기가 어머니는 그만 시살이나지두 안아유.
金　氏　리 주사네가 올 가을부터는 저이 山에서 나무들 찍어 내린디여. 그건
　　　　가을 겨울 사분 없시 하는 일이래여. 리 주사 어른 우리만은 꼭 한 살
　　　　림 잡두룩 해 준다는듸 가을까지만 싹일이라두 하문 되지 안컷니.
東　植　그만두어유. 저이 나무라구 머 마음대루 찍나유. 동릿 사람이 그러는듸
　　　　허가두 안 나온 걸 이 주사는 괜이 애만 쓰구 다닌다구 그러든디유.
金　氏　그래두 점잔은 어른이 어데 거즛말이야 할라구. 글세 그 애는 괜이 고
　　　　집만 세우구 그러는 구매.
東　植　우리가 옥당골 잇슬 째 본 대로 일할라든 것두 허가가 나오지 안어서
　　　　못하구 환시아안핫시유. 그쌔두 나무를 찍을 수가 업서서 군청에서두
　　　　허가를 안 햇드랫지유.
金　氏　그러니 이런 집에서야 마음이 붓지 안어서 어쩌케 산다구 그래여.
東　植　그럼 어머닌 방안간이 조와유.
金　氏　누가 방앗간이 조태여, 무슨 지랄을 해서라두 한밋천 잡을 수만 잇스
　　　　면 제 고장으루 돌아가야지 남의 고장에다 쎠를 뭇는단 말이여.
東　植　팔자에 잇는 제 고장이문 언제구 한 번 도라가는 날두 잇겟지유. 제
　　　　고장 조와서 살지 못하구 쏘처 나왓겟시유.
金　氏　리 주사가 쏘 와서 야단 치문 머라구 말하것니 나원 걱정이로 헤. (바
　　　　가지 싼들고 정지로 들어간다)
東　植　내가 구장어른한테 가서 말을 헐내유. 어머니는 아무 걱정 말아유.
　　　　(退場)

　　　　해는 어느덧 기울어서 □□을 붉게 물들인다.
　　　　山새들도 더욱 신이 나서 지저귀고 멀리 벌판에서는 □□가 끈헛다 잇
　　　　는다

사이.
承祚 담배를 피어 물고 언덕으로 넘어온다.
그는 버릇인 것처럼 줄곳 □□를 물고 다닌다.

大 元 (나루에서 올라오다가 承祚와 마주친다) 여보게 승조.

承 祚 …….

大 元 자네 쏘 투전판으루 가네, 거래 댓뜸 나루터루 오는 폼이 동모루박게
더 가갓나. (숨을 헐덕어린다)

承 祚 남이야 아무 델 가문 무슨 상관이야.

大 元 그러디 말구 내 돈부텀 돌려 주게, 그 돈이 비료 살 돈 이래두 그러네
거래.

承 祚 그러게 내 얼마츰이문 어김업시 돌려보내준다구 그러디 안핫나.

大 元 암만 해두 난 자네 말을 못 밋갓네, 투전판으루 가는 자네를 어디케
오늘 래일 하구 밋으란 말인가.

承 祚 그럼 업는 돈을 빼라두 꿰서 내란 말인가.

大 元 남들은 요새 한창 모내누라구 밤낮이 업는데 나만 모판에 손을 못 대
구 잇디 안나 정말 야단일 게메. 이러다는 배를 올에는 반실두 못 거
두디 안 캇나.

承 祚 글세 걱정 말라우. 래일 주문 그만 아닌가.

大 元 투전판에 가문 돈 수백 량이 길 갓나, 그게 벌서 언제 쑨 돈이라구 그
러나 정말 목줄이 달린 내 돈부터 들어 주게.

承 祚 이 색기 래일 준대두 재수를 털구 야단이야.

大 元 그놈의 래일 래일 하는 게 발서 맷칠채인가. 자네 투전 할 밋천 대 주
구는 나는 굶어죽으란 말인가.

承 祚 못 주니 어디카갓단13) 말인가. 마음대루 하렴으나 마음대루 하라우.

大 元 마음대루 하래문 못할 줄 아니. 체 밤낫 업시 투전판에만 밋쳐서 싸단
니문서……. 어디 보자 난 너의 아버지한테 가서 말하갓다.

承 祚 머야 이 자식아. (대든다) 네 색기 눈애는 주먹두 뵈디 안니.

大 元 이런다구 누가 숫태 겁낼 줄 알구 그럴티. 대가리가 멧조각에 나두 너
의 아버지한테 가서 말하구 말갓다. (承祚를 뿌리치구 마을로 달려 들
어간다)

承 祚 대원이! 대원이! (싸라가다 말고 시름 업서 도라선다)

焉 年 (누구를 찾는 듯이 넘어오다가 承祚를 받아보고는 달려온다) 승조야!

────────────

13) 어떻게 하겠다는.

138

承　祚　…….

焉　年　너 쏘 싸운 게로구나. 대원이가 동네루 달려 들어가든구나.

承　祚　우리 집께루 가던?

焉　年　어디루 가는디 몰으가서 너 쏘 대원이 하구 싸왓구나. (그 얼굴을 이윽히 살핀다)

承　祚　내가 고약한 놈이다.

焉　年　접째 나하구 놀러갓든 일루 해서 그러디 안앗네. 그째 난 대원이 색기가 벼랑박으루 가문서 먼바래 본 줄 알구 숫태 걱정을 햇는데-.

承　祚　에-이 그저 어느 색기하구 쌈이라두 실컷 햇스문 속이 씨언하갓다.

焉　年　글세 왜 그래? 난 도무디 네 속을 알 수가 업드라.

承　祚　…….

焉　年　(承祚를 더욱 살피다) 애구머니나 네 얼굴빗이 우리 아바지가 쩌날 째 하구 무생이두 같구나. 너 숫태 여러 생각을 하구 잇디 안니?

承　祚　(그저 제 생각 뿐인데서만 괴롭다)

焉　年　무생이 달 밝은 밤이야. 그째 나는 아랫목 화데ㅅ불 업해14) 쏘구리구 안저서 울다가 강까루 나가 보니깐 벼랑에서는 글세 여우가 쌍을 지어서 울든구나. 記憶을 더듬기에 한동안 망서리다간 너에 집에 왜은15)으루 맨든 화래가 잇지 안니. 나는 그 은화레를 보문 그날 밤에 강물의 달빗 속에서 은빗으루만 작구 흐르든 것처럼 시방 생각되에.

承　祚　간밤에는 벼랑에서 여우가 울지 안는디 몰으갓다.

焉　年　승조 너 왜 글허니 응? 넌 작구 우리 아바지만 닮아가는 것 갓구나.

承　祚　(이윽고 어려운 생각에서 헤염처나며) 언년아! 나루 점 건너다우.

焉　年　너 어디 갈래니? 날이 다 저물엇는데…….

承　祚　글세 나루나 건네 달리우.

焉　年　실허 애. 너 쏘 동모루 가 누나 상게두 투전에만 밋처 댕니구…….

承　祚　속상하게 그러지 말구 나루나 건네 달래는데두 글허누나.

焉　年　안돼애. 저녁 째가 다 됏는데 어디 건너간다구 그래.

承　祚　그만두어라. 헤염처서는 못 건너 갈 줄 아니. (나루ㅅ가로 내려갈려고 한다)

焉　年　안돼. 누가 투전하러나 댕기래든.

承　祚　사공 아주마니! 나루 점 건네 주시우, 빌어먹을 투전두 인젠 마즈막

---

14) 옆에.
15) 은을 파는 가게에서 세(稅)로 바치던 은(銀).

이다.

焉　年　정말?

承　祚　두구 보렴으나. 세상이 다 안 믿는 걸 나라구 믿갓니[16].

焉　年　정말 이담부터는 쪼 투전하러 댕기문 안돼.

承　祚　그래 그래.

焉　年　(사립門 안으로 들어가다가 □□쑤럼지를 發見한다- 뫼 아래서 바라보다가 房안이며 정지 等을 살핀다) 안에 누가 잇서요.

金　氏　(□□며 김을 □는 정짓門을 열고 나타난다) 아이- 네가 왓구나.

焉　年　방앗간에서 자디 안구 여기서 주무셔요.

金　氏　넌 엿째 몰르는구나. 우리가 오늘 이 나루를 아주 마타 가지구 나왓서.

焉　年　이건 우리 집인데 누구한테 마타 가지구 나와요?

金　氏　글세 구장어른이 말해서 나왓는듸 그럼 너두 나올려구 햇시여?

焉　年　나 혼자라두 나와 잇슬래요. 흥 구당 어른이 저이 집인가 제 마음대루 남을 주구 말구 하게…….

承　祚　(나루ㅅ터로 어정어정 나가면서 고함친다) 언년아!

焉　年　노는 어디 잇서요?

金　氏　아마 배에 달엿슬 기여. 악가 배를 건너스니께…….

焉　年　집을 내달라우요. 내가 나와 잇슬래요. (承祚가 사라지는 나루ㅅ가로 退場)

金　氏　(차라리 無感情인대로 멍청하니 섯다)

　　　　區長, 東植 쩌들면서 登場.

區　長　내 말이문 그만이니까 아무 염려두 말게.

金　氏　구장어른 나오심닛기유.

區　長　예! 헌대 아주머니두 리 주사가 그런 말을 햇다구 해서 조금치두 염려는 마시조. 내 다 어련히 잘 살두록 해 들이지 안흡웨까.

金　氏　그럼은요. 그저 저이야 구장어른박게 누구 밋을 사람이 잇것수.

區　長　그러구 무슨 귀신이 나오느니 여우가 청승을 쩌느니 하는 풍설두 아예 귀에 담아 듯디두 말소. 이 뒤에 벼랑이 놉하서 동네ㅅ 사람들이 간혹 가다가 물에 빠진 일은 잇지만 물귀신이 무슨 물귀신이요.

金　氏　시방 이주사 어른두 자못 걱정이시든데유.

區　長　그까짓 말들은 귀에 담아 듯지 말래는 데두. 그럼 네다가레이 집 박첨

지네만 해두 아주 잘 살앗디오, 그러든 걸 그 예편네가 □□일루해서
그만 죽구 말앗쉐다가레. 왜 그 자다가 깨나디 못한다는 병이 잇디 안
소. 그허니17) 박첨지루 보문 아들두 업구 해서 새 예편네를 어더 왓는
데 이게 아주 못된 화냥년이란 말이요. 글쎄 이 계집년이 딴여석들하구
일터 댕긴대기두 하구 제본남편이 잇서서 댕긴대기두 하구 좌우간 살
님사리에는 엄두를 내디두 안소 그려. 그러니 박첨진들 여북 할 일이웨
까. 그래 칼부림까지 하면서 싸우다가는 필경 박첨지가 제 딸년까지
내버리구는 어듸루 쩌나구 말앗쉐다가레. 사람이 다부진 편은 못되디
만 박첨지두 여북하문 제집까지 내벌이구 말앗갓소. 하긴 그 계집년이
세과디 못된 년입데다. 글세 박첨지가 쩌난 디 멧달이 못 돼서 흉측스
럽게두 딴 사내녀석을 이집으루 데려왓습데다가레. 필경 동네서 년놈
을 몰아내 쫏구는 오날 저널 됏디깐. 아무허나 조곰치두 딴 염려는 하
디 말소.
金 氏　네-.
區 長　글세 이 나루ㅅ터는 뒤루 벼랑두 험하구 동네서 좀 쩌러저 잇는 까닭
으루 해서 미상불 그런 소문이 낫든 모양입네다. 왜 그 넷말에두 그런
말이 잇디 안소. 어쩐 처녀 총각이 한 씩에 허리를 묵구는 이 뒤ㅅ 벼
랑에서 들러 쩌러젓다는 사설인데 이게 한입두입 건너서는 오늘처럼
커다라케 소문이 됏쉐다가레. 허허……. 아무 염려두 말구. (東植에게)
님자두 마음을 단단이 먹구서 늙은 오마닐 모시두룩 하게.
東 植　네-.
區 長　저편 개천가루 나가문 악가운 쌍이 썩어 잇디 안든가. 그런 것두 틈틈
이 부대를 닐구면 피나 보리는 으젓하게 되깃네.
東 植　쌍은 무척 조터군요. 그거 부대고 일궈두 누가 말하지 안흘 가유.
區 長　말은 누가 한단 말인가. 닐울 데만 잇스문 얼마든지 닐구게.
東 植　네- 그럼 래일부터라두 일궈 보섯겟시유.
金 氏　예 동식아-. 글세 언년인가 하는 가시내가 찻아왓든기여.
區 長　아-니 언년이가 무엇하러 나왓습네까?
金 氏　시방 배에 나갓서유. 우리보구 집은 내라구 그러든듸여. 저 혼자라두
나와 잇는다구 그러면서…….
區 長　언년이가 저 혼자 나와 살갔대요. 하하……. 계집년이 저이 아바지하구
는 딴판으루 다부지단 말이야.

---

17) 그러니.

金　氏　저이 집이락 하면서 노상 애숙스러운 말을 다 하는듸유.

區　長　그 애가 이 집 주인인듸요. 강가에서 울든 듸가 어제 갓흔듸 어느새 제 집을 다 찻게 되구……. 하하…….

東　植　엇더케 하면 조흘까요. 집을 내줘야 할까유?

區　長　어-이구 자네는 별 걱정을 다하네 거레. 자네는 손질하든거나 마자 쑤리두룩 하게. 담 쩌러 넷든 건 다 발랏나?

東　植　아직 뒷담은 제 못 발랏씨유.

區　長　그럼 어서 가 받게, 쓸데업는 걱정은 말구.

東　植　네-. (머뭇거리다가 뒷뜰로 돌아간다)

區　長　하긴 그 애가 이 사랑방에 잇기루 하구 두 집이 한데 잇서두 좃갓구만요. 언년이 년이 아주마니 손두 도읍구 하구 또 계집애라두 노질은 아주 썩 잘한다우. 동식이는 부대나 파구 언년이가 나루질을 햇스문 좃치 안갓쉐짜.

金　氏　글세-. 웨 그 애가 한집에야 잇슬라구 하겟시유. 갓치 잇는대두 나루에서 나는 쌀이나 돈두 노누기가 애숙스러울 게구…….

區　長　아무허나 그건 언년이더러 들어봐서 좃두룩 합세다 가레.

金　氏　아무래두 두 집 살림은 힘들것시유.

區　長　(제 생각에만 골몰하면서) 아주마니! 언년이 년은 아주만네 동식이 하구 그만 머리를 언저주구 맙씨다가레. 언년이 년이야 내가 마타 길은 년인 걸. 나 찬18) 게집년을 그대루 두기가 걱정스러윗는데 동식이놈두 삼십이 각갑디 안 핫쉐짜.

金　氏　어-유 웬 걸 그러케가지야 바라것시유. 한 살림 잡구 살게 되는듸 메누리까지 엇다니……. 그건 원 생각두 못한 일인듸유.

區　長　그럼 내 중매 서디요. 밋며누리데루 해서 시방붓텀 한집에 잇으문서 오늘 가을 쯤은 잔체를 하두룩 해스문 좃치 안갓쉐짜.

金　氏　에이구 황송합니다. 무슨 잔치에 메누리를 다 바라것시유.

區　長　그럼 그러케 하두룩 합세다. 동식이란 놈이 여간 착실하된 안습데다. 그래서 내가 처음 볼 째붓터 그런 생각이 잇섯는데 아무러나 잘 됏쉐다. 한데 아주마니두 박 첨지네가 어드렛으하는 건 생각두 하지 말소. 당지만 쏙쏙하문 그만 아니요. 아니 게 아니라19) 언년이란 년이 다부지구 얌전한데야 동네서두 첫손을 쏩디요. 첫손을 쏩아요 허허…….

─────────────────────

18) 나이가 찬.
19) 아닌 게 아니라.

金　氏　아이가 무던히 쏙쏙은 하것시유. 구장어른! 그 애가 조태긴 할까유?
區　長　내 말이문 그만이디, 그까짓 아이들을 가지구 조타마다 할 게 잇쉐까.
　　　　어느 날 틈을 봐서 나두 그 애더러 말을 할 테니씬 아주마니두 동식
　　　　이한테 그러한 말이나 일러 두시우.
金　氏　네에! 그저 구장어른의 은혜는 저승에 가서두 못 다 갑겟습니다유.
區　長　그런 말 마시우, 이거다 내 시름 놋누라구 그러디 은혜가 무슨 은혜쉐까
　　　　하하…….
焉　年　(고개를 돌려 承祚를 보내면서 나룻가에서 올라온다)
區　長　애 언년아! 이리 좀 오나라.
焉　年　(사립門 안으로 들어온다) 에?
區　長　네가 이 집을 내노라구 그랫니?
焉　年　(□□□ □□□□)
區　長　□□ ……. □□□□□ 계집애가 혼자서야 무서워서 어디캐 나와 잇갓
　　　　니 응? 밤에 혼자 자는데 독개비라두 나오문 그때는 어디칸다? 하
　　　　하……. 너 그러케 네 집에 나와 잇구 푸문 이 오만네 하구 가티 잇으
　　　　렴으나. 너는 이 사랑방에 잇구 이 오만네는 저 큰방에 잇구 응?
焉　年　…….
區　長　어디카갓니 응? 나룻터에 나와 잇갓니? 우리 집에 그냥 잇갓니?
焉　年　…….
區　長　왜 말이 업니 응?
焉　年　아바지가 꼭 돌아온다구 그랫는데요.
區　長　아바지가 □□□ 오문 내 두집이다 돋두록 해 줄 테니싼 너는 그동안
　　　　어디서 기다리갓느냐 말이다.
焉　年　우리 집을 남에게 주문 안돼요, 아바지가 꼭 돌아와요.
區　長　이 집을 아주 파는 게 아니야. 이를테면 너이 아바지가 돌아올 때까지
　　　　아 아주만네가 대신 맛타서 바주는 게니까 점 고마운 일이냐.
焉　年　…….
區　長　어디 카갓니? 여기 잇갓니? 우리 집으루 가갓니?
焉　年　(망서리고 섯다가) 여기 잇을래요, 그래두 나 혼자 짜루 밥 해 먹구 짜
　　　　루 살을래요.
區　長　으응 기마는 두 집에다 격해스니까 그건 마음대루 하렴으나. 내 쌀년
　　　　닥시안케20) 길러낸 걸 네가 여기 잇는다니싼 수태 섭섭하구나 하

────────────────────────────
20) 못지 않게.

하……. (一門 박그로 나간다) 아주마니 그럼 악짜 하든 말은 그렇케 알구가 보갓쉐다.

金 氏   네에! 그럼 조심이 단녀가세요.

區 長   예! 예! 언년이 너 저녁은 집에 와서 먹어라. 네 짐두 내오야되디 안갓니. (退場)

焉 年   예! (잠근 門을 쓰더 열고 방안을 간집피기 始作한다)

金 氏   (房안을 들여다보며) 우리는 생소한 고장에 온 걸 네가 갓치 잇게 되니쩨 온매나 도움이 될지 몰으것다.

焉 年   머 도와줄 게 잇나요. 서루 짜로 사는 걸 머. (金氏를 피하듯이 房안을 치우기에만 어수선스럽다)

金 氏   그래두 노상 짜루만 잇것니. 아무래두 한집안 살림인 걸 뭐-. 한듸 저 단지기고 두어 개 남는 게 잇건 빌어주지 김치두 담거야지. 장두 쏠어 더다 먹어야 것는듸. 우리야 무슨 그릇이 잇가듸.

焉 年   (장독들을 살펴보며) 단디기는 안돼요. 오는 당날 읍네 가서 조개젓이 랑 새우젓이랑 사올래요.

東 植   (뒷쓸에서 나뭇대기며 □□을 한아름 안고 나와서는 그걸 바주 쩌러진 데다 대일 겨냥을 한다) 어머니! 죽쑤는 것 아직 멀엇시유?

金 氏   시방 팟을 살마놋다. (焉年에게) 툇방안에 장독두 여러 개 있는듸……. 단자기는 한 개두 남는 게 업서?

焉 年   남는 거 업서요.

金 氏   이것 참 야단낫구메. 우리두 옥낭 □서삼□ 장의두 만든 건- 해마다 그놈의 □□이 가서는 그만한 장독을 기다□에 짜우구 쌔먹구 말엇 구메.

東 植   (일에 밧부면서도 이쪽을 자조 돌아본다)

金 氏   밥을 굶어두 단지기는 사와야것다. (정지로 들어가며) 가마는 아무래두 좀 어더써야 겟구메.

焉 年   예- 가마는 쓰라구요. (박그로 나와서 장독들을 저이쪽 土壇으로 옴겨 다 놋는다) 나룻삭 밧는 건 어디케 하기루 햇나요?

金 氏   (정지에서 고개를 내밀며) 글세 어쩌케 햇스면 조을지 몰으것다. 쏠이 나 돈이 들어오는 건 넌 어쩌케 햇스면 조컷니?

焉 年   글세요. 구당 어른은 무슨 말이 업섯나요.

金 氏   글세 짝이 어쩌케 하면 조켓다는 말은 업섯는가 베.

焉 年   (망서리고 섯다가 저 便 房으로 들어가서 벽에 걸린 화네 木□로 된

金　氏　네가 그 화데를 가저가문 우린 오늘 저녁엔 불을 못 켜것구나.

焉　年　이 방에두 불을 켜야 되요. (바주ㅅ가로 벌려 잇는 삽이며 호미를 거두어다가 저이 土壇안으로 모두어 놋는다)

東　植　(焉年의 하는 꼴을 이윽히 노려본다)

焉　年　(두루 두루 살피다가 들기름 병을 저이 방으로 건네온 다음 쏘 생각을 조아려서는 정지로 들어가서 다 헐어 빠진 구럭21)이며 세간 나부랭이들을 들고 나와서는 土壇에 뭇는다 房 안로 들어간 다음에서 제 □□□ 찾기에 한참 부산스럽다)

金　氏　(焉年이 다시 나오길 기다려서) 나룻싹 밧는 건 어쩌케 하면 조을겟지여?

焉　年　쏙가티 절반씩 노누야지요 머.

東　植　(벌떡 일어서서는 쏠자루를 낭창 끌어다가 □□□□□에다 내던진다) 자 동이서 빌어온 쏠인가여 마음대루 하지유.

焉　年　(東植을 얼핏 바라보고는 얼른 방안으로 들어가며 방 안을 치우기에 부산스럽다)

東　植　(焉年을 그대루 노려보고 섯다가 그만 바주22)로 가며 일손을 잡는다)

金　氏　(이 光景을 한심스러이 바라보고 섯다가 門을 닷쳐 버리고 만다)

　　　　사이.

焉　年　(무슨 궤ㅅ짝을 묵어운거 들고 나와서는 土壇에다 노을 자리를 찾는다) 이거 좀 치워 달라우요. (東植은 돌아볼 기색도 업고 묵어움을 더 못참는 서서 그만 □□□□ □□□며서 궤ㅅ짝을 놋는다)

　　　　혼백상 말리우는 대로 토담밋으로 굴러 넘어진다.

東　植　(겁결에 달려와서는 魂魄床을 추켜운다고 짜로 올려난 □□을 □□床으로 모시기 밧부게 焉年의 쌤을 갈긴다) 이놈뫼 가시내는 에미두 애비두 업시 자라낫는기여? 혼백상을 박대하다니…… (슬샐기 거든다)

金　氏　(급히 門을 연다) 웨들 이리여.

焉　年　(그만 土壇에 쓸어지며 울어버린다)

東　植　(노려보다 못해 □□□□□ 土壇으로 옮겨다 모신다) 아모리 비럭질해

---

21) 망태기.
22) 대, 갈대, 수수깡 따위로 엮어서 만든 물건. 울타리를 만들 때 쓴다.

먹구 산대두 엿째 우리 아버지 혼백은 박대하지 안햇서.

金　氏　글세 이사오는 첫날부터 □□□□□□□싸우구들 이래여.

東　植　죽이나 □□□□□. (□□를 간다)

金　氏　애 울지 말어. 우리 애은 성미가 별나서 그러구레. (못맛당한 대로 門
　　　　을 다더 버린다)

　　　　사이.

焉　年　(이윽고 우름을 끈치고 일어서며 궤짝을 열어제치고는 몬지를 털어 낸
　　　　다－ 그러면서도 바주 便을 살피다가는 바주로 가서 東植이 들어내온
　　　　널쪽이며 나무ㅅ댁이 等을 쓸어안는다) 이 널쪽이랑 다 우리해야요.
　　　　(널쪽 等을 土壇에 갓다 노코는 다시 바주로 간다) 남의 모다구23)는
　　　　왜 맘대루 갓다 쓴네까. (못 등을 집어든다)

東　植　(차라리 어이업시 바라보고 잇다가) 못을 쓰기는 누가 썻단 말이유. 이
　　　　거 내 집 안인기유. 사람이 살며서야 바주가 □구 문짝이 쩌러져 나간
　　　　걸 그대루 버려두구 산단 말이유.

焉　年　우리 토방두 좀 박으야 되가시오. (土壇으로 온다)

焉　年　(東植을 흘겨보고는 정지와 土壇을 가늠하는데 끌어다 나뭇대기를 세
　　　　우고 그 우에다 널대를 부치고 해서 겨냥을 보고는 맛지를 찾는 눈치
　　　　이다가 쪽도 내려와서 분에 넘치게 커다란 못을 집어다가 겨냥한대로
　　　　못을 박는다－ 못이 뜻대로 째려지지는 안코 간간이 손등을 치는 둥
　　　　무□에 눕는다)

東　植　(이 便을 어이가 업서 바라보고 섯다가 언년이가 안게쓸 맛지를 土壇
　　　　에 내던지고는 제방으로 들어간다)

　　　　사이.

金　氏　(정짓門을 열고 내다본다) 아이－ 그건 웨 쏘 막는기여. 그러케 막아노
　　　　으문 어디 전등이 아니구마 정지두 드나들것시여?

焉　年　(맛지를 돌아보며 망설이다가 급작스러이 못을 꼿기에 부산을 세우며)
　　　　웨 못드나든다고 그래요. 정지깐이 이만이문 넉넉한데요. (더욱 요란하
　　　　게 소리내서 못을 박는다)

金　氏　이 애가 우리 아이하구 싸윗다구 이러는구레. 글세 한집에 살면서 이
　　　　번 샐받구서야 어쩌케 살것니.

____

23) '못'의 방언.

146

焉　年　(더욱 쏘루퉁해서) 난방구잘을 네요.
金　氏　글세 그 신네 변덕스러 박는다구 야단이야. 괜히 고집이구래 쯧쯧! (혀
　　　를 차면서 門을 다더버린다)

　　　사이.
　　　江건너 편에서 고함치는 소리 들려온다

소　리　언년아! 언년아! 나루 좀 건너 다우.
焉　年　(그것이 承祚인 줄을 알자 금시에 쏘 즐거워지며 박그로 달려나가서
　　　고함치며 退場한다) 승조야!

　　　□□은 보쑤럼지를 들고서 民 여럿이 □□□□□□.

□　□　(방안으로 들어서며) 이 사람 동식이!
동　식　(말을 받으는□ 흙투성이□ 나 손인 채로 뒤뜰에서 나온다)
　　　洞民□ 동식을 보고서- "□다궁이[24] □□궁이!" "□□궁이가 나루ㅅ너
　　　누이사나왓나?" "귀신이오." "귀신나와." "□람□에서는 귀신□이 밤만
　　　뇌툰 □□□□□□." "□□궁이! □□궁아!" □□□□□ 웃고 놀려댄다.
區　長　저 □시을 받게 □□궁이가 먼가 □□궁이가…….

　　　洞民□그만 울□□늘어서 조용해진다. 그러면서도 區長□□여서 □□ 한
　　　늘 □□□□ 넘겨다보기도 하고 무엇이라고 서□□□ 군서리기도 한다.

동　식　못 □□는□유.
구　장　□□□ 나루ㅅ□□□□□ □□□□ 나왓다는□ □□□□□□.
東　植　무슨 볼일이 잇지여?
區　長　으응 이번에 승조놈이 병덩으루 쏩혀 나가게 됏네. 알지 지원병…….
東　植　그 젊은 사람이 병덩으루 나가유?
區　長　아주 쏩핀 게 안이구 인제 래일 아츰에 시험츠려 간단 말이야. 시험이
　　　래야 승조놈 씀하문 넘려 업네. 우지개가 퍼던 게 씨홈에는 도무지 우
　　　리 동네서 데일이겟다 쩌젓하게 공립보통학교까지 졸업햇겟다 머 조
　　　금치두 나무낼 데가 업는 사람이야.

　　　이러는 동안 洞民들이 □次로 에워싸혼다.

---

24) 문맥상 함락궁이로 보임.

焉　年　(다시 나타나면 이 便을 살며시 살피고는 나룻가로 사라진다)
洞　民　승조놈두 정말 병덩25)들처럼 총테구 칼차게 됩네까.
區　長　아―ㅁ은 병덩두 아주 일등 병덩일세 일등 병정-지원병이야. 승조놈이
　　　　우리 동네를 털어서 도무디 하나디 하나야.
洞　民　승조놈두 북간돈디 만준디루 총메구 쌈하러 감네까.
區　長　가구 말구 일등병덩인데 승조놈이 빠저서야 전쟁이 되갓나 하하…….
洞民들　아하하……. (소리 높혀 웃는다)
區　長　인제부터는 조선 사람두 병덩으로 가게 됏단 말이야. 얼마나 깃뿐 일
　　　　인가. 자네들두 어서 아들을 나하서 학교에를 보내게 집집마다 훌륭한
　　　　병덩 아들을 두구서 살아 보세.
洞民들　(제각기 웃고 써들어 댄다)
區　長　승조가 지원병으루 가게 되건 도무디 우리 동내서 다시 업는 영광일
　　　　세. 래일은 일을 감잔 쉬구서 이 나룻터까지만 배웅을 나오세.
洞　民　좃습네다― 좃습네다―. (여전히 웅성거린다)
區　長　국기를 들구 나와서 흔들어 주구 내가 (시늉을 해 보이면서) 리승조
　　　　군 반쟈-이26) 만하문서 나처럼 손을 들란 말이야. 그러케 세 번 하문
　　　　되네 세 번-.

　　　　洞民들 더러는 손을 들어서 반쟈- 이 시늉을 해 본다.

區　長　(보쑤럼지를 풀어서 □□□을 쓰내 보인다) 이 국방복을 우리 동회에
　　　　서 승조한테 한 벌 해 주기루 햇네.
洞　民　그게 병덩 옷인가요?
區　長　아―니 이건 래일 입구 갈 국방복이구……. 병덩 옷이야 별달리 디의안
　　　　핫든가. 자 그럼 들어가서 일을 보게 래일 아츰에나 기별을 하는 대루
　　　　우리 집으로들 모혀 주게.
洞民들　예-. (區長에게 고개를 굽실거리는 사람 반쟈-이를 시늉해보는 사람들
　　　　- 이래서 어수선스럽게 흐트러지면서 □□로 몰려들어가기도 하고 더
　　　　러는 東植을 들버쌋는다)
洞　民　이 사람 함락궁이! 자네가 이 나룻터루 이사 나왓나?
洞　民　이놈의 함락궁이가 해변개 범 무서운 줄 몰으구……. 귀신 들레 죽는
　　　　다. 귀신 들레 죽어.

---

25) 병정.
26) 일어. "만세"라는 뜻.

148

洞　民　이 색기 너 저 병랑턱은 밤이 무섭다. 아 색시 귀신이 나와서 에누다
　　　　리27)를 하문서 배건에 달래문 어디 갈 테가?
洞　民　색시 귀신이 一年에 하낫씩은 생사람을 잡아 먹으야 된대드라. 흥 함
　　　　락궁이가 죽을 총구가 들엇디.
洞　民　말할 거 잇나 함락궁이 색시가 색시 귀신한테 당가들엇네가레 아하
　　　　하……. (一同 크게 웃는다)
區　長　(그동안 洞民들을 보내고 옷을 개켜 싸기를 맛치고는 洞民들을 밀처
　　　　낸다) 귀신이 무스 귀신이야. 어서 가서 일들이나 하게.

　　　　洞民들 슬며시 물러난다.

區　長　글세. 귀신이 무슨 놈의 비러먹을 귀신이야. 그래 자네들은 멍청하게
　　　　녯말을 고지듯구 잇나. 무슨 색시 귀신이 잇습네, 어느 총각이 죽어서
　　　　귀신이 됏습매, 하구 우리 조상쩍부텀 이 나루에 일러 내려오는 말은
　　　　잇디만. 그건 한가한 겨울밤에 신짝이나 삼으문서 심심파적이나 하는
　　　　니예기ㅅ거리야. 못난 놈들 가튼이 낫 갓치 밝은 세상에 귀신이 무슨
　　　　귀신인가.

　　　　洞民들 더욱 음츨어 든다.

區　長　하구 쏘 이 사람더러 함락궁이가 먼가. 함락궁이……. 이 사람이 함락
　　　　궁이문 네놈들은 째째바우28)로구나.

　　　　洞民들 그만 아하하-하고 웃어버린다.

區　長　(어이가 업어 짜라 웃으며) 이 사람의 일홈29)은 동식이라구 불러 알갓
　　　　나 윤동식이. 자네들두 이 담 부텀은 이 사람 윤동식이라구 불으게 윤
　　　　동식이……. 짠 고장에서 와스문 밋구 의지할 데가 업는 사람을 동정
　　　　하구 하다 못해 검불30) 한 대라두 도와줄 생각은 안구서 함락궁이가
　　　　먼가 함락궁이가…….

　　　　洞民들 쏘 그만 웃어버리고 만다.

---

27) ‘넋두리’의 방언(평안).
28) 때때바리 : 말더듬이의 방언.
29) 이름.
30) 마른 나뭇가지.

區　長　어서 가서들 일이나 하게.

　　　洞民들 區長을 피하듯이 退場 하다가는 그여이 쏘 한녀석이 "함락궁이
　　　색기야! 귀신 놀레 죽는다 귀신 놀레 죽어!" 해서는 一同을 크게 웃기며
　　　살아진다.

區　長　원 저런 고약한 자식들이 잇나. (짜라가기라도 할 듯이 발을 굴느다가
　　　아 도라선다) 머 조금지두 언짠케 생각하디 말게. 처음 보문 왼들 저
　　　꼴이디만 이럭저럭 사귀구 보문 모두 으젓하고 도흔 사람들이야. 허
　　　허……

東　植　괜찬하유. 제가 느닷업는 놈이라서 그러치유.
區　長　그럼 난 저 뒷山으루 올라가 보갓네. 리 주사가 저이 나무 찍는 일루
　　　해서 山에 올랏는디 몰으갓군. (뒷門으로 退場)
東　植　그럼 단녀오시유. (뒷뜰로 돌아간다)

　　　舞臺 빈 채로 잠간 사이.
　　　焉年이 압서고 承祚 뒤짜라서 기웃거리며 登場.

焉　年　(이리저리 살피면서) 다 갓구나. 아무래두 너 병덩으루 가래는 소리 갓
　　　드라. 너 병덩으루 갈래니? 별수가 잇니?
承　祚　집에서두 가지 말래. 차라리 병덩으루 나가는 게 씨언 할디두 몰으
　　　디……. (우물가로 가서 물을 벌컥 벌컥 마시고는 쏘 담배라도 피여
　　　문다)
焉　年　(얼른 가서 뜰 안을 살피고 나온다) 글세 이러케 우리 집에 나와 살
　　　줄 알게 됏스문 올봄에 박넝쿨이랑 호박넝쿨이랑 얼키설키해서 무
　　　성하게 심을걸 그래서. 에 지붕에두 올리구 바주ㅅ길에두 올리구 뒷
　　　뜰 안에두 심으구……. 지붕이랑 바주랑 민숭민숭하기만 하니깐 서
　　　운해서 죽갓네-. 글세 우리 오만이가 죽든 가을에두 호박 우에가 박
　　　통이 벗어퍼서는 울통졸통하게 바주가 넘어지디스리 열렛댓단다. 슷
　　　태는 소담하게두 열엇드니…….
承　祚　(焉年을 이윽히 바라보다간) 언년아! 너 이 나룻터에서 오래 살갓니?
焉　年　살지 안흐문 어듸카니 우리 집인디……. 오는 봄에는 박넝쿨이랑 호박
　　　넝쿨이랑 아주 더 만히 심을래.
承　祚　그까짓 건 심어서 멀하니 호박이 그리캐두 알짤하든.
焉　年　네가 오늘은 아주 벨랏수나. 왜 그래 응? 너 아무래두 병덩으루 갈맘

150

을 먹는 게로구나.

承 祚 (역정을 내서) 집에서 보내 주나. 병덩으루 가게……. 보통학교 댕길
때부텀 병덩노리에는 마타노쿠 내가 대장이야. 총알이 빗발 뿌리듯하
는 벌판으루 고함을 치구 달려나가문 으득 통쾌하갓니.

焉 年 넌 그리캐두 병덩이 부럽든?

承 祚 (팔쑥에다 힘을 주어본다) 보렴으나. 이 팔쑥을 무엇에다 쓰갓니-. 생
각하문 가슴이 미여질 것 갓다.

焉 年 요새는 도무디 난 네 속을 몰으갓드라. 글세 투전판에는 왜 쏘 가다
말구 이내 도라세오니 변덕스럽게두…….

承 祚 (죽어운 괴로움을 물리치면서) 언년아!

焉 年 으응? 왜 그래?

承 祚 (더욱 머뭇거리다가 決斷잇게) 너 나하구 둘이서 평양으루 도망가구
말자.

焉 年 평양으루 도망을 가?

承 祚 두리 가서 노동버리라두 해 먹구 살작구나.

焉 年 (영문을 몰라서 망서린다)

承 祚 정말 이놈의 동네서는 괴로워서 못 백여잇갓다. 그래 내가 밥을 먹구
는 하는 게 머가 집에서는 농사두 하게 안되구…….

焉 年 너야 공부두 만히 햇는데 농사를 왜 한단 말이냐. 집의 만흔 돈에 가
만이 놀구 먹지…….

承 祚 깃썻해야 투전판에나 차자 댕기게 되구……. 하긴 이까짓 놈의 데서
투전판에라두 안 가문 무얼해서 긴긴 해를 보낸단 말이냐.

焉 年 넌 괜이 속상해서 그러드라.

承 祚 (제 생각 뿐인데서) 수학녀행 갓슬 때두 병덩들이 총을 메구서 요란스
리 울리는 나팔 소리에 발자욱을 맞촤서 지나나가든구나. 너두 무슨 공
당31)엘 댕기구 나두 크다란 공당에서 무슨 기계도 부리구……. 언년아!
우리 평양 가자! 그게 제일 행복한 생활일 것 가트다.

焉 年 아무래두 네가 어디루 쩌나갈 맘을 묵엇든 게로구나. 우리 아바지두
그러드니 너두 얼골빗이 몹시 변햇서.

承 祚 언년아! 내 말대루 평양으루 가두록 하자. 정말 이놈의 동네서는 괴로
워서 못 백여잇갓다.

焉 年 아무래두 난 못 쩌나. 아버지가 꼭 돌아온다구 기다리라구 그랫는

---

31) 공장.

데 머.

承祚　평양 갓다구 아바지를 못 만나갓니. 아바지가 돌아왓다는 소식만 들으문 네가 와서 만나두 그만안인가.

焉年　넌 왜 작구 애숙스리 쩌나자구만 그러니. 구장네 집에 잇스문서두 집생각이 나서 그냥 죽겟든데 글세 접대ㅅ밤에는 이 나룻터에 나와서 실컷 울엇서얘.

承祚　그게 바루 그적겟 밤이 안인가?

焉年　오-라 그적겟 밤이야. 달이 무심이 밝디 안뒷니.

承祚　집에서는 작구 색시를 어드래는데 난 어디카니. 글세 오늘밤에는 색시네집에서 선 보러 온다구 그래.

焉年　머? (저윽이 놀란다)

承祚　평양으루 가두록 하자우. 아무래두 우리집에서 너하구는 혼사를 식여주디 안흘 건 쩐한 일이야.

焉年　…….

承祚　동네서는 너이집 소문이 여복한 줄 아니. 너를 사람으루 보디두 안하.

焉年　왜 사람이 아니야. 난더 남들처럼 눈이업나 코가 업나……. (울상이 된다)

承祚　그러케 평양으루 가자우. 그까짓 녀석들하구 싸우구 잇으문 무얼하니

焉年　그러치만 평양으루야 어디캐 가니? 우리 집두 야단이구…….

承祚　집은 함락궁이 녀석한테 팔구 말렴으나. 한 백원 밧드문 배ㅅ갑까지 되지 안 칸니.

焉年　천 냥! 그까짓 녀석이 무슨 돈이 천 냥씩이나 잇갓니. 비럭질을 해 먹으문서 우리 동네루 들어온 녀석인데!

承祚　아무허나 말이라두 해 보잗구나. 돈 업대문 그냥이라두 쩌나구 말디 그까짓 집 악가와서 못 쩌나갓니.

焉年　(갈피 잡을 수 업는 어즈러움에서 설레인다)

承祚　내 말대루 평양으루 가두록 하자. 보통학교를 졸업한 동창생이 두 놈씩이나 가 잇는데 평양 가서 밥이야 굶갓니. 접째두 편지가 왓는데 공당에두 취직하기 쉽구 아무허나 평양을 오기만 하문 도흔 일이 잇갓다구 그랫드라.

焉年　난정 속상해서 죽갓네.

承祚　당가를 가래문 집에서 식이는 일을 어기는 수두 업구 도망가는 수박게 더잇니. 그허케 부러워하든 지원병두 집에서 말레서 못 가구……. 하기

는 지원병두 다 꿈이댓드라. 시방 생각하문 언년이 너하구 평양으루 가는 게 고작 행복할 것 가테.

焉　年　승조야! 올 가을까지만 잇서 보자구나. 겨울에두 평양이야 갈 수 잇디 안캇니.

承　祚　넌 왜 남의 속만 태우니. 안 가가스문 안 가갓다구 속씨언이 말이라두 하렴으나. 너하구 나하구 한동네 사랏든 게 잘못이디.

焉　年　누가 안 간대니? 남의 속은 몰으구…….

承　祚　그럼 가치 가 주갓니? 응.

焉　年　(금시 울기라도 할 것 갓다)

承　祚　자 그럼 그 녀석한테 집을 팔두록 말을 해 보작구나. 어서!

焉　年　그럼 언제 떠날 테니?

承　祚　글세 인제 내가 집에 가서 집안 형편을 보구서 오늘 내일 떠나두록 하작구나. 내 좀잇다가 또나와.

焉　年　그러다 너이 집에서 알문 어듸카니?

承　祚　글세 내 걱정은 말라우. (사립門 안으로 들어간다) 여보! 여보!

東　植　(뒷방에서 손에 흙을 바른 채로 나온다) 나오셋시유.

承　祚　예! 당신이 이 집에 나와 잇게 되엇다지요?

東　植　네-.

承　祚　그런데 언년이는 이 집에 잇디 안쿠 어듸 먼데루 떠나게 됏다는데 이 집은 어듸캐 하문 둇소.

東　植　어듸 멀리루 떠나유?

承　祚　예-.

東　植　글세 엇더케 하면 조흘까유. 저이는 염치업는 일이지만 구장어른의 말만 듯구 나와 잇는데유.

承　祚　그만 이 집을 사구말소 고레. 아무래두 남의 집에 오래 잇는 수는 업디 안소.

東　植　글세 돈이 잇서야지유. 사스면 정이 ‘마음’을 노키는 하것는듸…….

承　祚　구당네보구 좀 돌려 달래디요?

東　植　글세유…….

焉　年　구당보구 그러눈 안돼애. 날 또 혼내 올래는 게로구나.

承　祚　잘 생각해 보시우. 남의 집에 거저 잇는 수는 업디 안소.

東　植　그럼 구장어른께 말슴을 들여 보지유. 래일이문 알아보겟시유. (들어 갈려고 한다)

焉　年　안돼요. 구장한테는 아무말두 하디 마라우요.

東　植　(어리둥절해서 섯다가 그대로 退場)

焉　年　왜 그런 말을 햇니. (兩人 우물ㅅ가로 오며) 내가 어듸루 쩌난단 말을
　　　　들으문 구장이왜 가만 잇을라믄.

承　祚　구장이 가만 안 잇스면 어쩌케 한단 말인가. 나하구 가치 가는 줄만
　　　　몰으문야 너 혼자서 평양 무슨 공장에 취직하러 간대는 데두 가디 못
　　　　하게 하갓니.

焉　年　글세…….

承　祚　그까짓 일은 걱정하디 말라우. 구장이 무서워서 무슨 일 못하갓니-.
　　　　그럼 집에 가서 형편을 살펴 보구 좀 잇다 또 나올 테니깐 집에 잇
　　　　스라우.

焉　年　으응.

承　祚　(손가락으로 돈을 만들어 보인다) 이걸 좀 훔처내야 쩌나지 안갓니.

焉　年　(承祚가 사라지는 便을 말끄럼이 바라보고 섯다가 그만 실음업시 房안
　　　　으로 들어오며 이번에는 門을 잠글 차비로 □□□을 간집핀다)

　　　　사이.

東　植　(뒷방에서 나온다) 어디 멀리루 쩌나유?

焉　年　몰라요.

東　植　(이윽히 焉年을 바라보다가 우물ㅅ가로 가서 손을 씻는다)

焉　年　(□□□을 다 챙기고 나와서 門을 채운다)

東　植　(손을 씻고 건너와서 속주머니에서 꼬기꼬기 뭉처둔 돈을 끄내서 焉年
　　　　에게 준다) 돈 삼백량인듸 이거라두 밧다 두시유. 싹 일을 해서 모하
　　　　두엇든 돈인기유.

焉　年　(의아해서 망설이다가 밧는다)

東　植　어디루 가시는지 편지나 해 주시유. 돈을 모는대루 더부처 드리것시유.

焉　年　(돈을 만지작거리다가 그만 울어 버린다)

東　植　아니 웨 우는기여-. 너무 애숙허게 됏시유. 내가 비럭질을 하는 형편이
　　　　니께 너무 나무럼만 청하지는 말아 주시유. 돈은 모는 대루 부처드리
　　　　겟시유.

　　　　사이.
　　　　大元 登場.
　　　　뒤ㅅ따라서 承祚 급히 달려나온다.

154

承 祚 이 사람 대원이! 대원이!
大 元 (도라 선다)

　　　　東植은 박글 살피고 뒷 쓸로 들어가 버리고 焉年은 承祚 등이 온 걸 알
　　자 눈물을 거둔다.

承 祚 (달려오는 대로 大元의 등살을 잡는다) 너 이색기 우리 집에 갓댓니?
大 元 밧바서 오날밤에야 가갓다.
承 祚 에-ㄱ키 이 자식 우리 집에 가서 대주원 안하구나 하하…….
大 元 자네 압에서는 쌍쌍 을래대구 가기는 해서두 참아 발길이 돌아서딜 안
　　돼 거레.
承 祚 고맙네. (주머니에서 돈을 끄내준다) 자 시재 이십 원이라두 받아 두게
　　래일 마자 주갓네.
大 元 아-니 투전판엔 그만두엇나.
承 祚 그만 들이오구 말앗네.
焉 年 (承祚에게로 와서 돈을 내준다) 이 돈-.
承 祚 이게 웬돈이가?
焉 年 이 집에서 줘 삼백 냥.
承 祚 으응. (돈을 세여서 大元에게 준다) 자- 그럼 五십원 채워서 밧게.
大 元 (밧는다) 에이구 고맙네. 난 비료 살 게 너무 걱정이 돼서 건넌 동네루
　　빗이라두 내볼가 하구 가든 길일세.
承 祚 이거 정말 미안하게 됏네.
大 元 미안할 게 잇나. 그럼 집에 가서 간다는 말이나 하구는 댓듬 읍네루
　　비료 사러 가겟네.
承 祚 해가 다 넘어갓는데 인제야 어듸캐 가갓나. 아무래두 내일 아츰에 가
　　야듸.
大 元 밤길을 것듸 시방 어느 째라구 이러구 잇갓나. (退場할려고 한다)
李주사 (登場) 너는 하루종일 집에는 얼씬두 안쿠 어듸를 그러케 싸댕기니.
承 祚 시방 집으루 넘어가는 길이웨다.
焉 年 (李 주사인 줄 알자 사립門안으로 비켜서며 박글 엿본다)
李주사 어서 가 봐라. 집에서는 사둔 집에서 선 보러 온다구 야단인데 왜 상
　　게루 정신을 못 채리구 이러니.
承 祚 (아버지를 피하드시 退場)
焉 年 (얼른 房 안으로 들어간다)

李주사　（머뭇거리다가 退場하려는 大元에게) 쏘 자네는 무슨 일을 그러케 하
　　　나 시방이 어느 째라구 상게루 모를 내지 안쿠 도라만 댕기나 웅?
大　元　예 시방 비료 사러 갈 텝네다.
李주사　군청에서 비료테옵 나온 지가 언제라구 시방에야 비료 사러 간단 말인
　　　가. 남의 짱 빌어 터붓티문 조곰치는 남의 짱이 귀한 줄을 알아야디 올
　　　에야 구월 입동인대 모를 늦게 내가지구서야 반실박게 더 거두갓나.
大　元　래일붓텀은 모를 내갓쉐다. 돈이 밋처 돌질 안해서……．
李주사　듯기 실네 듯기 실허. 그맛힛언두업시야. 남의 짱을 어디캐 붓힌단 말
　　　인가. 오늘이 발서 보름날 아닌가. 정 그럴래문 래년붓텀은 자네네 붓
　　　티는 논은 짠 사람 주구 말갓네.
大　元　시방 비료 사러 간대두 그럽네다가레. (어물거리다가 급히 退場)
李주사　에－이 고약한 놈 갓흐니……． 오늘이 발서 보름날이 안인가. (사립門
　　　안으로 들어건다) 다 어디 갓소.
東　植　（쏘 손에는 흙이 바린대로 나온다)
李주사　아－니 왜 상게루 집은 옴기디 안 핫나.
東　植　구장어른이 옴기지 말라구 그러든디유.
李주사　그만큼 말햇는데 상게두 못 알아듯갓나. 글세 님자두 한심한 사람이디
　　　이런 집에가 어디캐 잇는다구 보득보득 드러백인단 말인가.
東　植　아무럿대두 살아볼 때유. 까짓 방앗간보다야 낫것지유 뭐.
李주사　정말 자네가 생주검할 마음을 먹엇네거레. 그래 자네는 우리 나루 찍
　　　을 일두 하디 안흘 생각인가.
東　植　……．
區　長　（登場) 리 주사. 이거 차자 댕기든 길이웨다. 승조한테 지원병 시험을
　　　보러 오라는 통딧장이 왓세디가레. (通知狀을 쯔내보인다)
東　植　（다시 뒤ㅅ쓸로 돌아간다)
李주사　（당황해서) 통딧장이라니? 안돼네 안돼. 우리 승조는 지원병으루 못 보
　　　내갓네.
區　長　못 보내다니요. 언제는 보낸다구 그러드니 인제 통딧장이 나온 참에
　　　못 보낸대문 어듸캅네까.
李주사　그 애두 인제는 당가를 보내야 되디 안캇나. 오늘밤에 사둔 집에서 선
　　　보러 온다네.
區　長　그럼 이 용디 온 건 어듸 칼 테요?
李주사　내가 언제부텀 보낼 수 업다구 그러듸 안튼가. 그걸 왜 자네는 구당의

직분으루두 가만 잇섯단 말인가.

區　長　그러―디 말구 어서 보내두록 합세다. 이게 얼마나 영광스러운 일이웨
　　　　짜. 우리 됴선 사람들이야 꿈이나 꾸엇든 일이요.

李주사　어서 보낼 수 업다구 말을 해 주게. 우리 아이는 오늘 저녁에 선 보
　　　　러와.

區　長　한 입으루 어듸캐 두말을 한다구 그럽네짜. 내 처듸두 싹하지 안소.

李주사　자네는 왜 내가 하는 일이래문 기를 쓰구 나서서는 □□□□□□□□
　　　　□□ 나하구 무슨 조상쩍부텀 원수가 잇섯나.

區　長　그건 쏘 무슨 말이요. 나야 구당의 직분으루 해서 리 주사네를 위하구
　　　　이동네를 위해서 하는 일인데…….

李주사　말 말게 자네는 그저 내 말이래문 콩두 퐛이라구 우겨대는 성미에 누
　　　　구를 위함네 하는 그 말이 아니쪼울세 이 집만 해두 글세 무슨 생각으
　　　　루 사람을 들인단 말인가.

區　長　아―니 머 이 집에다 사람을 들여서 머 쏘 잘못된 게 잇쉐짜.

李주사　쏘 동네서 생주검을 들리구 이허라. 작년 이맘 째만 해두 미루나무ㅅ
　　　　쩝 며누리가 이 뒷 벼랑에서 죽지 안앗나.

區　長　미루나무ㅅ집 며누리야 죽을 사정이 잇서서 죽엇지 벼랑이 놉아서 죽
　　　　엇갓소.

李주사　죽구 사는 것두 사람이 제 마음대루 하는 줄 아나.

區　長　그럼 미루나무ㅅ집 며누리가 여복하문 죽엇갓소.

李주사　이건 정말 동네가 소란해서 못살갓네 이눔의 집을 내가 사서라두 헐구
　　　　말갓네.

區　長　이러케 멀쩡한 집을 왜 허문단 말이요. 리 주사는 돈두 만쉐다.

李주사　저 山 넘어 뒷길이 나룻터하구는 아주 맛성이래. 내 돈을 들여서라두
　　　　나룻터를 뒷길루 윙기구 말갓네.

區　長　팔번두 안한 말을 하디두 말소. 이 나루가 우리 동네서만 쓰는 나룬
　　　　줄 암네짜. 이 길이 평양서 갈게 신의주 디방으루 통하는 길인대 나루
　　　　를 윙기다니요. 뒷길루 윙기는 길루 헐라구 살리나. 설이 들게 되는데
　　　　그까짓 동넷 사람들 불편한 건 고사하구라두 나라에서 맨든 큰길이야
　　　　마음대루 돌리는 수가 잇소.

李주사　군청에다 청을 대갓네 내 어엿하게 돌려 노흘 테니짜 그때 구장이나
　　　　하게.

區　長　그만두소. 내가 리 주사의 속을 몰으는 줄 암네짜. 인제 뒤ㅅ山에서 나

무를 찍게 되문 운반하기가 편리하게스니짜 그러한 줄 잘 암네다. 하
디만 멧 번이나 한 말이요. 개인의 리익을 위해서 나라의 일을 돌리다
니 그건 정말 쏠 가튼 소리웨다.

李주사 그래 나는 내 리익이나 바라구서 그런단 말인가. 그짜짓 나무는 썩지
안하두 살 수 잇는 사람이야.

區 長 그만두소. 이 무슨 낫 간지러운 소리웨짜.

李주사 내가 콩이래문 자네는 저 더퍼노쿠 팟이래. 네게 웨 이 집에 온 젊은
놈두 제 고향에서 무슨 짓을 하구 쫏겨난 놈인디 알구 우리 동네다 더
퍼석 들인단 말인가.

區 長 내가 하는 일이 그허케두 못 밋업쉐짜. (주머니에서 □□을 쓰내든다)
자 이게 그 사람이 살은 전라도 무대소에서 온 겐데 아주 사람이 착실
하구요 벌청년이라구 그랫습데다.

李주사 (區長을 피하드시 하면서) 글세 그런 건 아무허든 도시 이놈의 집터가
말성이야. 이집 언년이만 해두 과년한 처녀가 동네루 엉덩이를 휘-ㅇ
휘-ㅇ 저으문서 댕기니 미상불 □□ 잇기가 쉽지 안하 말세나 만해
두 아들 자식을 둔 놈이 마음 노을 수 업는 일 아닌가.

區 長 원 리 주사두 별 걱정을 다 합네다. 나찬 계집애야 시집 보내게 매련
이 안 히갓소.

李주사 말마게 이 화양 맛는 놈의 집 쌀년을 누가 어더간단 말인가.

區 長 내 어련이 시집 보내지 안흐리요. 리주사가 걱정을 들게 잇소.

李주사 마음대루 하게 마음대루 해 이 동네는 도무디 구장박게 업네거레.

區 長 그래 리 주사 마음대루 하문 언년일 어디카 갓단 말이요.

李주사 도무디 이놈의 집부텀 헐어버리구는 언년이 년이야 싼 데루 내보내야디
계집년이 일을 저질러 노흐문 동네가 무슨 쏠인가.

區 長 그 불상한 걸 내보내문 저 혼자서야 어디루 간단 말이요 에? 리 주사
그 마음보부텀 바루 먹으시우. 이 동네는 리 주사만 사는 동네는 안히
웨다.

李주사 마음대루 해 보게. 흥 언제나 그저 자네만 잘 낫디 자네만 잘 낫서.
(退場하려고 한다)

區 長 리 주사. (짜라가며) 승조는 지원병으루 가는 줄루 알소. 그런데 승조
가 지원병으루 가는 걸 축하하는 의미루 국방복을 한 벌 선사하기루
햇쉐다. (보쑤람지를 준다) 이거 가지구 가시우.

李주사 (물리치며) 못 보낸대두 그러네거레. 오늘 선보러 온다구 그러지 안나.

158

區　長　선을 보구는 합당만 하문 사둔을 매즈소고레 병덩을 갓다 와서는 성례
　　　　를 못하깃소.
李주사　우리 나무 쯕는 일두 그 애가 업스문 일을 사람이 업듸 안나. 집안일
　　　　두 걱정인데 병덩을 어듸캐 보낸다구 그허나.
區　長　승조를 안 보내 보시우 나무를 쯰게 허가가 나오기나 하나……. 나라
　　　　에다 거즈말을 하는 사람에게 무슨 허가를 준단 말이요.
李주사　자네는 쏘 내가 나무 쩍을래는 게 배가 압파서 그허나 무슨 권리인가
　　　　허가가 나온다 만다 하게…….
區　長　이건 무슨 말이요. 구장의 직분이 무언 줄이나 암네가. 우리 동네가
　　　　쉰두 집이든 게 이 집에 사람이 들어서 쉰세 집이 됏쉐다. 리 주사
　　　　네가 나무 쩍게 되문 그째는 수십 집이 더 늘게 아니쉐가. 그러케
　　　　늘어서 잠간 백집이 되구 천집이 되구……. 우리 동네야 강이 크겟
　　　　다. 당거리는 되디 말난 법이 잇갓소. 동네가 잘 살구 디지문 그째
　　　　는 구당이 면당으로 올으게 될 게 아니웨까. 인제 두구 보시우 제
　　　　놈의 벼랑을 공원을 맨들구서 이 동네가 당거리가 듸는 걸 내 눈으
　　　　루 보구야 죽갓쉐다.
李주사　아무러나 우리 승조놈은 병덩으로 보내디 못하갓네. 그게 업스문 집안
　　　　일이 걱정이야.
區　長　시험에 쩌러디문 그야 할 수 업는 일이디만 한 번 보낸다구 그래 놋쿠
　　　　야 안 보는 수가 잇소. 나무 쩍는 허가는 으레이 나올 게구 그허게 되
　　　　문 동네는 커 갈게요. 커가는 동네서는 지원병이 나구……. 그째두 저
　　　　놈의 벼랑에서는 여우가 울갓쉣가. 생각해 보소. 리 주사네 쎗목이 이
　　　　강으루 줄기차게 □□을 싯구 흘으는 밤에도 잡귀신이 울갓쉐까.
李주사　(□□□ 생각에 잠긴다)
東　植　(물통을 들고 우물로 간다)
區　長　이 사람 동식이!
東　植　네? (區長에게로 온다)
區　長　자네두 인젠 우리 학송리ㅅ사람이야. 어서 거무게두 하구……. 쏘 인제
　　　　부터는 우리 동회회비두 내야 갓네. 동네는 작구 커가네 인제 잠간 백
　　　　집 되구 백집이 천집 되구……. 그째는 천집짜리 동회가 될 게구 그허
　　　　게 되문 동회에서 학교를 못 세우갓나 하하…….
東　植　회비는 얼마나 되나유?
區　長　응응 一年에 二 원이야. 특별한 일이 잇을 째는 짜루 쏘 내는 일두

잇디만…….

東　植　지금은 돈 가진 게 업는디유.

區　長　아니 그 돈은 다 어디 캣나. 삭일해서 모하둔 돈이 한 삼백 냥 된다
구 그러디 안핫나.

東　植　그 돈은 이 집 언년이 주엇시유. 어디 멀리루 쩌난다구 그러면서 이
집을 아주 사라구 그러게 그만 주구 말앗시유.

區　長　언년이가 어디루 가다니? 이액기 업디 잇나. 에 언년아! 언년아! (房門
을 연다)

焉　年　(겁에 질려서 나온다)

區　長　너 가기는 어디루 간다구 그허니 응?

焉　年　(주저하다가) 평양으루 갈래요.

區　長　평양으루 가다니?

焉　年　평양으로 가서 공당에 댕길래요.

區　長　원 이런 정신 나간 년이 잇나. 네가 무슨 공당엘 댕긴단 말인가.

李주사　마음대루 하라구 그러과네 거레. 그 애라구 공당에 못 댕기갓나.

區　長　그래 너 이 사람한테 바든 돈은 어디캣니?

焉　年　(얼골이 파라케 질린다)

區　長　돈은 어디캐서? 응? 돈을 내놔라.

焉　年　…….

區　長　왜 말이 업니 돈을 내노으래는데…….

焉　年　(몸둘 곳을 몰라 한다)

區　長　정신업는 소리디 너 혼자서야 평양을 어디캐 간다구 그허니 네가 정말
죽을 총구라두 든 게로구나.

焉　年　…….

區　長　입이 붓텃니? 어서 돈을 내놔라.

焉　年　(몹시 괴로운데서) 돈을 누구 쮜 주어서요.

區　長　누구한테 쮜엣단 말이가. 그 돈을…….

焉　年　저 대원이가 비료 사러 간대는데요.

區　長　대원일 쮜에줘서?

焉　年　에 예에-.

區　長　원 새망32)업는 년 가트니……. 그 녀석을 쮜 주문 언제 밧갓다구 쮜
준단 말인가.

---

32) 경솔하고 얄밉게 구는 것.

焉 年　(그만 엇쩔 줄을 몰으고 설레인다)
區 長　그래 비료는 언제 사러 간다구 그러든?
李주사　시방 간다구 그허문서 동네루 들어갓네.
區 長　그럼 내가 얼는 짜라가서 그 녀석을 잡아야갓군. 이거 원 큰일 안인가.
　　　　（急히 退場）
焉 年　(區長을 막지 못하는 마음이 더욱 괴롭다)
李주사　아―니 평양 간대문서 그 녀석한테 돈은 왜 꿰줫니?
焉 年　…….
李주사　너 정말 그 녀석을 꿰 주긴 햇니?
焉 年　(그만 울어 버리고 만다)
李주사　울긴 왜 우니? 너 돈 내놋키 실허서 핑계를 댄 게로구나.
焉 年　(그대로 늣겨 울 쑌)
金 氏　(김이피는 門을 열고 나온다) 리 주사 어른 나오셋시유.
李주사　예!
金 氏　예 동식아! 죽다 퍼 낯다. 혼백상을 모시두록 해야지 안것시여?
東 植　네! (우물로 가서 손을 씻고 土壇으로 온다)

　　　　어느새 舞臺는 어둠이 기여 들엇고 달빗이 휘영청 밝아온다.
　　　　이번에는 부엉이 소리가 잇싸금 밤을 알리운다.

金 氏　(그동안 죽床을 내다 놋는다문 하다가 焉年에게로 온다) 이 애 너이
　　　　화데 좀 주어 응? (焉年은 그대로 울 쑌임으로 방에서 화데를 내다가
　　　　불을 밝혀서 저이 房으로 들여놋는다)

　　　　東植은 魂魄床을 방 안으로 조심스러이 모시고 金氏도 죽床을 들고 들
　　　　어가고 해서는 명색쑌인 祭祀가 始作된다.

大 元　(急히 登場) 함락궁이 잇나. 나루 좀 건너 주게.
焉 年　(大元을 보자 자즈러지게 놀란다)
李주사　이 사람 대원이! 구당 만낫댓나?
大 元　못 봤는데요.
李주사　자네를 찾아들어 갓는데……. 자네가 언년이 돈 쑤엇나?
大 元　아 안이요.
李주사　그래두 언년이가 그러는데 자네 비료 사는데 쑤어 주엇다구…….
大 元　내가 언제 쑤엇다구 그럼네까. (우는 焉年에게로 간다) 언년이 너 악가

그 돈 나한테 쮀어 주엇니?

焉　年　…….

李主事　도시 어디케 된 영문인가? 영문이…….

大　元　나야 지웠든 돈 밧앗는데요.

李主事　언년이한테.

大　元　아―니요. (주저하다가) 승조한테 비료 살 돈 쮀줫대서요.

李主事　우리 승조가 돈은 무엇 할라구 쑨단 말인가. 집에 돈이 업서서 자네한
　　　　테 비료 살 돈을 쑨단 말인가.

大　元　…….

李主事　그래스문 언년이 돈은 어디케 됏나 응?

李主事　승조놈이 언년이 돈을 자네에게 주다니? 도시 이게 어디케 된 일인가.
　　　　(□□로 □□해서 焉年에게로 간다) 너 승조한테 돈을 왜 주엇니?

焉　年　(그대로 울 쑌)

李主事　(버럭 소리를 질은다) 돈은 왜 주어서? 말을 하렴으나.

焉　年　…….

그동안 東植은 床을 물리고 박그로 나왓고 大元이 눈짓을 해서는 兩人
나룻가로 내려간다―. 金氏도 祭祀가 끗나는 대로 床을 들고 정지로 들
어간다.

李主事　(쑤러지게 언년을 노려보다가) 너 우리 승조 하구 자주 만나누나 응?
　　　　바루 말해라.

焉　年　(더욱 늣겨 운다)

李主事　웬 이런 화냥년이 잇나. (밀어낸다) 이년 너 우리 동네서 뵈디 말구 어
　　　　디루 나가서 업서지구 말어라. 업서디구 말나우.

焉　年　(밀리우는 데로 울 쑌)

李主事　제 애미 애비두 화냥질을 해서는 동네를 어즈럽피드니……. 이 쌍년
　　　　네 년이 쏘 화냥질이로구나.

焉　年　…….

李主事　동네가 북그럽다. 어듸루 업서데라. 업서디라우. (째리드시 밀어낸다)

焉　年　(그만 쓸어지며 더욱 늣겨 운다)

李主事　뒤ㅅ벼랑에서 쏘 여우가 울갓다. 어서 이 동네서 나가거라! 나가! (이
　　　　번에는 발길로 차고 밀어내고 한다)

金　氏　(나와서 말린다) 이게 웬일이유 李 주사 어른. 성나는 일이 잇드라두

참으시유.

李主事 (기가 차서 턱이 덜덜 떨린다) 원 저런 쌍년이 세상에 어디 잇갓소. 저이 부모ㅅ쩍부팀 화냥질이 웨다가레. (焉年을 쏘 밀어낸다) 업서디라우에 업서디라우. 이거야 동네가 북그러워서 살갓니.

金 氏 (언년을 말려서 쓰집어 일으킨다) 잘못했다구 그러렴으나. 어른 압헤서 이게 무슨 쏠이여.

李主事 아주마니 더 말일 게 업쉐다. 저런 여우 가튼 년을 두엇다는 이 동네를 배리구 말갓쉐다. (쏘 대들려고 한다)

金 氏 아직 철이 안 들어 그러지유 성난대루 참으시유. (간신히 말려낸다)

李主事 아니 더 성나서 하는 말인 안이쉐다. 아주만네두 어서 단 데루 가서 살 도릴 찻두록 하소. 이놈의 집터를 업시해야디요. 이래서야 동네가 어즈러워서 살갓소. (焉年에게) 너두 짠 생각 말구 어서 이 동네를 쩌나두록 해라. 너이 홋에미처럼 쏘 동네가 다 일어나서 몰아내기 전에 어서 곱게 네 발루 업어디구 말아라.

承 祚 (살며시 登場해서 바주 안을 살피다가 그 父親을 보자 질겁을 해서 退場할려고 한다)

李主事 애 승조야! (짜라 나가서 承祚의 뒷덜미를 대ㅅ씀 잡아 씰며 째린다) 이 개갓튼 자식! 밥을 처먹구는 할 짓이 그리케두 업든? (안이 닳아서 함뛰여 내린다) 글세 계집이 업서서 저짜위하구 얼려서 그런단 말인가 이 못난 색기야!

承 祚 (父親을 피해서 물러선다)

李主事 네가 쏘 총각귀신인가 한 걸 잡누라구 그허니. (잡아 흔들고 째리구 한다) 예 이 미욱한 색기야! 네가 뭔정 죽을 총구가 즐엇구나. 죽을 총구가 들어서.

金 氏 (엇절 줄을 몰으고 섯다가 그만 정지로 內退)

李主事 너 언년이년한테서 돈 삼백 량은 분명이 밧닷니?

承 祚 …….

李主事 여러 말할 거 업다. (지갑에서 돈을 세여 준다) 네 손으루 갓다 주어라.

承 祚 (그대로 머뭇거리고 섯을 뿐)

李主事 썩 갓다주디 못하니갓. (돈을 쥐여준다) 집에서는 선보러 온다구 야단인데 네 색기는 저런 화냥년하구 쪽 몬저러서 댕게? 내가 정말 우리 가문을 망칠라구 마음을 먹엇구나.

承 祚 누가 당가 가갓뎁데까.

李주사 에이자식! 말대답이 무슨 버릇이가. (또 달려들어서 갈긴다) 갓다 주래문 갓다주라 무슨 여러 말이가.

承 祚 …….

李주사 상게 못 갓다 주갓니. 이 애비가 죽는 꼴을 볼라구 드는 게로구나. 죽는 꼴을 눈 압에서 볼래는 게야.

承 祚 …….

李주사 정말 못 갓다 주갓니 응? 필시 네 애비가 죽는 꼴을 봐야 되갓네. (□□□□쓰고 대든다) 쥑에라 □□□□. (그만 기운이 부처서 쓰러진다 입에는 거품을 물고 죽는 시늉이 된다)

承 祚 아바지! (기급을 해서 끄집어 일으켜다 土壇에 안지운다) 아바지! 정신 채리라우요.

李주사 (숨이 갓버서) 어서 갓다 줘라. 정말 가문이 붓그럽다.

承 祚 (□□이 焉年에게로 간다) 언년아! 돈 바다라. (돈을 쥐여준다) 돈 바드라우.

東植 올라오다 말고 이 便을 바라보고 섯다.

焉 年 (벌덕 일어나며) 누가 돈 달래든 돈 달래. (돈을 뿌려 버린다)

李주사 (허둥지둥 焉年에게로 오며) 얘 이 쌍 여우 갓은 년 새망스럽다. 썩 내 눈 압헤서 업어데라. 업서디라우.

焉 年 (그만 더 크게 울며 뒷문으로 달려나간다)

承 祚 언년아! (따라 나갈려고 한다)

東 植 (수상스러워서 뒷門으로 달려나간다)

李주사 (따라가는 승조를 붓잡는다) 어될 갈라구 이래 어서 집으루 가자. (잡아 끈다)

承 祚 (뿌리치며) 아바지! 난 당가 안가요.

李주사 (기가 차서 이번에는 아들에게로 대든다) 이 애비를 쥑여라. 이 늙은 걸 쥑이라우.

承 祚 차라리 병딩으루라두 보내 주소. 총을 들구 나가서 가슴이 터지두록 싸우게래두 해 달라우요.

李주사 얘 이 색기야! 네가 그여이 이놈의 나룻귀신이 될 차비를 햇구나. 나룻귀신이 될 차비를 해서-. (아들에게 쓸어지다 십히된다)

區 長 (□□을 밧고 登場) 언년아! 언년아! 언년이는 어디 잇쉐까?

李主事　(區長에게 대들드시) 언년인디 그 여우 가튼년은 찾저서 무엇할내나.
　　　이 동네서 썩 내쫓구 말게 내쫓구 말라우.

區　長　아-니 무슨 일이 잇엇쉐까?

李主事　도시 자네가 구당이 돼서 동네ㅅ일을 바루 본 게 무언가.

區　長　난 도무디 무슨 영문인 줄 몰으갓쉐다. 기레 언년이가 쏘 무얼 잘못햇
　　　쉐까.

李主事　저 자식놈을 좀 보게-. 에이구 가슴이야. 원 이런 답답할 데가 어디 잇
　　　담. (□□□　□□□□)

區　長　승조야! 모두다 어떠케 된 영문이가 언년이는 어디루 갓니?

承　祚　(머뭇거리다가) 뒷길루 달려나가서요.

區　長　머? 그럼 베랑으루 나가디 안앗니?

李主事　(失神된 것처럼 허우적거리며) 자네는 내 말이래문 극성을 하구 반대
　　　를 하는 사람이야. 쏘 생주검을 하구- 여우가 울-고 여우 갓흔 년이 쏘
　　　강에서 울갓구나.

區　長　승조야 어디캐 된 일인가. 언년이가 왜 벼랑으루 나갓니? (承祚를 잡
　　　아 흔든다)

承　祚　…….

　　　벼랑 턱에서인 듯 여우가 우는 소리 들려온다.

金　氏　(정짓門이 발각 열리며 황망이 나온다) 언년이가 벼랑으루 나가지 안
　　　헛서유?

一　同　예? (영문을 몰라하는 데서 몰려든다)

金　氏　벼랑 쪽에서 무슨 소리가 들리지 안헛시유? 정녕 여우가 청승을 쩌는
　　　소리가 나유.

　　　一同 귀를 기울인다.
　　　여우 소리 쏘 들려온다.

李主事　불. 불이 어디 잇소. 불 불!

金　氏　여기 잇시유. (방 안에서 화데ㅅ불을 내 놋는다)

李主事　승조야! 넌 어서 방 안으루 들어가거라. 이러다는 이놈의 동네가 망하
　　　구 말을래나 부다.

　　　거듭 여우의 청승마즌 소리.

承祚　(急히 뒷門으로 달려나간다)
李주사　승조야! 승조야! (허겁지겁 쌀안 나간다)
區　長　(짜라가 붓잡는다) 언년이가 왜 벼랑으루 나갓쉐까?
李주사　우리 승조놈이 언년이년을 찾아갓구나. (엇쩔 바를 몰으고 설레인다)
　　　　고 여우 갓흔 년 언년이년이 종내 우리 승조놈을 끌어가구 말앗구나.
區　長　(金氏에게) 언년이가 왜 벼랑턱으루 나갓는디 아주마니두 몰읍네까?
金　氏　몰라유. 우리 동식이두 나갓나 봐유.
區　長　동식이가 나갓서요?

　　　여우 소리가 쏘 들려온다.

區　長　분명이 벼랑턱이디요? (급히 달려나간다)
金　氏　(뒷門으로 달려가며 박글 살핀다)
李주사　저거 보게 쏘 들리네. 쏘 들려 여우란놈이 쏘 청승을 쪄는구나. 저
　　　　거…… . 저거…… . (허위적거리며 金氏에게로 간다) 우리 승조는 상게두
　　　　오는 게 뵈지 안디요? 저놈의 벼랑에서 그릇된 잡귀들이 넉두일겨러
　　　　통곡을 하문…… . 발광이가 물짜라 흘으든 밤에두 저놈의 곡소리가 두
　　　　이두 오늘밤처럼 영물스럽드니…… .
金　氏　리 주사! 쓸데업는 생각 말구 마음을 단단이 먹으시우.

　　　화뎃불이 바람에 펄럭거리다가 그만 쩌지고 만다.

李주사　불 불은 왜 씁네까. 어서 불을 밝히시우 불…… . 불…… .
金　氏　(초조해서 불을 밝힌다)
李주사　(불가으로 막어든다) 우리 동네는 이놈의 나룻터에서 망해 망하디.

　　　사이.
　　　區長 燈을 밝히고 東植 물에 저저서 물이 흘으는 焉年을 안고 登場- 뒤
　　　짜라서 承祚 신짝을 들고 들어온다.

金　氏　(그들을 마즈며) 언년이가 이게 웬일인기여? (여럿이 부축해서 焉年을
　　　　土壇으로 누인다. 區長이 배를 풀어 준다든 金氏가 수건을 가져가
　　　　몸을 짝거 준다 황망이 설레인다)
區　長　물을 만히 먹엇구나. 언년아! 언년아! (배를 쓸어주고 잡아 흔들고
　　　　한다)
李주사　(이윽고 □□된 感情에서 헤염처나며) 죽디는 안 핫나?

166

東　植　네! 맛츰 벼랑으루 올으질안쿠 물루 기여 들어갓시유. 그냥 나오지 안
　　　　는다구 발버둥치는 걸 각가수로 건저냇시유.
李주사　(區長의 燈을 밧아들고 잇는 承祚의 팔을 추켜 준다) 승조야! 등불을
　　　　놉히 밝혀라. 하마 죽디는 안핫구나. 불을 썩 놉히 밝혀라.
區　長　언년아! 언년아! (焉年을 흔든다)

　　　　一同이 □□한대로 幕.

第 二 場

그 잇튼날 午前-. 前場과 가튼 舞臺는 이번에는 □□한 陽光을 합썩
밧앗다.
山새들도 明朗하게 조잘거리고-.

焉　年　(우물가에서 물동이들 니고 정지로 온다 정지로 들어갈려고 하나 널쪽
　　　　으로 막은 것 째문에 들어갈 수 업서 쩔쩔 매고 섯다)
東　植　(뒷쓸에서 나오다가 이쪽을 보고는 빙그레 웃으며서 焉年에게로 온다)
　　　　이것 째문에 니구는 못 들어가것수. 내 들구 들어가지유. (물동이를 바
　　　　더 들고 정지로 들어간다)
焉　年　(사뭇 북그러우며서 널쪽 찌운 것을 흔들어 본다든 엇쩔 줄을 몰은다)
東　植　(정지에서 나온다) 너무 이 편으루 닥아섯시유. 족곰만 더 물러내 새울
　　　　가유?
焉　年　그까짓 쩨 버리구 말자우요.
東　植　아주 쩨유?
焉　年　(얼골이 홍당무가 돼서) 예!
東　植　그럼 쩨 버리구 맙시다. (맛치를 들고와서 쓰더낸다) 모다구통은 어디
　　　　잇수. 바주를 막으야지. 왼통 넘어지구 썩어서 어디 사람 사는 집갓수.
焉　年　(房 안에서 못 통을 내다가 土壇에 놋는다) 여기 잇서요.
東　植　네-. 거기 놔 두. (맛치질을 계속하면서) 올 가을에는 니엉33)두 새루
　　　　해 넙구 바주두 새놈으루 갈라 세우두록 해야 것시유.

---

33) 이엉. 초가집의 지붕이나 담을 이기 위하여 엮은 짚.

焉　年　예! 집을 오래 비어 두어서 왼통 업어서요.

東　植　이럭저럭 쑤리문 쏘 새 집이 되지유. 집은 손질 할 탓에 달랫다우.

焉　年　나두 그럼 무슨 일을 식여 달라우요. 집 쑤리는 거야 남덩네들이나 하
　　　　는 일인 걸 나는 손을 도웁디두 못하디 안갓소.

東　植　내 혼자하지유. 그까짓 것 무얼 손드는 게 잇것수.

焉　年　그럼 난 짠대라두 할래요. 오래비 바디랑 저고리랑 다 품어서 바누질
　　　　두 하구-.

東　植　焉年이는 배두 잘 젓는다지유? (돌아본다)

焉　年　(□어지는 얼골을 다소고□□)

東　植　언년이가 나루를 건네면 난 나가서 □대를 파지유.

焉　年　어려서 아바지가 잇을 쌔두 늘상 내가 나루를 건네서요.

東　植　네에! 옛날 용궁에 가는 데두 선녀처럼 아주 입분 각시들이 노를 저엇
　　　　드래유 하니……. (이야기에 팔럇다가 맛치에 손가락이 찍히운다)

焉　年　에이구머니나! 몹시 다첫서요. (□□□□ □□□□ 막어선다) 저런 피
　　　　가 나누만요. (土壇에 노힌 수건을 쌔서 손을 매준다) 제가 새망 업는
　　　　짓을 해서……. 몹시 다첫구만요.

東　植　아-니 팬찬수.

소　리　여보! 나루 좀 건네주시오!

東　植　네! (쓰더낸 널판을 바주로 갓다노코 나루로 내려간다)

金　氏　(풋무며 배추 等 김치ㅅ거리를 바구니가 넘치게 담아들고 登場)

焉　年　에-이구 만히두 어더오누만요. (나가 맛는다)

金　氏　어디 오기만 하면 멀 허니. 그릇이 잇서야 담거 먹지.

焉　年　우리 단디기 쓰라우요. (얼는 단지기를 옮겨다 준다)

金　氏　아무허나 고맙구메. 그럼 너야 한 입인 걸 우리 김치 논아 먹자구.

焉　年　그러카문 되나요. 우리두 담글래요.

金　氏　안될 게 머여. 너 혼자서는 담글 나위두 업갓구나.

焉　年　그럼 제가 싯처서 담그디요. 오만닌 들어가서 짠 일이나 보라우요.

金　氏　그럼 그래여. 정지에 잇는 함지를 가지구 나가서 씻츠지.

焉　年　예! (정지에서 함지박을 들고 나온다) 우리두 오는 봄에는 뒤ㅅ 쓸안
　　　　나루새테다 만히 심그자우요. 쌍이 질어서 숫태 잘된다우.

金　氏　그래여 나루새터 사뭇 넓기두 하두메.

焉　年　하구 쏘 바줏길에랑 지붕에랑 박넝쿨 호박 넝쿨이 철철 감쳐서 무성하
　　　　두록 심으자우요. 올에는 바주ㅅ길두 집웅두 민민하기만 하니깐 숫태

168

서운해요.

金　氏　그래여 만히 심어 焉年이 넌 성미가 여간 차근 차근스러워서 살림살이
　　　에는 제법 한을 드려대것드라. 호호…….

焉　年　아이! 오마니두 별말쑴을 다하시네. (짐짓 수집어서 우물가로 건너가며
　　　김칫거리를 씻기 始作한다)

金　氏　(焉年을 바라보는 마음이 즐거우며서 內退)

　　　行人이 압서 지나가고 東植 登場.

東　植　(焉年에게로 가서 돈을 내준다) 쏘 닷 돈 벌엇수. 자 너허두시유.

焉　年　안히야요. 오래비게 너허 두라우요.

東　植　어서 너허 두시우. 焉年이가 이집 주인이 안히유 허허…….

焉　年　아이 망틐스리두 변나게는 그허시네. 그러디 말구 어서 오래비게 너허
　　　두라구요.

東　植　그럼 내게 너허 둡시다. (돈을 너흐며 방안으로 건너온다)

焉　年　(급작스레 생각난 듯 치맛자락에다 손을 딲그며 제방으로 건너와서 돈
　　　을 내다 東植에게 준다) 이 돈 오래비게 너허두라우요. 어제 오래비가
　　　주엇든 집갑 삼백 량…….

東　植　이 돈을 날주면 어쩌케 하게유?

焉　年　계집애가 돈 쓸 데 잇나요 오래비게 너허두라우요.

東　植　그럼 집은 안 팔겟다는 사정인기여? 허허…….

焉　年　몰라요! (우물가로 달너간다)

東　植　(그냥 웃고 섯다가 □□□ 들어간다)

　　　사이.

承　祚　□□□□ □□□□ □□□□.

焉　年　□□□□ □□□□ □□□□.

承　祚　□□□□ □□□□ □□□□.

焉　年　…….

承　祚　焉年이 너 나 만히 원망할 줄두 안다. 내가 못된 놈이다.

焉　年　시방 쩌나니?

承　祚　응응. (머뭇거리고 섯다가) 그럼 잘 잇스라우.

焉　年　(짜라서며) 넌 종래 병덩으루 가구야마누나.

承　祚　보통학교 단길 째부텀 병덩 노리에는 내가 대장이 안인가 하하…….

그럼 잘 잇스라우. (이便으로 건너온다)

焉　年　　잘 가라우. (얼골이 흐리여진다)

承　祚　　(사립문 안을 기웃거리며) 나루 건네 주시오.

東　植　　(뒷뜰에서 나온다) 병덩으루 가게 됐시유?

承　祚　　예! 여러분 덕분에 지금 써나는 길입니다.

東　植　　네에! 참 반갑구만유. 그럼 어서 내려갑시다. 내가 병덩 어른의 나룰
　　　　　　다 건네 보게 됐구만유. 하하…….

承　祚　　어제ㅅ밤엔 참 미안햇습니다. 정말 북그러운 일입니다.

東　植　　어-이구 별 말슴을 다 하시는 기유. 그까짓 일은 훗닥 이저버리구 말
　　　　　　아유. (兩人 退場)

　　　　　區長 李 주사 國旗들은 대원 等은 광명된 국민을 써들며서 登場.

區　長　　(여럿을 □해서 演說調로) 리승조 군이 지원병으로 가게 된 것은 우리
　　　　　　동네서는 다시 업는 영광으루 생각합네다. 어 그허면 리 주사하구 나
　　　　　　하구는 읍네까지 가치 가갓디만 여러분은 일두 밧브구 하니까 이 나
　　　　　　룻가에서 리군을 작별해 주십시오. 어 작별할 째는 어제 말한대루 리
　　　　　　군의 압길을 축복하는 의미에서 손을 놉히 들어서 리승조 군 반쟈-이
　　　　　　를 힘껏 불러 주십시오.

洞民들　예에! (제각기 흐트러저서 더러는 방안을 기웃거린다든 야단법석이며
　　　　　　서 連次로 退場한다)

洞　民　　(쓸 안을 向해서 고함친다) 함락궁이 나루 건너게-.

洞　民　　(쓸 안을 기웃거리며) 이놈의 함락궁이 색기가 대담이 업슬 쌘 간밤에
　　　　　　그 색시 귀신한테 당가를 든 게로구나 흐흐…….

洞　民　　함락궁이 죽엇나? 함락궁이 나루 건너게.

金　氏　　(정지에서 나온다) 우리 동식이는 금시 박그루 나갓는디유.

區　長　　(짜라 드러오며) 이 사람들아! 동식이라구 불으래는데두 쏘 함락궁
　　　　　　이야?

洞　民　　(나룻터로 기웃거리다가 쓸안 便으로 고함친다) 여보게-. 함락궁이는
　　　　　　발서 나룻터에 내려와 잇네. (退場)

　　　　　쓸 안에서 어른거리고 섯는 洞民들 그만 나룻터로 허드적거리며 달아나
　　　　　버린다.

李주사　여보게. (區長에게로 간다) 동네ㅅ사람들두 읍네까지 가치 가기루 하디

자네는 무슨 일을 그리케 하나?

區　長　시방 한창부퍼서 모내는 때 밧분게 읍네까지 갈 필요가 업디요. 아주
　　　　지원병으루 가는 것두 안히구 시험을 보러 가는 길이니까 나룻터에서
　　　　작별하는 게 좋겟습니다.

李주사　이 사람 □□□ □□□는 내 마음이 돼 보게. 제 자식을 보내는 마음
　　　　은 노상 여복디 안은 일이야.

區　長　리 주사의 마음을 잘 압네다. 동네 사람들두 다 가티 마음으루 축하하
　　　　디요. 이건 머 동네가 쏠어나서 쩌들석거려야 축하가 되나요.

李주사　(역정을 내서) 그만두게 그만두어. 자네야 내가 콩이래문 팟이라구 우
　　　　겨대구야마는 성미인 걸……. 자네는 내가 하는 말이래문 기를 쓰구
　　　　대들어서 반대를 하구야 마네거레.

소　리　어서 내려오시오!

區　長　그래 내가 리 주사하구 조상쩍부텀 무슨 원수가 잇단 말이요. 그게 무
　　　　슨 앙가푸리요.

李주사　그럼 왜 내 말이래문 기를 쓰구 대들기만 하나. (兩人 쩌들며서 退場)

焉　年　(나루ㅅ便으로 가면서 이윽이 바라본다)

金　氏　예! (언년의 엽흐로 온다) 리 주사네 젊은이가 종내 병뎡으루 나가구
　　　　마는 구레.

焉　年　예! (그냥 나루ㅅ便을 살피기 餘念이 업다)

金　氏　(짐짓 焉年의 마음을 헤아려서 정지로 몸을 피해 준다)

　　　　나루쪄에서는 "리승조군 반자-이"를 三唱하면서 더욱 크게 쩌드는 소
　　　　리 들려온다.
　　　　사이.
　　　　젊은 行人 나루에서 올라오며 우물ㅅ가로 온다.

젊은行人　물으 좀 어더먹읍세.

焉　年　(그제서야 황망이 우물ㅅ가로오며 박에다 물을 쩌 준다)

젊은行人　(바더서 단숨에 벌컥벌컥 마시고는 박을 내준다) 실루 고맙슴메.

焉　年　(고개를 다소곳해서 바가지를 밧는다)

젊은行人　그런데 말으 쫌 물어 봅세. 함경도라서 청진을 올라면 어쓴 길루 가
　　　　면 조켓슴메?

焉　年　함경도 청진이요?

젊은行人　여!

焉　年　(잠간 생각해 보다가 □□便을 가르키며) 이 동네를 지나가서 山모퉁이루 돌아가다가 다리가 잇서요. 그 다리 넘어서서는 한 삼십 리 곳당 가문 큰 신작로가 되는데 그 신작로 가문 서울두 되구 아무 데나 갈 수 잇대요.

젊은行人　여! 과연 고맙슴메. (마을로 들어간다)

焉　年　(이저 버리고 가는 行人 집팽이를 얼른 들어다 준다) 이 집팽이…….

젊은行人　아 고맙슴메. (밧는다)

焉　年　(머뭇거리다가) 그리캐 먼 데를 걸어서 가요?

젊은行人　여- 타관에 돈으 벌러 왔다가 그만 몸에 타서 병이 생겨서 할 수 업시 걸어서 집으루 가는 길임메.

焉　年　예에-.

　　　　젊은 行人 □□로 사라진다.

焉　年　(行人이 사라지는 便을 바라본다든 쩌드는 소리가 요란스러워지는 대로 나룻가로도 가서 살핀다든 사뭇 어즈럽다가 그만 우물가로 가서는 함지에 물이 넘처 흘으는지도 모래게 박으로 물을 퍼내기를 퉁명스레 되푸리 하는데 짐짓 눈물이 괴여 올는다)

　　　　나룻가에서 쩌드는 소리가 들리는 그대로 □□ □□□□□□ □□ □□□.
　　　　幕.

牽牛織女

▷ 서지사항 : 9경, 《춘추》 1942년 8월호
▷ 공연사항 : 콜럼비아 악극단, 서항석 연출, 부민관, 1941. 8. 28.~
▷ 특기사항 : 1942년 12월 라미라(콜럼비아 악극단 개칭) 재공연,
　　　　　　 1944년 11월 반도가극단 재공연,
　　　　　　 1945년 3월과 7월 재공연

第 1 部

地 上 篇

登場者

牽　牛 (大地의 아들)
織　女 (天上仙女)
소
사　슴
선녀들 (織女 外의 七仙女)
아이甲乙 (견우, 직녀의 아들)
포　수
樵　夫
採藥童 (男女)
金剛精靈들 (男女)
金剛妖怪들 (男女)
나비들
時間의 날개

時

歷史에 없는 어느 해와 그 十年 後.

所

金剛山.

序景

序曲이 끗나자 幕이 오르면 여름밤 중, 으스름컴컴한 중에 푸른 불 붉은 불이 켜졌다 꺼졌다 하고 바람 소리 물 소리 가갈 소리 요란스럽다. 照明에 인도되어 마귀(머리에 뿔이 났다) 요술할멈(바위 밑에서 痲藥을 끓이고 있다) 自枯松(기지게를 켜고 나온다) 독개비[1] 九尾狐가 차례차례 무대에 表形된다. 一同 노래 부른다.

---

1) 도깨비.

174

1. 金剛패담2)歌 其一 (民謠風) (幕後混聲합창)

마귀頭目, 自枯松, 독개비, 요술할멈, 九尾狐.
一, 첫째라 건방진 놈 (마귀)
　　하늘 솟은 毘盧峰 (〃)
　　각설이라 붐붐 (一同)
　　엥-여라 쿵쿵 (幕后)
二, 둘째라 괘씸한 놈
　　判官쟁이 明鏡台
　　각설이라 붐붐
　　엥-여라 쿵쿵
三, 셋째라 소란한 놈
　　갈래갈래 萬爆洞
　　각설이라 붐붐
　　엥-여라 쿵쿵
四, 넷째라 꼴不見은
　　千態萬態 萬物草
　　각설이라 붐붐
　　엥-여라 쿵쿵

一 同　하하하하. (허허 흐흐 히히 各各 性格따라 이렇게 웃는다)
마 귀　캄캄 밤중은 우리 世上이야. 金강산인지 銀강산인지 한바탕 욕을 해대
　　　구나니 속이 시언한 걸.
一 同　하하하하. (허허 흐흐 히히)
마 귀　허지만 욕만 해서야 소용있나. 비로峰이구 萬物相이구 다 대패질해 버
　　　리지.
自枯松　거 좋지 거기다 내 이름 좀 새길까 부다.
마 귀　치어 그건 사람이란 것들의 잣다른 수작이야.
九尾狐　아이 난 八仙女 꼴보기 싫여서 八潭을 메이구 싶어.
요 술　쓸데없는 짓들 말어요.
독개비　여보 대장 이렇게 느려 붙이다가는 날이 새겠오.
요 술　아이구 새벽 종소리엔 질겁이다!
마 귀　그럼 마구 주서 섬길까.
一 同　그러지 그래.

---

2) 패담 : 사리에 어긋나게 하는 말.

2. 金剛패담歌 其二 (덕담風) (幕後合唱)

仝上3)

日出峰의 月出峰에, 地藏岩에 兜率庵에 (마귀) (一同 반복)
白雲台에 望軍台에 百塔洞에 千佛洞에 (요술) (一同 반복)
黃蛇窟에 黑蛇窟에, 火龍潭에 靑龍潭에 (自枯松) (一同 반복)
長安寺에 神溪寺에, 金剛門에 地獄門에 (九尾狐) (一同 반복)
太子城에 衆香城에 迎仙橋에 訪仙橋에 (독개비) (一同 반복)
우당투탕 부서 볼까 우당투탕 부서 볼까.
왈그락 뚝-딱 달그락 뚝-딱. (一同)
우루루루루루루루루루루루루. (幕后)

一 同　하하하하. (허허 호호 히히)
自枯松　입심만 부려도 신이 나는 걸.
九尾狐　너무 패담하다가 金剛精靈이 들으면 어쩌우.
독개비　들으면 어때? 그까짓 것들.
요 술　괘니 입심들만 부리지 말구 재미나는 노래나 부르면서 놀아요.
마 귀　무슨 노래를 부를까. 물 소리를 을퍼 볼가.
自枯松　바람 소리가 좋아.
요 술　물 소리 바람 소리를 겹쳐 보지.
一 同　그러지 그래.

3. 風聲水聲歌 (째즈風) (幕後合唱)

仝上.

봉오리에 부디쳐. (一同, 幕后)
바람 소리 으르렁 으르렁. (마귀)
(독)탕탕탕 (松)퉁퉁퉁.
(狐) 흐로록 흐로록 흐로록.
(婆) 후루룩 후루룩 후루룩.
아하하 이히히 오호호 우후후 이히히. (一同, 幕后)
절벽에서 떨어져 (一同, 幕后)
물 소리는 출-렁 출-렁. (마귀)
(독) 콸콸콸(松) 찰찰찰.
(狐) 도리졸졸 도리졸졸 도리졸졸. (幕后, 繼續再唱)

---

3) 노래를 부르는 마귀頭目, 自枯松, 독개비, 요술할멈, 九尾狐 등을 의미.

176

(婆) 잘잘잘잘 잘잘잘잘 잘잘잘잘..
아하하(마) 어허허(독) 으흐흐(松) 오호호 오호호 오호호 오호호 오호호
(狐) 이히히 이히히 이히히 이히히 이히히. (婆) (幕后)

(노래 끝나자 새벽 종소리 한 번 뻥- 요괴들이 갑작이 풀이 죽어서 머
리를 숙인다 두 번 땡- 허리가 굽으러진다 세 번째 땡- 아주 땅바닥에
엎드려 녹으러진다)
(먼동이 트기 시작하면서 멀리 金剛精靈들의 合唱曲이 들린다 요괴들
은 合唱 소리가 가까워짐을 따라 기기 시작하야 그 序曲이 끝나자 자
최를 감춘다 金剛精靈들이 춤추며 登場하야 노래한다)

金剛禮讚歌. (名曲風) (幕後合唱)
金剛男精靈 四五人, 女精靈 四五人 混聲合唱.

A. 序 曲 (混聲合唱)

우리는 金剛山. (소프래노) (우리는 金剛山 우리는 金剛山) (三部)
거룩한 金剛山. (소프래노) (거룩한 金剛山 거룩한 金剛山) (三部) (幕
后) 右와 同一.

B. 本 曲 (男聲獨唱, 女聲獨唱, 混聲合唱)

太極이 조판4)하니 하늘과 땅이로다.
造花가 現世하니 그 이름 金剛이라. (男聲獨唱)
天下의 絶勝5) 우리네 金剛. (金剛山 金剛山 金剛山)
萬古의 絶勝 우리네 사랑. (金剛山 金剛山 金剛山) (混聲)
三神山 여기로세 秦始皇 찾든 仙境.
東海를 거울삼아 솟으니 萬二千峰. (女聲獨唱)
後念6).
바위요 물이로다 물우에 구름이라.
솔바람 뭇새 소리 저절로 풍악인 듯. (男聲獨唱)
後念.
壯嚴도 하올시고 千變에 萬化로다.
神韻에 靈氣조차 그대로 그림인저. (女聲獨唱)
後念.

---

4) 조판(肇判) 처음 쪼개어 갈라짐. 또는 그렇게 가름.
5) 절승(絶勝) : 경치가 비할 데 없이 빼어나게 좋음. 또는 그 경치.
6) 天下의 絶勝 우리네 金剛 (金剛山 金剛山 金剛山).
萬古의 絶勝 우리네 사랑 (金剛山 金剛山 金剛山) (混聲).

C. 終 曲
(混聲合唱)

우리는 金剛山. (소프래노) (우리는 金剛山 우리는 金剛山) (三部)
거룩한 金剛山. (소프래노) (거룩한 金剛山 거룩한 金剛山) (삼부) (幕
后) 右와 同一.

(노래가 끝날 무렵 終曲의 餘響을 이어서 피리 소리가 들린다 그 피리
소리에 따라 精靈들이 退却한다)

第 二 景

金剛 入口.

序景과 같은 舞臺. 피리 소리가 그대로 게속하고 東편에 해가 불끈 숫
으면 牽牛가 소를 더리고 피리를 불면서 登場한다.

견 우　아침해는 언제 보아두 좋구나. 저 찬란한 광채를 봐라. 저 씩씩한 기상
　　　을 봐라.
소　　도련님은 젊으신 분이라 달르십니다.
견 우　나야 靑春 아니냐……. (四方을 돌아보며) 조선 땅은 어쩌면 이렇게 고
　　　우냐 참 좋구나.
소　　　그렇습니다. 견우 도련님이 大地의 아드님이시지만 조선땅 같이 고운
　　　땅은 아마 처음이실 겝니다.
견 우　그래 처음이야. 듣자하니 조선에서도 경치로는 관동이 으뜸이라지?
소　　　네, 그렇습니다. 관동 八景이라구.
견 우　八景이라니 무엇무엇이 八景이냐.

(소, 關東八景을 사설式으로 주서섬긴다)

關東八景.
江陵이라 鏡浦臺에 달마지도 좋사옵고.
襄陽이라 洛山寺에 풍경 소리 좋사옵고.
高城이라 三日浦는 네 神仙의 자최옵고 (예서부터는 노랫調로)

欲谷城中 侍中臺는 武藝닦든 자최옵고
三陟奇岩 五十川에 竹西樓가 제일이고
杆城고을 萬景湖에 淸澗亭이 제일이고
層巖怪石은 通川의 叢石亭이오.
靑松은 平海이 越松亭이오.
明沙十里는 鬱珍의 望洋亭이오.

견 우 여봐라 소.

소   네- 네.

견 우 八景이라드니 九景이니 웬일이냐.

소   네-네, 아-참, 네-네. (머리를 긁으면서) 저- 원체 名勝이 많은 데라
       한 개는 더음7)이올시다.

견 우 더음? 엑기놈 너무 헤푸구나. 하하하. 좋아.좋아 八景이면, 어떻구, 九
       景이면 어떠냐. 대관절 여기는 어디냐.

소   금강산이올시다. 참 좋은 뎁지오.

견 우 허- 귀에 젖도록 듣던 금강산이 바루 여기야. 그래 어디 어디에 무엇
       무엇이 제일 좋으냐.

소   네. 낱낱이 아뢸지오.

5. 金剛點考 其一 (短歌風)

소   男聲獨唱.

金剛 金剛 金剛山
구름 우에도 萬千峰
구름 밑에도 萬千峰
봉오리 疊疊 外金剛
골작이 重重 內金剛
바다에 點點 海金剛

견 우 참 좋다. 나도 여기서 살자꾸나. 머루랑 다래랑 먹구 새 소리 물 소리에
       피리나 불면서 한 세상을 살자꾸나.

소   그럼 지두 인제부터 도련님을 장창 모시게 될 게구. 참 좋겠습니다.

견 우 암 그렇지.

---

7) 덤.

(이때에 총소리가 먼 데서- 탕)

견　우　이게 무슨 소리야?

소　　　아마 포수가 산양8)을 하나 봅니다.

견　우　포수? 이 좋은 山川에 포수가 드나든다는 건 흠이다. 그건 그렇구 그
　　　　금강산 노래나 마저 해라.

소　　　네- 합지오.

6. 金剛點考 其二 (短歌風)

소　　　男聲獨唱.

　　　　玉女峰上의 天仙臺와.
　　　　寒霞溪谷의 三仙岩은.
　　　　萬物相의 奇觀이고.
　　　　하늘 날르는 飛鳳瀑.
　　　　떨어져 춤추는 舞鳳瀑은.
　　　　玉流洞中의 絶勝이라.

사　슴　(다리를 절룩거리면서 숨이 턱에 다 어서 들어온다 舞臺 中央에 쓸어
　　　　지며) 나 좀 감춰줘요.

소　　　이게 웬일이오.

사　슴　저기 포수가 쫓어와요. 얼른 감춰 주서요.

견　우　거 않됐구나. 이리 와서 숨어라. (바위 뒤에 감춰 준다)

포　수　(쏜살같이 뛰어 들어와서) 사슴 못 봤오.

소　　　사슴이오. 봤지오.

견　우　잡말 말어.

소　　　아니올시다. 본 건 봤다구 해야 합지오. (포수에게) 사슴을 봤어요. 모
　　　　가지가 길구 꽁지가 짧구 머리에 뿔이 이렇게 이렇게 야단스럽게 난
　　　　사슴을 봤지오. 바루 三角山에서 봤어요. 에헴-.

포　수　아, 누가 三角山에서 본 것 말인가. 금방 이리루 지나가는 걸 못 봤어?
　　　　뿔이 없어 암사슴이야.

소　　　예-에. 금방 여기서 봤느냐구요? 사슴이가 무슨 사슴입니까. 노루 새
　　　　끼두 못 봤는 걸요. 에헴-.

---

8) 사냥.

포　수　이놈의 말을 대중할 수가 있어야지. 맞기는 틀림없이 맞었는데. (하고 여기저기 두리번거리며 찾는다 사슴이 숨은 데로 가까이 간다)

견　우　(소리를 높여) 여보쇼. 못 봤다는 밖에 무얼 또 찾으시우. (포수를 노려본다. 포수 찾자고도 말자고도 못하고 주춤하고 있다)

소　　　아 저기 가는 게 사슴 아니우.

포　수　어디.

소　　　저기루 사슴이 같은 게 금방 지나갔어요. (포수 뛰여 나간다. 소는 그편을 한참 발도둠하고 내다보다가) 허허 놈 잘 간다.

견　우　하하하하. (소도 따라서 하하하하 웃는다)

소　　　인저 멀리 갔오. 어서 나오오.

견　우　어서 나오너라.

사　슴　(절룩거리며 나와서 견우에게) 고맙습니다. 이 은혜를 어떻게 갚소리까.

견　우　은혜가 무슨 은혜야. 하옇든 천행이다.

소　　　어- 그 다리에서 피가 나는군요. 저걸 어쩌나?

견　우　(주머니에서 무슨 약을 꺼내고 옷고름을 잘러서 소에게 주며) 이걸 발르구 싸매 줘라.

소　　　(싸매 주며) 오늘 포수에게 붙잽혔드라면 어떻할 번 했어. 어-참 상처가 이만하기가 다행이시지. 그런데 댁에 애기들이 몇이시죠?

사　슴　애기가 뭐에요. 전 아직 시집두 안 갔는 걸요.

소　　　헤헤헤 그러세요. 저도 늙었지만 여태 총각이랍니다.

사　슴　(부끄러워 얼굴을 돌린다)

견　우　하하하하.

소　　　(사슴에게) 도련님두 총각이시라 총각의 심정을 아시나 보우.

견　우　그 식둑걱둑한 소리 말어.

　　　　(소 싸매기를 다하자 사슴 일어서서 謝恩歌를 부른다)

7. 謝恩歌 (名曲風)

사　슴　女聲獨唱.

　　　　이 절을 받으소서.
　　　　죽는 목숨 살려 주심.
　　　　결초보은 하오리까.

이 절을 받으소서.
자비하신 어진 덕을.
영세불망 하오리다.

소   그 목소리 어떻거면 그렇게 좋으시우. 아─참 그놈의 포수 때문에 금강
        산 노래가 꽁지 빠진 잠자리가 되구 말었지. (사슴을 슬적 보면서) 자─
        굵직한 목소리루 한 번 뽑읍니다. 색씨두 들어 봅쇼.

8. 金剛點考　其三 (短歌風)

소   男聲獨唱.

        絕壁에 걸린 九龍淵.
        疑是銀河 落九天.
        萬瀑八潭 맑은 물엔.
        八仙女가 놀아 있고…….

견 우   여봐라 소 지금 무어? 八潭에 八仙女?
소   네─ 玉京仙女가 무지게를 타구 목욕하러 나려옵지요. 하나두 아니구
        여덟씩이나요.
견 우   그래 참말 仙女가 목욕하러 오나?
소   참말이구 말굽시오. 언젠가두 제가 八潭에서 풀을 뜯어 먹구 있는데
        仙女들이 내려와서 작작궁이를 치면서 그 수정 같은 물을 움켜서는
        야들야들한 젖가슴도 문즐문즐, 토실토실한 팔다리도 슬적슬적 올리씻
        구 내리 씻구……. 이걸 보니 그만 정신이 황홀해서 그래 텀벙 뛰어.
견 우   뛰어 들어갔어. (피리로 소를 치는 시늉을 한다 사슴은 외면한다)
소   아니올시다. 뛰여 들어가구 싶은 생각이 버쩍 났습지만 천생으루 소로
        생긴 놈이 어쩝니까.
견 우   하하하하.
소   하는 수 없이 풀을 뜯는 척하면서 그리루 연방 한눈을 팔다가 풀을 먹
        는다는 게 그만 돌맹이를 씹어서 아랫니가 이렇게 몰속 부러졌답니다.
견 우   하하하하. 자─가자.
소   어디롭시오.
견 우   어디는 어디야 八潭이지.
소   히히히. 도련님도 구렝이인 걸요. 그렇지만 仙女는 十年에 한 번씩 오

　　　　는뎁쇼.
견　우　잔말 말구 어서어서 앞장 서. 사슴아 너도 가치 가련?
사　슴　전 좀 어듸 둘러서 가야겠어요.
소　　　웨, 지금 가치 가시지.
견　우　(사슴에게) 그럼 댕겨서 오너라.

　　　　(사슴 禮하고 退場한다 소는 사슴의 뒷모양만 바라보고 섰다)

견　우　(피리로 소의 머리를 딱 치면서) 어서 가.

　　　　(소와 견우 退場한다)

　　　　(割幕 나린다)

第 3 景
八潭가는 길

　　　　(割幕 앞) 八潭 가는 길이다.

사　슴　(절둑거리며 지나간다 멀리서 羽衣曲-前部만-의 풍악 소리가 들려오니
　　　　까 귀를 기우리드니) 이게 어디서 나는 풍악 소리야. 아마 八潭이지.
　　　　그래. 그럼 오늘 仙女가 나려오나. 아이 이상두 해라. 견우 도련님이
　　　　八潭으로 가신다구 했는데 바루 선녀가 내려오는 날이야. 얼른 가서
　　　　일러 드릴까. (도루 가려구 하다가 멈추면서) 아니야 그럴 게 없어. 내
　　　　가 먼저 八潭으로 가서 올치 그렇게 하지. (빨리 八潭편으로 退場)

　　　　(뒤이어 童男童女가 採藥歌를 부르며 登場)

9. 採藥歌 (民謠風) 幕後合唱

牧童 四五人, 處女 四五人, 混聲合唱.
(幕後合唱) (混聲合唱)

에에이에-.
三神山이 어드메뇨.
不老草 얻으러 여기 왔네. (男聲齊唱)

에헤라 데헤라 藥 캐러 가세. (男獨)
山넘어 물건너 藥 캐러 가세. (混)
(가보세 에라 가 보세 가 보세 에라 가 보세)
에에이에-.
타는 가슴 시키는 藥.
바다에 가서나 캐여 볼까. (女聲齊唱)
後念.
에에이에-.
시든 마음 고치는 藥.
하늘에 올라가 따나 볼까. (男聲齊唱)
後念.
에에이에-.
三神山이 어드메뇨.
不死藥 얻으러 여기 왔네. (女聲齊唱)
後念.

童女一 약두 인저 차차 씨가 없어지는 게야.

童男一 그럼! 자꾸 캐는 게 없어지지 않구. 옛날 진시황인가 누군가두 죽지
않는 약을 캐려구 이 山으로 사람을 보냈드라는데.

童女二 그래두 그 약을 캐러 왔던 사람은 제나라로 도루 가질 못했대. 아마
호랑이한테 물려 죽은 게야.

童女二 암 그렇게 먼데서 오는 걸 山神님이 가만 둘 리가 있니.

童女一 애들아 이러다간 반바구니두 못 캐겠다. 어서 가자요. (童男童女 退場)

(견우 소를 더리고 피리를 불면서 登場하야 喚友曲을 부르면서 지나간다)

10. 喚友曲 (名曲風)

견 우 男聲獨唱.

八潭은 어드메뇨.
물 소리만 들려오네.
오-어이 갈 거나 오 어이 갈 거나.
仙女는 어데 있나.
힌구름만 자자있네.
오-어이 만나리. 오 어이 만나리.
松風은 거문고요.
피리는 내련마는.
이 풍악 이 장단에 춤출 이 그 누구리.

소   도련님.
견 우   웨-.
소   춤은 제가 춥지요.
견 우   엑기-. 주저넘게스리.
소   원 千萬에. 피리만 붑시오. 얼시구나 절시구나. (춤추는 시늉을 한다)
견 우   예-라 보기 싫다. 네 춤은 사슴이나 보거던 춰라.
소   히히히. (소와 견우 退場)

第 4 景

八 潭

割幕 열리면 舞臺는 八潭 中의 眞珠潭이다. 바위에 둘려진 고운 못이다.
그 가에 꽃으로 수놓인 잔디밭이 있다. 背景으로 金剛連峰이 있고 못 뒤
로 무지개가 걸쳐 있다. 仙女들이 나려오면서 무지개 우에서 노래한다.

11. 羽衣曲 (名曲風)

幕後合唱 女聲齊唱.
仙女 多數.

우리는 하늘의 딸
우리는 하늘의 딸
햇나라 달나라 별나라 꽃송이
銀河水 江邊에 피어난 꽃송이
월계수 그늘에 춤추는 꽃송이
우리는 하늘의 딸
우리는 하늘의 딸
햇나라 달나라 별나라 꽃송이 (幕後 女聲齊唱)

노래가 끝나자 춤을 추며 땅에 나려 서서 그 장단으로 춤을 계속한다.
끝나자 제각기 이곳저곳 바위에도 잔디밭에도 앉는다. 직녀는 춤추든
그대로 홀로 서서 四方을 돌아본다.

직 녀   玉京도 좋지만 金剛山두 참 좋와!
仙女一   (다른 仙女를 보면서) 직녀는 그저 밤낮 금강산 금강산이래!

仙女二 아주 반했어.

仙女三 山에 반해서 무얼 해!

一 同 하하하. (자즈러지게 웃는다)

직 녀 (항의하는 듯) 반한들 무슨 죄가 되니? 와 볼수록 좋구나. 저 봉오리를
보렴, 저 바위를 보렴. 저 물 소리! 저 새 소리!

12. 仙女問答 (對話風) (幕後合唱)

仙女 多數.

仙女一 그렇게 좋거던 금강산서 살려무나.

직 녀 살아도 좋지.

仙女들 동무도 없이 혼자서?

직 녀 혼자면 어때!

仙女들 혼자라면 쓸쓸할 걸.

직 녀 동무야 없을라구.

仙女三 노래 동무는 누가 하나.

직 녀 종달새두 좋지 꾀꼬리두 좋지.

仙女六 춤은?

직 녀 호랑나비와 추지.

仙女四 숨박국질은?

직 녀 다람쥐와 하지.

仙女七 소꿉질 동무는?

직 녀 토끼루 할까 사슴이루 할까.

仙女二 말동무는?

직 녀 글세.

一 同 하하하 호호호.

직 녀 어서 목욕들이나 해요.

仙女二 참 얼른 해야지.

仙女三 한 군데서 가치9)들 할까 한 군데씩 차지할까.

仙女八 한 군데서 오물오물하자꾸나.

仙女四 아이, 살이 다면 어쩌나.

仙女三 살 닷는 게 그렇게 싫어! 호호호 별소릴 다 하네.

---

9) 같이.

186

仙女四 그래두 어쩐지 징그러워!
仙女一 간지럽지는 않구.
一 同 호호호. (간즈러지게 웃는다)
직 녀 제각각 가기루 하지.
仙女四 그게 좋아.
仙女一 난 이 진주담에서 할 테야.
仙女八 아니야 나야.
仙女六, 七 나야 나야.
직 녀 모두들 나야나야 하면 어떻거니.
仙女二 그럼 이렇게 하지. 쭉 둘러서서 한 알 때 두 알 때 사마중 날 때 이렇
        게 세서 두 바퀴 째 빠지는 게 진주담 차지가 되기루 하지.
仙女三 그 담엔 또 어떻게 하구.
仙女二 그건 진주담 주인이 시키는 대로 하자꾸나.
一 同 그래 그래.

        (하고 둘러서서 "한 알 때 두 알 때 사마중 날 때 용난 거지 팔 때 장
        군 고드라 뺑"하고 세인다 두 바퀴째 빠진 仙女는 직녀이다 직녀는
        第五位에 서면 된다 이때에 사슴이 무대 한 편에 登場하야 숨어서 仙
        女들의 動靜을 살핀다)

仙女一 자― 직녀 아가씨 명령을 나리십시오.
직 녀 (웃으면서) 너는 一曲으로 가구. (一同 八潭歌를 시작한다)

13. 八潭가 (民謠風)

幕後合唱 女聲合唱.
仙女 多數.

一曲水 어디런가. (合唱) (幕後)
괴인 물 검푸르니 숨은 듯 黑龍이오. (獨唱)
二曲水 어디런가.
소리쳐 장단치매 琵琶潭 풍악이라.
三曲水 어디런가.
바람에 물결 일어 碧波潭 그대로요.
四曲水 어디런가.
흩어져 눈이 되니 그 이름 噴雪이라.
五曲水 어디런가.

깨여져 방울방울 빛나는 眞珠인데.
六曲水 어디런가.
이름져 龜潭이니 돌거북 완연하다.
七曲水 어디런가.
일카러10) 船潭이라 물 속에 돌배 모양.
八曲水 어디런가.
물거품 부글부글 潭이름 火龍이라.
萬瀑水 나린물아 구비진 물아.
묻노니 우리 마음 네가 아느냐 네가 아느냐. (合唱, 幕後)

(一同이 "一曲水 어디런가" 하면 指定 받은 仙女 나서셔 그 아랫 歌詞
를 獨唱하고 옷을 벗어든다 직녀 합창을 指揮하야 一同이 다시 "二曲水
어디런가"를 부르고 직녀가 다음 仙女를 指定하면 그 仙女 나와서 그
아랫 歌詞를 獨唱하고 옷을 벗어든다 이렇게 하야 八曲까지 끝내고 一
同은 춤추며 合唱하면서 각각 흩어지고 직녀만 남는다)

직 녀 아이 물도 맑아! 유리물인가 수정물인가.

(직녀 못가에 앉어 가슴에 팔에 물을 끼얹으며 가진 재롱을 다 부리다
가, 물 속에 비친 자기의 몸을 보고 자기의 美에 醉한다 콧노래를 흥흥
하다가 水鏡歌를 부른다 사슴은 직녀의 羽衣를 훔처 가지고 나간다 이
動作은 직녀의 노래에 마친 춤으로 한다)

14. 水鏡歌 (名曲風)

직 녀 女聲獨唱.

玉京도 좋거니와 金剛 또한 좋을레라.
맑은 물 거울 되니 이내몸 물이로다.
한 몸은 구름 우에 또 한 몸은 물 속에.
실바람 스며드니 이내 맘 물이로다.
한 맘은 구름 우에 또 한 맘은 물 속에.
玉京도 좋거니와 金剛 또한 좋을레라.

(노래가 끝나자 仙女들 하나씩 둘씩 登場하기 시작한다)

직 녀 (나와서 옷을 찾다가 없으니까) 으응! 옷이 없어졌어! 내 옷 누가 감췄
어?

---

10) 일컬어.

(仙女들 나온다)

仙女一　감추긴 누가 감춰.
직　녀　바루 여기다 벗어났는데.
仙女一　이게 어찌 된 셈이야.
직　녀　아이구 어떻거니 이걸 어떻거니

(一同 직녀의 옷을 찾노라고 분주하다)

仙女四　아이 무지게가 들린다-. (무지게로 뛰어가며) 어서들 와요.
仙女一　가치 가-.

(仙女들 "가치 가-" "어서 와-" 소리들을 서로 하면서 앞을 다투어 무
지게로 간다 풍악 소리에 맞춰서 一同은 올라간다)

직　녀　(쩔쩔매다가 벗은 대로 무지게로 뛰어가면서) 모두들 가면 난 어떻거
니. 아이 얘들아. (하고 들리는 무지게 끝을 잡으려다가 손이 못 미쳐
그대로 쓸어진다 - 間 - 이때에 피리 소리 들린다 잠간 정신을 잃은
것 같던 직녀 인기척에 놀래어 바위 옆으로 숨는다)

(소를 앞세우고 견우 피리를 불면서 천천이 등장)

소　　　도련님 여기가 八潭이올시다. 이게 바루 眞珠潭이옵지오.
견　우　(끄덕이고) 딴은 仙女가 나려옴직한 곳이구나. (四方을 두루 살피다가)
　　　　가만 있거라. 이게 무슨 香내냐.
소　　　옛 사향사슴이가 지나갔는가 봅지오.
견　우　아니다 즘생 香氣가 이럴 수 없을 게다.
소　　　그러면 어디 난초지초나 있는가 봅지오.
견　우　꽃향기도 이럴 수가 없어.
소　　　(그제야 향기를 맡어 보면서) 글쎄올시다 거 참 이상한 향긴 걸 입쇼.
　　　　(하고 코를 실룩거리며 직녀에게로 향기를 따라 가까이 가다가) 아
　　　　도련님- 알았습니다. 이게 仙女들의 향깁니다.
견　우　仙女의 향기?
소　　　꼭 그렇습니다. 제가 예전에 이 향기에 아주 녹으라졌댔습지요. (직녀
　　　　웃음을 손으로 가린다) 아 그럼 오늘 仙女들이 왔다 갔는가 봅니다.
　　　　십 년 만에 한번씩 오는 仙女가 아주 도련님과 약속이나 한 것처럼

바루 오늘 내려온 것을 그만 놓쳤으니 에익, 조곰만 일즉 왔었드라면 되는 걸 고 새침데기 사슴이를 살려 주느라고 길이 더뎃지[11].

견 우 그만둬. 연분이 없는 게지. 죽는 목숨 하나 살려 준 것도 좋지 않으냐.

소 좋기야 좋읍지만-. 모처럼 오신 길인데-.

견 우 연분이 없으면 만나두 소용없지.

소 그럼 어서 길이나 가시죠. 望軍臺루 해서 한달음에 毘盧峰으로 나가시죠. 여기 있다가는 속없는 향기에 코만 상하겠습니다.

견 우 그래두 八潭으로 고루고루 가서 仙女들의 놀던 자취나 보자. 이 자리를 참아 못 떠나겠다.

15. 虛心曲 (名曲風)

견 우 男聲獨唱.

내걸음 더딘지고
인연도 잃은지고
허전한 이 心懷를
어데나 부칠거나.
물 소리 부르는 양
내 못 떠나 하노라.

(직녀는 노래소리에 끌려서 홀린 듯이 일어서서 기웃거리다가 소에게 발견된다)

소 엑쿠나. (견우에게) 도련님 바위 뒤에.

견 우 무어 있어? (벌덕 일어선다)

소 네 젊으나 젊은 색시가 그냥 홀닥 벗구 있습니다. 히히히.

견 우 (웃옷을 벗어서 소를 주면서) 이걸루 우선 몸을 가리시게 해라.

소 (그 옷을 받아가지고 직녀에게로 가서) 우리 도련님 옷이올시다. 어서 입으십시요.

(직녀 받으려고 하지 않는다 소가 직녀의 몸을 자꾸만 들여다보니까 직녀는 부끄럼을 이기지 못해서 와락 일어나 소에게서 옷을 채어다 들르고 더 꼭 숨는다)

소 우리 도련님이 어서 나오시랍니다. 어서 나오랍니다.

---

11) 더뎠지.

(직녀 머리를 드러 견우를 한번 힐끈 바라보고 수집은 듯이 견우에게
외면을 하고 선다)

견　우　(직녀에게로 두어 걸음 닥어가면서) 이리 나오시지요.
소　　　어서 저리 가십시오. 주저하실 것 없습니다.
직　녀　(마지 못하는 듯이 나오며) 옷을 주서서 고맙습니다.
견　우　천만에. (아까 앉았던 바위에 도루 앉으며) 이리 와서 앉으시지요. 이
　　　　리 앉으서요. (직녀 그대로 한다 직녀는 수집음[12]과 한기로 가벼이 몸
　　　　을 떤다 견우는 직녀가 걸친 자기의 옷을 바로 여며주면서) 추우신가
　　　　보군요. (소에게) 얼른 불 좀 피이도록 해라.
소　　　네. (가까이 주섬주섬 나무를 주어서 견우직녀의 앞에 놓는다 견우는
　　　　주머니에서 부시와 애들을 끄내서 소에게 준다)
견　우　대관절 어찌된 사정입니까.
직　녀　(머뭇머뭇하다가) 저는 하늘에 있는 직녀올시다. (부시를 쳐서 나무에
　　　　불을 댕기고 후-후- 불던 소는 이 소리를 듣고 좋아서 견우와 직녀를
　　　　번갈아본다 불이 금시에 빨가케 일어난다) 동무들과 가치 八潭으로 목
　　　　욕하러 왔다가 옷을 잃어버리고 혼자 남었어요. (소는 나무 줏으러 舞
　　　　台 한편으로 나가다가 다음의 對話를 엿듣고 섰다) 옷이 없이는 못 올
　　　　라가는데. (말을 맟지[13] 못하고 훌적훌적 울기 시작한다)
견　우　그거 딱하게 됐군요.

　　　　(이때에 사슴이 빠른 걸음으로 登場한다 소를 보자 무슨 말을 하려구
　　　　하는 것을 소는 말하지 말라는 시늉을 하고 견우 직녀가 나란이 앉은
　　　　곳을 가르친다 사슴은 다행하다는 듯이 반가워한다 소는 나무를 줏으
　　　　면서 사슴에게)

소　　　그런데 어디 들러서 인제 오시오.
사　슴　집에 좀 다녀서 오느라구요. 어머님이 편치 못하셔서 누어 계서요. 아
　　　　까도 그래서 약 캐러 나왔다가 그 봉변을 했답니다.
소　　　어머님이 그러셔서 안됐군요. 아-참 상처는 어떠세요. (사슴에게로 가
　　　　서 만지려 한다)
사　슴　(가벼이 피하면서) 견우님 주신 약이 무슨 약인지 인저 아주 괜찮어요.
소　　　거 다행이외다. (줏은 나무를 들고 견우직녀 앞으로 온다 사슴도 따라

---

12) 수줍음.
13) 마치지.

들어온다)

견　우　(직녀에게) 허지만 무지게는 사라졌구. 옷은 잃어버렸구 했으니 하는
　　　　수 없지요. 어떻겁니까. (직녀 더 느껴 운다 견우는 사슴을 보고) 어-.
　　　　지금 오나. 상처가 괜찮어.

사　슴　네- 좀 늦었습니다.

견　우　(직녀에게) 울지 마시오. 그 어여쁘신 얼굴에 얼룩이 지십니다. (직녀
　　　　조금 안정된다 소 다시 舞台으로 나무 줏으러 간다)

사　슴　저두 나무 줏으러 가겠어요.

　　　(견우 끄덕인다)
　　　(소와 사슴 舞臺 한偏에서 나무 줏는 노래를 부르며 나무를 줏는다)

16. 樵夫歌 (民謠風)

소와 사슴 倂唱.

여기 이 고개 저기 저 고개
늠실 넘어가세.
첨지네 초립동 상투라 고개
이리이리궁 저리저리궁 나무 하러 가세.
이리궁 저리궁 짝을 지어 가세.
여기 이방천 저기 저방천 슬적 도라가세.
초시네 큰애기 댕기라 방천
後念14).

견　우　(여태 조곰식 느끼고 있는15) 직녀에게) 이러지 말구 이야기나 하십시
　　　　다. 네. 이야기나 하십시다.

직　녀　(눈물을 닦고 견우를 쳐다본다)

견　우　저- 아주 금강山에서 사시지 뭘 그러서요. 나두 유람차루 다니다가 오
　　　　늘 여기 왔는데 어떻게 경치가 좋은지 떠날 마음이 없군요. 그래서 아
　　　　주 여기서 살려구 해요. 직녀 아가씨두 여기서 사시지요.

직　녀　저도 금강산을 무척 좋아해요. 그렇지만 땅에 와 살면 옥황님이 걱정
　　　　하실 텐데요.

견　우　땅에 와 사시는데 옥황님이 웨 걱정을 하십니까?

---

14) 이리이리궁 저리저리궁 나무하러가세.
　　이리궁 저리궁 짝을 지어가세.
15) 조금씩 울고 있는.

192

직　녀　땅에는 죽엄이 있다구 해서요.

견　우　하늘에는 죽엄이 없습니까?

직　녀　없어요, 영원한 것만 있는 곳에 죽엄이 있을 리가 있어요?

견　우　죽엄이 잇는 곳이 웨 나쁩니까. 죽엄이 있으니까 사는 게 더 귀하지요.
　　　　죽엄이 있는 곳에는 새로 나는 것이 있습니다. 꽃도 떨어지고 다시 피
　　　　고 하는데 기쁨이 있고 아름다움이 있지요. 땅에는 죽엄이 있는 대신
　　　　사랑이라는 것이 있습니다. 남녀의 사랑 부자형제의 사랑 조국에 대한
　　　　사랑 인류에 대한 사랑-.

직　녀　사랑이요?

견　우　네, 사랑이 있기 때문에 죽엄이 있고 죽엄이 있기 때문에 사랑이 있는
　　　　겝니다.

직　녀　사랑이라는 게 무업니까.

견　우　사랑이요? 사랑이요. 무엇이나 창조하려는 가슴에 저 불길처럼 타오르
　　　　는 것이 사랑입니다.

　　　　(직녀 어리둥절해서 이 말을 이해하려고 노력하면서 머리를 숙일 때에
　　　　견우는 기쁨에 넘쳐 피리를 들어 한 곡조 불고 이어서 노래 부른다)

17. 사랑歌 (名曲風)

견　우　男聲獨唱.

　　　　사랑이 어떻드냐 둥글더냐 모나더냐.
　　　　길더냐 짜르더냐 밟고 남아 자일러냐.
　　　　하 그리 긴 줄은 모르되 끝간 대를 몰라라.

소　　　저 두 분은 아주 꼭 맞는 한 쌍이신데. 우리도 한 쌍이 돼 볼까요.

사　슴　호호호 그런 법이 어디 있어요.

소　　　아 저기서는 하늘과 땅이 한 쌍이 되는데 여기서 소와 사슴이 한 쌍이
　　　　되지 못하는 법은 어디 있담.

사　슴　그래두요,

소　　　어-참 八字 고약하다. 그럼 사슴 아가씨! 댁에 가서 이눔이 머슴 노릇
　　　　이라두 합시다.

사　슴　그건 맘대루 하시구려.

소　　　그렇게 되면 어머님 약은 내가 캐러 댕길 께요.

(소와 사슴 줏은 나무를 가지고 견우직녀 앞으로 와서 불 우에 겹친다)

견 우 너이들도 그만하고 불들이나 쬐렴.
소   두 분 얘기하시는데.
견 우 괜찮어.
소   그럼 저이두 좀 쬘깝시오. (사슴에게) 어서 이리 오시오. (사슴도 불을
        쬔다 한참 있다가 소는 직녀에게) 아가씨 제가 땅에서 부르는 노래 하
        나 부를 께 들으시렵니까.
직 녀 ―.
소   네! 아가씨! 공짜 소린데 안 들어주실 게야 무엡니까. 네, 아가씨!

(직녀 대답도 없이 귀찮다는 듯이 몸을 흠칫한다)

사 슴 불루구 싶거던 불러 보시구려.
견 우 맘대로 불러 보지 그래.
소   이거 雙雙歌라고 아주 멋드러진 노래올시다. 아가씨 잘 들으십쇼.

18. 雙雙歌 (民謠風)

幕後合唱 男女二重唱.
소, 사슴.

봄나비 꽃잎에 쌍쌍 (소)
봄나비 꽃잎에 쌍쌍 (사슴)
꾀꼬리 버들에 쌍쌍
괴꼬리 버들에 쌍쌍
바위에 다람쥐 쌍쌍
바위에 다람쥐 쌍쌍
시내에 가재가 쌍쌍
시내에 가재가 쌍쌍
날즘생 길버러지 제각각 쌍쌍인데. (幕後合唱)
어이해 내 신세는 혈혈이 단신인고. (倂唱)
만만만 설설설 제각각
(幕後) 쌍쌍인데.
어이해 내 신세는 혈혈이 단신인고.

소   아가씨 어때요.
직 녀 ―.

소   낮과 밥도 한 쌍이옵고 해와 달도 한 쌍이옵고 하늘과 땅이 근본으로
        한 쌍이옵고.
사 슴 너무 수선을 떨지 말어요.

        (직녀, 사슴을 처다보며 빙그레 웃는다 다시 견우를 슬적 보고는 머리
        를 숙이고 발끝으로 땅을 판다)

사 슴 아가씨 저두 노래 하나 불르 께 들으실랍니까.
직 녀 (반가운 듯이) 어디!
사 슴 들어 보셔서 맘에 드시거든 가치 부르세요 네.

        (직녀 가만이 끄덕인다)

19. 大地頌 (名曲風)

사슴, 소, 직녀, 견우 混聲齊唱.

玉京도 좋거니와.
金剛 또한 좋을 레라. (사슴)
티없이 맑은 天上 흠없이 맑은 天上.
지나처 개끗하니 싸늘한 어름이네. (사슴)
따뜻한 보금자리 포근한 보금자리.
사랑에 김이 도는 대지의 가슴이네. (사슴, 소) (再唱)
玉京도 좋거니와 金剛 또한 좋을레라. (사슴, 소, 직녀)

견 우 (와락 닥아들어 직녀의 한 손을 잡으며) 직녀 아가씨! 인제 사랑이란
        걸 알으셨지요.

        (직녀는 고개를 숙인다 소와 사슴이 빙그레 웃는다 견우는 감격하야
        두 손으로 직녀의 두 손을 잡는다 직녀 천천이 눈을 들어 견우를 쳐다
        본다 견우직녀 그 포-즈 그대로 한 개의 고운 彫像같이 되어 있을 때
        종소리 삥- 삥-)
        (照明이 꺼진다)

第 5 景

普德窟 앞

(割幕 앞) 바위에 새겨진 '普德窟' 석 자가 이끼에 흐려 겨우 알아볼 정도다. 아츰이다. 가지 끝엔 새 소리 고웁고, 잔듸 우에 나븨춤이 찬란하다.

20. 나비춤

(소 휘파람으로 새 소리를 흉내내면서 나븨들의 춤에 취하야 가치 너울거리다가 나븨들이 나가는 뒷모양을 바라본다)

소　　　 고것들 참 간드러지게두 춘다.

사　슴　 (소의 行動을 한참 보다가 웃으며) 무얼 혼자 좋아서 이러세요.

소　　　 (깜짝 놀래서) 예? (사슴에게 들킨 줄 알고 무안해하며) 밤새 평안하시우? 어머님도 괜찮으시구.

사　슴　 네, 안녕히 주무셨어요?

소　　　 안녕히 주무시는 게 뭐에요. 잠자리는 저기 저 바위 우에다 봤는데 심사가 골잭이 물처럼 산란해서 잠이 와야죠. 밤새도록 별만 세다가 말았죠.

사　슴　 무슨 심사가 그렇게 산란하서요?

소　　　 헤헤 모르시요. 헤헤.

사　슴　 (그제야 알아듣고 말대꾸를 피하면서 돌아서서 보덕굴 편을 바라보고) 저기 도련님이랑 인제 나려오시누먼요.

소　　　 도련님이 뭐요. 인저 서방님이지. (그리로 바라보며) 아-주 서방님은 앞을 서시구 아씨는 뒤따르셔서 신행 가는 신랑신부처럼 나려오시는데!

(견우직녀 나타난다 견우는 피리를 들었다)

소　　　 (견우 앞에 가서 굽실 하면서) 도련님 밤새-.

사　슴　 (혼잣말처럼) 자기는 왜 도련님이라구 하누.

소　　　 아-참. (머리를 긁는다) 서방님이시지. 서방님 안녕히 주무셨습니까. 아씨 안녕히 주무셨습니까. (견우와 직녀에게 소와 사슴 허리를 굽혀 禮한다)

견　우　 응 잘들 잤니.

소　　　 그런데 서방님 어젯밤에는 두 분이 피차에 다짐두 하구 사주단자두 받구 하셨겠읍죠. 잔치는 오늘 하시랍쇼?

견 우 엑기 속된 놈 같으니라구. (직녀에게) 여보 우리는 그저 어저께 八潭에
서 맺어진 그 맘 그 사랑 그대로 가지고 이 좋은 금강에서 千年萬年
사십시다 응.

직 녀 그런데 어떻게 살어요.

견 우 어떻게라니요, 자구 깨구 먹구 마시구 일하구 놀구 또 자구 깨구 먹구
마시구-.

직 녀 여기두 복숭아가 있어요.

견 우 있구 말구요.

직 녀 감로수도 있구요.

사 슴 있구 말굽시오.

소   무에든지 있습니다. 먹을 것 마실 것 걱정 없읍니다.

(소, 사슴, 견우, 직녀, 樂山藥水歌를 부른다)

21. 樂山藥水歌 (사설風)

사슴, 소, 견우, 직녀 混聲齊唱.

송이버섯 석이버섯
靑고사리 白도라지 (사슴)
이슬아치 머루다래
먹을 것이 없을 건가 먹을 것이 없을 건가. (사슴, 견우, 직녀)
내리치는 폭포수에
부서지는 구슬물에 (소)
찰찰샘에 졸졸샘에
마실 물이 없을 건가 마실 물이 없을 건가. (소, 견우, 직녀)
푸른靑松 붉은丹楓
호랑나븨 둥둥벌에 (견우, 직녀)
黃鳥白鳥 노루토끼
삼을 벗이 없을 건가 삼을 벗이 없을 건가. (一同)

견 우 허허허. 이거 살림이 차차 오붓해 가는구나. 그럼 인제 一間草堂이라두
집도 하나 지어야지.

소   단 한 간입시오.

견 우 한 간이면 어떻구 반 간이면 어떠냐.

소   두 분께서야 한 간이라두 좋구 반 간이라도 상관없겠습죠마는 그럼 저

는 어떻거랍시오. 저는 만날 새벽바람 찬자리에 혼자 딩구는 신세온데 방이라도 한 간 있어야 하지 않습니까.

견 우 허허 참 잊었네 그려. 그럼 두 간을 짓지.

소 서방님도 원 딱하십니다. 인제 애기두 있을 테구 벗님네도 오구가구 하실 텐데 한두 간 가지구야 어떻게 지내십니까.

견 우 그러면 三 間만 짓자꾸나.

22. 草堂別曲 (短歌風)

幕後合唱.
견우, 직녀, 소, 사슴 混聲齊唱.

비로봉에 터를 잡고
잣나무로 기동 세워 (견우)
초가삼간 집을 짓고
百年해로 하십시다. 百年해로 하십시다. (一同)
東海바다 울을 삼고16) 內外金剛.
앞뒷뜰에 (직녀)
기화요초 심어놓고
同苦同樂 하십시다. 同苦同樂 하십시다. (一同)
안개구름 휘장 치고
녹용방초 자리 깔고 (견우직녀)
샛별 따서 등촉 삼아
금슬 좋게 살읍시다. 금슬좋게 살읍시다. (一同)

照明이 꺼진다.

---

16) 울타리를 삼고.

198

第 6 景

時間에 날개17)

(割幕앞) 舞台는 비었다. 十年의 經過를 表現한 춤이 추어진다.

23. 춤 - 춤

第 7 景

牽牛의 집

割幕 열리면 第五景에서 十年 後다. 金剛을 병풍 삼아 背水臨水 한 곳에 두어 間草堂이 정하게 지어져 있다. 第二景과 같은 장소이다. 牽牛의 집이다. 살림이 團欒한 줄을 한번 보아 알겠다. 명랑한 여름 아침이다. 소는 곰방대를 비스듬이 물고서 마당을 쓸고 뒷뜰에서는 닭모이 주는 직녀의 소리와 닭의 소리가 들린다.

소 　(혼잣말로) 어제 저녁놀이 빨가케 지더니 오늘 날세가 또 좋겠군. (곰방대를 털어서 되에다 꽂고 여전히 마당을 쓴다 아이甲乙 춤추며 들어와서 소를 가온대 두고 몇 번이고 춤추며 들어간다)

24. 아이들의 춤

직 녀 　(닭 모이 그릇을 든 채로 마당으로 나온다 十年 세월이 主婦로서의 어머니로서의 風貌를 더하였다 아이들의 추는 냥을 보고 만족한 듯이 빙그레 웃더니) 첨지! 아이 아버진 어디 가셨수?
소 　서방님은 아마 또 이슬 받으러 가셨겠읍죠.
아이甲乙 　아버진 아까 이슬통을 가지구 나갔서.

　　(피리 소리 들린다)

아이甲 　저기 아버지 오시네.
아이乙 　아버지-. (뛰어서 마중을 나간다 아이甲도 따라서 뛰어나간다 직녀와

---

17) 시간의 날개.

소도 만족한 웃음을 띠우고 그리로 내다본다 견우는 어깨에 이슬통과
또 다른 것들이 든 망태기를 걸머메고 머리에는 山百合의 빨간 꽃을
꽂고 한 손에는 토끼를 쥐고 한 손에는 피리를 든 채 헝클어웁게 웃
으며 들어온다 아이甲乙은 아버지의 팔을 하나씩 잡었다 滿足과 平和
가 넘치는 家庭風景이다 견우 아이甲에게 토끼를 주며)

견 우   엣다. (아이 乙에게 山百合을 주며) 엣다.

    (아이들 좋아라고 뛰논다)

직 녀   (견우가 망태기에서 꺼내는 이슬통을 받으며) 이슬은 인저 안 먹어두
      괜찮대두.
견 우   (만족하게 웃으며) 그래두.
소   서방님 금방두 이야기가 났습니다만 서방님이 그렇게 이슬 받으러 댕
      기신 지가 十年이에요.
견 우   (손을 꼽아 보더니) 그래 참 十年이야. (직녀에게) 여보 우리가 이렇게
      산 지가 벌서 十年이군요. 당신 十年前 생각이 나오. 참 여기 도라지
      하나 캤지. 벌서 도라지 먹게 됐오.
직 녀   (그것을 받어 들고 十年前을 回想하는 듯 樂山樂水歌를 부른다 견우도
      따라 부른다)

25. 樂山樂水歌 (重唱)

(이 노래 불러지는 동안에 사슴이 나타나서 뜰 아래 있는 灌木 뒤에
숨어서 모든 광경을 ——이 바라보고 있다)

아이甲   엄마 나두 노래 할 테야.
직 녀   어디 해 봐.

26. 소꿉노래
(童謠風)

아이들

빨간꽃은 치마구요.
노랑꽃은 저고리요.
달래 뿌리 머리 얹혀
풀닢각씨 절 시키자.
모래 모아 밥을 짓고.

　　　흙가루로 떡을 찌고
　　　솔닢을랑 구수18)말아
　　　풀닢각씨 대접하자.

견　우　어- 참 잘하는군. 엄마보다 더 잘하는 걸.
아이甲　나 또 할 테야.
견　우　또 있어? 이번엔 무에야.

　　　(아이甲 소꿉노래 첫 절을 되풀이한다)

견　우　하하하 단 마디 명창이구나. (직녀를 보면서) 아니 여보 그래 배웠다는
　　　게 담뿍 소꿉 노래 하나뿐이람!
一　同　하하하하.
직　녀　(아이甲을 보면서) 왜 너 자장가도 배지 않었어?
아이甲　혼자는 말이 안 나와.
직　녀　그럼 내 가치 해 주지. (아이乙에게) 너두 하자.

27. 자장歌 (民謠風)

　　　직녀, 아이들, 견우, 소 混聲合唱.

　　　자장자장 잘도 잔다.
　　　우리 애기 잘도 잔다. (직녀)
　　　금자동아 은자동아.
　　　부모님께 효자동아.
　　　보배동아 구슬동아.
　　　님금님께 충신동아. (직녀, 아들)
　　　자장자장 잘도 잔다.
　　　우리 애기 잘도 잔다. (견우, 직녀, 아들)
　　　부귀동이 군자동이.
　　　형제 간에 우애동이.
　　　신선둥이 수복둥이.
　　　동네방네 인심동이. (직녀, 아들)
　　　자장자장 잘도 잔다.
　　　우리 애기 잘도 잔다. (견우, 직녀, 소, 아들)

　　　(이 노래가 끝날 무렵 사슴은 나간다)

---

18) 국수.

견　우　좋다 좋아. (소에게) 첨지두 머 하나 하지.

소　　　 접시오.19) 무얼 하랍시오. 두 분이 十年 전 노래를 하셨으니 저두 그
　　　　럼 十年 전 노래를 할깝시요.

견　우　좋지 좋아.

（소 雙雙歌를 부른다）

28. 雙雙歌 (重唱)

견　우　아니야. "날즘생 길버러지 제각각 쌍쌍인데 어이해 내 신세는 혈혈이
　　　　단신인고." 이건 지금은 안 맞어. 날즘생 길버러지 제각각 쌍쌍인데 지
　　　　화자 좋을시구 우리두 쌍쌍이네. 이래야 해. (견우 부르기 시작하니 직
　　　　녀 따라서 부른다) 날즘생 길버러지 제각각 쌍쌍인데 지화자 좋을시구
　　　　우리두 쌍쌍이네.

소　　　 아니올시다. 그건 서방님과 아씨와 두 분 말슴이지 이놈의 신세는 혈
　　　　혈이 단신이기야 十年 전이구 지금이구 마찬가집지오.

직　녀　그럼 첨지 노래는 사슴이나 만나건 불르구려 호호호호.

소　　　 사슴인지 뭔지 그 뒤엔 통 볼 수가 없으니.

견우・직녀　참 그래.

소　　　 아마 또 까불구 돌아다니다가 총에 맞거나 호랑이에게 물렸거나 해서
　　　　죽었나 봐요. 그렇지 않으면야 그렇게 싹 벤 듯이 발을 끈을 법이 어
　　　　디 있어요. 아니게 아니라 호젓한 때에는 고것이 지금두 가끔 눈에 밟
　　　　힙지요. (이때에 사슴이 옷보퉁이를 들고 灌木20) 아래 나타나서 주저
　　　　하면서 안을 엿본다)

아이甲　머 사슴이 말요.

견　우　응 너 사슴이 봤어?

（사슴 들어온다）

소　　　 (화를 내면서) 죽지 않구 살아있는 게 그렇게 매정하담. (돌아선다)

직　녀　아이구 이게 얼마만이야 속담에 제 말 하면 온다더니.

아이甲　저 사슴이 말이야 여러 번 봤어. 접때 뒷길에서 노는 데두 울타리밭
　　　　안에 와서 기웃거렸어요. 앞 골잭이물에서 발을 씻는 데두 와서 꽃을
　　　　주구 갔어. (아이乙에게) 너도 봤지?

---

19) 저요?
20) 관목(灌木) : 무궁화, 진달래, 앵두나무 따위. '떨기나무' 로 순화.

202

아이乙 (끄덕인다)

직 녀 그래 잘 있었어.

사 슴 네.

아이甲 (아이乙에게) 우리 뒷곁으로 가서 놀아. (가치 退場한다)

소   어머님두 안녕하시우.

사 슴 어머님은 그영구 그 병으로 돌아가셨어요.

직 녀 맘은 다 좋다가두 저런 일 있는 게 안 됐어요.

견 우 저런 일이라니.

직 녀 죽엄이란 것 말이에요.

견 우 그러기에 사랑이 있지 않우.

직 녀 그래두.

견 우 (사슴에게) 그새 무얼 했어. (소를 곁눈질해 보면서 사슴에게) 그래 시
       집은 갔니?

사 슴 여태 안 갔어요.

       (소 제가 도루 수집은 듯이 한 손으로 머리를 긁으면서 한 손으로 바
       지를 치켜 입으며 돌아선다 견우직녀 빙그레 웃는다)

견 우 대관절 十年이나 숨어 있은 게 웬일이냐.

사 슴 서방님 은혜를 갚을려구 해서 그랬습니다. (옷보퉁이를 클러서 羽衣를
       내어 직녀에게 주면서) 十年 전에 훔쳐갔던 옷입니다. 받으십시오. (직
       녀 받으며 황홀해한다)

견 우 (무릎을 치면서) 그렇구나. (직녀에게) 여보 내가 당신을 만나구 아이
       를 낳구 이렇게 재미나게 사는 게 모두 저 사슴의 은덕이군요. (사슴
       에게) 고맙다. (직녀에게) 참 그거 한번 입어 보구려. (견우가 말하는
       동안 소는 좋아서 벙글거린다)

(직녀 그 옷을 걸치고 기뻐서 노래 부른다)

29. 羽衣別曲 (名曲風)

직녀.

이 옷이 어인 일고 반가울손 하늘옷이
오붓한 살림일래 하마거이 잊을려니.
불현 듯 고마워라. 하늘나라 그리워라.

(사슴 깜짝 놀래어 허리띠가 남은 옷보퉁이를 그냥 웅크려 들고 도망
한다)

직　녀　허리띠를 가지구 도망을 가는구려. 저 좀 붙잡어요.

(소와 견우 딸아나간다 다음의 대화 사이에 직녀는 입었던 옷을 벗고
우의만 걸친다)

사　슴　(灌木 아래서 견우에게) 아니에요. 아씨는 아직두 하늘 생각을 다 잊으
신 게 아닌가 봐요. 이 허리띠를 마저 드렸다간 큰일이에요. 이것만은
꼭 감춰 두셨다가 애기네가 삼형제 되거던 그때에나 내노서요.

(허리띠를 견우에게 준다 견우 끄덕이고 그것을 받어서 몸에 감춘다
사슴 退場)

견　우　(직녀의 앞에 들어와서) 고 사슴이가 그냥 도망을 가는데 붙잡을 수가
있어야지.
소　　　(따라 들어오면서) 거 허리띠는 거저다 무엇에 쓰려구 그러는 건지.
(직녀 운다)
견　우　여보 울지 말우. 사슴이가 또 오겠지. 이번에 오면 내 꼭 붙잡으리다.
응 울지 말우. (소에게) 우린 어서 김 매러 가야지. (직녀에게) 당신두
어서 일어나 아침밥이나 허오.
소　　　(호미를 들고 나가면서) 그럼 곧 올라오십쇼.
견　우　그래 먼저 가 매기 시작해. (소 退場)
직　녀　(견우의 가슴에 매달리면서) 여보 밭으루 못 가두 그 허리띠 좀 찾어
다 줘요, 네. 춤 한번 춰 보게요. 허리가 허전해서 춤을 출 수가 있어
야죠.
견　우　춤이 그렇게 추구 싶우. (직녀 "네, 네"하며 끄덕인다) 정말 하늘루 가
자는 건 아니지.
직　녀　내가 왜 하늘루 가요? 금강산에 인이 백인 내가 아이들도 있구 한데
이 좋은 살림 내버리구 어디루 간다구 그러세요.
견　우　(허리띠를 내주면서) 자- 그 춤 한 번 추우. 나두 오늘은 옛날 옷 좀
입어 볼가. (피리를 분다)
직　녀　(와락 허리띠를 뺏어서 띠고 춤을 춘다 춤을 추다가 신이 좀 물린 듯
이) 아이구 밭으루 가서야죠. 나두 어서 아침 차비를 해야겠네.
견　우　그 옷이 그렇게 좋거던 혼자 싫건 춤이나 추구료. 아침이야 좀 늦으면

204

어떠우. 그럼 난 밭으루 가오. (退場)

직 녀 (혼자서 그 옷을 만지적거리는데 멀리서 羽衣曲의 合唱 소리 들린다
    직녀 그 合唱에 맞춰서 노래를 부르며 귀를 기우린다 차차 이 세상
    사람이 아니다) 옳지, 八潭에 동무들이 왔구나. (나는 듯이 나간다)

(割幕 나린다)

第 8 景
八潭 가는 길

(割幕 앞) 무대는 第三景과 같다.

사 슴 (羽衣 썼던 보작이를 한 끝을 쥐고 펼쳐진 대로 흔들며 지나간다) 아
    이구 인제 한시름 놓았지! (멀리서 들려오는 八潭歌-最後部 齊唱-合唱
    소리에 귀를 기우리더니) 이게 어디서 나는 노랫소리야. 아마 八潭이
    지. 그래. 오늘 仙女가 나려오나. 아차 직녀 아씨께 괜이 옷을 갖다 드
    렸어. 마음이 산란하실 걸. 견우 서방님이 그 허리띠를 주셨으면 어쩌
    나. (도루 그리로 가려고 한다 그때에 우의를 입은 직녀가 나타난다
    사슴이 놀래서 길을 막으면서) 아이 기어쿠 허리띠를 띠셨군요. 아씨
    이거 어디루 가서요?

직 녀 비켜라. 내야 어디루 가건 네 알 일이 아니야.

사 슴 아씨 못 가십니다. 아씨를 그 하늘로 못 가시게 하노라구 十年 동안이
    나 수직하다싶이 한 저올시다. 못 가십니다.

직 녀 아니야. 난 하늘루 가자는 게 아니야. 十年만에 만나는 동무들이 바루
    저기 있는데 안 가 볼 수가 있어! 가서 얘기나 좀 하구 올 테야.

사 슴 그래두 안되십니다. 못 가십니다.

직 녀 네가 내게 무슨 원수가 졌니.

사 슴 견우 서방님 은혜가 커서요.

직 녀 비켜. (뿌리치고 지나간다)

(사슴 쪼차가지만 따르지 못한다 그런 대로 쪼차서 나간다 이때에 樵
夫 하나 六字백이를 하면서 登場한다)

30. 六字백이 (民謠)

초부.

一, 저건너 갈미봉에
비가무더 들어온다.
그 비가 비 아니라.
처녀총각 눈물일레.
二, 앞南山 바위틈에
言約草를 심었드니.
피는 꽃이 무슨 꽃고
離別花만 만발했네.

사　슴　(도루 뛰어 들어와서) 이걸 어쩌나. 서방님께 얼른 알려드려야 할 텐
　　　데. (樵夫더러) 견우 서방님 못 보셨어요?
樵　夫　웨 그래. 바루 요 기슭에서 김을 매두만. 여기서 불러두 될 걸.
사　슴　그럼 좀 불러 주서요. 네.
樵　夫　웬일이야.
사　슴　웬일이구 머구 얼른 좀 불러 주서요. (발을 둥둥 구른다) 얼른요.
樵　夫　이거 영문을 알겠나. 견우 서방님 견우 서방님-.
소　리　누구야.
樵夫·사슴　견우 서방님.
소　리　거 누구야. (오는 모양이다)
사　슴　서방님 얼는 오서요.
소　리　(가까이서) 간다-. (견우와 소 登場)
사　슴　서방님 큰일났어요. 지금 아씨가 八潭으로 가셨어요.
견　우　八潭으로!
사　슴　네, 八潭에는 오늘 仙女가 나려왔나 봐요.
소　　　아, 서방님이 허리띠를 주셨군요.
견　우　승갱이는 나중하구 어서 八潭으로 가자. (뛰여나간다)
사　슴　(소에게) 서방님을 따러가세요. 저두 애기들 데리구 곧 갈 테니요.
소　　　얼른 오시우. (소, 견우를 따라 뛰어나간다 사슴도 다름박질해서 反對
　　　便으로 나간다)
樵　夫　(한참 어리둔절해서 두리번거리기만 하더니) 하하하하 (正面을 노려보
　　　면서) 서방을 두구 도망을 간다! 山中에도 그런 일이 있담. "나를 버리

고 가는 님은 십리도 못 가서 발병난다.” 이런 노래는 별관에만 있는
줄 알았더니 하하하하. (八潭쪽으로 돌리면서) 에라 나무도 할 겸 면
발치로 구경이나 하자. (아리랑가를 부르면서 登場한다)

31. 아리랑 (民謠)

一, 나를 버리고 가시는 님은
十里도 못 가서 발병 난다.
아리랑 아이랑 아라리요.
아리랑 고개로 넘어간다.
二, 시체 사랑은 쟁가비 사랑.
끓다가 식으면 그만이라.
아리랑 아리랑 아라리요.
아리랑 고개로 넘어간다.

(노래소리 무대 뒤에서 멀리 사라진다)

第 9 景
八 潭

割幕 열리면 무대는 第四景과 같다. 목욕한 仙女들이 어우러져 춤추고
있다.

仙女의 춤.

(직녀 나타난다)

仙女四　아 저게 누구야. 직녀 아니야.
仙女들　직녀!

(직녀와 仙女들 서로 손을 잡고 기쁨을 못 이겨 한다 더러는 눈물짓는다)

仙女一　그래 어떻게 지냈어!
직　녀　금강산서 살었지
仙女二　쓸쓸하지 않었어!
직　녀　쓸쓸할 게 뭐야. 아주 재미나게 살지. 땅에는 사랑이라는 게 있어.

仙女三　사랑? 사랑?

32. 사랑 問答 (對話風) 幕后合唱 仙女 多數

一　同　사랑이 어떻게 생겼어?

仙女四　둥글어?

仙女들　둥글어!

직　녀　호호호호.

仙女三　그러면 모났어!

仙女들　모났어?

직　녀　호호호호.

一　同　사랑이 어떻게 생겼어?

仙女六　길죽해!

선녀들　길죽해!

직　녀　호호호호.

仙女七　그러면 짤막해!

仙女들　짤막해!

직　녀　호호호호.

一　同　사랑이 어떻게 생겼어!

직　녀　둥글구 모나구 길구 짜르구 이상야릇한 거야. 호호호호.

仙女二　인저 그만 떠들고 어서 올라들 가지.

　　　　(仙女들 모두 무지게로 가는데 직녀 망설이고 있다)

仙女一　(직녀에게) 얼른 와요.

직　녀　다들 잘 가! 나는 못 가겠어.

仙女一　못 가는 게 뭐야 왜 그래 그 사랑이란 것 때문에 그래?

직　녀　(흑흑 느끼며 끄덕인다)

仙女八　직녀 사랑이 얼마나 중한지 모르지만 하늘나라 일도 좀 생각해 봐. 옥
　　　　황님께서는 늘 직녀 걱정을 하시어. 더구나 그동안에 베틀에는 거미줄
　　　　이 켜켜이 씨어서 말이 아니야. 하늘에 중한 직책을 맡어 놓구 이래서
　　　　야 쓰겠어? 직책이 중하지!

직　녀　알었어. 내가 잘못이야. 난 사랑이란 안개에 싸여서 맑은 하늘을 잊어
　　　　버렸었어. 직책이 중하구 말구.

仙女八　암 금강산이야 잠간 와 볼 데지 오래 살 데야 되나. 금강산에서 그만

치 살었으니 인저 玉京으로 가야지.

仙　女　그래 어서 玉京으로 가요. 그동안에 우리는 은하수에서 노래 부를 적
　　　　에나 月桂樹 밑에서 춤출 적에는 언제나 직녀 말을 했었어. 직녀가 없
　　　　어서 짝이 하나가 비는 걸.

직　녀　가요. 玉京으로 가요.

　　　　(仙女들 직녀를 데리고 무지게로 올라간다)

견　우　(뛰어 들어오면서) 직녀!

소　　　(따라 들어오면서) 아씨 이게 웬일이십니까.

견　우　직녀 여보 나를 두고 어디루 가요.

소　　　아씨 하늘법은 이러시오. 못하는 일입니다. 못하는 일이에요.

직　녀　─.

견　우　맹서도 잊어버리고 사랑도 잊어버렸단 말요.

직　녀　연분이 이뿐인 줄 아시고 내 걸음을 막지 마서요.

견　우　여보 玉京이 그렇게 가구 싶거던 가구려. (이어서 견우가 노래 부른다)

　　　　淸緣曲.

견　우　그리도 가고 싶은 玉京이든가.
　　　　　十年을 쌓은 살림 끊어지누나.
　　　　　잣나무를 다듬어 草堂을 짓고.
　　　　　돌무덕이 헤처서 밭을 맨들어.
　　　　　千萬年 살고지라 맹서튼 그대.
　　　　　무정타 이 離別이 어인 일인고.

　　　　(견우 쓸어진다)

소　　　직녀 아씨 직녀 아씨. 서방님 두시고 못 가십니다.

　　　　(사슴 아이를 데리고 들어온다)

사　슴　직녀 아씨 직녀 아씨. 아기네 두시고 어이 가리까.

아이들　엄마 엄마 어델 가요.
　　　　　우릴 두고 어델 가요.
　　　　　꼬까옷두 안 입을래.
　　　　　떡두 밥두 안 먹을래.

엄마 엄마 어델 가요.
엄마 엄마 어델 가요.

(직녀 와락 나려와 아이들을 안고 견우의 곁에 쓸어진다)

仙女들 직녀 직녀 어서 와요.
하늘나라로 어서 가.
무지게 아차 들리면은.
그리운 하늘 또 못 가리.
어서 와요. 어서 와―.

(직녀 反射的으로 아이들을 끼고 무지게에 오른다)

견 우 안되오 안될 말이오.
이것들 마저 보내곤.
내 마음 붙일 곳 없어―.
안되오. 안될 말이오.

(견우 아이들을 뺏어온다)

아이들 엄마―. 엄마―. 엄마―.

(견우의 품에서 우름 섞여 부른다)
(직녀 무지게에서 뛰어나려 견우의 품에 와서 아이들을 껴안고)

직 녀 이슬통 十年 동안 자자든 사랑.
내 어이 잊으리까 내 못 가리라.
아가야 우리 아가 울지를 말아.
하늘이 뭉어저도 내 못 가리라.
옥황님 살피소서. 죄 많은 직녀외다.
이 땅에 살다살다 한줌 흙 되럽니다.

(직녀 쓸어진다)

仙女一 오―라. 이게 인간 세상의 사랑이구나. 아닌게 아니라 그 불길에는 玉京
이라두 타겠다. (직녀에게로 나려와서) 여봐 직녀 참아 못 떠나구 참아
못 내놓는 情을 우리두 알겠소. 그렇지만 하늘로 안 갈 수야 있어! 견
우님두 아기네도 다 가치 가자우. 가서 옥황님께 이런 사연을 아뢰자우.

仙女八　좋아 그래서 하늘에서 살도록 하지. 옥황님두 선뜻 허락을 하실 께야.
仙女一　암 만일 허락을 안 하시거던 우리들이 모두 登場을 해서라도 꼭 허락
　　　　을 받도록 하지. (다른 仙女들을 돌아보면서) 그러자우!
一　同　그러지 그럼은요.
직　녀　(견우에게) 여보세요. 天上으로 가십시다. 우리의 사랑은 변치 않는 사
　　　　랑 땅에서 보다두 하늘에 알맞는 사랑이에요. 죽엄이 있고 변함이 있
　　　　는 땅보다도 영원한 천상으로 가십시다.
견　우　(끄덕이고) 좋아 가십시다. (소와 사슴을 가르치며) 저것들도 데리고
　　　　가지오. (소와 사슴 원하는 듯 굽실한다)
仙女一　좋지오. 다 가치 가요.
仙女들　그래.

　　　登仙歌. (名曲風)

　　　一, 이 땅에서 맺은 인연
　　　　　저 하늘에 다시 이어 (견우)
　　　　　해와 달이 맛기까지
　　　　　억천만 년 살으리라. 억천만년 살으리라. (견우, 직녀)
　　　　　지화자 지화자 지화자.
　　　　　랄랄라 랄랄라 랄랄라. (一同)
　　　二, 십 년 동안 비저진 꿈
　　　　　또 한 고비 다시 빚어 (직녀)
　　　　　밤과 낮과 끝을 이어
　　　　　억천만 년 살으리라. 억천만 년 살으리라. (견우, 직녀)
　　　　　지화자 지화자 지화자.
　　　　　랄랄라 랄랄라 랄랄라. (一同)
　　　三, 금강산 잘 있거라.
　　　　　억만년 잘 있거라.
　　　　　우리네 남긴 자최
　　　　　그대로 고이 품어
　　　　　금강산 잘 있거라.
　　　　　억만년 잘 있거라. (一同)

　　　幕.

銀河水

（견우직녀 第二部 天上篇）

▷ 서지사항 : 7경, 《춘추》 1942년 4월호
▷ 공연사항 : 라미라 가극단, 부민관, 1942. 1. 15.~
▷ 특기사항 : 1942년 1월 17일 라미라 가극단 일본 공연 출국,
　　　　　　　 1942년 4월 10일~30일 라미라 가극단 동경 공연,
　　　　　　　 1942년 8월 17일 재공연,
　　　　　　　 1945년 6월 26일 반도가극단과 성보악극단 재공연,
　　　　　　　 1945년 7월 14일 중앙극장에서 재공연

(作者의 말)

　나는 文士도 아니고 音樂家도 아니고 演劇人도 아닙니다. 어릴 때부터 詩, 文, 書, 畵 等 藝道에 對해서는 類 다르게 能이 없었습니다. 그래서 畢竟 藝術團內의 사람이 못되고 말았습니다. 그러나 藝術을 愛好 하는 마음은 또 類 다르게 强하였습니다. 藝術 자체의 向上과 發陽을 爲한 熱意, 民衆敎化에 對한 藝術의 役能과 價値를 高調하는 點에서도 人後에 멀어지지를 않았습니다. 그래서 二年 前에 朝鮮藝興社를 創設 하고 音樂 部門의 일로는 民謠를 주로 하는 明星合唱團과 歌劇을 주로 하는 羅美羅의 두 단체를 □□해 보았습니다.

　朝鮮藝興社의 趣旨와 方針 業績 等은 다른 期會를 얻으려 합니다마는, 低俗한 재즈 음악과 野卑한 流行歌曲이 一世를 風靡하는 中에서 藝興社는 모든 不利한 條件을 不拘하고 斷然 民衆藝道의 樹立, 健全娛樂의 提唱이란 目標를 固守하였든 것이니 그 동안 朝鮮서는 처음인 創作 歌劇 <콩쥐팟쥐> (第一回 發表) <견우직녀> (第二回 發表)의 公演으로서 이미 世評이 自在할 것입니다. 지금 發表하는 이 <銀河水>는 傳記와 같은 精神으로 나가는 羅美羅의 第三回 公演臺本이니 <견우직녀>의 續篇으로 第二部 天上篇입니다. (第一部는 羽衣傳說을 얽어넣은 地上篇)

　原來 歌曲, 舞踊, 演技의 綜合的 實演을 前提로 한 '臺本'인 만큼 읽어서 興味 날 作品이 못됩니다. 더구나 構成에 있어서 (一) 一時間 半 以內라는 時間의 制限 (二) 羅美羅 現在의 機構와 人的 要素의 考慮 (三) 地上篇의 續篇으로서의 制約 (四) 劇場, 設備, 觀客 等 모든 公演 條件이 參差不同한 地方公演의 可能 等等의 實際的 許多한 □점을 생각지 않을 수 없는 關係上, 自由로운 構想 下에서 빚어내인 '읽을 作品'이 못되는 것을 부끄러워합니다.

　이 <견우직녀>라는 天上의 아름다운 그리고 特히 簡單한 東洋傳說을 歌劇化함에 있어서 地上篇, 天上篇을 通하여 一貫한 생각은 땅에서는 하늘의 永遠性, 不朽性, 廣大, 淸靜 等等의 觀念的 世界를 希求하고 憧憬하되 하늘에 가서는 도리혀 具象的인 大地를 禮讚하고, '땅的'인 것을 高調하는 것입니다. 그래서 上界와 下界, 靈的인 것과 肉的인 것, 雅와 俗, 靑과 濁 等等의 모든 相反과 相克에서 究竟은 兩極의 調和, 大地의 大調和에 歸一한다는 것입니다. '사랑'을 主題로 함이 '견우직녀'의 傳說에 架空的 構成을 試驗해 본 생각의 줄거리는 이것이었습니다.

　그러나 이것의 具現은 作曲과 按舞와 演出, 그리고 裝置, 照明, 效果 等 舞臺技術陣과 아울러 演技陣의 功에 있을 것입니다. 能도 없는 筆者쯤은 그저 조고마한 發案者에 지나지 않이 합니다. 다만, 이번 것을 만들어놓고 싶고, 世上에 보히고 싶흔 精誠과 愛着과 感興은 一直線으로 强할 뿐입니다.

214

登場者

　　玉皇 (天上 主宰者)
　　太乙眞君 (首席 侍臣)
　　仙官들
　　侍童들
　　仙女들
　　月宮마마 (玉眞夫人)
　　月宮姮娥들
　　龍王 (風雨를 맡은 北海王)
　　風雲雷電들
　　牽牛 (大地의 아들)
　　織女 (견우의 안해된 仙女의 一人)
　　아이 甲乙 (견우 직녀의 아들)
　　소와 사슴 (견우 직녀의 侍僕格)
　　玉토끼와 白鶴들
　　烏鵲들

時

　　歷史에 없는 어느 해와 그 一年 後 七月七夕.

所

　　銀河水 附近 白玉樓.

第 一 景

白玉樓 城門 前

舞台

舞臺의 左手는 白玉樓 城門. 구름이 쌓인 담장의 一角에는 망루. 右手 빈 터. 舞臺 全體는 幻想的인 彩雲에 어린 雰圍氣. 구름 넘어 로 별빛이 찬란.

(序曲이 끝나자 幕이 열리면 照明은 밤 五更쯤 望樓 밑, 담장가에 소와 사슴이 쭈구리고 앉아서 조을고 있다 바람이 차다 추운 듯이 소는 사슴에게로 닥어앉고 사슴은 외면하는 양 玉토끼 한 雙이 춤추며 登場)

1. [토끼춤] 黎明曲 (地上篇 原曲 全部)

(토끼춤에 잠이 깨인 소와 사슴은 놀란 듯이 일어나 잠이 덜 깨인 눈으로 이리저리 구경한다 차츰 춤에 醉하는 表情이다)

소　　　(춤이 끝나자) 아- 이거 토끼 生員 아니오?

사　슴　生員이 아니라 각씨구만.

소　　　참, 각씨들 춤, 어쩌면 그렇게두 잘 추? (하면서 토끼한테로 닥어선다 사슴도 딸아 선다 토끼는 이상한 괴물이나 만난 듯이 놀래여 피한다)

소　　　(自己를 가르키며) 나는 소요, 소. 토끼 잡어 먹는 호랑이가 아니오. (사슴을 가르치며) 이 분은 사슴 아가씨구. 조선 땅 금강산서 살다가 요 얼마 전에 하늘로 왔지요.

토끼一　(그제야 안심한 듯이) 아이 그러면 저 직녀 아가씨와 가치 온 一行이시구만 그래.

소　　　네, 그렇습니다. 에헴, 내가 바루 견우 서방님과 직녀 아씨를 모시고 있던 소첨지요. (하고 억개를 웃슥하면서 사슴을 보고 빙그레한다)

토끼二　우리는 깜짝 놀랬어요. 지옥에서 빠저 나온 귀신들인가 해서요……. (하고 방글방글 웃는다)

소　　　거 말씨 고약하다. 그런데 참 잘됐군요. 우리가 지금 한울이 초행인데, 촌계관청1)으로 어디가 어딘지 알 수가 있어야죠. 여기는 白玉樓라고 합듸다마는 저기 저 굉-장한 데는 대관절 무엇 하는데요?

---

1) ‘촌닭 관청에 잡아온 셈이다’와 같은 뜻.

토끼一   거기는 玉皇님 계신 靈宵賓殿이애요?

소   헤- 영소보전! 저기는요?

토끼二   거기는 부처님이 설법하시는 靈山道場이구요.

사 슴   저기는? (하고 다른 方向을 가르킨다)

토끼一   거기는 月宮이애요. 하-얀 水晶으로 지은 집이 월궁마마가 계신 廣寒
          殿이구, 뜰 앞에 있는 것이 계수나무…….

소   하-. 그럼 각씨들이 바루 저 나무 밑에서 떡방아를 찟는구만.

토끼一   떡방아가 아니라 藥을 찟는답니다. 神仙丹藥을…….

소   (혼잣말 모양으로) 홍! 인절미 방아가 아니라 약 방아라……?

사 슴   (갑작이 다른 곳을 보면서) 저 바요. 저기 갈메기가 나라오네.

토끼二   그건 靑鳥새예요. 銀河水 저 편으루 편지 날르는…….

소   참 저게 銀河水로구만. 거 물이 잘- 흐른다. 저 물에두 문어랑, 낙지랑,
          도미랑, 준치랑, 칼치, 넙치, 대구, 명태…….

토끼一   아이구 무슨 말인지 못 알아듣겠네.

사 슴   (소를 흘겨보면서) 너무 수선 피지 마세요!

소   았다 하늘에 왔으니까 하늘 이야기 좀 들어봐야 하지 안수?

토끼一   (어리광부리듯) 하늘 이야기는 인제 차차 듣구 보구 하실 텐데 땅 이야
          기나 해 주세요. 네? 땅 얘기…….

소   땅 얘기? (사슴을 보면서) 무슨 얘끼부터 할가……. 금강산 얘기를 할
          가?

토끼들   네, 네, 금강산 얘기 해 주세요. (재미난 듯이 좋와라고 호기심 가득한
          표정으로 듣는다)

소   (신이 난 듯이 웃줄 거리면서) 우선 땅에서 부르든 금강산 노래부터
          한마디 하구요.

2. [바리톤 獨唱] 金剛點考 (地上篇 原歌曲)

(소)   금강금강 금강산.
          구름 우에도 萬千峰 구름 밑에도 萬千峰.
          봉오리 疊疊 外금강 골재기 重重 內금강 바다에 點點 海금강.

소   어때요, 토끼 각씨! 萬二千峰이라구. 금강산은 첫째 봉오리 많기로 유
          명하지요. 봉오리 많으니 골재기 많고, 골재기 많으니 바위가 많고, 바
          위가 많으니 샘물이 많고, 샘물이 많으니 폭포가 많고, 폭포가 많으니

못이 많구, 못이 많으니 시내가 많고, 시내가 많으니……. 에- 시내가
많으니 믯그라지2)가 많고…….

사 슴　믯그라지라니요? 호호호.

소　　　그럼 붕어 색긴가? (一同 하하 하고 제풀에들 웃는다)

토끼一　그 담엔 또 무에 있어요.

소　　　나무로 이를테면 소나무에 잣나무에, 호도나무, 가랑나무, 박달나무, 대
　　　추나무, 참나무, 밤나무, 선나무, 앉은나무, 누은나무, 기는나무……. (사
　　　슴은 웃음을 참노라 힘쓰고 토끼들은 어리둥절한다)

토끼二　아이구 기는 나무도 있어요!

소　　　암, 그러기에 천하명승이지요. (손과 몸으로 흉내내면서) 萬丈絶壁에서
　　　떨어질 듯이 떨어질 듯이 기는 듯이 기는 듯이…….

토끼들　아이구 재미나! 또요.

소　　　또? 먹을 것으로 말할 작정이면 송이버섯, 석의버섯, 靑고사리, 白도라
　　　지, 이슬아치 머루다래……. (이때 사슴이 무엇을 追憶하듯이 생각하드
　　　니 옛날 노래를 부른다. 소도 따라 부른다)

3. [男女重唱] 樂山樂水歌 (地上篇 原歌曲 一幕)

(사 슴)　송이버섯, 석의버섯.

(사슴, 소)　청고사리 백도라지 이슬아치 머루다래.
　　　　　먹을 것이 없을 건가 먹을 것이 없을 건가.

(사슴, 소)　내리치는 폭포수에 부서지는 구슬물에 잘잘샘에 졸졸샘에.
　　　　　마실 물이 없을 건가 마실 물이 없을 건가.

토끼들　아이 참 듣기 좋와!

사 슴　견우 서방님과 직녀 아씨가 불르시든 노래랍니다.

소　　　이 노래 저 노래 불르시면서……. 참 두 분 살림이 오붓했었지요. (하고
　　　사슴을 흘근 처다면서 바지를 축겨 입는다 사슴은 부끄러운 듯이 외면
　　　을 한다)

토끼一　아이 참! 직녀 아가씨 얘기하세요. 네? 네?

소　　　조-치요. 그 이야기라면 아주 떼논 당상입니다. 자-들읍지요. 내가 견
　　　우 서방님 모시고 금강산 구경 갔시요. 그랬더니 이 사슴 아가씨가 포
　　　수에게 총을 탕! 맞었구려. 이 토실토실한 다리에……. (하고 또 사슴을

---

2) 미꾸라지.

218

본다 귀여워서 못 견뎌하는 風情이다)

토끼들　아이구 저를 어쩌나!

소　　그래, 쫓겨 오는 것을 숨겨 들였더니, 은혜를 갚으신다구 마츰 八潭으로 목욕하려 내려오신 직녀 아씨의 옷을 훔쳐겠지요. 하늘로 못 올라가시게스리…….

토끼들　어쩌문! 그래서 어찌 됐어요.

소　　어찌 되긴 어찌 돼요. 견우 서방님과 맞나게 됐구 금강산서 사시게 됐지요. 그래 애기두 보구 해서 十年 동안이나 깨가 쏟아지게 사시는데 이 아가씨가 훔쳐 갔든 옷을 내놨구려! 그래 직녀 아씨는 하늘 생각을 다시 하시구 그만 집을 뛰여나섰습니다 그려. (눈을 감고 回想하는 듯이) 서방님은 탄식을 하시구 아기네는 엄마를 부르구……. 그때 그 광경이란 참 기가 막혔읍네다. (토끼들도 그럴 상 싶다는 듯이 머리를 끄덕인다)

소　　그래서 내가 "직녀 아씨 직녀 아씨 서방님 두시곤 못 가십니다." (地上篇 原曲一部) 하고 울음으로 만류했지요.

사　슴　어디 自己만 했나.

소　　참, 둘이 가치서 울구 불구 하는데 아, 직녀 아씨는 아기네까지 다리구 가시려구 들겠지요. 그래서 그만 우리 서방님이 "안되오 안될 말이오." (地上篇 原曲一部) ……. 하고 그 좋은 목청으로 하늘이 뚫어지라고 소리를 질르셨지요. (토끼들은 마른 기침을 삼킨다)

소　　(한참 있다가 풀이 죽은 듯이 비창한 어조로) 그래 한참 승갱이를 하다가 모두 하늘루 오기루 돼서 이렇게 오긴 왔는데 玉皇님의 분부시라구 도무지 만나지 못하게 합니다. 그려! 이럴 법이 어디 있어요.

토끼一　아 그러세요. 오늘 이 白玉樓에 玉皇님이 행차를 하신대요. 그래서 무슨 분부를 내리신다드니 그럼 그 일인가 보군요.

소　　(성난 듯이) 그래 하늘과 땅이 원래 한 쌍인데 견우님과 직녀 아씨가 한 쌍이 되어서 살지 못하란 법이 어디 있담! 하늘법이 이렇다면 내사 하늘에 안 살겠오. (하고 혼자 흥분한다)

사　슴　큰소리 마세요. 괜이 그런 소리했다가…….

소　　못할 게 무에람! 입은 삣두러저두 말은 바루 하라구, 내사 四十이 넘은 놈이 인제 죽어도 한이 없소……. (혼잣말 모양으로) 총각으루 늦게 된 신세가 섧지……. (하고 또 사슴을 물끄럼히 바라다 본다 사슴은 눈을 피한다)

토끼들   (소가 성내는 바람에 어쩔 줄을 모르다가) 그럼 우리는 가요. 또 뵙겠
         어요.

소   (성이 풀리지 못한 태도로) 네-잘들 가시우. 가시거든 月宮마마님께 이
         런 冤情이나 하여 주-.

소   (토끼들 退場하자 혼자 말 모양으로) 서방님은 또 지금 어디서 무얼 하
         시는지!

사 슴   애기들은 또 울구 있을 걸요. (소와 사슴은 풀이 죽은 채 시름없이 앉어
         서 白玉樓만 처다본다 이때 舞臺 한 편에서 피리 소리 들리더니 견우
         가 아기를 다리고 登場한다)

4. [兒童倂唱] 어머니 (童謠風)

(아이들)   어머니 울 어머니 어드메 게십니까.
           아버지 우십니다. 우리도 또 웁니다.
           어머니 울 어머니 어느 때 오십니까.
           어머니 그리워서 눈물만 흐릅니다.

소   서방님, 안녕히 주무셨습니까?

         (사슴도 따라 인사한다)

견 우   응 잘들 잣늬?
사 슴   애기들 잘 잤슈?
아 이   (머리를 가루 흔들며) 어머니 보구 싶어 잠이 안 와! (하고 울 듯 울 듯
         한다) 아버지, 그런데 어머니는 언제 맞나우, 응?
견 우   차차 맞나지. (하고 얼른 은하수 편을 가르키면서) 너, 저 은하수 강변
         에서 춤추는 학 두루미 바라.
아 이   (말에 끌린 듯 눈에서 손을 떼며) 어디.
견 우   (소와 사슴을 보고) 애기들 데리구 저 강변에 가서 놀지.

         (사슴과 소, 머뭇거리다가 애기들 다리고 退場. 견우 질겁하듯이 서서,
         허공만 바라본다 白玉樓 안에서 부르는 <羽衣曲>(原歌原曲 一部) 소리
         가 풍편에 들린다 견우 갑작이 흥분되여 노래 부른다)

5. [테너 獨唱] 千里咫尺 (名曲風)

(견 우)   玉京 十二樓를 싸고 도는 저 구름아.

220

견우의 이 心懷를 넨들 아니 모를 거냐.
白玉樓 풍경 소리에 가슴 아퍼 하노라.
땅에서 맺은 인연 하늘에 다시 이어.
천상 無窮樂을 누릴가 바랐더니.
허랑도 하여라. 지척이 千里로다.

(견우 노래를 끝내고 피리를 불면서 退場 빈 舞臺에 피리 소리만 남는
다 이때 望樓에 직녀가 나타나서 피리 소리를 듣다가 노래 부른다)

6. [소프래노 獨唱] 피리의 추억 (名曲風)

(직 녀) 저 피리 저 피리 소리 꿈에 잣든 저 피리 소리.
        금강山 十年 동안 귀에 익든 저 소리.
        이 가슴 구비구비 울려놓은 저 소리.
        저 피리 저 피리 소리 님이 부는 저 피리 소리.

(노래를 끝내자 쇠약과 自己 感激에 그만 쓸어진다) (照明 暗轉)

第 二 景

白玉樓 內部

舞台

照明이 밝아지면 舞臺는 白玉樓 內部. 右手에 出入 正門이 있고 正面
高臺에 玉座, 中階의 左右에 空席 二個. 下階는 뜰. 오색찬란한 照明 속
에서 七仙女의 춤과 노래.

7. [仙女의 춤] 羽衣曲 (地上篇 原歌原曲 全部)

(仙女들) 우리는 하늘의 딸 우리는 하늘의 딸.
        햇나라 달나라 별나라 꽃송이.
        은하수 강변에 피여난 꽃송이.
        月桂樹 그늘에 춤추는 꽃송이.
        우리는 하늘의 딸 우리는 하늘의 딸.
        햇나라 달나라 별나라 꽃송이.

(노래 끝낼 무렵에 右手로 仙官 四五 名이 登場 舞踊步調로 노래 부른다 七仙女도 따라서 부른다)

8. [混聲合唱] 玉京歌 (名曲風)

(仙官들)　여기는 하늘나라 영겁에 참된 나라.
(一同 齊唱)　日月星 三光에 빛나는 나라.
(仙官들)　여기는 하늘나라 영겁게3) 착한 나라.
(一同 齊唱)　日月星 三光에 빛나는 나라.
(一同 齊唱)　玉皇님 한 뜻으로 마련한 森羅萬象 영겁에 영겁에 아름다워라.

(노래가 끝나자말자 玉皇 行次를 象徵하는 풍악이 들린다 仙官仙女는 左右로 갈러서서 行次를 마지 하는 姿勢 풍악에 맞추어 莊重한 步調로 玉皇 登場 侍童은 앞을 서고 太乙眞君이 뒤를 따른다 玉皇은 高臺에 座御, 侍童은 兩便에 侍立하고 太乙眞君 中階 左便 空席에 坐定 자리가 정돈되자 白鶴 한 쌍이 들어와서 춤을 춘다 仙官仙女는 스윙 하는 포즈로 鶴舞에 和唱 男聲은 둥둥 女聲은 라라라)

9. [鶴舞] 靈仙曲 (舞樂 中 靈山會相)

玉　皇　(춤과 노래가 끝나자) 직녀가 안 보히니 웬일인가.
眞　君　病勢가 심하야 拜謁치 못하는가 보옵니다.
玉　皇　病?
眞　君　아뢰옵기 惶恐하오나 견우를 맞나지 못하게 하라시는 분부를 듣잡고 傷心이 되었나 보옵니다.
玉　皇　(잠간 무엇을 생각하시는 듯) 그래 약은 썼든가.
眞　君　가진 藥을 썼아오나 百藥이 無效로소이다.
玉　皇　그러면 무슨 별다른 道理가 없을가. (玉皇 말슴이 끝나자말자 仙女 一同이 어전에 나서면서 노래로 上訴, 仙女가 끝나자 仙官이 나서며 노래로 또한 上訴, 이 같이 仙官 仙女가 노래로 上訴를 返覆한다)

10. [混聲合唱] 仙官仙女 上訴 (사설風)

(仙女一同)　玉皇님 듯조시오.
(仙　女)　직녀의 목숨 경각에 달려사오니 애닯은 운명을 어이하오리까.
(仙官一同)　玉皇님 듯조시오-.

---

3) '영겁에'의 오자인 듯.

222

(仙　官)　직녀의 사정 진실로 가련하오나 뚜렷한 율법을 어이하오리까.
(仙女二)　지는 꽃도 없는 이 玉京에.
(仙官一同)　지상 행락 가당이나 하오리까.
(仙女一同)　맺어진 사랑의 지정을 玉皇님 굽이 살피소서-.
(仙官一同)　거룩한 玉京의 율법을 玉皇님 굽어 살피소서-.

　　　　(노래가 끝나자 곧 이어서 龍王을 意味하는 전주와 함께 北海龍王이 억세인 거름으로 뚜벅뚜벅 登場하야 노래로 上訴)

11. [바리톤 독창] 龍王 上訴 (短歌風)

(龍　王)　그렀소이다.
　　　　거룩한 玉京 율법 옥황님 살피소서.
　　　　夫婦同居 한다는 말 말부터도 千萬不當.
　　　　직녀 사정 가련하나 玉京 율법 살피소서.
　　　　俗世風情 人間愛情 초탈하온 이 옥경에.
　　　　개벽 이래 없든 분부 나리시지 마옵소서.

龍　王　(노래를 끝내고 玉皇 앞에 나아가 허리를 굽히고) 邊方에 있는 小臣이 무엇을 아오리까마는, 근래 견우가 올라온 후로 이 玉京에는 야릇한 안개가 끼어서 玉京 淸道의 맑은 기운을 흐리게 하오니 하루 바삐 견우 一行을 下界로 放逐함이 至當할까 아뢰옵나이다. (龍王 사뢰고 물러나 仙官들의 첫 자리에 선다)

玉　皇　직녀를 이리 나오게 하라. (이때 담장 넘어로 견우가 안을 살핀다)

　　　　(仙女 두 사람이 들어가 직녀를 부축하고 나온다 그늘진 얼굴, 흐터진 머리, 힘없는 걸음으로 계절 앞에 업드리는 모양 몹시 哀憐하다)

玉　皇　(부드러운 語調로) 직녀 듣거라. 네 뜻과 네 情狀을 모름이 아니라 玉京 율법을 너도 모를 理 없겠지. 네 마음에 그 같이 번뇌가 있음은 아직도 옥계수양4)이 부족한 터이니 下界情緣을 단연하고 맑은 精神을 수습하야 흐린 마음을 깨끗이 씻으면 어떤가.

직　녀　사뢰옵기 당돌하오나 마음 깊이 맺어진 매듭, 풀리고 풀리고 百 번 千 번을 애쓰오나 풀릴 길 없나이다.

---

4) 옥계수양 : 옥같이 맑은 물이 흐르는 계곡에서 수양하는 것을 의미하는 듯.

玉　皇　道를 닦으면 그는 차차 풀려지려니와 우선 견우를 下界로 내려 보내면
　　　어떤가.

직　녀　(돌연 머리를 들어 臺上을 처다 보며 울음 섞인 말로) 옥황님 옥황님
　　　황공하오나 그러면 소녀도 다시 下界에 내려가게 하여 주옵소서.

玉　皇　너는 하늘에 맡은 직책이 있으니 그는 될 수 없는 일이다.

직　녀　그러면 차라리 차라리……. (하고 기절한다 이때 담장 넘어로 견우가 뛰
　　　여 들어오면서 정열적인 노래를 부른다)

12. [테너 독창] 견우 直訴歌 (名曲風)

(견　우)　玉皇님 듯조시오-.
　　　　玉界의 율법 위해 견우가 죽소이다.
　　　　七寶劍 드는 칼로 이 목을 잘르소서.
　　　　옥황님 듯조시오-.
　　　　大地의 精氣 받은 견우의 끌른 피로.
　　　　싸늘한 이 玉京을 데일가 하나이다.

(노래를 끝내고 직녀의 곁에 와서 업드린다 직녀는 아는 듯 모르는 듯)

견　우　처분을 기다리나이다. (一同 당황한 듯 場內는 一瞬 凄壯한 기운이
　　　돈다)

玉　皇　(자못 성가신 語調로) 견우 제 아무리 제 뜻이 있다 한들 이렇게 당돌
　　　할 수가 있을가…….

龍　王　(기회를 얻은 듯이 선득 나서며) 견우가 大地의 아들임을 자세로 이
　　　같이 無禮하오니 엄벌하심이 합당한 줄로 아뢰나이다.

眞　君　(정중하게 일어나 玉皇께 국궁5)하면서) 견우 진실로 당돌한 혐의 없지
　　　아니 하오나, 大地의 아드님이라, 박대함이 도리가 아니옵고, 또 그 뜻
　　　과 용기와 기상이 비범하야 녹녹치 아니 하오니 광대 무량한 성덕을
　　　베프사 자비하신 처분을 나리옵소서. (이때부터 직녀 정신을 차리는 듯
　　　옥황께서도 노음이 풀리신 듯 이 지음 月宮 行次를 象徵하는 풍악이
　　　들리자 柔閒하고 稚淡한 步調로 月宮마마가 登場. 앞에는 玉토끼 뒤에
　　　는 항娥6)들이 따른다)

---

5) 국궁(鞠躬) : 존경하는 뜻으로 몸을 굽힘.
6) 항아(姮娥) : 달에 산다는 선녀의 이름.

13. [앨토 獨唱] 月宮 上訴 (名曲風)

(월　궁)　玉皇님 듯조시오-.
　　　　　땅에서 하늘까지 한 길로 뻗은 사랑.
　　　　　두 마음 한결같이 단단히 맺은 사랑.
　　　　　어엿부게 역이소서[7] 갸륵하게 살피소서.

월　궁　(노래를 마치자 玉皇 앞에 나아가) 天下萬物이 모다 성덕을 입사와 영
　　　　화를 누리옵거니 (노랫調로) "한창 피던 꽃봉오리 피자마자 서리 맞어
　　　　날로 때로 시드는 양 참아 어이 보오리까." 동거는 부당 하옵거니와 견
　　　　우도 또한 별을 만드사 하늘 직책을 맞겨 두시오면 성덕에 빛이 될까
　　　　하옵나이다.

　　　　(玉皇이 시동을 시켜 月宮을 인도하야 中階에 坐定케 한다 玉토끼 左右
　　　　에 侍立하고 姮娥는 뒤에 늘어선다)

玉　皇　(부드러운 語調로) 견우와 직녀는 머리를 들어 臺上[8]을 볼지어다. (견
　　　　우와 직녀 쳐다본다) 天上 生活은 下界와 다른지라, 서로 맞나지 않어
　　　　도 좋을진대 견우를 이 玉京에 두어도 무방하니 생각들이 어떤가.
견우·직녀　(감격하야) 자비하옵신 성덕, 그저 황공하옵니다.
玉　皇　(만족한 표정으로 眞君을 向하야) 견우와 직녀에게 天上의 광대한 道理
　　　　를 설법하야 아득한 번민을 깨우치게 하라.
眞　君　(玉皇께 국궁하고 소리를 가다듬어) 견우와 직녀 들을 지어다. 사랑이란
　　　　萬德의 근본이라 天上 地上에 다를 배[9] 없으나 그러나, 눈으로 보는 사
　　　　랑과 귀로 듣는 사랑, 웃음에 피고, 눈물에 젖는 사랑은 生命이 짜르고
　　　　기틀이 좁은 사랑이니 六合[10]에 한 뜻이 돌고 八紘[11]이 한 집을 이룩
　　　　한 하늘 도리에 맞을 理 없다. 五官과 七情을 초탈한 사랑, 진실로 마음
　　　　과 마음이 맺어진 사랑일진대 天涯萬里를 떨어저 있다 하여도 調和의
　　　　즐거움이 지척에 彷彿할지라. 맞자면 갈라지는 一室同居에 比할 바 아
　　　　니니 이 眞理를 깨닷고 번뇌를 물리처, 광대무량한 하늘 道理에 歸一하
　　　　도록 힘쓸 지어다.

---

7) 어여쁘게 여기소서.
8) 대상(臺上) : 높은 대(臺)의 위.
9) 바.
10) 육합(六合) : 천지와 사방을 통틀어 이르는 말.
11) 팔굉(八紘) : 여덟 방위의 멀고 너른 범위라는 뜻으로, 온 세상을 이르는 말.

(견우와 직녀 叩頭하고 玉皇은 滿足한 表情이시다)

玉　皇　소와 사슴은 本性이 天上에 맞지 않을 뿐 아니라, 또한 제각기 말은
　　　　땅에 직책이 重大하니 내려가게 할 것이고, 아이들은 侍童을 삼아 가까
　　　　이 둘 터이니 後□의 걱정은 없으렸다. (다시 眞君을 向하야) 직녀는
　　　　白玉樓 주인으로 仙女와 함께 이 곳을 직히게 하고 견우는 銀河水 저
　　　　편 견우성을 직히게 하야 天上 영화를 영겁에 누리도록 卽日 마련하라.
眞　君　분부대로 봉명하오리다. (견우와 직녀 일어나 玉皇께 절하고 성덕을 노
　　　　래 부른다 北海龍王은 不快한 듯이 머리를 숙이고 不言不笑, 眞君을 비
　　　　롯하여 月宮, 仙宮仙女姮娥, 토끼를 一齊히 和唱한다)

14. [混聲合唱] 感恩歌 (名曲風)

(직　녀)　銀河 강변에 사랑의 별이 되니 과분하여라. 이 어인 꿈이런가.
(仙女들)　지화자 경사로다.
(姮娥들)　견우직녀 경사로다.
(仙官들)　둥둥 두리둥 둥둥.
(견　우)　지상 인연을 천상에 또 이으니 감격하여라 이 어인 행복인가.
(仙女들)　지화자 경사로다.
(姮娥들)　견우직녀 경사로다.
(신관들)　둥-둥두리둥둥-둥.
(견우·직녀)　거룩하옵신 玉皇님 자비하옵신 玉皇님.
　　　　　　만수무강 하옵소서 만수무강 하옵소서.
(一　同)　女聲은 라라라 라라라라 라라라.
　　　　　男聲은 두리둥 둥둥둥둥.

照明 暗轉.

第 三 景

白玉樓 城門 外

舞台

第一景과 동일한 白玉樓 城門 前이나 望樓가 안 보이는 다른 一角. 빛이 잘 드는 양지측 담장이다. 照明이 밝어지자 사슴은 서서 멀리 허공을 바라다보고, 손은 구름 언덕에 앉어서 무슨 생각을 하는 듯, 바닥에 무엇을 그린다.

소　　　여보 사슴 아가씨, 이게 下回12)가 어찌 될 상 싶소.

사　슴　무슨 下回가…….

소　　　무슨 下回라니? 서방님 下回, 아씨 下回, 당신 下回, 내 下回…….

사　슴　되는 대로 되겠지요.

소　　　거, 왜 그렇게 붙임성 없이 쌀쌀하기만 하우. 하늘에 왔으니 인제 속두 좀 툭-티여 놓구 봅시다. 그려! 네? 사슴 아가씨!

　　　　(사슴은 웃을 듯 웃을 듯한 표정으로 소를 바라다보기만 하고 아무 대답이 없다 소는 능글능글한 태도로 사슴을 흘겨본다)

소　　　　하룻밤을 자두 萬里長城을 쌓는다는데, 그래 우리가 사귄 지도 벌써 十年이구……. 또 이렇게 하늘에까지 가치 와서 그렇게 매정해서야 어디 쓰겠소.

사　슴　어디 제가 매정하다구 그러세요. 괜이 꼬집어 뜯는 셈이시지……. (하고 아양 삼아 뾰루퉁해 보인다 소는 연방 바지를 축겨 입으면서 씨글벙글 웃는다)

소　　　인제 아가씨두 시집을 가서 아들 딸 낳구 살림해 보시오. 세상 물정을 알게 될 테니…….

사　슴　또 저런 소리……. (하고 새침을 뗀다)

소　　　헤헤헤 아가씨는 땅에서나 하늘서나 매 한 가지 새침댁이야……. 이리 오시우. 이리 앉어서 우리 얘기나 합시다. 그런데 말이요, 내 지금 곰곰히 생각해 봤는데, 암만 해도 싹시 틀린 상 싶소. (사슴 앉는다) 애기네는 불리워 갔고, 서방님은 담장을 뛰여 들어갔구…….

사　슴　글세요. 맘이 조려 죽겠군요.

---

12) 하회(下回) : 어떤 일의 결과로서 빚어진 상황이나 결정.

"

소　　　암만 해도 우리들의 十年 積功이 나무아미타불이 되나 보오.

사　습　어떻게요?

소　　　어떻게라니오. 모두 쫓겨갈 듯 하단 말이죠.

사　습　도루 가게 되면 갔지, 어쩌우.

소　　　(한참 생각하다가) 그래! 내려가게 되면 우리는 선뜻 내려갑시다. 실상
　　　몇칠 두고 사라보니 하늘이란 애당초에 못 살 데로구만. 원 그래두 무
　　　에나 좀 텁텁하고 푹신푹신하고 훅근훅근 해야 붙어 살 맛이 있지. 아
　　　요렇게 딱거낸 듯이 말죽하고야 어떻게 산담! 물두 너무 맑으면 고기가
　　　없는 법인데…….

사　습　깨끗하고 맑지요……. 그러니까 하늘이 아니예요.

소　　　하늘이건 무에건 그러니까 못살 데란 말이오.

사　습　누가 우리 더러 살아 줍시오 살아 줍시오 하는가요.

소　　　그러니까 우리는 못살 데란 말 아니오? 첫째 이거 밤낮 안개나 마시구,
　　　이슬이나 할터 가지구야 어디 셈이 되우?

사　습　여기는 별들이 사는 데니까 그러치요.

소　　　그러니까 우리는 못살 데란 말이오.

사　습　난, 玉皇님이 허락만 하시면 여기서 별이 될 테에요. 빨간 별이 돼 가
　　　지구 반작거리며 살아볼 테애요.

소　　　글쎄……. 그럼 나두 별이 돼 볼가……:?

사　습　호호호. (자즈러지게 웃는다) 아-니 방금 땅으로 간다구 욱이시드
　　　니……. 호호호.

소　　　히히히. 당신이 안 가신다니 그러죠……. 그런데……. (이때 견우가 좀
　　　씩씩한 태도로 登場한다 소와 사슴이 반겨서 마조하며 굽실)

소　　　서방님 대관절 어찌 됐읍니까?

견　우　잘됐지. 천상에서 살기루 됐어!

소　　　야- 멋지다. 萬歲! 그런데 아씨는 안 나오십니까?

견　우　인제 뒤밋처13) 나올 거야.

사　습　애기들은요?

견　우　아이들은 玉皇님 시동으로 영소보전에 가 있게 됐어.

소　　　네-? (하고 좋게 된 일인지 나쁘게 된 일인지 작정 못하는 심경이
　　　다 사슴도 따라서 눈만 크게 뜬다)

소　　　그러구 서방님께서는 아씨와 같이 이 白玉樓에서 同居하십니까?

---

13) 뒤미처 : 그 뒤에 곧 잇따라.

228

견 우 아니야! 하늘법에 同居는 없어. 나는 저 은하수 건너편에 가서 견우성을
      직혀야 해! 같은 하늘에 살게 되니 同居 아닌가. 오막살이 同居에서 고
      대광실 同居로 승차한 셈이지.
사 슴 그럼 자주 맞나시기는 하나요?
견 우 그럴 일두 없겠지. 이 길을 떠나면 맞날 기약도 없는 거야. (하고 다소
      비감한 표정이다)
소   (깜작 놀래면서) 아―니 맞나지두 못한다……. 이거 어디 하늘법이란 알
      아먹을 수 있어야지. (혼잣말 모양으로) 아, 夫婦란 異身同體라고 하는
      건데, 이 편 저 편에 갈러 있는다! 게다가 맞나지도 못한다! 원 이래서
      야 사람은 고사 막록하고 쥐색긴들 붙어 살 수가 있겠습니까? (견우는
      가벼웁게 허허 웃는다)
소   (갑작이) 서방님!
견 우 웨!
소   어서 내려갑시다. 땅으로 갑시다. 금강산이 여북 좋와요. 거 여기는 천
      하 고약한 데루군요.
견 우 하하하. (웃다가 갑작이 생각난 듯이) 참, 첨지와 사슴은 도루 내려가기
      루 됐어―. 땅에 직책이 있으니까…….
소   네―? (하고 예기14)했든 듯이 별로 놀래지도 않고, 사슴은 서운한 듯이
      금방 풀이 죽는다)
견 우 내일 월궁에서 약찟는 놀이가 있다니 구경들이나 하구 내려가지…….
      서운하다면 서운한 일이나 크게 생각하면 매 한 가지야!
소   저이들이야 내려가두 상관 없읍지요마는 두 분 곁을 떠나는 게 도
      무지……. (목이 메여한다 사슴도 따라서 느낀다 이때 직녀가 登場한
      다 소와 사슴은 와락 닥아서면서)
소·사슴 아씨! (하고 또 느낀다)
직 녀 모두들 그동안 고생 했겠구려. 하루두 가치 앉어보지 못하고 또 갈리
      게 되니…….
사 슴 지이들이야……. 하지만 아씨께서는 또……. (말을 맺지 못한다 직녀도
      따라서 쓸쓸해한다)
견 우 (직녀의 억개를 가벼히 만지며) 여보 슬쓸해 하지 말우. 나는 오늘
      깨다른 듯했소. (혼잣말 모양으로) 눈에 보이는 사랑, 귀에 들리는 사
      랑, 웃음에 피고 눈물에 젖는 사랑은 생명이 짜르다고. 그러치! 五官

---

14) 예기(豫期) : 앞으로 닥쳐올 일에 대하여 미리 생각하고 기다림.

을……. 上情에 부디치는 사랑은 이 광대한 하늘도리에 맞을 리 없
지! (소와 사슴은 울음을 끝이고 정중하게 듣는다 직녀는 머리를 숙
이고 있다)

견 우　(한층 더 부드러운 말씨로) 여보 직녀! 우리는 영혼과 영혼으로 맺어
　　　진 사랑이니 천리만리를 떠나있은들 무슨 상관이 있소. 백 년 천 년을
　　　맞나지 못한들 무슨 걱정이 있겠소. 우리 맘 돌려보기로 합시다. 네?
　　　(하고 더 한칭 직녀를 가까이 닥어만지면 달래는 風情이다)

직 녀　(울음 섞인 목소리로) 네네, 잘 알겠어요. 제 걱정은 마시고 부디부
　　　디……. (이때 멀리서 종소리가 한번 뗑- 견우, 직녀의 손을 잡는다 서
　　　로 마조보면서 비장한 표정으로 노래를 부른다)

15. [男女倂唱] 惜別曲 (名曲風)

(견 우)　직녀여 직녀! 金石 같이 굳은 맹서.
　　　　　행여나 잊으리다 행여나 잊으리다.
(직 녀)　견우님 견우! 땅과 하늘 바뀌온들.
　　　　　두 마음 있소리까 두 마음 있소리까.
(소)　　　견우 서방님 안녕히 가십시오.
(사 슴)　견우 서방님 안녕히 가십시오.
(견우·직녀)　그러면 부디부디 그러면 부디부디.
(一 同)　저 땅에서 맺은 인연 이 하늘에 다시 이어.
　　　　　千萬年 살아지이다. 千萬年 살아지이다.

(노래 끝나자 照明은 두 사람에게 集中 鍾소리 두 번째 뗑- 말없이 손
을 잡은 채 두 사람 사이는 조곰식 멀어진다 소와 사슴은 不動 姿勢로
견우와 직녀를 注視 세 번째 鍾소리와 함께 두 손은 갈러진다 同時에
照明 暗轉 割幕 下)

第 四 景

白玉樓 附近

舞台

白玉樓 附近 어느 길 모퉁이. 照明의 변화를 받을 수 있는 割幕. 左右
角에는 약간의 구름장치. 照明이 밝어지면 소와 사슴은 구름 가에 경황
없이 앉어 있다.

소　　　서방님두, 아씨두, 애기들두, 다 그렇게 그렇게 됐으니 우리두 인제 내
　　　　려갈 준비를 합시다. 그려!

사 슴　글세요, 그리 급할 게야 있어요? 이왕 왔든 김이니 月世界라두 구경하
　　　　지요.

소　　　그까짓 것 구경해서 무얼 하오. 땅에는 千개두 萬개두 있는 달을…….

사 슴　千개 萬개라니요? (깜작 놀랜다)

소　　　아, 비로봉에만 앉어봐두 萬瀑八潭 어데나 달 없는 곳이 없지 않어요?
　　　　구버 보는 달이 더 좋습넨다.

　　　　(이때 玉皇 行次曲이 들린다 幻想的인 照明 하에 玉皇은 侍童을 앞세우
　　　　고 舞踊步調로 지나간다 다음 太乙眞君 선두로 仙官이 뒤따른다 반주
　　　　는 다시 月宮 行次曲으로 변한다 토끼는 앞서 月宮은 다음, 뒤로 姮娥
　　　　가 풍악에 맞추어 춤추며 지나간다 이 동작은 모다 일종의 無言 劇的으
　　　　로 춤과 音樂과 照明의 찬란한 交響이다)

　　　　(伴奏는 再轉하야 龍王曲으로 龍王이 登場할 때 소와 사슴이 登場하야
　　　　마주친다 이 때의 照明은 平凡으로 化한다 龍王은 몹시 성난 표정과
　　　　거름이다 모다 白玉樓로부터 돌아가는 길목의 한 광경이다)

　　　　(龍王의 거치장스러운 威勢에 소와 사슴은 걸음을 멈추고 길을 피하려
　　　　한다)

龍 王　내가 가는 앞길에서 어물거리는 놈이 거 누구야. (하고 소리를 벽력같이
　　　　지른다 사슴은 놀래여 모퉁이에 숨고 소는 가□□린다)

소　　　죽을 때라 잘못 했소이다.

龍 王　(한참 보드니 껄껄 웃으며) 오- 이놈이 땅에서 왔다든 소로구나.

소　　　네 네, 제가 바루 견우 서방님 모시고 있던…….

龍 王　듣기 싫여! 서방님은 무슨 되지 못한 서방님이야. 天上 仙女를 유인한

더벙머리 총각놈을······.

소　　　(이상한 듯이 혼잣말 모양으로) 이거, 어째 말씨가 이상하구나······. 황송하오나 대관절 누구시온지요.

龍　王　나는 龍王이야! 십 년 전부터 직녀를 흠모하든 北海龍王이야!

소　　　(그제야 알아 맞친 듯이 머리를 끄덕끄덕하고 기운 있게 벌덕 일어나면서) 네-그러세요! 나는 또 玉皇님인 줄 알고 지레 겁을 먹었지. 어째 행차 거동이 좀 상스럽더니만······.

龍　王　이놈! 상스럽다니······. (노발대발이다)

소　　　(소는 드른 척도 안 한다) 여보 이리 나오시우! 玉皇님인 줄 알었더니 웬 걸, 물 속을 직히는 깨구리 대장이구려! (사슴 조마조마한 태도로 나온다)

龍　王　깨구리 대장이라니?

소　　　그럼 정어리 대장인가!

龍　王　하- 이놈이 배워먹지도 못한 쌍 소 놈이 버릇없이······.

소　　　무엇이 어떻구 어떻구요?

사　슴　□□□□□□ 月世界나 가 봅시다요, 말만 □□□□□.

소　　　가만 있오. 밎저야 본전이지. 그래도 명색이 龍王이라구 체통을 보아 주었더니 이놈의 늙은 龍王이 점-점······. (하고 싸울 듯이 서든다 사슴은 초조해한다)

龍　王　아 이런 고약한 놈 봐라. 이놈이 어디다 행패를 하는 거야.

소　　　이런 멀-정한 친구 또 봤나! 깨구리 보구 하든 수작을 누구에게다 하는 거야. 여보 이 친구! 노형이 아무리 왕인들 고작해야 물고기 상전이지, 쥐꼬리 같은 지체를 가지고 무엇이 잘낫다구 이 야단이야! 흥, 직녀 아씨를 흠모했다······. 아하하하. 아하하하.

龍　王　이놈이 사뭇······. 아, 이놈이 사뭇······.

소　　　(와락 성을 내면서) 듣자듣자 하니 이놈의 龍이 누구더러 이놈 저놈 하는 거야. 빛깔 좋은 개살구 같은 놈이! 이놈! 이래 봐두 내가 三神山靈草를 먹고 자라난 소야! 衆生을 爲해서 沃土를 개척한 大地의 일꾼이야!

소　　　이걸 이걸. (뿔을 딱그며 龍王에게 닥어서면서 "음매!"하고 영각15)을 한다 龍王은 깜작 놀래며 어 □□□□□□□□□□ 다라난다 소와 사슴 웃음을 참지 못하야 □□ 보다 하고 웃는다 웃음이 저절로

<hr>

15) 영각 : 소가 길게 우는 소리.

노래가 된다)

16. [男女倂唱] 龍王嘲弄歌 (덕담풍)

(소・사슴)　아하하하. 이히허허. 오호호호. 우후후후.
(소)　　　체통 잃은 늙은 용이.
(사　슴)　허울 좋은 北海龍이.
(소)　　　잘란 척 덤비다가.
(사　슴)　火푸리 하려다가.
(소)　　　뒷통수를 마졌네.
(사　슴)　콧등어리 다쳤네.
(소・사슴)　아하하하. 이히히히. 오호호호. 우후후후.
소　　　그놈 해대구나니 十年 체증이 쑥 내려갔는 걸.
사　슴　난 또 싸울가 보아서 겁이 덜컥 났어요.
소　　　겁? 그까짓 놈! 이 뿔에 걸렸더면 볼일 다 봤을 걸.
사　슴　아이 그래두 혹시 몸을 닷치실가 보아서…….
소　　　(사슴의 다정한 말씨에 감격한 듯이) 그래 진정으로 내 걱정을 했수?
사　슴　그럼은요, 어데로 보든지 내□□□□□ 정-말 걱정했어요.
소　　　(正色을 하며□□□□□) 다정한 말씨 새삼스레 하□□□□□려! 이 싸
　　　늘한 하늘에서 따뜻한 그 말을 들으니 훈훈하고 풍신한 땅이 더욱더
　　　그립구려. (점점 흥분되여 熱이 오른다) 어서 갑시다. 땅으로 어서 갑시
　　　다. 우리에 피땀이 자자든 땅으루, 우리에 일터가 기다리는 땅으루, 어
　　　서 갑시다! 네? 사슴 아가씨!
소　　　하늘은 하늘, 땅은 땅! 우리네 직책은 땅에 있읍니다. 땅에는 우리를
　　　기다려 싸히고 싸힌 직책 태산 같습니다. 하늘은 별들에게 맛기고, 우
　　　리는 땅으루! 땅으루!! 땅으루!!! (하고 팔을 뜬다)

　　　(이때 사슴도 감격하야 땅에서 부르는 노래를 부른다 소도 따라서 부
　　　른다)

17. [男女倂唱] 天地頌 (地上篇 原歌 原曲 全部)

(사　슴)　玉京도 좋거니와.
(소・사슴)　금강 또한 좋을네라.
　　　티 없이 맑은 천상 흠 없이 막은 天上.
　　　지나쳐 개끗하니 싸늘한 얼음이네.

따뜻한 보금자리 폭신한 보금자리.
사랑에 김이 도는 大地의 가슴이네.
玉京도 좋거니와 금강 또한 좋을네라.

(소와 사슴 最後의 노래와 함께 손을 들어 하늘에 하직을 고한다 照明
은 소와 사슴에게 集中되었다가 暗轉)

第 五 景

銀河江邊

舞台

銀河江邊의 白沙場. 막이 열리면 夢幻的인 어두운 照明下에 직녀, 江邊
에 서서 흐르는 물을 구버 보고 있다. 멀리 銀河 上流의 구름가에 이상
한 빛이 보이면서 견우의 影像이 나타난다. 알아들을 程度의 꿈같은 노
래가 들린다.

18. [男女倂唱] 銀河相思曲 (名曲風)

(견 우) 직녀성 나의 사랑 그리운 소리.
          언제나 들으리까 귀에 울리네.
          은하수 원수로다. 은하수 원수.
          무심한 저 은하수 물결만 굼실굼실.
          해와 달 오고가기 몇 차례든고.
          손곱아 그날그날 어느듯 일년.
          봄바람 가을비에 이 맘 설넬 때.
          검푸른 저 은하수 모른 척 굼실굼실.

(노래 끝나자 影像이 살아지면서 照明도 同時에 밝어진다 직녀는 섯든 그
姿勢로 허공을 쳐다보고 구름가의 이상흔 빛은 그대로 남아 있다 직녀는
무슨 靈感을 받은 듯이 황홀한 표정으로 꿈같은 노래를 和答한다)

(직 녀) 견우님 나의 님아. 그리운 양자.
          꿈엔들 잊으리까. 눈에 밟히네.

은하수 원수로다. 은하수 원수.
무심한 저 은하수. 물결만 굼실굼실.
해와 달 오고가기 몇 차례든고.
손곱아 그날그날 어느듯 일 년.
봄바람 가을비에 이 맘 설넬 때.
검푸른 저 은하수. 모른 척 굼실굼실.

(노래를 마치자 그대로 沙場에 쓸어진다 이때 龍王이 登場하야 노래로
직녀를 달랜다)

19. [바리톤 獨唱] 悲戀曲 (名曲風)

(龍 王)　직녀! 오- 나의 직녀!
　　　　이 머리 세이도록 그리든 직녀별아.
　　　　금강산 십년 꿈이 그리도 깊었든가.
　　　　웃을 듯 찡그린 양자를 더 못 잊어 하노라.

(노래 끝나자 용왕은 한 거름 두 거름 직녀의 곁에 와서 업드린 직녀를
일으키려 한다 직녀 화닥닥 밀치며 일어선다 龍王은 무덤한 듯이, 그러
나 추근추근한 태도로 직녀를 달랜다)

龍　王　(부드러운 말씨로) 여바 직녀 ! 그렇게도 고집이 셀 법이 어디 있어!
　　　　응? 맞날 기약도 없는 견우를 생각하기보다는 우리 같이 北海로 가. 가
　　　　서 용궁의 부귀를 누리자구 응? (하고 두 팔을 벌리면서 직녀에게로 닥
　　　　어선다 직녀 질겁을 하면서 물너선다)

龍　王　(좀 억세인 말씨로) 직녀! 끝까지 고집을 부리면 나도 생각이 있어! 十
　　　　年 세월을 헛보낸 내가, 그대로 물러설 내가 아니야! (하고 위협하면서
　　　　와락 닥아서려고 한다 이때 舞臺 一角에서 "아하하!" 하는 웃음소리가
　　　　들린다 龍王은 깜작 놀래여 도망가고 직녀도 反射的으로 구름 뒤에 몸
　　　　을 피한다. 이와 동시에 烏鵲이 登場한다)

20. [男女合唱] 烏鵲歌 (째즈풍)

(까막들)　어허허 까ー우. 우후후 까ー우.
(까치들)　아하하. 까까가. 오호호. 까까가.
(까막들)　草綠은 同色이요.
(까치들)　가재는 게 편이라.

(一 同) 우리는 까막까치 한겨레 같은 동무.
(까막들) 어허허 까-우. 우후후 까-우.
(까치들) 오호호. 까까까. 오호호. 까까까.

까막二 그런데 우리를 왜 올라오라구 했을가……?
까막三 무슨 상급16)이 있을가?
까막二 설마 볼기 맞을 일은 없겠지.
까막一 았다, 인제 분부를 들어보면 알 것 아닌가.
까막二 허지만, 궁금하니까 말이야.
까막一 궁금해두 하는 수 없지. 모르는 건 모르니까…….
까막三 무슨 잔치나 있는가.
까막二 잔치? 잔치에 불려나가 무얼하게…….
까막三 춤이라두 추라구…….
까치들 오호호호. (하고 허리 부러지게 웃는다)
까막들 웨들 이렇게 웃는 거요.
까 치 까마귀춤……. 오호호호…….
까막二 웨 우리는 춤 못 추나. 거 왜 自尊心도 없이 自己 蔑視를 한담!
까막一 그러니까 白鷺란 놈이 까마귀 까마귀 하고 밤낮 놀려먹지! 속은 되레
       숫같이 검은 놈이…….
까 치 우리야 어디 까마귀애요.
까막二 홍 五十步 百步야!
까막三 알숭이 달숭이지.
까막一 白鷺란 놈은 우리를 비웃지만, 이런 노래가 있어 "까마귀 검다 하고
       백로야 웃지 마라. 겉이 검은들 속조차 검을 손냐. 겉히고 속 검은 이는
       네 야긴가 하노라" 어때!
까막들 야- 그게 바루 알었어. 제법 알구 지은 노래야. 야 -멋지다. (하고 一
       同 노래 부른다)

21. [混聲齊唱] 烏鵲自讚歌 (民謠風)

(까막들) 까마귀 검다 하고.
(까치들) 까마귀 검다 하고.
(까막들) 白鷺야 웃지 말아.

---

16) 상급(賞給) : 상으로 줌, 또는 그런 돈이나 물건.

236

(**까치들**) (以上의 되푸리)

(**까막들**) 겉이 검은들.

(**까치들**) (以上 同一)

(**일 동**) 겉 히고 속 검은 이는
네 야긴가 하노라.

(**까막들**) 어허허 까―우.
우후후 까―우.

(**까치들**) 아하하. 까까까.
오호호. 까까까.

(一同 노래 부르며 退場할 지음에 직녀 다시 나타나서 시름없는 태도로
退場하는 모양을 보다가 탄식을 한다)

직 녀 아― 저네들처럼 날개가 있었더면……. 땅에 있을 때는 하늘이 그립더니
하늘에 오니 또 땅이 그립구나! (잠간 사이를 두고) 눈에 보히는 사랑,
귀에 들리는 사랑은 생명이 짜르다구……. 그러니 보지 말어야 하는가?
듣지 말어야 하는가? 쌍쌍가를 부르던 시절, 자장가 부르던 그 시절도
잊어야 하는가? 잊을 수 없는 기억도 그래 잊어야 한단 말인가? (점점
흥분이 되더니 땅에 서서 부르든 노래를 부른다)

22. [소프래노 獨唱] 草堂別曲 (地上篇 原歌 原曲 一部)

(**직 녀**) 비로봉에 터를 닥고.
잣나무로 기둥 세워.
草家三間 집을 짓고.
百年해로 하십시다.
百年해로 하십시다.
안개구름 휘장치고.
록음방초 자리 깔고.
샛별 따서 등촉 삼아.
금슬 좋게 살읍시다.
금슬 좋게 살읍시다.

(노래 끝내며 그대로 업드려 흑흑 느낀다 이때 太乙眞君 登場)

眞 君 직녀!

직　녀　(선득 처다보다가 더욱 설움을 느낀 듯이) 眞君님! (하고 업드린다)

眞　君　(부드러운 말씨로) 울지 말어! 응? 울지 말어. 네 마음도 잘 알고 네
　　　　설움도 잘 아는 거야. 그래 그렇게도 잊지를 못하는가?

직　녀　(울음을 진정하고) 공부가 부족하고 힘이 부족하야 일 년을 두고 애를
　　　　써도 잊을 길이 없나이다.

眞　君　一年 공부로 될 리가 없겠지. 그럴 거야. (혼잣말 모양으로) 뿌리 깊은
　　　　나무는 잘라도 잘라도 움이 돋거니, 十年 苦海에 至情17)이 깊었으렷
　　　　다…….

眞　君　(한참 무엇을 생각하다가) 직녀! 來日이 七月七夕, 내일 밤 三更에 견우
　　　　를 이 강변에 오게 할 테니 울적한 회포를 잠간 풀어보는 것도 좋겠지.

직　녀　(꿈인 듯이 감격과 놀람에 말을 잘 맺지 못한다) 네? 이 강변에? 이
　　　　은하수를 어떻게…….?

眞　君　그는 다 마련이 있으니 염여할 것이 없으려니와 한 가지 약속을 직혀
　　　　야 해! 잠간 맞났다가 갈라지기로. 닭이 울기 전에 닭 울기 전에, 알았
　　　　지?

직　녀　네-! 네-. (하고 眞君 앞에 합장을 한다 眞君은 만족한 표정으로 돌
　　　　아선다 직녀는 기쁨이 절정에 이른 듯 춤을 춘다)

23. [歡喜의 춤] 銀河圓舞曲 (地上篇 序曲)

(춤이 끝날 무렵에 仙女 數 三 人, 姮娥 數 三 人 손에 손을 잡고 날르
는 듯이 登場하야 춤에 지쳐서 주저앉은 직녀를 부축해 세우고 둘러 쌓
는다)

仙女一　아이 직녀! 어찌된 셈이야!

직　녀　(즐거운 웃음을 참지 못하는 듯이) 무엇이…….?

仙女一　강변에 나와서 또 우는 줄 알구 왔더니…….

姮娥一　춤까지 추구 있으니…….

(以下부터 對話는 노래로, 動作은 伴奏에 마춘 舞踊 포즈)

24. [女聲合唱] 춤추는 來歷

(직　녀)　난 몰라요. 난 몰라. (애교 있게 左右로 몸을 흔든다)

(仙女들)　파랑새 맞났든가? (닥어서며)

---

17) 지정(至情) : 썩 가까운 정분.

238

(姮娥들)　님 소식 들었든가. (닥아서며)
(직　녀)　난 몰라요. 난 몰라. (좌우로 흔든다)
(一　同)　춤추는 來歷을 그 누가 알-고.. (갈러져 헤여진다)
(仙女一)　꿈길에 그 분을 만났어. (닥어선다)
(仙女들)　맞났어?
(직　녀)　알아두 몰라요, 오호호호.
(姮娥一)　그 분이 이리루 온댔어? (닥어선다)
(姮娥들)　온댔어?
(직　녀)　꿀 먹은 벙어리. 오호호호.
(一　同)　숨기는 來歷을 그 누가 알-고. (돌아서 헤어진다)
(직　녀)　아니야. 잘못했어 이리와요 동무들.
(직　녀)　내일은! (귓속말하는 포즈)
(一　同)　來日은?
(직　녀)　七月七夕.
(一　同)　七月七夕?
(직　녀)　夜三更 이 강변서!
(一. 同)　夜三更 이 강변서!
(직　녀)　그 분을 만나요!
(一　同)　그 분을 맞나? 그 분을 만나?
(仙女들)　올-하 그래서 즐기는구만.
(항아들)　올-하 그래서 춤추는구만.
(一　同)　어떻게 맞나누……?
(직　녀)　눈으로 맞나지. 귀로 맞나지.
　　　　十年 동안 맺어진 이 맘으로 만나지.

　　照明 暗轉, 割幕 下.

第 六 景

銀河 가는 길

舞臺는 割幕이다. 照明은 平凡. 까막(男) 三人 以上 까치(女) 三人 以上.
까막 앞을 서고 까치 뒤따라 춤추는 步調로 노래하며 登場.

25. [混聲齊唱] 烏鵲行進曲 (째즈풍)

(까막들)　어히히 까-우 우후후 까-우.

(까치들)　아하하. 까까까. 오호호. 까까까.

(까막들)　까치 아씨 까치 아씨 어서 와요. 까-우.

(까치들)　까막 첨지 까막 첨지 왜 그래요. 까까까.

(까막一)　오늘이 칠석 까-우.

(까막二)　견우와 직녀 까-우.

(까막들)　맞나는 그날 까-우.

(까치一)　올치올치. 까까까.

(까치二)　그래그래. 까까까.

(까치들)　그러군요. 까까까.

(一　同)　갑시다 빨리 갑시다. 은하수 강변으로 빨리 갑시다. 다리 놓으러 빨리
　　　　갑시다.

(까막들)　어허허 까-우. 우후후 까-우.

(까치들)　아하하. 까까까. 오호호. 까까까.

　　　　(노래가 끝나자 前奏의 뒤를 이어 北海龍王이 돌연 登場)

龍　王　까막까치 게 섰거라-. (소리를 지르고 뚜벅뚜벅 걸어 나오고 烏鵲들은
　　　　두려운 듯이 한편으로 몰린다)

龍　王　이 밤중에 어디를 가는 거야.

까막一　네네 銀河水에 다리 노러 갑니다.

龍　王　다리?

까막一　네, 견우직녀를 맞나게 하시려고, 太乙眞君님 명령이십니다.

龍　王　玉皇님 분부 없이는 안돼! 물러가!

까막一　되고 안되는 거 우리야 어디 압니까?

까막二　우리는 그저 太乙眞君님…….

龍　王　이놈덜, 안돼!

까막― 아 이거 왜 이놈 저놈하고 야단이십니까? 우리가 어디 龍王님의 종인가
요. 가재미 색기나 동태라면 몰라도……. (하고 ―同을 흘근 본다18) ―
同 그렇다는 듯이 그덕인다)

龍 王 아 이놈덜 봐라. 버릇없이 지금 人間 世上에는 물이 不足해서 야단이야.
그래서 내가 오늘밤 폭풍우를 줄 터란 말이야. 은하수 물이 철철 넘칠
텐데 다리가 무슨 다리야.

까막二 아이구 龍王님 그게 무슨 말슴이시우. 우리가 바루 어저게 올라왔는데
땅에는 지금 물이 흡족합듸다.

까치― 되레 물이 많아서 걱정이두만…….

龍 王 (龍王은 잠간 멈춤 하다가 억지를 벼락같이 쓰면서) 이 때에는 폭풍우
를 퍼불 테야. 다리를 놓건 말건 맘대루들 해 봐! 모조리 물귀신 될 걸.
(혼잣말 모양으로) 견우? 견우를 오게 한다? 견우가 무슨 말라 죽은 견
우야! (하고 분한 듯이 退場한다)

까막― (까막까치들은 한참 어리둥절하다가) 아― 이걸 큰일났다. 저눔의 늙은
용이 심술을 부리니 이를 어쩌나.

까막二 늙은 주제에 질투가 생겨서…….

까막― 하여간 큰일이야. 물이 부르면 어떻게 하나!

까막二 그러면 만사가 다 틀리지.

까치― 아이구 직녀 아씨는 지금 조바심 하실 겐데.

까막二 천리 밖에서 찾어 오시는 견우님은 어떻구.

까막二 (한참 무얼 생각하드니) 자― 가세. 달님께 登場을 가세!

― 同 참! 그러지 그래. (하고 ―同 등장가를 부르며 左手로 退場)

26. [混聲 齊唱] 등장가 (民謠風)

(― 同) 등장 가자. 등장 가. 月宮으로 등장 가.
　　　　 달님한테로 등장을 가 보자. 어― 널널 등장 가.

(까막―) 北海龍王이 심술을 부리어.
　　　　 아닌 밤중에 소낙비 주려네.

(― 同) 등장 가자. 등장 가. 月宮으로 등장 가.
　　　　 달님한테로 등장을 가 보자. 어― 널널 등장 가.

(까치―) 굼실 銀河水 물결이 넘치면.
　　　　 견우직녀의 相逢도 허사라.

---

18) 곁눈으로 슬그머니 한 번 흘겨본다.

(一 同) 등장 가자. 등장 가. 月宮으로 등장 가.
        달님한테로 등장을 가 보자. 어- 널널 등장 가.

        (노래 끝나자 照明 暗轉)

第 七 景

銀河江邊

舞台

右手 一角에 銀河水가 흐르고 舞臺 正面은 江邊 白沙場. 周圍에 는 五色彩
雲이 城郭처럼 둘러 있다. 左手 一角과 正面의 구름 우에는 月宮과 玉皇
이 各各 다른 길로 登場할 수 있도록 傾斜진 高臺. 때는 밤. 瑞氣[19]가 가
득한 照明. 割幕 올리자 前奏에 이어 龍王이 登場. 四方을 둘러보더니 기
운을 뽑아 風雲雷電을 부른다. 각각 대답하면서 登場. 照明은 차츰 어두어
진다.

(第七景은 처음부터 끝까지 歌謠나 臺詞나 動作의 全部를 一貫한 伴奏
에 依한다 演技보다도 歌劇的인 效果를 爲主한다)

27. [바리톤 獨唱] 風雲點考 (民謠風)

(龍 王) 東에 가 번-쩍 西에 가 번-쩍.
        四方八方에 번- 쩍 거리든 번개가 게 있느냐-.
(번 개) 네- 등대[20]하였소.
(龍 王) 이리루 탕- 탕. 저리루 탕- 탕.
        前後左右로 탕- 탕 거리든 우레가 게 있느냐-.
(우 뢰) 네- 등대하였소.
(龍 王) 우에도 캄- 캄 아래도 캄- 캄.
        上天下地를 캄- 캄 뒤엎든 구름이 게 있느냐-.
(구 름) 네- 등대하였소.
(龍 王) 여기서 쏴— 쏴 저기서 쏴— 쏴.

---

19) 서기(瑞氣) : 상서로운 기운, 경사스러운 분위기.
20) 등대(等待) : (분부에 따라) 미리 갖추어 두고 기다림.

242

九萬里長天 훨- 훨 달리든 바람이 게 있느냐-.

(바 람) 네- 등대하였소.

龍 王 (點考를 마치자 龍王은 더욱 신이 나서) 자- 인제부터 폭풍우를 퍼부우
        렸다! (間奏) 은하수 언덕이 문어지두룩 퍼부어! (舞臺는 갑작이 어두어
        지며 번개불이 번적거리고 우레 소리가 요란스럽다)

28. [男聲 齊唱] 暴風雨歌 (째즈風)

一 (번 개) 번개ㅅ불이 번적번적.
  (우 뢰) 우레 소리 우루룩탕 우루룩탕.
  (바 람) 바람 소리 쏴르륵 쏴르륵.
  (구름·龍王) 소낙비 부어라.
  (雷, 電, 風) 단숨에 부어라. 銀河水 물결이 철철 넘치게.
二 (번 개) 번개ㅅ불이 번적번적.
  (우 뢰) 우뢰 소리 우루룩탕 우루룩탕.
  (바 람) 바람 소리 쏴르륵 쏴르륵.
  (구름·龍王) 소낙비 부어라.
  (雷, 電, 風) 단숨에 부어라. 오작교 다리를 둥-둥 띠어라.
三 (一同合唱) 여보아라 저 물결아.
  (雷, 電, 風) 얼시구나 장한지고.

        (노래와 함께 은하수 물결은 점점 높아진다 물 우의 照明은 더 한층 어
        지러워진다)

        (노래가 끝나자 멀리 前奏의 뒤를 이어 月宮마마가 구름 우으로 登場
        앞에는 玉토끼 한 쌍, 뒤에는 姮娥가 數 三 名, 照明에 인도되어 정면
        에 나타난다 照明이 차츰 밝어진다)

29. [女聲 齊唱] 月宮行次歌 (民謠風)

(一 同) 여봐라-.
(항아들) 번개야 숨어라. 우뢰야 쉬여라. 月宮마마 行次시다.
(一 同) 라라라 라라라 라라라 라라라.
        숨어라. 쉬여라. 숨어라. 쉬여라.
(一 同) 여봐라-.

(항아들) 바람아 끌어라. 구름아 걷어라. 月宮마마 行次시다.
(一 同) 라라라 라라라 라라라 라라라.
　　　　　끌어라. 걷어라. 끌어라. 걷어라.

　　　　(노래가 시작되자 업드렸든 번개 우레 等이 하나씩 둘씩 없어지고 龍王
　　　　이 홀로 남아 있다 伴奏 照明이 환-하게 밝아지면서 하늘의 맑은 光彩
　　　　가 어린다 月宮마마의 노래가 시작된다)

30. [앨토 獨唱] 龍王數罪歌 (名曲風)

(月 宮) 비바람 어인 일고 罪 많을 손 北海龍아.
　　　　　夜三景 銀河水에 피눈물 더 할났다[21].
　　　　　蒼生을 괴롭히니 그 罪 더욱 크리라.

　　　　臺詞 伴奏曲 其一 眞君의 龍王 數罪[22].

　　　　(노래가 끝나자 龍王은 도망을 하려고 바삐 나간다 이때 太乙眞君이 마
　　　　조 登場하야 龍王의 길을 막고 엄연한 態度로 龍王을 數罪한다)

眞　君 (前奏) 龍王은 삼가 들을지어다. (間奏) 一, 바람을 주고 비를 주는
　　　　것은 天地 運行을 고루케 하시려는 玉皇님의 大權이시라. 네 職責을
　　　　濫用하야 大權을 壟斷하니 네 罪 하나이오. (間奏) 二, 生老病死의 試
　　　　驗을 받게 되는 人間 世上은 그러지 않아도 困難이 많은지라. 玉皇님
　　　　께서는 晝宵[23]로 軫念[24]하시거니, 네, 때 아닌 풍우를 퍼부어 蒼生을
　　　　괴롭게 하니 네 罪 둘이오. (間奏) 三, 玉界 律法을 방패로 견우를 御
　　　　前에서 배척하고 龍宮 富貴를 미끼로 織女를 沙場에서 誘惑하였음이
　　　　네 果然 公心이였드냐? 公道와 公職을 憑藉하야 私憾私慾을 채우려
　　　　하니 네 罪 셋이라. 네 이 세 가지 大罪를 아느냐. (龍王이 鞠躬하야
　　　　自服한다) (間奏)
眞　君 玉皇님 분부가 계실 때까지 待罪하려니와 于先 銀河水 물결을 잔잔케
　　　　하지이다. (龍王은 돌아서 銀河水가에 가서 주문을 외우는 듯 (伴奏) 銀
　　　　河는 고요해진다)
眞　君 烏鵲 들은 게 있느냐-. (間奏)

---

21) ‘흘렀다’인 듯.
22) 수죄(數罪) : 범죄 행위를 들추어 세어 냄.
23) 주소(晝宵) : 밤낮.
24) 진념(軫念) : 임금이 마음을 써서 걱정함.

244

소　리　네-, 待令했소이다. (間奏)

眞　君　첫 닭이 울기 전에 얼른 다리를 놓으라. (까막까치가 다리 지을 □□
　　　　을 들고 舞踊步調로 登場하야 노래 부른다)

31. [混聲 齊唱] 烏鵲架橋歌 (民謠風)

(一　同)　뚝- 딱 뚝- 딱.

(까막一)　一年 歲月이 길기도 길지.

(一　同)　견우와 직녀 나ㅓ 네.

(一　同)　뚝- 딱 뚝- 딱.

(까치一)　二八 靑春에 속만 태운다.

(一　同)　견우와 직녀 나ㅓ 네.

(一　同)　뚝- 딱 뚝- 딱.

(까막一)　三生 佳約도 애처롭구나.

(一　同)　견우와 직녀 나ㅓ 네.

(一　同)　뚝- 딱 뚝- 딱.

(까치一)　四時 長철에 눈물과 한숨.

(一　同)　견우와 직녀 나ㅓ 네.

(一　同)　뚝 - 딱 뚝 - 딱.

(까막一)　五月 飛霜[25]은 과부의 원한.

(一　同)　견우와 직녀 나ㅓ 네.

(一　同)　뚝- 딱 뚝- 딱.

(까치一)　六月 장마는 홀에비 눈물.

(一　同)　견우와 직녀 나ㅓ 네.

(一　同)　뚝- 딱 뚝- 딱.

(까막一·까치)　銀河水 江邊에 두 별이 상봉 七月七夕은 오늘이란다.

(一　同)　견우와 직녀 나ㅓ 네.

　　　(烏鵲의 架橋歌가 끝나자 직녀 仙女 數 三 人과 輕快한 步調로 노래를
　　　부르며 登場한다)

32. [女聲 齊唱] 羽衣曲 (地上篇 原歌原曲 一部)

(一　同)　우리는 하늘의 딸 하늘의 딸.

---

25) 비상(飛霜) : 하늘에서 내리는 서리.

햇나라 달나라 별나라 꽃송이.

(노래를 끝내자 직녀는 銀河水가에 이르러 발도듬하면서 조바심한다
(間奏) 멀리 피리 소리가 들려온다 견우 다리에 나타나자, 七夕曲의 前
奏가 시작된다 견우 한거름으로 다리를 지나 직녀의 손을 잡는다 항 娥
는 구름 우에서 仙女는 白沙場 우에서 烏鵲은 銀河水가에서 다 各各 같
은 位置에서 或은 춤으로, 혹은 스윙으로, 즐거운 雰圍氣를 짓는다 太乙
眞君과 月宮은 만족한 動作 龍王은 머리를 숙인다)

견 우 오- 직녀! 이게 꿈인가?
직 녀 (너무도 감격에 넘치어 뜻 없이) 네! 네!

(伴奏가 本曲으로 들어갈 때 두 별은 억개를 나란히 하고 직녀 先唱으
로 노래를 부른다 이 노래 中 歌詞 없는 부분은 男聲 둥둥, 女聲 랄랄
랄, 合唱은 함잉이다)

33. [混聲 合唱] 七夕曲 (民謠風)

(직 녀) 왔네 님이 왔네.
　　　　기약 없이 가시든 우리 님.
　　　　꿈결인 양 다시 왔네.
(견 우) 꿈이어든 깨지를 말고.
　　　　깨이거든 다시 꾸리.
(仙女들·姮娥들) 땅에서 맺은 사랑의 두 별.
　　　　하늘에 길이 반작하리.
(一 同) 어화 銀河 江변에.
　　　　지화자 경사로다.
(烏鵲들) 에 에 에헤야.
　　　　에-라 반겨라. 七月도 七夕.
(一 同) □□□ □□□.
　　　　□□□□ □□.
　　　　□□ □□□.
　　　　□□□ □□□ □□.

(노래가 끝날 무렵에 멀리 구름가에 닭의 影像이 떠오른다 太乙眞君은
초조한 듯이 견우 직녀에게 가까이 간다) (伴奏)

眞　君　저 닭이 울기 前에 (間奏) 저 닭이 울기 前에⋯⋯. (間奏)

(견우와 직녀 깜작 놀래여 닭을 처다보며 노래로 哀願한다)

34. [男女 倂唱] 哀願歌 (民謠風)

(견우·직녀)　저 닭아 우지 마라-. 네가 울면 날이 새고 날이 새면 이별이네.
(견　우)　가슴에 두고두고 그리든 오늘인데.
(직　녀)　꿈결에 가물가물 그리든 오늘인데.
(견우·직녀)　저 닭아 우지 말아. 네가 울면 날이 새고 날이 새면 이별이네.

　　臺詞 伴奏曲 其二 견우직녀의 離別詞.

　　(노래 끝나자 견우와 직녀는 다시 손을 잡고 마조본다 눈물에 목이 메인 듯 말소리 떨린다) (以下 全部 伴奏)

견　우　여보 직녀! 땅이 그립구려! 땅이! 사랑歌 부르던 八潭이 그립구려! 휑-
　　　한 고대광실보다도 안옥한 일간 草堂이 더욱더 그리운 때가 많구려!
직　녀　눈으로 보는 사랑, 귀로 듣는 사랑은 웨 生命을 짜르게 합니까? 네? 네?
　　　가늘게 가늘게라도 길게 길게 살아야 하는 것입니까? 네? 네?
견　우　직녀! 맘 돌립시다. 우리는 인제 별이 아니오? 하늘나라의 훌륭한 별!
　　　(혼잣말처럼 허공을 쳐다보면서 떨리는 소리로) 그러나 영원히 눈물의
　　　별! 그러나 그러나 또 영원히 사랑의 별!

　　(一同은 모다 머리를 숙이고 눈물을 씻는다 하늘에는 사랑의 안개와 情
　　熱의 아즈랭이를 象徵하는 照明이 더해진다)

眞　君　저 닭이 울기 前에 저 닭이 울기 前에⋯⋯.
직　녀　이렇게 갈리면 인제는⋯⋯. 인제는⋯⋯.

　　(견우 직녀의 손을 잡은 채 한 두 번 힘있게 흔들고 노래 부른다)

35. [男女 倂唱] 離別歌 (名曲風)

(견　우)　맞나자. 이별이니 이 심정 누가 알고.
　　　　차라리 맞나지나 맞나지나 마를 것을.
(직　녀)　맞나자. 이별이니 이 운명 어이 할고.
　　　　차라리 맞나지나 맞나지나 마을 것을.

(견　우) 은하수 네 아느냐.
(직　녀) 옥황님 살피소서.
(견　우) 이대로 갈러지면.
(직　녀) 맞날 기약 어느 때리.
(견우·직녀) 맞날 기약 어느 때리-.

(노래 끝나자 견우와 직녀 一時에 쓸어진다 (間奏) 이때 玉皇 行次曲이 들리면서 구름 우으로 玉皇이 登場 仙官들은 뒤를 따른다 月宮과 眞君을 비롯 하야 一同 모다 일시에 업드린다)

臺詞 伴奏曲 其三 玉皇의 最後 분부.

眞　君 (업드린 채) 분부 없이 견우와 직녀를 맞나게 한 罪, 삼가 이 목을 밧치옵나이다.

玉　皇 (만족한 表情으로) 알었어, 大地에 뿌리를 박은 人間 至情의 極致를 알었어. 저 사랑의 안갯속에 빛나는 大地의 生命을 잘 알었어. 大地의 精氣를 품고 하늘에 돌아온 저 두 별로 하여곰 그 뜻을 펴게 함은 浩浩蕩蕩한26) 하늘 道理에 어그러짐이 없을 뿐 아니라 하늘과 땅 上界와 下界의 大調和를 爲한 功德의 妙理가 될지니 罪는 고사하고 可賞한 일이야.

玉　皇 견우와 직녀 다시금 듣거라. 너이 두 별로 하여금 年年歲歲27) 이 날 이 때를 기약 하야 영겁에 그 뜻을 펴도록 할 터이니 大地의 生命을 하늘에 심으되, 하늘 道理에 치우침이 없게 하라-.

(玉皇의 분부 끝나자 닭 우는 소리와 함께 鍾소리 들린다 照明은 더 한 層 밝어진다 이때 太乙眞君이 起立하야 만세를 부른다 一同 따라서 부르며 이어서 終曲의 노래로 들어간다)

眞　君　萬歲!
一　同　萬歲!
眞　君　玉皇님 萬歲!
一　同　玉皇님 萬歲!
眞　君　天地의 大調和 萬歲!
一　同　天地의 大調和 萬歲!

---

26) 아주 넓어서 끝이 없는.
27) 매년을 힘주어 이르는 말.

36. [混聲 合唱] 玉皇 頌德歌
(名曲風)

(一　同)　우으로 三十三天28) 아래로 八千世界.
　　　　　차고 넘치신 거룩한 뜻을.
　　　　　영겁에 길이 노래로 부릅니다.

　　　　幕.

---

28) 욕계(欲界) 육천(六天) 가운데 둘째 하늘을 의미하는 도리천(忉利天)으로 이 곳의 인간이 음욕을 행하면 인간이 된다 함.

樂浪公主

▷ 서지사항 : 9경, 1945년 8월 明文堂 발행 작품집 수록
▷ 공연사항 : 신향악극단, 남선 순연, 1941. 11. 7.~
▷ 특기사항 : 없음

때

    高句麗 大武神王 十五 年

登場人物

    樂浪公主
    好童王子
    大武神王(無恤)
    樂浪主(崔理)
    樂浪主의 妃
    高句麗宮女 七人
    樂浪宮女 七人
    樂浪公主侍女 三人
    高句麗副將 一人
    同 軍卒 二人
    樂浪大臣 一人
    同 武庫직이 一人
    同 軍卒 二人
    捕卒 二人

第 一 幕

第 一 場
(樂浪대궐 後苑)

(때는 달이 있는 늦여름 밤 樂浪王宮 後苑에 玩月[1]하기 위하야 지어 놓은 아담한 樓가 있고 老松이 몇 나무 서 있다 幕이 열리면 好童王子 下手로 登場, 깊은 생각에 젖어 고개를 숙인 채 소나무사이로 왔다갔다한다)

王 子　(소나무에 기대서며) 암만 찾어보아도 알 수가 없으니 대체 어데다 감춰 두었을가? (잠간 그쳤다가) 벌서 내가 이 락랑에 온 지 반년이 가깝고나. 그러나 오늘까지 뜻하고 온 그 나팔과 북을 깨트려 없애기는커냥 어데 있는 곳도 모르니 이런 답답할 데가 있을가? 사나이 큰 뜻을 품고 와서 이루지 못하고 그대로 도라갈 수도 없고 그렇다고 언제까지 무류히 남의 나라 궁중에 있을 수도 없는 노릇이다. 하기는 락랑의 임금은 내가 이 나라의 신기(神器)—다른 나라 군사가 처드러 올려며는 제절로 울어 먼저 그것을 알려준다는 그 북과 나팔 깨트릴 무서운 꾀를 품고 이렇게 드러와 있는 줄은 꿈에도 모르고 나를 나라 손으로 극진이 대접을 하고 있는 터이니 얼마를 있든지 그런 의심은 안 받을 것 같다. 그렇다고 언제까지나 이러고 있을 수도 없는 노릇. (사이) 그런데 대체 그것을 어데다 두었을가? 벌서 몇 달을 두고 있을 듯한 곳은 샷샷치 다 뒤지여보았건만 영영 알 수가 없구나. 이 뜻을 못 이루면 도모지 내가 고국으로 도라갈 면목이 없다. 어떻게 하든지 그것을 찾어 깨트려버리고 우리 고구려를 위해 개가를 부르며 도라가자. (인기척이 들린다) 응 누가 오는 모양이다. (樓앞에 서있는 소나무 뒤에 몸을 숨킨다 樂浪公主 초롱을 든 두 侍女와 함께 下手로 登場, 樓上으로 올라온다)

公 主　(한참 하눌을 처다보다가) 오늘밤 달은 유난이도 밝구나 저 달 가온데 거문 그림자가 계수나무라지.

侍 一　네. 예부터 달 속에 계수나무 있다 이르나이다.

公 主　계수나무라면 상서로운 나무일지나 나는 저 달에게도 무슨 속 타는 일 있어 저 거문그림자가 있는 것 같고나. 마치 내 가슴 속 같이……

侍 二　그럴 리 있아오리까, 달 속에 분명이 계수나무 있다 이르나이다.

---

1) 달을 구경하며 즐김.

公　主　너는 참 딱하기도 하구나. 계수나무가 있다고 고집한들 무엇하리. 너의
　　　　들이 저 달속에 서린 괴로움을 알아채릴 것 같으면 내 가슴속도 좀 알
　　　　어주련만.
侍　一　어찌 저의들인들 공주마마의 괴로오심을 살피지 못하오리까.
公　主　(한편 기둥으로 가 무심이 하눌을 처다보고 있다가) 고구려왕자께서는
　　　　오늘 무엇을 하셨다드냐?
侍　一　벌에서 여러 장수들과 활쏘기 내기를 하셨다 하옵나이다.
侍　二　백 거름 밖에 버들잎을 달고 그것을 쏘아 마치기 내기를 하셨는데 우
　　　　리 락랑장수들 중에는 하나도 그것을 쏘아 마친 사람이 없었으나 고구
　　　　려왕자마마께오서는 거퍼 두 번을 마치셨다고 하옵니다.
侍　一　창도 잘 쓰시고 말도 잘 타시고 또 그처럼 활도 잘 쏘시는가 보오니
　　　　왕자마마같으신 씩씩한 사나이는 이 세상에 드문 어른이라 생각하옵니
　　　　다.
侍　二　고구려 왕자마마께오서 한번 말을 타시고 나가시오면 귀한 집 아가씨
　　　　들이 모다 다토아 그 씩씩한 모양을 바라보옵느라고 혼을 잃나이다.
公　主　쓸데없는 소리들을 마러라. 내 언제 너의들에게 그런 말을 하라드냐.
　　　　나는 다만 오늘 무엇을 하시드냐고 무렀을 뿐이 아니냐. (侍女들 황송
　　　　한드시 허리를 굽힌다)
公　主　(혼자말로) 세상 사람들이 일러 사랑이라고 하는 것은 어떤 것이든고?
　　　　사나이가 계집을 그리워하고 계집아이 사나이를 그리워하는 이것을 가
　　　　지고 사랑이라고 하는 걸가? 그렇다면 내 왕자를 그리워하는 이도 사
　　　　랑이라 이를가?…… 이름은 무엇이든 간에 나는 어쩐지 하로 한때도
　　　　왕자를 잊을 수가 없다. 하로만 못 뵈와도 마음이 그리웁다. 애타는 이
　　　　가슴, 이 마음 어찌하면 좋을가? 어버이와 자식 사이 거리낄 것은 없으
　　　　나 아바마마, 어머마마께서도 내 심중을 살피시지 못하시고 나도 이 뜻
　　　　을 알외어 들릴 굳센 마음이 없다. 그리고 왕자께서도 나의 이 속을 아
　　　　러채리시지 못한다. 이런 안타가울 데가 어데 있으랴. 이러다가 왕자께
　　　　서는 고국으로 도라가시고 이 나라에는 다만 왕자의 다니시든 자최만
　　　　남는다면 그때 나는 어이 하리. 이 몸은 어이 하리. 무엇에 마음을 붙이
　　　　고 살리.
侍　二　공주마마 너머 노심하시지 마옵소서. 자연 좋은 도리가 있을가 하나
　　　　이다.
公　主　네가 일러 좋은 도리라 함은 무엇이냐.

侍 二　먼 계교와 가까운 계교 두 가지로 알외오리다. 먼 계교로 말삼하오면
　　　일전 내전 시봉하옵는 궁녀의 말을 듣사오면 상감마마께오서 공주마마
　　　의 인연을 구한다면 호동왕자 외에 더 좋은 데가 없을 것이라고 우연
　　　한 말슴 끝에 하시드란 것으로 미루워보아 오래지 아니하야 상감마마
　　　께오서 이 일을 정하실 것 같사옵고 가까운 계교로 말슴하오면 공주마
　　　마께오서나 저의들이 이 일을 펴놓고 중전마마께 픔달2)하와 윤허를 맡
　　　사옴이 그 중 가깝고 쉬운 길일가 하나이다.

公 主　그도 그럴 듯하나 기러기 한 백 년하고 언제까지 아바마마의 마음이
　　　그리 정해지시기를 기대리고 있노. 그렇지 않다면 또 어이 계집아이의
　　　몸으로 스스로 나가 혼인을 청허할 수 있으랴? 아, 이도 저도 어렵고
　　　어이하리.

侍 一　공주마마의 마음이 이미 굳게 정하신 바 있아오면 어찌 적은 부끄럼을
　　　거리끼시와 큰 일을 결단 못하시오리까.

公 主　(고개를 끄데거리며 한참 있다가) 내 마음은 이러하나 또 왕자의 마음
　　　이 어떠신지 몰라라. 내 홀로 왕자를 그리워한들 왕자께서 내게 마음
　　　없으시면 모든 게 다 허사 아니랴.

女 二　공주마마의 어여뿌심이 이 나라에 그 짝이 없압고 공주마마의 어지심
　　　이 옛 성현에 지지 안삽거든 뉘 이 아름다온 인연을 거절하오리꼬. 한
　　　번 상감마마의 청혼이 계시오면 왕자마마의 두 마디 아닌 허락이 있을
　　　게라고 소인네 등이 믿삽나이다.

公 主　그러나 호동왕자는 고구려의 왕자요 나는 락랑에 태여난 몸, 나라와
　　　나라가 달르고 또 나라의 사굄이 어떠한지 모르니 어찌 모든 일이 내
　　　생각대로 되기를 바라리요. 아모리 생각하여도 내 이루지 못할 일을 생
　　　각는가 싶어라. 만일 내 이 뜻이 이루어지지 못한다면 어이하리. 어이
　　　살리. 대궐 안에 태여난 이 몸이 도로혀 귀찮어라. 차라리 민간에 태여
　　　났드면 이것저것 도라볼 것 없이 생각는 이 가슴으로 달려가 마음것
　　　안기련만.

侍 二　공주마마 너머 노심마옵소서. 소인네 등이 견마3)의 힘을 다 하와 공주
　　　마마의 뜻이 이루워지도록 힘쓰오리다.

公 主　너의들의 마음만은 고마우나 서투른 일은 않느니만 못하니라. 다만 나
　　　는 마마음4) 안타까운 이 마음을 꼭꼭 싸서 내 가슴 속에 묻어 둘 수밖

---

2) 稟達 : 웃어른이나 상사께 여쭘.
3) 犬馬 : 개나 말처럼 보잘 것 없다는 의미로, 자신을 낮추어 사용하는 말.
4) "마음'의 오자.

에……. 너의들 왕자이마[5)]께서 쉬 귀국하신다는 소문은 못 드렀느냐.

侍　一　아직 그런 말슴은 못드렀나이다.

公　主　어떤 때는 차라리 얼는 고구려로 도라나 가셨으면 하다가도 쉬 가실
　　　　것을 생각하면 어쩐지 걱정이 되는구나.

侍　二　아직 도라가신다는 소문이 없는 것으로 보아 그리 쉬 가시지는 않을
　　　　듯 하오이다.

公　主　아, 가신들 어쩌하리. 아니 가신들 어쩌하리. 도시[6)] 내 생각이 모다 헛
　　　　된 생각이여라. 그러나 생각지 말고저 하면 그럴수록 이 마음은 더 괴
　　　　로워라. (고개를 숙으리고 말없이 있다. 한참 후에 內殿 宮女 登場, 樓
　　　　아래 엎드리여)

宮　女　공주마마 내전으로 듭시라는 중전마마의 분부이옵나이다.

公　主　나를 오라시여? 무슨 일로 부르시는고?

宮　女　별일 없아옵고 말벗을 하시자 부르시는 듯 하옵나이다.

公　主　곧 봉명하겠읍니다고 아뢰여라. (宮女 절하고 물러간다)

公　主　(侍女들에게) 어마마마 불러게옵시니 내전으로 길을 인도하라. (두 侍女
　　　　등 붙드러 公主를 뫼시고 退場)

王　子　(앞으로 나오며) 아 볼수록 그 아름다온 모양 참으로 이 세상에 미인
　　　　있음을 알리로다. 과연 락랑의 물색은 천하제일이로다. 그러나 이때까
　　　　지 락랑공주가 그처럼 나를 생각고 있는 즐은 꿈에도 몰랐도다. 내 그
　　　　와 얼굴을 마조 대한 적이 불과 삼사차이어든 그의 나를 생각함이 이
　　　　에까지 이르렀을가……. 그의 용모가 그만하고 또 내 그의 빛난 숙덕을
　　　　드렸거니 어이 그와 백년의 아름다온 인연 맺는 것을 사양하리요. 그러
　　　　나, 그러나 내 여기 온 뜻이 어데 있는가. 공주에게 장가들러 옴이 아니
　　　　어든 내 어이 이런 망녕된 생각을 먹는고? 사랑을 얻는 일도 또한 크나
　　　　그보다 나라를 어이 잊으리……. (뒷짐을 지고 왔다갔다하며 깊은 생각
　　　　에 젖는다)
　　　　오 그러나 한가지 좋은 생각이 있도다. 내 공주와 장가들어 공주에게서
　　　　그 북과 나팔이 있는 곳을 알어낸다면 이 또한 좋지 않은가. 아니, 이보
　　　　다 더 좋은 생각이 없을 것이다. 사랑을 온전이 하고 또 나라도 위하는
　　　　일이 되지 않겠는가? 그러나 이도 또한 생각하여 볼일이로다. 내 당당
　　　　한 사나이로서 어찌 여자의 순정을 이용하랴! (또 왔다갔다하며 생각한

---

5) ‘왕자마마’의 오자인 듯.
6) 도무지.

256

다) 그러나 어이하리, 공주 그처럼 나를 생각하고 내 또한 공주를 싫여하는 바 아니어든……. 암만 하여도 공주의 사랑을 내 차지하고 또 뒤따라 나의 큰 뜻을 이루는 것이 상책이로다……. 밤도 깊었나보다. 고만 도라가 자리로다. (王子 徐徐히 退場)

第 二 場
(前場과 同)

(초가을 밤 달이 밝다 樂浪公主 두 侍女에게 옹위되어 樓에 올라 好童王子를 괴로히 기대리고 있다)

公 主 어찌 아니 오실가? 어데 미령하신 곳이 계신가? 무슨 일이 또 새로 생기셨나.

侍 女 아직 밤이 그리 깊지 않사오니 천천이 기대리심이 좋을가 하나이다.

公 主 언제나 때를 어기시지 않고 먼저 와 기대리시드니 오늘은 벌서 얼마를 기대렸는데 어찌 아니 오시는가? 길이 험해 늦이시는가, 대궐 순행도는 군사에게 들키셨는가? (侍女를 보고) 너 좀 가만히 마중 나가 보아라.

侍 一 잠간 단녀오겠나이다. (下手로 退場)

公 主 (侍 二를 보고) 너도 좀 웃길로 가보고 오너라.

侍 二 단녀오겠나이다. (上手로 退場)

公 主 하로 하로가 마치 천추와 같도다. 며칠 걸려 사람의 눈을 피해 맞나는 이것만 왕자여 이를 어이 헤아리시지 못하시나이까. 이 마음은 왕자에게 바친 마음, 언제까지나 변함 없이 이 마음 간수해 주시기 나의 바람이라. (이때 王子 가만이 登場, 귀를 기우려 듣는다) 왕자시여! 내 사랑을 바치는 호동왕자시여, 기리기리 이 몸은 당신에게서 떠나지 아니하려 하오니 언제나 이 적은 몸을 그 사나이 씩씩한 가슴 속에 고이고이 안어 주소서.

王 子 공주의 아름다운 마음과 그 고은 몸을 내 이미 맡은 지 오래여든 재삼 부탁이 도로혀 부지러워라7). 상전벽해의 변이 있다한들 내 그대를 나의 품에서 놀 줄이 있으리.

---

7) 문맥상 '도리어 부질없어라'라는 의미인 듯.

公　主　(놀라고 반가워) 아, 언제 오시니있고? (樓 아래로 내려온다)

王　子　지금 막 왔나이다.

公　主　웃길로 간 시녀를 맞나시었나이까?

王　子　못 맞낫나이다.

公　主　아래 길로 간 시녀를 맞나시었나이까?

王　子　못 맞낫나이다.

公　主　어찌된 일일고.

王　子　나는 가온데로 숨어왔나이다.

公　主　어찌 이리 늦으시니있고?

王　子　상감마마와 바둑을 두노라고?

公　主　이 몸이 기대리는 것은 잊으시고?

王　子　공주여 어찌 잊으리까. 다만 상감마마의 말슴을 거역하기 어려워서…….

公　主　왕자마마! 기대리였나이다. 참으로 기대리였나이다. 눈이 나오도록 기대
　　　　려였나이다.

王　子　나도 상감마마와 다섯 번 바둑을 두어 다섯 번 다 젓나이다. 눈은 바
　　　　둑판 우에 있으나 내 마음이 이곳을 향하오니 어찌 그렇지 않겠나이까.
　　　　(멀리서 風樂 소리 은은이 들려온다)

公　主　무엇보다도 오시여서 오시여서 이 몸은 기뿌나이다. 하로를 못뵈와도
　　　　어쩐지 이 마음은……. (가슴에 두 손을 얹는다)

王　子　이 마음도 공주의 그 마음에 견주어 그리 못지 않을가 하나이다. 요새
　　　　는 책을 펴노아도 속으로 안 드러가고 활을 쏘아도 빗맞나이다. 락랑의
　　　　아름다온 강산과 공주의 어여뿐 자태, 고구려 호동의 마음을 아조 사로
　　　　잡고 마렀는가 합니다.

公　主　(부끄러하며) 왕자마마 어이 그런 말슴하시나이까.

　　　　(사이)

王　子　공주여 우리의 사이를 궁 안에서 누구나 눈치 채인 이 없나이까.

公　主　두 시녀 외에는 없는가 하나이다.

王　子　중전마마께오서도 모르시나이까.

公　主　모르시는가 보오이다.

王　子　그러나 언제까지 늘 이대로 지낼 수는 없는 일, 이목이 번다한 궁중에
　　　　서 아름답지못한 소문이 나기도 쉬운 일, 만일 우리의 숨어 맞나는 소
　　　　문이 상감마마 귀에 드러가는 날이면 호동이 어찌 그대로 이곳에 머물

게 되리까. 공주여 깊이 생각하소서.

公　主　그러면 어찌하면 좋을는지 지혜를 빌리소서.

王　子　우리의 혼인을 상감마마 곧 허락하실 듯 하나이까.

公　主　례를 가초아 청혼하시면 허락 아니하실 리 있아오리까.

王　子　중전마마께서는?

公　主　어머마마 이 몸을 지극히 사랑하시오니 이 몸이 진정으로 청하오면 물
　　　　리치지 아니하실 줄을 믿나이다.

王　子　그렇다면 어찌 먼저 청하시지 아니하시나이까. 이 몸은 귀국에 와 손
　　　　으로 머무는 몸 상감마마께 혼인을 청원하는 것이 외람할가 하와 참아
　　　　말하기 어렵삽나이다.

公　主　그도 그러하오나 계집아이 몸으로 어찌 스스로 혼인 말을…….

王　子　어머마마께 그만 말을 못하실가.

公　主　(한참 생각하다가) 이 몸은 이미 왕자마마께 바친 몸, 다시 두 마음 없
　　　　겠아오나 왕자마마 마음을…….

王　子　공주여 어찌 그런 마음을 가지시나이까. 이 몸을 믿으심이 너머 엷으
　　　　신가하나이다.

公　主　어쩐지 때때로 그런 마음이 드나이다. 그러나 사랑으로 아시고 허물마
　　　　소서. 왕자마마의 마음이 이미 그러신 바에야 어찌 추호나 의심 두오리
　　　　까. 부끄럼을 무릅쓰고 어머마마께 이 일을 폼하겠나이다.

王　子　장하오이다. 공주의 마음 장래 고구려의 왕비의 마음이니 어찌 안 그럴
　　　　가. 하하.

公　主　(부끄러워하며 말이 없다)

　　　(侍女 一, 가만이 登場하였다가 물러간다)

王　子　(公主의 어깨에 손을 얹으며) 공주가 없다면 내 도모지 이 가을을 이
　　　　곳에서 보내기가 어려울 게라 생각하나이다. 가을이 되니 어버이를 사
　　　　모하는 마음 정든 땅을 그리는 맘이 더욱 더하여지나이다. 내 이곳에
　　　　와 뜻 아니한 후대를 받어가며 무류히 세월을 보낸 지 벌서 여덜 달,
　　　　까닭 없이 오래 있기도 어려오니 공주의 결심이 섰을진대 하로라도 일
　　　　즉 우에 폼하야 허락을 얻으소서. 꽃은 이미 핀 꽃, 그 열매 또한 서둘
　　　　르지 아니할 수 없오이다.

公　主　잘 아렀나이다. 어머마마께 여쭈어 일을 속하게 하겠나이다.

王　子　공주 저 가을달을 볼 때 객지에 머므는 이 마음 더욱 비창하여지나이

다. 고국 그리는 희포가 오늘 더욱 심한 줄을 깨닫겠나이다.

公 主　왕자마마의 심중 헤아리겠나이다. 봄에는 사람의 마음이 호방해지고 가을이 되면 쓸쓸해지는 것은 정한 리치오니 너머 상심치 마시옵기를…….

王 子　(公主를 떠나 배회하다가) 내년에는 우리가 저 달을 고구려 궁중에서 보게 될 것이오다. 락랑의 서울도 아름다오나 우리 고구려 서울도 그리 쓸쓸하지 않으오이다. 봄이 되면 우리 대궐 후원에는 각처에서 모아온 가지각색 꽃들이 볼만 하옵고 여름에는 기암괴석 사이로 구비구비 흘으는 가는 샘, 가을에는 과일과 단풍, 겨울의 설경이 또한 볼만 하오이다.

公 主　이 대궐에는 한(漢)나라에서 가저온 꽃이 그 중 이채 있압고 연못의 연꽃, 가을에는 이 루의 완월이 이름 있나이다.

　　　　(風樂 소리 끝인다)

王 子　(잠간 무엇을 생각하다가) 공주여 락랑에 천하의 보배 있다는 말을 드렀아온대 무엇이 있나있가.

公 主　보배가 더러 있아오나 그리 뛰여난 보배는 별로 없는가 하나이다.

王 子　듯사온즉 무슨 나팔과 북이 있다든데…….

公 主　네, 네, 그런 것이 있아오이다. 다른 나라에서 우리나라를 처드러올 때에는 미리 울어 그것을 알리는 북과 나팔이 있아오이다. 우리 락랑이 나라 적사오나 타국의 침범을 아니 받는 것은 이것이 있는 때문이라고 말들 하나이다.

王 子　참으로 천하의 좋은 보배이오이다. (다시 무엇을 생각고 있다)

　　　　(侍女 二 황황이 登場)

侍 二　중전마마의 행차 이에 이르시나이다.

公 主　(놀라며) 무엇 어머마마의 행차 이르신다고? 에그 어찌하나.

王 子　공주여 그러면 나는 물러가겠나이다.

公 主　그럼 안녕히 도라가시옵소서. (王子 급히 下手로 退場, 侍女 一 드러와 公主의 옆에 뫼신다. 조곰 후에 樂浪 主의 妃 네 宮女에게 (앞에 두 宮女 등을 드렀다) 옹위되어 上手로 登場, 公主 두 侍女와 함께 허리를 굽혀 절한다)

公 主　어머마마 이르시나이까.

妃　　　나온 지 오래이드냐.

公　主　한참 되나이다.

　　　　(妃 네 侍女와 함께 樓에 오르고 公主도 뒤따라 두 侍女와 함께 樓에
　　　　오른다)

妃　　　(달을 처다보며) 공주야 이 아름다온 달을 어찌, 혼자 보려 하였드냐.

公　主　뫼시고 오랴고 하옵다가 그냥 나왔나이다.

妃　　　달리 맞날 사람이 있음이 아니었든고. (公主를 도라보며 웃는다)

公　主　(얼골 빛이 달라지며) 다른 누구라 이르오시니 구중 궁궐 안에 다른 누
　　　　가 있아오리까.

妃　　　(亦是 웃는 얼굴로) 대궐 안에는 없으나 대궐 밖에도 없으리오. 나그네
　　　　나비 춘정을 못 이겨 궁중에 고이 피인 꽃을 꺾으러 드러오지나 아니
　　　　하였든가.

公　主　(얼골 빛이 붉어지며) 어이 그런 일이 있아오리까.

妃　　　고만두라. 나는 요새 이상한 풍설이 있기로 너를 시험함이라.

公　主　(머뭇하다가 웃으며) 저 하늘의 달과 이 소나무들 외에 누구 맞날 사
　　　　람이 있아오리까.

妃　　　(고개를 끄데거린다)

公　主　아바마마 취침하야 계시니이까.

妃　　　오늘밤은 고구려왕자와 바둑을 두시드니 일즉부터 누어게시니라.

公　主　들사온즉 근일 아바마마 음주와 연락으로 날을 보내신다 하오니 나라
　　　　에 이처럼 일이 없아오니까.

妃　　　승평8)이 일구하니 백성의 격양가9) 소리 높고 조정에는 일이 없느니라.

公　主　조정일 뭇사옵기 황송하오나 무슨 일로 고구려왕자 우리나라에 와 오
　　　　래 머무나이까.

妃　　　상감마마 호동왕자를 사랑하심이 각별하사 아들을 대우하심 같으시니
　　　　도라가려한들 쉬웁게 허락하시랴, 그 외에 별다른 깊은 뜻도 있는 듯
　　　　하여라. (公主의 얼골을 처다보며 미소한다)

公　主　…….

妃　　　내 진즛 네게 뭇는 바이니 너 호동왕자를 그리워하고 있음이 아닌가?

---

8) 나라가 태평함.
9) 擊壤歌 : 풍년이 들어 농부가 태평한 세월을 즐기는 노래. 중국의 요임금 때에 태평한 세월
을 즐거워하여 불렀다고 함.

公　主　(고개를 숙이고 얼골이 붉어진다)

妃　　　내 네 마음을 짐작한지 오래여든 네 끝까지 나를 속이려 하는가?

公　主　(말이 없다)

妃　　　네 호동왕자에게 뜻을 두고 있고 호동왕자 쉬 이 나라를 물러가려 하
　　　　지 아니함이 그 뜻이 반은 네게 있는 듯도 하고, 또 우리도 벌서부터
　　　　이 생각을 하고 있었든 것이나 다만 한가지 끄리는 배 있으니 그것은
　　　　고구려 강성하야 주위의 땅을 병합하려 하는지라 우리나라 고구려 이
　　　　웃에 있어 고구려의 엿보는 바 되니 두 나라 사이가 좋지 않은 것이라.
　　　　그러나 또 한편으로 생각하면 두 나라이 결친의 의를 맺어 화친하는
　　　　정을 더하는 것도 좋을 듯 하니 네 뜻은 어떠하냐.

公　主　(엎드린다) 진즉 아뢰올 것을 지금까지 기망10)한 죄 많사외다. 소녀
　　　　이미 호동왕자와 맞나 백년언약을 맺었나이다.

妃　　　내 이미 짐작은 한 배나, 계집아이 궁중의 강기11)를 물란케 한 죄 또
　　　　한 크도다.

公　主　널리 통족하옵심 엎드려 바라옵고, 아바마마께 아뢰와 윤허 얻어주시
　　　　옵기 다시 복청하나이다.

妃　　　이미 이리된 일 허물하야 무엇하랴 하로라도 속히 상감마마께 아뢰여
　　　　혼인을 이루게 할 것이니 염려말지어다.

公　主　지극하옵신 은혜 뼈에 삭여 잊지 않겠나이다. (公主 이러난다)

妃　　　다만 아름답지 못한 풍설이 궁 외에 나감을 삼가기 위해 아즉 자중하
　　　　고 있으라.

公　主　명을 받들겠나이다.

妃　　　밤도 깊은 듯 하니 고만 드러가도록……. (妃 이러서서 侍女에게 옹위
　　　　되여 樓에서 나리고 公主와 두 侍女 그 뒤 따러 내린다)

　　　　　幕.

<hr>

10) 欺罔 : 기만과 동의어.
11) 綱紀 : 나라의 법과 풍속, 풍습에 대한 기율.

262

第 二 幕

第 一 場
(公主 殿)

(곳은 豪華 雅淡하게 꾸며논 公主 殿, 때는 朝食 後 幕이 열리면 公主,
넓은 방 가온데 앉어있고 두 侍女 뫼시고 있다)

公　主　고구려 왕실에 진상할 물건은 다 말께12) 실리였느냐.

侍　一　벌서 아침에 실리였나이다.

公　主　무엇 빠진 것은 없을가?

侍　一　별로 없는 듯 하오이다.

公　主　왕자마마의 떠나실 차비는 다 되였는가?

侍　二　궁노에게 듣사온즉 흰말 자갈 멕여13) 은안장 지여 놓았드라고 하옵나
　　　　이다.

公　主　그러면 드러오실 터인데……. 어째 안 드러오실가?

侍　二　여기저기 작별인사를 하시느라고 늦으시는가 보옵나이다.

公　主　(입을 다물고 말이 없다)

侍　一　혼인을 이루시온지 불과 한 달, 왕자마마께옵서는 어이 이리 일즉 귀
　　　　국하오시려는지, 좀더 게시다 가셔도 좋지 않을가 소인네 등은 생각하
　　　　나이다.

公　主　어버이 슬하를 떠나신 지 오래되니 인자14)의 도리에 안 가 뵈올 수
　　　　있느냐.

侍　一　그렇지만 아직 신정15)이 미흡하시온데……. 왕자마마 귀국하오신 뒤
　　　　곧 공주마마도 뫼셔가옵게 되나이까.

公　主　부왕의 윤허가 게시기만 하면…….

侍　二　공주마마 뫼시옵고 저의들도 고구려 궁중에 갈 일 생각하오면 기쁘고도
　　　　겁이 나나이다.

公　主　고구려 대궐이 호혈16)이 아니어든 겁은 무슨 겁?

---

12) '말에게'.
13) 자갈 : 재갈. '자갈 멕여'는 '재갈 물려'라는 의미인 듯.
14) 人子 : 사람의 아들.
15) 新情 : 새로 사귄 정.

侍　二　(웃으며) 낯서른데 가서 낯선 사람들과 사괴을 것을 생각하오매 마음
　　　이 그리 드나이다.
公　主　고구려 사람도 사람이려든 무엇 다른 배 있으리요. 내 행실이 바르고
　　　내 말이 공손하고 내 마음이 유순하면 어데를 간들 걱정될 리 없느니
　　　라.
侍　一　고구려 대궐은 더 웅장하고 찬란하다는 말을 드렀압는데 어떠하올가요?
公　主　집이 큰 것이 우리에게 기쁜 일이 아니요. 사람 선 것이 우리에게 걱정
　　　될 바 었나니라. 다만 조심하고 조심하야 락랑 사람의 아름다온 덕을
　　　잃지 않을 것을 명심하여라.

　　　(사이) (侍女 三 登場)

侍　三　(公主 앞에 엎드려) 왕자마마 드시압나이다. (公主 이러선다 好童王子
　　　登場)
公　主　(王子를 맞으며) 오시나이까.
王　子　기다리셨나이까. 작별할 데가 많아 자연 늦었나이다. (자리에 앉고 공주
　　　도 앉는다 侍 一, 二, 三 다 물러간다)
公　主　왕자마마 이 마음 섭섭한 것 헤아려주소서. 어쩐지 의지할 기둥을 일
　　　는 것 같이 외로워지나이다.
王　子　얼마 안 가서 다시 맞나게 될 것이니 너머 슬퍼 마소서.
公　主　가시기만 하오면 곧 이 몸을 데려가 주시겠나이까.
王　子　아까도 말한 바와 같이 나의 혼인이 어버이의 허락 없이 한 혼인인지
　　　라 부왕의 윤허를 맡어야 함이 이 나라의 례와 똑같소이다.
公　主　상감마마께오서는 곧 윤허하실 듯 하옵나이까.
王　子　가 알외여 보아야 알겠나이다.
公　主　만일 허락지 아니 하오시면?
王　子　되도록 힘을 쓰겠아오나……
公　主　왕자마마 어찌 그리 믿지 못하옵게 말슴하시나이까. 다짐 두시기 어렵
　　　사오니까.
王　子　그런 바는 아니오나……
公　主　왕자마마 이 몸은 염려되나이다. 만일 왕자마마께오서 귀국하신 후 윤
　　　허는 안 내리고, 하로이틀 지나는 동안 왕자마마께오서는 이 몸을 생각
　　　하시는 마음이 엷어지시면 이 몸을 어찌하오리까. (公主 눈에 눈물 어

---

16) 虎穴 : 호랑이 굴.

린다)

王　子　(입을 딱 다물고 무엇을 생각고 있다)

公　主　왕자마마 염려되나이다. 이 몸은 염려되나이다.

王　子　(공주의 손을 잡으며) 염려마소서. 내 어찌 공주를 잊으리요. 꼭 부왕
　　　　께 윤허를 얻어 쉬 한데 모듸게 하리다.

公　主　(우름섞인 말소리로) 하로를 못 뵈와도 그리워하는 이 몸이 왕자마마
　　　　한번 도라가시면 어이 날을 보내오며 더욱이 데려갈 기약조차 묘연하
　　　　오니 어이 기대리오리까. (엎드려 눈물짓는다)

王　子　(公主의 등에 손을 얹고 먼 산을 바라보며) 공주여 공주를 두고 가는
　　　　이 몸인들 어찌 마음이 좋으며 귀국하야서라도 한 때인들 공주를 잊으
　　　　리까 공주말치17) 아니하여도 내 힘써 부왕께 아뢰여 공주를 쉬 맞어
　　　　드리리다. (한참 무엇을 생각다가) 그런데 한가지 부왕의 윤허를 쉽게
　　　　할 좋은 계교가 있기는 있으나 쉽지 않어라.

公　主　(고개를 들며) 네 무엇이니있고?

王　子　말키 어려워라.

公　主　무엇이니까, 말슴하여 주소서.

王　子　정말 어려운 일이여라.

公　主　좋은 방법이 있다하시면서 어이 아니 행하시려 하나이까. 왕자마마의
　　　　이 몸을 대하심이 전보다 설은 듯 하여이다. 우리의 사이를 온전히 하
　　　　는 일이라면 이 몸은 수화 중에 뛰여드는 일이라도 사양치 않고 행하
　　　　오려든 어이 안 가르처 주시나이까.

王　子　(고개를 흔들며) 그러나 이 일만은 어려워라. 공주의 힘으로 능히 할
　　　　수 있는 일이기는 하나 정말 행키 어려운 일이오매 차라리 발설 안 함
　　　　이 좋을가 하나이다.

公　主　내 힘으로 할 수 있는 일이라고요. 왕자마마 무슨 일이오니까. 어서 말
　　　　슴하여 주옵소서. 이 마음을 의심하시나이까?

王　子　의심치는 않으나…… 고만 두사이다. 내 도라가 그여히 부왕께 허락을
　　　　얻어 공주를 맞어드리오리니 다른 일 생각말고 기대리소서.

公　主　이 마음을 그처럼 의심하시고 말슴 아니 하오시니 어찌 이 몸이 왕자
　　　　마마를 믿고 바라는 본의오리까. 이 몸은 차라리 왕자마마 앞에 죽어
　　　　후일을 염두에 두지 아니함이 나을가 하나이다.

王　子　어이 그런 말슴을 하시나이까.

---

17) '공주만큼은' 이라는 의미인 듯.

公　主　그리하오면 어이 그 계교를 일러주시지 않나이까.

王　子　말하야도 소용없는 일, 알어도 행치 못할 일. 이것을 일러드린들 무엇
　　　　하리까. 도로혀 서로 마음만 괴로울 따름이오니 더 뭇지 마소서.

公　主　왕자마마 알었나이다, 알었나이다. 왕자마마의 본뜻을 알었나이다. 이
　　　　몸을 그처럼 알어주시지 아니하시니 이 몸은 차라리…… (벌떡 이러나
　　　　벽에 걸린 칼을 드러 자결하려 한다 王子 놀라 달려드러 칼을 뺏는다)

王　子　이 무슨 거조니꼬! 이 무슨 경솔한 짓이니꼬? (公主 王子 앞에 쓰러저
　　　　운다)

　　　　　(사이)

公　主　(느껴 울며) 왕자마마 이 가슴을, 이 뜻을 못 알어주시나이까.

王　子　어째 모를 리 있아오리까. (입맛을 다시며 한참 무엇을 생각하다가) 공
　　　　주여 말하리이다.

公　主　(고개를 들고 왕자를 처다본다)

王　子　(긴장한 표정으로 사방을 한번 휘둘러보고 말소리를 낮후어) 부왕께서
　　　　일즉 말슴하시기를 락랑에 있는 국보 북과 나팔이 없어지기 전에는 락
　　　　랑과 우리나라 사이는 좋아지지 아니할 것이라고 하셨나이다. 공주 만
　　　　일 그 북과 나팔을 깨트릴 수 있다면……. 그리하야 이것을 아바마마께
　　　　보하게만 된다면 부왕께서 두말없이 우리의 혼인을 윤허하시고 례로써
　　　　공주를 맞어드리실 것이외다.

公　主　(깜짝 놀라며) 나팔과 북을?

王　子　그러하오이다. 그것이 우리 고구려와 락랑의 사이를 좋지 않게 만드는
　　　　장본이라고 부왕께서는 늘 말슴하시더이다.

公　主　그것은 어째서 그러하오니까.

王　子　자세한 까닭은 낸들 알 수 있나이까. 무슨 깊은 연유가 있는 듯 하오
　　　　이다.

公　主　그러하오나 그것은 우리나라의 둘도 없는 보배, 이 나라에서 하날과
　　　　같이 위하는 보배. 그것을 어찌…….

王　子　그러기에 쉽고도 어려운 일이라고 하지 않었나이까. 하랴들면 하기는
　　　　쉬우나 단행하기는 어려운 일이오이다. 공연이 쓸데없는 생각은 않는
　　　　것이 좋을 듯 하오이다.

公　主　(가만이 생각을 하고 있다)

王　子　공주여 그 생각은 덮어두소서.

266

公　主　아 어찌하면 좋겠나이까.

王　子　일은 쉬우나 공주, 어찌 행할 수 있으리까. 그것만 행한다면 혼인의 윤
　　　　허는 말할 것도 없고 우리들이 후한 상까지 받을 것, 따라 두 나라 사
　　　　이도 좋아질 것이오나 그 어려운 일을 공주 어이 행하리.

公　主　(고개를 숙으리고 생각한다)

王　子　공주여 너머 심려마소서. 좋은 도리 있을 게외다. 공주 진정으로 이 몸
　　　　을 생각는다면 지금 그 말은 입 밖에도 내지 마소서.

公　主　(한숨을 쉰다)

王　子　갈 길이 늦사오니 그만 이러서야겠나이다.

公　主　왕자마마 정말 그것만 깨트린다면 곧 윤허가 나리겠나이까.

王　子　두 말 아니하겠나이다. 공주와 내가 부부된 우에야 고구려와 락랑은
　　　　한집안이오니 두 나라 사이를 좋지 않게 하는 것을 제하는 것은 당연
　　　　한 일이 아니겠나이까. 그러나 공주여 되지 않을 일을 생각는 것보다
　　　　어리석음은 없나이다. (王子 이러선다)

公　主　(뒤따러 이러서며) 그 일은 생각하여 보겠나이다. 이 몸이 왕자마마를
　　　　되시게만 되는 일이라면 무슨 일이라도 하겠나이다.

　　　　(哀調의 古樂)

王　子　부대 안녕이 게시옵소서.

公　主　안녕이 가시옵소서. 가신 뒤 자조 글월 주시옵기 바라나이다……. 왕자
　　　　마마 요망한 생각인 것 같사오나 어쩐지 이 몸은 다시 뵈옵지 못할 것
　　　　같은 생각이 드와……. (눈물을 씿는다)

王　子　어이 그럴 리 있으리요. 염려말고 기대리소서. (公主 얼굴에 수건을 대
　　　　고 운다)

王　子　(앞으로 나와 먼 산을 바라보며) 아 나라도 위하고 사랑도 위하려는 이
　　　　마음의 괴로움이여……. 공주여 이 몸은 떠나나이다. (王子 마당으로 내
　　　　려서고 공주도 뒤따러 내려선다 侍 一, 二, 나와 뒤따러 선다)

公　主　(목 메인 소리로) 왕자마마 부대 안녕히 가시옵소서. (두 侍女 엎드려
　　　　王子에게 절한다)

王　子　공주여 너머 슬퍼마소서. 머지않어 맞날 기약을 두고 가오니 이별은
　　　　잠시요, 같이 있을 날이 앞으로 않사오이다18). (王子의 눈에도 눈물이
　　　　고인다 公主 눈에 수건을 대이고 悲泣19)한다 시녀들도 고개를 돌리고

---

18) ‘많사오이다.’의 오자인 듯.

서서 눈물을 씻는다 王子 참아 발길이 안도라서는 듯 뒤를 작고 도라
보며 한발두발 떼여노며 나간다)

第 二 場
(前場과 同)

(밤, 樂浪公主 촉불을 밝히고 書案애 冊을 펴놓고 앉어 책장을 이리 넘
겼다 저리 넘겼다하며 이따금 고개를 들고 무엇을 깊이 생각고 있다 侍
女 一, 二 뫼시고 앉어 졸다가는 눈을 뜨고 한다)

公 主 (冊을 덮어놓고 이러나 문 있는 데로 와 기대서며) 오늘 하로도 그럭
저럭 이대로 넘어가는가?

侍 一 (公主를 향하여 엎드리며) 밤이 삼경이 가깝사오니 그만 취침하심이 좋
을가 하나이다.

公 主 안 오는 잠을 어이 자리. 밤이 깊었으니 너의들이나 어서 가 자거라.

侍 一 저의들은 생각마시고 어서 취침하옵시기를…….

公 主 (암말도 않고 서 있다가) 오늘밤은 내 홀로 생각고자 하는 일이 있으
니 너의들 먼저 가 자거라.

侍 二 그렇지만 공주마마, 취침하오시기 전에 어찌…….

公 主 글세 내 염려말고 어서 너의들은 먼저 가 자거라.

侍 一, 二 (엎드리여) 그러하오면 소인 등이 먼저 물러가겠압나이다. 안녕이 주
므시옵소서.

(侍 一, 二 退場)

公 主 (한숨을 쉬며) 아, 어이하면 좋으리. 왕자마마 가신 지 벌서 두 달이
넘되 이 몸은 고구려에 가지 못하고 가슴만 태우고 있도다. 요새는 사
자를 보내여도 편지 답장조차 아니하시니 나를 잊으심인가. 그 일을 어
서 하라고 재촉하시는 뜻일가? ……. 그러나 어이하면 좋으리 어이하면
좋으리, 참으로 어렵도다. 이 일만은 어렵도다. (다시 書案으로 와 앉어
머리를 숙우리고 생각한다 한참만에 머리를 들고) 사랑도 중하지만 이
나라의 국보를 어이 깨트리랴. 그러나 이것을 하지 못하면 나는 길히
다시 호동왕자를 대할 길이 없단 말가. 하날이 이 몸을 내시고 어이 이

---

19) 슬피 옮.

268

괴로움을 주신고? 아 어이하랴. (好童王子에게서 온 書簡을 꺼내놓고 읽어본다 눈에 눈물이 맺힌다 편지를 다시 접어놓고 이러서서 무엇을 한참 생각다가) 할 수 없는 일이로다. 이도 또한 천정20)한 수이라면……. 이왕 내 손으로 그 나팔과 북을 없이해야 할 것이라면 하로라도 속한 것21)이 좋을 것이다. 아니 한때라도 속한 것이 더 좋을 것이다. 그러면 오늘밤 안에 이것을 깨트려 버리자꾸나. (급히 안으로 드러가드니 한참만에 조고만 쇠뭉치 하나를 들고 나온다)

公 主 (쇠뭉치를 든 채) 하날이 이 몸을 죄 주시리로다. 부왕께서도 이 몸을 죄 주시리로다. 이 나라 백성이 또한 이 몸을 죄 주리로다. 그러나 나는 왕자에게로 가야 하는도다. 왕자 없이 내 어찌 살어있으리, 하로라도 살어갈 수 있으리……. 왕자시여 오즉 당신만이 나의 빛, 이 몸은 지금 당신의 명에 의해 오래 동안 이 나라를 지키여준 신긔를 깨트리려하나이다. (公主 사방을 휘둘러보며 뜰 아래로 내려서서 退場, 舞臺 캄캄하여진다 한참 후에 번개, 雷聲, 번개, 雷聲, 번개와 雷聲 심하여진다 요란한 가온데 公主 쇠뭉치를 든 채 급한 거름으로 登場. 舞臺 다시 밝어진다)

公 主 (방으로 올라와 書案에 엎드려 한참 苦悶하다가) 아, 어찌하나 어찌하나. 그예 그예 내 손으로 깨트리고 마렀구나. 그예 내가 큰일을 저질르고 마렀구나. (雷聲, 번개, 公主 얼굴이 파래가지고 戰慓22) 한참 후에 다시 고개를 들며) 하날이 노하시도다. 검님23)이 이 몸을 죄주려 하시는도다……. 오래 동안 이 나라를 지키여준 신긔를 깨트린 이 몸, 어떤 죄를 받는다 한들 원통하다 하리. 아 인제 락랑은 눈이 멀고 귀가 먹도다. 하날이여 이 몸을 벌하시라! 백성이여 이 몸을 죄주라! 그러나 왕자시여 호동왕자시여, 이 몸은 행하였나이다. 당신의 분부대로 하고 마렀나이다. 이 나라에는 용납지 못할 큰 죄, 그러나 왕자에게는 층찬받을 일. 아, 이 몸은 사랑을 위해 나라까지 배반하였나이다. 왕자여 이제는 이 몸을 어서 하로바삐 데려가 주소서. 오즉 왕자의 앞으로 가고 싶은 마음, 이 마음이 이 몸으로 하야금 이런 일을 저지르게 하였나이다. 이 뜻을 알어줄 사람은 오즉 왕자 한 분 뿐. 이 나라에 용납 못할 큰 죄를 짓고 어이 한시인들 이 나라에 있

____

20) 天定 : 하늘이 정함.
21) '속히 하는 것' 이라는 의미인 듯.
22) '戰慄'의 오자인 듯.
23) 신령님.

을 수 있아오리까. 곧 다려가 주옵소서.

第 三 幕

第 一 場
(高句麗 宮中)

(때는 이른봄의 저녁때 幕이 열리면 大武神王24) 中央에 앉았고 宮女
六 名 左右로 뫼시여 섰다)

王   (눈을 감았다 떴다하며 무엇을 생각하고 있다가 기침을 한번 크게 하고
      나서 궁녀에게) 해가 이미 기우렀느냐!

宮 一 이미 황혼이 가까웠나이다.

王   오늘 해도 무류히 지나갔도다. 해는 가도 짐의 뜻은 더욱 성해지는
      도다. 시조 동명성왕께서 이 나라를 세우신 이후 국세는 퍼지는 햇발
      같아여 패업25)은 이워질 날이 멀지 않도다. 짐이 어찌 안연히26) 앉
      어 조상의 패업에 발을 탈지27) 못하리요. 남으로 북으로 힘을 펴 모
      든 강토가 고구려 앞에 굴복하게 하리로다. 우선 짐의 욕망은 락랑,
      락랑에 있도다. 적으나 이 나라를 고구려 강역에 집어넣은 후 짐은
      그 넘어로 다시 손을 펴리로다. 오늘까지 싸와서 진 일이 없고 처서
      뺏지 못함이 없는 짐의 군사여든 어찌 적은 락랑을 못 익일가 근심
      하랴! 그러나 다만 끄리는 바는 락랑의 신기한 보배, 북과 나팔이로
      다. 짐의 군사 이르기 전에 미리 알고 락랑이 예비할가 이것을 끄림
      이로다. 짐의 군사를 들 수구룹게 하기 위해서는 꾀로 그 나팔과 북
      을 없이함이 짐의 소망이나 오늘까지 이 뜻을 이루어주는 자 없도다.
      (벌덕 이러서며) 그러나 세상 없은들 짐이 이 뜻을 굽힐가 보냐. (이

---

24) 고구려 삼대 왕(? ~ 44). 동부여, 개마국을 쳐서 병합하고 낙랑군을 정벌하여 국토를 살수
이북까지 확대하였다.
25) 霸業 : 제후의 으뜸이 되는 사업.
26) 晏然하다 : 불안하거나 초조해 하지 않고 차분하고 침착하다.
27) 발을 밟지의 의미인 듯.

러나 왔다갔다 한다 宮女 七 登場)

宮 七　(엎드리여) 왕자마마 이르시여 현알을 청하시옵나이다.

王　　응 어서 들라하여라. (王 자리에 앉는다 宮女 七 退場 조곰 후 好童王子
　　　　登場, 王께 절하고 엎드린다) 이러서 가까이 오라. 내 너에게 할말이 있
　　　　도다. (王子 王의 앞으로 가까이 가서 고개를 숙이고 선다) 오늘은 무
　　　　엇을 하였는가.

王 子　말달리기와 활쏘기를 익히였나이다.

王　　(고개를 끄데거리며) 응 좋도다. 날마다 무예를 익히는 너야말로 진실
　　　　로 나의 아들이로다. 참으로 짐의 뒤를 이을 자로다……. 그러나 너는
　　　　짐의 큰 뜻을 아느냐.

王 子　아바마마의 크옵신 뜻을 신의 적은 마음으로 어찌 다 헤아려 알겠나이
　　　　까. 그러나 짐작은 하나이다.

王　　　짐에게는 큰 욕심이 있도다. 이 욕심을 이루려 짐은 늘 생각고 있
　　　　어…….

王 子　네 알겠나이다.

王　　　그러나 네 아는가. 그 중에도 시급한 짐의 뜻을?

王 子　대강 짐작하옵나이다.

王　　　말하여 보라. 무엇인가 말하여 보라.

王 子　아바마마의 크옵신 뜻은 우리 깃발을 더 널리 펴시려 하옴이요 급한
　　　　뜻은 락랑을 합하시려는데 있압거든 신이 어찌 이를 모르오릿가.

王　　　오 기특하도다. 너의 총명함이여.

王 子　황감하오이다. 그러나 아바마마.

王　　　응 무엇인고.

王 子　아바마마의 이 뜻이 이루워지게 되였아오니 기뻐하옵소서.

王　　　응 무어라고?

王 子　인제 락랑의 북과 나팔은 다시 울지 않게 되었나이다.

王　　　(벌떡 이러서며) 무어라고? 그것이 정말인가?

王 子　앉어게시옵소서. 신이 세세히 주달28)하오리다. 신이 옥저(沃沮)29)에 놀
　　　　든 그 뜻이 락랑에 있었아오며 락랑에 드러가려하옴은 그 뜻이 그 북
　　　　과 나팔을 없이하려는데 있었아옵드니, 뜻대로 신은 락랑에 드러가게
　　　　되였압고 락랑 임금의 두터운 대접까지 받어 나왔아오나 신의 먹은 뜻

---

28) 奏達 : 임금에게 아뢰던 일.
29) 우리 나라 고대 국가 중 함경도 함흥 일대에 있던 나라. 후에 고구려에 복속되었다.

은 이루지 못하고 있었압나이다. 뜻한 바는 달치 못하옵고 얻은 바는
안해였압나이다.

王　　　(놀나며) 안해를?

王　子　그러하오이다. 락랑의 공주와 부부의 의를 맺었압나이다.

王　　　어찌 오늘까지 그런 말을 아니하였든고.

王　子　그것은 오늘을 기대린 까닭이옵나이다. 신이 비록 용렬하오나 녀색에
혹하여 사나이 큰 뜻을 잊을 못난이는 아니였압나이다. 신과 공주 사이
에 정이 깊어가올사록 신은 처음 먹고 간 뜻 이룰 것을 더욱 생각하였
압나이다. 그러하오나 락랑의 국보로 깊이깊이 감춘 그 북과 나팔이 있
는 곳을 알기는 참으로 어려운 일이였압나이다. 생각다 못하와 신은 귀
국하올 때 공주에게 그 신기를 깨트려야만 례로 맞어 다려오겠다고 이
르고 왔압나이다.

王　　　그것을 드를 리 있을가?

王　子　공주의 신을 생각는 마음이 극하오니 어찌 안 드를 리 있아오릿가. 신
이 처음부터 이를 믿었나이다.

王　　　그래 어찌 되였단 말인가?

王　子　공주는 그예 그것을 깨트렸나이다.

王　　　(놀라며) 정말 그것을 깨트렸단 말인가?

王　子　진정이옵나이다. 오늘 사자가 락랑 공주의 서간을 가지고 왔압나이다.

王　　　아, 참으로 거룩한 일을 하였도다.

王　子　공주의 서간이 예 있압나이다. (王子 회중에서 편지를 꺼내여드니 王의
옆의 宮女 받어 왕께 드린다 王은 그 편지를 받어 읽고 나서 도로 궁녀
에게 준다 宮女 받어 王子에게 준다)

王　　　계집아이 참으로 담내한30) 일을 하였도다.

王　子　락랑에는 큰 죄를 지었고 고구려에는 큰공을 세웠나이다.

王　　　그렇도다. 그렇도다. 참으로 큰공이로다. 오래 동안 품은 숙망을 이루게
한 그는 낮게 따지지 못할 공을 세웠도다. 너는 장차 그를 어찌하려 하
느냐?

王　子　(엎드리여) 아바마마, 신과 공주의 혼인을 윤허하야 주옵시고 그를 이
나라로 불러주옵심을 원하나이다.

王　　　그는 그리하라. 그러나 짐의 뜻은 락랑을 처 고구려 강역에 너으려는
데 있음을 너도 알 것이라. 짐이 락랑을 처 멸하는 날에는 고구려와 락

---

30) ‘담대한’의 오자인 듯.

272

랑은 원수 되지 않는가? 원수의 혐의가 있는 사이에 부부의 즐거움이 있을 수 있을가. 나는 헤아리기 어렵도다.

王　子　신이 공주와 결친하옵고 이 일을 도모하옵은 한편으로는 나라를 위하옵고 한편으로는 신의 사사31)일도 생각하옴이였압나이다. 또 공주로 말슴하오면 오즉 신을 생각하와 나라를 배반하는 큰일을 저지른 바이오니 신이 죽사와도 그를 버리지 아니하옴이 의일가 하옴나이다. 그리하옵고 공주의 어진 덕은 신의 안해되옵기 손색없을 듯 하오며 고구려 왕실의 위덕을 손상시킬 바 조곰도 없을 줄로 아뢰나이다.

王　　　(손을 저으며) 아니라 아니라, 짐이 이를 허락 않고저 함이 아니라 다만 두 나라이 원수의 사이 되는 날, 부부 되여 혐의 없을가 이를 근심함이로라.

王　子　그것은 신에게 맛기여 주시옵기 바라옵나이다.

王　　　그러면 딴말은 없노라. 너와 락랑 공주의 큰공은 다시 표창할 날이 있을 것이오. 우선 이 혼인은 짐이 쾌히 허락하노라.

王　子　성은을 뼈에 삭여 잊지 않겠나이다. (王子 이러선다)

王　　　그러나 너는 드르라. 공주를 맞어드리기 전에 더 급한 일이 있도다.

王　子　알겠나이다. 락랑을 치는 일이 아니오니까.

王　　　옳도다. 이미 락랑에 그 북과 나팔이 없어진 바에야 어찌 한 시각을 지체하랴.

王　子　신도 그리 생각하옵나이다. 날이 오래여 락랑의 임금이 북과 나팔 깨진 것을 알게 되오면 공주의 목숨은 보존키 어려울 것이오며 이 나라의 도모하옵는 일도 늦어질 것이옵나이다.

王　　　네 잘 아는도다.

王　子　그러하오매 곧 군사를 발하야 락랑을 정벌하옵소서.

王　　　(고개를 끄데거리며 무엇을 생각고 있다)

　　　　(사이)

王　子　(다시 엎드리며) 아바마마 또 한가지 아뢸 말슴이 있나이다.

王　　　무엇인지 말하라.

王　子　아뢰옵기 황송하오나 군사를 내여 락랑의 서울을 치는 날 락랑의 임금과 그 비의 묵숨도 신에게 주시옵소서. 그 딸을 안해로 마지하오며 어찌 그 어버이를 죽이오릿가.

---

31) 私事 : 사삿일.

王　　　그 나라를 치며 그 임금을 살려둠이 화근이 되지 않을가.

王　子　락랑 임금의 나이 반생을 넘었으니 여생이 얼마나 있아오릿가. 고구려
　　　　의 국세 왕성하오니, 뉘 불측32)의 뜻을 두오리까. 이 나라의 왕화(王
　　　　化)33) 널리 미치오면 락랑의 백성이 어이 딴뜻을 두오리까.

王　　　(이윽히 생각다가) 그도 네 뜻에 맞기노라.

王　子　융숭하신 은총 더욱 뼈에 삭여 잊지 않겠나이다.

王　　　(눈을 딱 감고 다시 무엇을 생각다가 벌떡 이러서며) 락랑의 북과 나
　　　　팔은 이미 깨졌고 한번 북 치면 나갈 짐의 날쌘 군사도 명을 기대린 지
　　　　오래도다. 때는 이미 익었으니 어이 한때를 지체하랴. 그러나 락랑정벌
　　　　의 위수34)대장은 누를 시킬고?

王　子　아바마마의 군사, 별같이 만사옵고 또 이를 거느릴 무서운 장사 수만
　　　　히 있아오니 어찌 이를 근심하시나있가.

王　　　그러나 락랑에는 짐의 믿는 자를 보내고저 하노라. 뉘 마땅할고?

王　子　(다시 엎드리여) 신의 힘이 약하옵고 재조없아오나 락랑 정벌의 소임
　　　　을 신에게 맡기시오면 삼가 힘을 다 하와 왕명을 욕되지 않게 하겠나
　　　　이다.

王　　　(자리에 턱 앉으며) 짐의 뜻도 정히 너에게 있었드니 먼저 자청하니 다
　　　　행하고 기쁘도다. 그러나 너는 짐의 사랑하는 아들 또 장래 내 뒤를 이
　　　　어 이 나라를 다스릴 몸이니 만일 한번 잘못이 있으면 후회하여도 미
　　　　치지 못할 것이매 이를 걱정하노라.

王　子　신이 배온 배 적사옵고 힘이 미치지 못하오나 어찌 한낮 락랑울 도모
　　　　치 못하오리까. 이때까지 익힌 무예를 한번 시험코저 하나이다.

王　　　좋도다, 너를 보내리라. 그러나 몸을 삼가 그릇됨이 없게 하라.

王　子　삼가 가르치심을 봉행하겠나이다. (이러선다)

王　　　그러면 내일부터라도 곧 군사를 조련하라.

王　子　어명대로 하겠나이다.

王　　　공주는 어이하려는가?

王　子　락랑의 서울로 군사를 몰고 드러가 그 임금과 비를 사로잡고 공주를
　　　　데려오겠나이다.

王　　　그것이 좋겠도다. 너의 씩씩한 개선의 모양을 짐이 기대리리로다.

---

32) 不測 : 미루어 헤아릴 수 없음.

33) 임금의 덕행으로 감화하게 함.

34) 衛戍 : 군부대가 일정한 지역의 질서와 안전을 유지하려고 장기간 머무르면서 경비하는 일.

274

王　子　황송하오이다. (조곰 후에) 신은 이만 물러가겠나이다. (王子 절하고
　　　　退場)
王　　　락랑도 짐의 수중에 드러올 날이 머지 않도다. 북으로 남으로 고구려
　　　　의 강토를 넓혀감, 이것이 짐의 큰 욕망이어니 어이 적은 땅으로 스스
　　　　로 족하여 하리요. 한 땅을 더 하고 한 고을을 더 합하야 짐은 고구려
　　　　로 천하의 큰 나라를 만들리라.

第 二 場
(樂浪 宮中)

(봄, 낮前35) 樂浪主의 妃와 樂浪公主 앉어 이야기하고 있고 宮女 二人
뫼시고 서 있다)

公　主　어머마마 암만 해도 그 꿈이 흉몽인 것 같나이다. 꿈을 깨고 나서는
　　　　도모지 마음이 심란해서 못박이었나이다.
妃　　　괴이한 꿈은 괴이한 꿈이나 꿈은 허사라 믿을 수 있는가. 흉몽대길이
　　　　라는 말이 있으니 도로혀 좋은 일이 있을른지도 모르지…… 그런데 요
　　　　새 너의 모양이 더욱 초최해가니 무슨 근심이 있느냐.
公　主　별로 근심하는데 없나이다마는 자연 심사가 좋지 못하와…….
妃　　　그럴 것이로다. 벌써 호동왕자 귀국한 뒤 해가 바뀌였으니 너의 심중을
　　　　내 헤아릴 수 있도다.
公　主　(얼골이 붉어지며) 에그 어머마마 어이 그런 말슴을…….
妃　　　구태여 아니라고 할 까닭은 어데 있는가. 요새는 왕자에게서 무슨 소
　　　　식이나 있는가?
公　主　일전에 서간이 있었압나이다.
妃　　　쉬 너를 데려간다든가.
公　主　아마 얼마 안 있으면 맞이러 사자가 오리라 믿나이다마는…….
妃　　　오즉이나 기대려지랴. 그러나 호동왕자는 무신한36) 사나이가 아니니 너
　　　　머 애를 태우지 말고 유유히 기대리라.
公　主　이만 일로 어머마마께까지 성려37)를 끼치와 죄송하오이다. 신첩도 왕

---

35) 오전.
36) 無信 : 신뢰가 없음, 소식이 없음.
37) 聖慮 : 임금의 염려를 높여 이르는 말.

자가 실없은 사나이가 아니라는 것을 믿고 있아오나 여러 가지 일로
자연 요새는 마음이 좋지 안사와…….

妃　　봄은 슬픈 사람의 마음은 도로혀 슬프게 하는 때라 네 왕자를 너무 생
각하므로 모양이 저리 되니 십분 마음을 쾌히 먹고 조심하라. 병 날가
겁나도다.

公　主　삼가 이르심을 봉승하겠나이다. 그러하오나 지난밤의 꿈은 암만 하와
도 이상하와 마음이 않노이나이다. 이 나라 운수에 불길한 조짐이 아니
오면 신첩의 신상에 무슨 좋지 않은 일이 있을 것만 같사와…….

妃　　어이 그런 소리를 하는고? 꿈은 꿈이요 생시가 아니어든……. 쓸데없
는 생각으로 머리를 수구럽히지 말라. 꿈이 영험이 있다면 도로혀 좋은
일이 있을른지도 모르는도다. 오늘쯤 왕자에게서 너를 마지러 보내는
사자가 이르면 그 아니 좋겠느냐. (궁녀 하나 등장)

宮　女　(엎드리여) 상감마마 듭시나이다. (妃와 公主 이러서서 앞으로 나오고
뫼시였든 두 궁녀 뜰 아래로 내려선다 樂浪主 네 宮女에게 옹위되여
登場, 위로 올라와 좌를 정하자 妃는 그의 옆으로 가 앉고 宮女들은 左
右로 느러서며 公主 앞에 와 엎드려 인사한다)

公　主　아바마마 이르시나있가. (妃의 옆으로 앉는다)

樂浪主　(웃으며) 무슨 자미있는 일이 있는 모양이로다.

妃　　지금 꿈 이야기를 하고 있었나이다.

樂浪主　꿈 이야기? 누가 무슨 좋은 꿈을 꾸었는가?

妃　　좋은 꿈이 아니라 사실은 공주가 흉몽을 꾸고 걱정하옵기 흉몽대길이
라 도로혀 좋은 일이 있을 것이라고 일렀나이다.

樂浪主　흉한 꿈? 어떤 꿈을 꾸었는고? 사실인즉 과인도 꿈자리가 이상했는데
그 꿈 이야기 좀 드러볼 수 없을가.

公　主　계집아이의 요망한 꿈, 아바마마의 귀에까지 드르시게 할 바 못 될가
하나이다.

樂浪主　무슨 꿈이었든고 말해보라.

公　主　(마지못해) 상서롭지 못한 꿈인가 하나이다. 신첩이 머리를 풀고 전신
피투성이가 되어 울었압고 정전(正殿) 주초돌이 빻어 굴러단이는 꿈이
었나이다.

樂浪主　(얼골빛이 변해지며) 흥, 과연 괴이한 꿈이로군, 과인은 하눌에서 붉은
별이 떠러지는 꿈을 꾸었어.

妃　　(놀라며) 별이 떠러지는 꿈이오니까.

樂浪王　(고개를 끄데거리며) 이 나라에 무슨 좋지 안은 증조가 있으려는가.

妃　　　꿈은 허망한 것이오니 그것을 어찌 믿사오리까.

樂浪王　그것은 그렇거니와 공주의 꿈도 심상치 않은 꿈이로군. 꿈 까닭은 아
　　　　니겠지만 과인은 오늘 아침부터 어쩐지 심긔가 불평하고 이 나라에 무
　　　　슨 불길한 일이 이러날 것 같은 생각이 작고 드러……

妃　　　상감마마께서도 공주와 같은 말슴을 하시니 오늘 어쩐 일인지 모르겠나
　　　　이다.

公　主　인제 꿈 이야기는 고만 거두시옵고 다른 이야기를 하사이다.

樂浪王　(公主의 얼골을 凝視하며) 요새 너의 얼골이 나날이 수척해가니 무엇
　　　　을 그리 걱정하는가? 호동을 생각느라고 그런가.

妃　　　신정이 식기 전에 남편과 리별하니 어찌 안 그렇겠나있가.

樂浪王　허, 리별이란 괴로운 일이로다. 호동에게서는 늘 소식이 있는가.

妃　　　때때 사자의 왕래가 있나이다.

樂浪王　언제나 데려가려는고?

妃　　　제 말 드르면 머지 않어 가게 될 듯 하오이다.

樂浪王　고구려 사람될 날이 머지 않도다. 고구려 왕실과 인친의 의를 맺이면
　　　　두 나라의 사이도 좋아질 것이라. 과인이 이 날을 급히 기대리노라. 호
　　　　동은 용맹과 의를 겸한 사나이이니 우리를 잊지 않을 것이라 과인은
　　　　그를 사위 겸 아들로 생각하노라. (멀리 북소리와 징 소리, 아우성 소리
　　　　들린다) 아, 이 무슨 소린고? 락랑에 지금까지 큰 환란은 없었드니 이
　　　　웃 고구려 강성하야 이웃 나라를 침략하매 걱정이 적지 않은지라 다행
　　　　이 호동을 사위 삼은 것은 이 하날이 도으심인 것 같도다. (먼데서 나
　　　　는 복소리 함성) 괴이하도다. 이 무슨 소린고? 다른 사람에게도 들리는
　　　　가?

公主와妃　(귀를 기우리며) 요란한 소리가 들리나이다. (이때 大臣 다름박질로
　　　　드러와 俯伏)

大　臣　상감마마! 큰 일이옵나이다.

樂浪王　(놀라며) 무슨 일이야?

大　臣　성하에 고구려 군사가 이르렀나이다.

樂浪王　(벌떡 이러서며) 무엇이라고?

大　臣　수천의 고구려 병정이 처드러와 성을 에워쌓고 있아오매 성의 함락이
　　　　경각간에 있나이다.

樂浪王　그예 왔도다. 고구려가 그예 락랑을 첬도다! (큰소리로) 고구려 군사가

성하에 이르도록 몰랐단 말인가?

大　臣　네 아득히 몰랐나이다.

樂浪主　무슨 소리야! 그러면 그 북과 나팔이 울지 않았드란 말인가?

大　臣　울지 않았나이다. 이상한 일이였아옵기 무고(武庫)를 열고 살펴보온즉
　　　　그 북과 나팔이 깨여저 있었나이다.

樂浪主　(펄쩍 뛰며) 깨여졌다니 그게 정말인가?

大　臣　네 정말이옵나이다.

樂浪主　그것을 누가 깨트렸단 말이냐? 빨리 무고직이를 이리 잡아드려라. 그
　　　　리고 군사를 발하야 성문을 꼭꼭 직히게 하고 각 무장들에게 싸흘 준
　　　　비를 시키라.

大　臣　어명대로 하겠나이다. (退場)

樂浪主　(털퍼덕 앉으며) 아 모든 일은 글렀도다. 락랑이 망하게 되단 말가.

妃　　　어이하면 좋사오리까. 이 일을 어이 하오리까.

락랑주　모든 일이 천수로다. (公主 얼골빛이 변해 어찌할 줄 모르며 宮女들도
　　　　모다 황황하여 정신없이 서 있다 捕卒 두 명 무고직이를 잡아 가지고
　　　　드러와 땅바닥에 꿀린다 大臣 뒤따라 드러와 뜰 앞에 俯伏)

大　臣　무고직이를 잡아 대령하였나이다. 군사들은 모두 성문을 직히게 하였
　　　　압고 무장들에게도 대명을 시켰나이다.

樂浪主　(앞으로 나오며) 너의들은 잠을 자고 있었드냐? 북과 나팔을 깨트린
　　　　자가 누구란 말이냐.

고직이　(엎드려 떨며) 소인 등의 죄는 만번 죽어도 마땅하오며 북과 나팔은
　　　　어느 틈에 누가 드러와서 깨트렸는지 실로 아지 못하나이다.

大　臣　이놈아 모르는 게 무어야, 바른 대로 아뢰여라.

고직이　정말 아득히 모르겠나이다.

樂浪主　언제부터 깨여졌든 것도 몰랐드냐!

고직이　오늘 열어보고 비로소 알었압나이다.

樂浪主　이놈 죽어도 모를가?

고직이　죽사온들 누구 앞이라 감히 거짓말을 하오리까.

樂浪主　어떤 사람의 짓이란 것도 짐작 못하겠느냐.

고직이　도모지 알 수가 없나이다.

樂浪主　온 이런 등신이 있단 말인가. 네가 무고수직을 잘못한 죄로 이 나라가
　　　　망하게 되는 것을 아는가.

고직이　백번 죽어도 한이 없압나이다.

樂浪主　이놈을 빨리 내다 버혀라! (捕卒 武庫직이를 끌고 나간다 이 光景을 보
　　　　고있는 公主 얼골빛이 土色이 되여가지고 떨고 있다)
樂浪主　아 이것이 누구의 짓이란 말가. 귀신이란 말이냐! 사람이란 말이냐!
　　　　(公主 樂浪主 앞으로 와 엎드려 울며)
公　主　아바마마!
樂浪主　귀신의 짓이라면 하날이 식힘이요.
公　主　아바마마!
樂浪主　사람의 짓이라면…….
公　主　아바마마 북과 나팔을 깨트린 죄인은 여기 있나이다.
樂浪主　(놀라며) 무어라고?
公　主　그것을 제가 깨트렸나이다.
樂浪主　네가?
公　主　정말로 제가 깨트렸나이다.
妃　　　(쫓어와서) 네가 미쳤느냐 이게 웬 소리냐!
公　主　호동왕자의 명을 받어 제가 밤에 무고에 드러가 깨트렸나이다. 나라를
　　　　배반한 죄인 어서 죽여주시옵소서.
樂浪主　(기 맥혀 公主를 한참이나 흘겨본다) 흥 도적은 울안에 있었단 말이지.
公　主　(엎드려 통곡하며) 아바마마 이 몸을, 락랑의 국적을 어서 죽여주옵소서.
樂浪主　범의 색기를 맞어드리고 집안에 도적을 길렀으니 누구를 원망하랴! (이
　　　　러나 허리에 찬 칼을 빼여 든다) 드르라. 너는 나의 딸이나 나라를 배
　　　　반한 역적, 인정은 막으나 국법은 용서치 않는다. (칼을 드러 치려하니
　　　　妃 달려와 막는다 樂浪主 妃를 떼밀고 눈을 딱 감고 칼을 드러 公主의
　　　　허리를 친다 公主 悲鳴을 지르고 나둥그러진다 宮女 처메를 갖다 公主
　　　　의 몸 우에 덮는다 妃 달려드러 통곡하고 公主의 侍女 一, 二, 上手로
　　　　登場 公主시체에 엎드려 운다)
樂浪主　(칼을 내던지고 자리에 힘없이 앉으며) 너는 나를 원망하리로다. (悲泣
　　　　한다) (軍卒 二 名 急히 登場)
軍　卒　아뢰나이다. 고구려 군사가 성문을 깨트리고 물밀듯 처드러오나이다.
　　　　(軍卒 둘다 退場)
樂浪主　(한숨을 쉬며) 락랑은 망하도다. 오랜 종사가 과인에게 이르러 끝나단
　　　　말가. (이러나서) 妃여 가사이다. 드러가 우리도 깨끗이 죽어 락랑과 목
　　　　숨을 같이 하사이다. (妃를 잡아이르킨다 妃 울며 公主의 몸에서 안 떠
　　　　러지랴 한다)

大　臣　상감마마 어서 몸을 피하소서.

樂浪主　피한들 어데까지 가리, 산들 그 욕이 오죽하랴! (大臣에게) 그대는 좋
　　　　은 임군을 찾어가 섬기라. (宮女들에게) 그 동안 너의는 우리를 잘 섬
　　　　기여 왔도다. 국운이 쇠하야 락랑이 망하니 우리는 나라와 목숨을 같이
　　　　하려니와 너의들은 각각 새 주인을 찾어가 잘 살라. (樂浪主 妃를 끌고
　　　　뒤로 나간다)

宮女들　(울며) 소인들도 상감마마와 같이 가오리다. (宮女들 다 뒤를 따러나가
　　　　고 公主의 侍女 一, 二만 그대로 엎드려 울고 있다 밖에서는 북소리와
　　　　요란한 喊聲, 大臣 다름박질로 피해 나간다 한참동안 밖에서 들리는 아
　　　　우성 소리와 侍女의 우름소리가 날 뿐 舞臺는 고요하다 조곰 후에 밖
　　　　에서 요란한 말발굽 소리와 발자죽 소리나며 好童王子 武裝하고 副將
　　　　과 軍卒 두 명을 다리고 登場)

好　童　公主는 어데 있느냐! 公主를 찾어라!

侍　一　(얼골을 드러 好童王子를 보드니 반가워하며) 왕자마마 오시나있가.

好　童　(올라오며) 오 잘 있었드냐. 공주는 어데 계시냐! (侍 一 울며 말을 못하
　　　　고 侍二가 公主의 시체를 가르친다 好童 덮을 것을 들처보드니 깜짝
　　　　놀란다)

好　童　이게 어찌된 일이냐?

侍　一　북과 나팔을 깨트린 죄로…….

　　　　(哀調의 古樂)

好　童　(公主의 시체를 덮석 안으며) 공주! 공주! 호동이 예 왔오. 기대리는
　　　　호동이 예 왔거늘 이 모양이 웬 모양이오……. 공주! 그 눈을 떠 나를
　　　　다시 보아주오. 호동이 왔거늘 왜 한마디 말도 못하오. 얼마나 나를 원
　　　　망하였으며 미워하였겠오. (엎드려 운다) 오즉 나를 위하야 이 지경을
　　　　당한 그대, 나는 무엇으로 목숨까지 바친 그대의 큰사랑을 보답해야겠
　　　　오. 어떤 일을 해야 그대의 령이 조금이라도 위로를 받겠오. 령혼이 있
　　　　거든 말을 해주소. 어떤 일이라도 호동이 사양치 않으리다. (이러나서)
　　　　내 죄로다. 모든 것이 내 죄로다. 장차 어이하리, 어이하면 좋으리, 락랑
　　　　은 얻었으나 사랑은 잃었도다. 익였은들 무엇이 기뿌리. 천하를 얻었으
　　　　면 그것이 무엇이냐……. 어떠한 즐거움과 온갖 기뿜이 다 와도 이 슬
　　　　품은 메우지 못하리라. (허리에 찬 칼을 클러 내던지고 손에 들었든 槍
　　　　도 내던진다) 이것이 다 무엇이냐! 승전의 기뿜은 갖다주었으나 그보다

더 큰 비애를 내게 선물하도다.

副 將 왕자마마 고만 진정하옵소서. 수천의 장졸이 명을 기대리고 있나이다.

好 童 나는 익였으나 진자이로다. 그대가 나를 대신하야 모든 일을 수습하여 주소. (侍女와 軍卒에게) 너의들 공주의 시체를 공주전으로 모시여라. (侍女와 軍卒 대드러 공주의 시체를 마주들고 내려선다 好童 그 뒤를 따른다)

副 將 왕자마마 어찌하시려나이까.

好 童 모든 일은 그대에게 맞기노라. 나는 졌으나 고구려는 익였도다. 천하에 무정한 사나이, 무신한 사나이 그는 나이로다! 내 무슨 낯을 들고 삼군을 호령하며 세상에 서리요. 뒷일은 그대에게 부탁하노라. (王子 公主시체를 따러 나간다 副將 沈痛한 얼골로 王子의 나가는 뒤를 바라보고 섰다)

(고요히 幕)

洛花圖

▷ 서지사항 : 3막, 《영화연극》 1940년 2월호 게재
▷ 공연사항 : 미확인
▷ 특기사항 : 전체 3막 중 1막만 게재

時代

　　高句麗 烽上王[1] 九 年 가을.

곳

　　高句麗 서울. (平壤)

人物

　　都友
　　雪姬 (敏首의 딸, 都友의 婚約者)
　　利夫 (國相 倉助利의 아들)
　　扶素 (利夫의 동무)
　　乙那 (利夫의 동무)
　　敏首 (王의 外戚 權臣)
　　都友의 母親
　　꺽쇠 (利夫네 下人)
　　여울애 (雪姬의 侍婢)
　　怪漢 (敏首의 염탐군)
　　五月 (都友네 女人)
　　청직이 (敏首네 청직이)

---

1) 고구려 14대 임금. 재위기간은 292-300년.

第 一 幕

舞臺 利夫의 집 後園草堂.
幕이 열리면 舞臺는 暗黑, 利夫 꺽쇠에게 등불을 들려 가지고 이야기하
며 登場. 舞臺 밝어진다.

꺽　쇠　(먼저 燈을 들고 방으로 들어가 불을 켜놓고) 서방님 들어오십시요. 불
　　　을 조곰 넣었드니 방바닥이 미지근합니다.

利　夫　불을 넣었어? 더웁지 않을가?

꺽　쇠　찬바람이 나서 요새는 아침저녁으로는 매우 선선한 걸요.

利　夫　(방으로 들어오며) 방은 쓸었나?

꺽　쇠　(방에서 나와서) 네 아까 다 말정이 쓰러놨읍니다. 다른 녀석들 모르게
　　　가만이 와서 쓴다는 게 고만 비를 가지고 나오다가 한 놈에게 들켰읍
　　　니다 그려. 초당에 들어가 뭘 하고 나오느냐고 그러겠지요. 그래 그저
　　　오래 방을 비여두었기에 좀 도라보고 나오는 길이라고 했읍지요.

利　夫　그렇다고 뭐 우리가 오늘밤에 예서 모인다는 것을 눈치 챘을 리는 없
　　　겠지.

꺽　쇠　그렇고 말고요. 알기는 누가 압니까. 이 꺽쇠 외에는 아무도 모릅니다.

利　夫　응 이따가도 아조 극히 조심을 해달란 말이야. 이런 말이 조곰이라도
　　　밖으로 새나간다면 그야말로 큰일이니까…….

꺽　쇠　그야 말씀 아니하셔도 잘 알고 있읍니다. 이 꺽쇠 놈이 비록 무식은
　　　합니다마는 서방님들 하시는 일을 다 짐작고 있읍니다. 나라를 위해서
　　　애쓰시는…….

利　夫　(손에 입을 대고) 쉬…….

꺽　쇠　네 알겠읍니다……. 어제도 저의 아재비가 시골서 와서 이야기하는데
　　　요새 시골인심은 아조 흉흉하다고 합니다. 이월부터 칠월까지 비가 아
　　　니 와서 농사는 모두 낭패했는데다 나라에서는 또 대궐을 수축한다고
　　　열 다섯 살만 넘은 자면 사내고 계집애고 할 것 없이 모두 뽑어다가 부
　　　역을 시키니 살아갈 수가 없다고 원망 소리가 높다고 합니다.

利　夫　그러기에 일전에 댁의 대감께서도 상감께 대궐 수축하는 일을 고만
　　　두읍시라고 알외시였다네. 그러나 상감께서는 들으시키는커녕 도로
　　　혀 역정을 내셨다네……. 모두 천수[2]라고만 내바라 둘 수도 없는 일

---

2) 하늘이 정한 운수.

이고…….

꺽 쇠 그러나 댁의 대감마님 같으신 분이 계시고 또 서방님 같으신 분들이 이
        처럼 모두 나라를 근심하고 계시니 백성들이야 다시 좋은날을 보게 되
        겠읍지요. 그렇지만 그 완고한 민수대감 그 대감 때문에…….

利 夫 아서 아서, 그런 말을 함부로 하는 거 아니야…….

꺽 쇠 네, 네……. 인제 소인은 물러가겠읍니다. (도라서 나가려고 한다)

利 夫 아까 일른 대로 샛 대문3) 있는데 있다가 손님이 오시는 대로 아무도
        모르게 이리로 인도해드리게.

꺽 쇠 네 염녀마십시요.

利 夫 그리고 혹 수상한 놈이 어른거리나 근처를 좀 살펴보아 주게.

꺽 쇠 네, 네.

        (꺽쇠 退場 利夫 뒷짐을 접고 무엇을 생각하며 왔다갔다 한다 그리다 가
        누구를 기대리는 것 모양으로 밖앗 쪽을 자꾸 내다본다)

利 夫 어째들 이리 늦는가? 무슨 일이 생겼나. (間)

        (꺽쇠 扶素를 引導하여 가만히 草堂 앞으로 온다)

利 夫 (내다보고) 어서 오게.

扶 素 (堂으로 들어오며) 다들 왔나?

        (꺽쇠 도로 나간다)

利 夫 아직 안 왔어. 곧들 오겠지. 앉게.

扶 素 (앉는다) 참 저 음유(陰由)는 오늘 못 올거야.

利 夫 왜?

扶 素 집안 블일로 오늘 시굴 갔으니까.

利 夫 그럼 모일 사람이 몇 안되네. 소우(簫友)도 못 올 게고.

扶 素 소우는 왜?

利 夫 (밖을 살펴보며 가만히) 저 왕손 을불(乙佛)을 찾으려 아버지께서 시굴
        로 보내셨어. 아무도 모르는 일이니 아직 말내지 말게.

扶 素 (고개를 끄데거린다) 도우(都友)는 오겠지.

利 夫 응 그 사람은 올거야. 나이는 젊으나 참 열혈아(熱血兒)이거든……. 그

---

3) 샛문. 정문 밖에 따로 있는 작은 문.

런데 오늘저녁 의논할 일은 도우에게는 좀 자미없을 일인데…….

扶　素　그래도 원체 사람이 대의를 위해서는 사사[4] 사정을 돌보지 않는 성질
이니까.

利　夫　그렇기는 하지마는…….

(사람 발작 소리가 나니 둘이 다 내다본다) (都友와 乙那 껵쇠에게 인도
되여 온다)

利　夫　어서들 오게.

扶　素　왜 늦었어.

都　友　뭐 아직 초저녁인데…….

(都友와 乙那 방안으로 들어가고 껵쇠는 도로 나간다)

利　夫　어디서들 맞나 같이 왔나? □□□□□□□□□□□□□□□□ 있기 때문에
한놈에게만 들켜도 누구하고 누가 같이 어디로 가드라고 쏜살같이 그
이 귀에 들어갈 것이니…….

扶　素　(都友를 보고) 요새는 그 대감 병이 좀 낳은가?

都　友　나도 잘 모르겠어. 벌써 대여섯 달이나 나는 그 집에 발을 끊었으니까
말 들으니 좀 났기는 하다데마는 일어나 다니지는 못하는 모양이데.

利　夫　그렇지 자네는 우리들과 모이게 된 뒤로는 발을 끊었으니까. 그 자네
장래 장인도 자네를 아주 고현 놈으로 알 것일세.

都　友　아주 틀렸는데 뭘.

扶　素　그래도 설희 아가씨는 때때로 맞나겠지.

都　友　맞나는 게 뭐야, 편지 왕래드 아니 하는데.

扶　素　정말?

都　友　정말이야.

扶　素　그럼 혼인은 깨지는 혼인이 아닌가?

都　友　지금 그런 것을 생각고 있을 때가 아니라고 생각고 있네.

乙　那　참말이지. 이 도우만한 결심만 가지면 못할 일이 없을 것일세. 뭐 편지
왕래 안하는 것도 설희 아가씨야 도우가 자기 아버지 편이 안된다고
틀려서 편지 안하는 것이 아니거든. 도우가 통 다니려 안가고 하니까
여러 번이나 하인을 시켜 편지를 보냈었다는데 그런 것을 도우는 편지
받아 보고는 답장도 안 해주고 하니까 자연 두 사람 새가 설어졌지. 지

---

4) 私事 : 사사 일.

금도 설희 아가씨는 도우를 생각고 있을 거야.

扶　素　도우도 마음속으로는 잊지 못하고 있겠지. 장안에 든든 절색이니까…….
　　　　허, 허.

都　友　참 쓸데없는 소리들도…….

利　夫　민수는 민수고 설희는 설희지. 여보게 도우, 뭐 설희 아가씨하고 까지
　　　　끊을 것은 없지 않은가 응?

都　友　인제 그런 소리들은 고만두고 어서 오늘밤 할랴고 한 이야기나들 하세.

利　夫　그렇다. 우리에게는 무엇보다도 나라일을 바로 잡는 것이 급무이다. 이
　　　　런 날이 하루가 더 계속되면 될수록 백성은 그만큼 더 도탄에서 울 것
　　　　이니까.

扶　素　그런데 그 왕손 을불(乙弗)이 어디 살아게신 것은 확실한가?

利　夫　꼭 살아게신다고 다짐두고 말할 수는 없지. 그러나 십중팔구는 살아
　　　　게실 것이야. 아버지께서도 그렇게 믿으시기 때문에 북부에는 조불(祖
　　　　弗), 동부애는 소우(簫友)를 보내시여 방방곡곡이 뒤저보게 하신 것이
　　　　니까.

乙　那　□□께서만 살아계시다면 우리의 희망을 달할 날도 머지 않다마는…….

都　友　살아계시든 안계시든 우리의 할 일은 해야지.

利　夫　(밖을 살피고) 아버지께서는 국상의 지위에 계신 몸이나 바른 말슴으
　　　　로 충간을 하시다가 한번 상감의 노염을 사신 이후로는 상감의 미움은
　　　　점점 더해가고 간당들은 가진 소리로 아버지를 모함하고 있는 형편일
　　　　세. 지금 상감께서 마음을 돌리시기는 틀린 일이니 우리는 하루바삐 금
　　　　상5)을 폐하고 왕손을 추대할 계획을 세우는 수밖에 없는데 조정에는
　　　　간당이 편만6)하니 이대르 나가다가는 나라 안에 무슨 변이 나기 쉬울
　　　　것이요. 또 아버지께서 국상의 자리를 떠나시게 되는 날이면 이 일은
　　　　앞으로 더욱 어려워질 것일세. 말하자면 지금 사태는 급해진 것이니까
　　　　우리는 우선 간당들의 힘을 조곰이라도 덜도록 해야 할 것일세.

　　　　(다 緊張해서 듣고 있다)

扶　素　그러자면?

利　夫　그러자면 간당 중에도 그중 권세 있는 자를 먼저 꺾는 것이 상책이지.

---

5) 今上 : 현재의 왕.
6) 遍滿 : 널리 차 있음.

(모두들 고개를 끄데거린다)

乙　那　그러자면 누구보다 민수를 처치해야겠군.

(다들 都友의 눈치를 본다 都友 泰然한 氣色)

利　夫　그렇지! 도우에게는 좀 미안한 말이지만…….
都　友　그게 무슨 소린가. 오늘 이 자리에서 우리가 말하는 민수는 나의 장래 장인으로서는 민수가 아니고 혼암[7]한 임군을 도와 나라를 더욱 어즈럽게 하는 간신의 민수인데……. (憤然히) 왜 자네들은 나를 이상한 눈으로 보는가! 도우의 마음을 의심하면 애초에 자네들이 나를 이 자리에 참례시키지 않을 것이지!

(都友 벌떡 일어선다)

利　夫　(일어나 그를 잡아 앉히며) 아니야. 그런 게 아니야. 뭐 자네를 의심해서 그러는 게 아니라…….
都　友　그럼 뭔가?
乙　那　여보게 참어! 이건 뭐야. 우리가 자네 맘을 다 아는데 의심할 것 같으면 이런 일을 한자리에 앉혀놓고 의논하겠는가!
都　友　(풀리여) 그러니까 말이지.
扶　素　자 그래 어서 이야기하게.
利　夫　□ 우리들의 음모하는 것을 눈치 치이고는 있으면서 트집잡을 건데기 □□□□□□않아 우리를 어찌하지 못하고 있는 것이니까. 지금 형편으로는 우리가 그들을 제하지 아니하면 그들이 우리를 제할 이런 사태에 있단 말이야. 그러니까 이대로 있다가 개 주검을 할 것인가. 그렇지 않으면 우리의 뜻하든 일을 실행에 옮길 것인가. 우리는 이것을 결정해야 한단 말일세.
扶　素　왕손을 뫼서 오게만 되는 날이면 춘부 대감께서는 그 폐왕을 단행하실 것이 아닌가. 그 일에 우리들이 힘을 보태지 못하고 간당들의 손에 죽는다면 그야말로 개 주검이지.
利　夫　(밖을 살피며) 실상인즉 왕손이 어디 게신 것을 희미하나마 짐작까지 하게 되였어…….
都　友　응 그렇다면 일은 서둘러야겠군.
乙　那　그러면 일을 어떻게 결행할가? 여러 말 할 것 없이. 우선 민수를 처지

---

7) 昏暗 : 어리석고 못나서 일에 어두움.

하기로 하세. 민수 하나를 처치하면 간당들은 대가리를 잃은 셈이 될
것이고 또 이것이 도화가 되어 나라를 근심하는 자들이 사방에서 우리
의 기 아래로 모일는지도 모르니까.

扶　素　그러면 여러 말 할 것 없이 어떻게 민수를 처치할가 이것을 의논해야
겠는데 이것이 장히 어려운 일이란 말이야. 병이나 안나서 대궐에나 드
나들면 거리에서라도 거사를 하겠지만 철벽같이 호위를 두고 집안에
쏙 들어앉어 있는 것을 나는 새가 아닌 다음에야 누가 그 안에 들어가
그를 만나보기나 한단 말인가.

　　　　(都友 고개를 숙으리고 무엇을 생각한다)

利　夫　우리들은 나라를 위해 신명을 바치기를 맹서하지 않었나. 주검을 무릅
쓰고 누구든지 해야지.

都　友　(얼골을 들고 씩씩하게) 그 일은 내가 맡겠네!

　　　　(모두 都友의 얼골을 처다본다)

利　夫　그렇지만 자네야 할 수 있나.

都　友　나밖에는 할 사람이 없어!

乙　那　아니야 내가 하겠네.

都　友　아니야 자네는 가만있어!

扶　素　도우 자네야말로 빠질 차례다. 아무리 자네 신념이 강하다한들 우리가
자네야 보낼 수 있나. 이부는 모사 노릇을 해야하니 만일 불행한 일이
있어서는 안 될 것이고 을나도 안 돼! 갈 사람은 나밖에 없네.

都　友　안될 소리를 작고 하기만 하면 뭐 하는 거야. 다른 사람으로는 민수의
얼골만 보려도 극난한 일일세. 호위군사는 군데군데 섰고 수상한 사람
이 얼찟만하면 잡아다 규문을 하는 판인데 승천입지[8]하는 재조가 없고
서야 민수의 집에 숨어 들어가 민수의 머리를 버힐 수는 없네. 그러나
나만은 거기를 무난히 들어갈 수 있거든!

利　夫　그렇지만 민수도 우리 일을 거의 다 눈치채고 있을 터이고 대여섯 달
동안이나 발 그림자도 아니하든 자네가 별안간 가면 단박 수상히 알
것인데……. 그러고 저러고 간에 자네는 그 집의 사위감이오, 설희아가
씨도 있는데 어떻게 민수를 자네 손으로 처치할 것인가. 이건 도저히
안 될 말이야!

---

8) 昇天入地 : 하늘로 오르고 땅으로 들어간다는 뜻으로, '자취를 감추고 없어짐'을 이른다.

290

(이때 꺽쇠 어떤 사람 하나를 잡아 묶어 가지고 "이놈 이리가!" 하며
들어온다 여러 사람 모두 놀라 내다본다)

利　夫　웬일이야!
꺽　쇠　(그자를 앞에다 떼미러 꿀리고9)) 이놈이 아까부터 담 옆에 숨어 섯기
　　　　에 이상이 보았드니 대문 안을 기웃기웃하는 것이 무슨 염탐을 하러
　　　　온 것 같기에 잡아왔읍니다.
利　夫　웬놈이냐?
怪　漢　제가 무슨 죄가 있다고 이러십니까?
利　夫　이놈아 어디서 누구 부탁을 받고 온 놈이야?
怪　漢　아-니 제가 뭘 했길네 이러십니까.
꺽　쇠　이놈아 잔말 말고 물으시는 말슴이나 대답해!
怪　漢　아-니 그런데 이 이가 멀정한 사람을 괘-니 이래!
利　夫　어디 사느냐?
怪　漢　박골 살아요.
利　夫　누가 너를 보내드냐?
怪　漢　제 발로 걸어왔읍니다.
利　夫　이놈 봐라!
怪　漢　아-니 그런데 왜 지나가는 사람을 잡아다 이래요?
利　夫　그놈 몸둥이를 좀 뒤저봐라!

　　　　(꺽쇠 달려드러 怪漢의 품을 뒤저 한장의 종이조각을 꺼내 利夫에게 준
　　　　다 怪漢 얼골빛이 변해진다)

利　夫　(받아 펴보드니) 이놈아! 이건 민수대감이 네게 보낸 편지다. 이래도 거
　　　　짓말을 할가?
怪　漢　그건 길에서 주은 수지인데 공연이 그러십니다.
利　夫　이놈아 잔소리 말아! 누굴 속이려고 민수대감이 뭘 염탐해 오라고 보
　　　　내드냐?
怪　漢　홍, 참, 나 무슨 말슴인지 모르겠네.
꺽　쇠　이놈아 바로 말해! (발낄로 찬다)
利　夫　그놈을 입에 자갈을 먹여 광에 갖다 가두어라.
꺽　쇠　예-. (怪漢을 끌고 나간다)

---

9) 떠밀어 (무릎) 꿇리고.

(여러 사람 서로 서로 얼굴을 처다보고 잠간 말이 없다)

利　夫　자 보란 말이야 조곰도 방심할 수 없지 않은가 민수가 내 집에 더군다
　　　나 오늘밤에 염탐을 보낸 것을 보면 놈들이 우리의 일을 거의 눈치채
　　　고 있는 것이야.

扶　素　이것으로 보면 일은 서둘러야되겠네. 우리가 그놈을 안 죽이면 며칠
　　　안 가서 우리가 그들 손에 죽고 말 게다. 한시를 지체할 수 없는 사태
　　　이다. 민수를 처치하는 일은 내가 맡었다.

利　夫　(고개를 숙으리고 생각한다!)

乙　那　우리 그럴 것 없이 제비를 뽑아 정하자!

利　夫　이것 잘못하다가는 우리가 도로혀 대사를 그르치겠는 걸! 모든 음모가
　　　나타나 화가 우리들에게만 미친다면 고만이겠지만 아버지 몸에까지 미
　　　치게 된다면 모든 계획은 다 수포로 돌아가고 마는 것이다. 가장 요중
　　　한 것은 우리들의 몸을 값없이 희생시키지 않는 것이다.

乙　那　자 제비를 뽑세.

扶　素　그럼 제비로 정할가?

都　友　왜들 이래. 쉽고 가까운 방법을 취해야 할 것이 아닌가 다른 사람으로
　　　는 어려운 일이고 나로서는 쉬운 일인데 내가 안 가고 누가 하겠나. 결
　　　단코 내가 가겠네!

利　夫　자네의 뜻만은 장하이 그러나 자네를 어떻게 보낸단 말인가 좀 생각해
　　　보게 의도 중하지만 어떻게 민수를 자네 □으로…….

都　友　자네들이 나를 못 믿겠나?

利　夫　못 믿는 게 아니야. 다른 사람으로도 잘만하면 될 수 있는 일이니 구
　　　타여 자네를 보낼 것은 없다고 생각해서 그러는 것인데…….

　　　(乙那 회중에서 종이를 내여 지노를 비빈다10) 扶素 그것을 도웁는다
　　　都友 암말도 않고 그것을 드려다보며 무슨 생각을 한다)

乙　那　(지노를 한데 모아 쥐고) 자― 이중에서 그중 짤은 것을 뽑은 사람이 가
　　　기다.

都　友　(그것을 손으로 탁 쥐여 막으며) 자, 이런 짓을 하고 있을 게 아니야.
　　　이번 일이 어떻게 중대한 일이지 모르는데 섯부르게 하다가는 일을 저
　　　질르고 말 것이 아닌가 내게 대한 그 구구한 마음들은 버리고 이 일은

---

10) 지노 : 종이로 만든 노끈. 여기서는 제비뽑기에 필요한 노끈을 만든다는 의미.

내게 맡기게.

利　夫　(고개 숙이고 생각한다)

都　友　자네들은 이 도우를 못난 놈으로 돌릴 터인가? 그렇지 않다면 나를 보
　　　　내주게!

利　夫　(고개를 들고 乙那, 扶素를 向해) 자네들 생각은 어떤가?

扶　素　글세.

乙　那　참아 어떻게.

利　夫　(決然히) 그럴 것 없네. 도우를 보내기로 하세!

　　　　(都友는 단박 얼굴에 喜色이 나타나고 扶素, 乙那, 利夫를 처다본다)

利　夫　우리의 일은 큰일일세. 너머 사사 사정만 생각고 있을 수도 없는 거야.

都　友　그럼 나를 보내주겠나? 고마워이.

　　　　(利夫의 손을 잡는다 乙那 손에 쥐였든 지노를 한데 뭉처 밖으로 내 던
　　　　진다)

利　夫　자 그럼 그렇게 정하세.

扶　素　그리 하세.

　　　　(乙那 고개를 끄데거린다 都友 두 사람의 손을 잡고 고맙다고 한다)

利　夫　그럼 도우를 보내기로 하고……. 그런데 두우11) 자네 어떤 방법을 취
　　　　할 것인가 그걸 한번 들어보고 싶네.

都　友　내일 안으로 나는 민수를 처치할 테야.

利　夫　글세 어떻게 해서 그를 맞나보고 또 어떠한 방법으로 그를 하수12)하
　　　　려는가 그걸 좀 듣고 싶은데.

都　友　(조곰 생각해보다가) 내가 그 집에 들어가기는 무난하니까 염녀없고 또
　　　　민수를 맞나보기도 나로서는 쉬운일이니까…….

利　夫　그렇지만 지금까지 안 가다가 별안간에 가면 민수는 물론 의심할 것이
　　　　고 또 여기 저기 염탐을 노아 우리의 일동일정을 거의 짐작하고 있을
　　　　것 같은데 자네가 찾아가면 그는 단순이 장래 사위감이 왔느니라 이렇
　　　　게만 생각하지는 않을 것이거든!

扶　素　이거 봐, 이렇게 하는 것이 어때?

---

11) '도우'의 오자인 듯.
12) 下手 : 손을 움직이어 사람을 죽임.

利　夫　어떻게?

扶　素　우리들 축에서 도우가 빠진 것 같이 민수에게 보이고 그런 다음에 그를 맞난단 말이야.

乙　那　그러면 날짜가 걸리지. □□□□□□□□□□□□□□ 실수 없도록 신중히 해주게 만일 성사 못하는 날이면 그야말로 큰일일세.

都　友　하날이 아직도 고구려를 생각하신다면 이 일을 달성케 하실 것일세. 성불성13)은 천의에 달렸고 나는 오직 나의 전력을 다할 뿐일세.

扶　素　그러면 내일 밤 우리는 어디서 기뿐 소식을 기대릴가?

利　夫　민수를 처치하는 날이면 장안은 담박 뒤집힐 것이요. 우리는 안연14)이 모여 이야기하게 되지 아니할 것이야. 더군다나 우리 중에서 누가 한 짓이라는 것을 알기만 한다면 간당의 무리는 우리를 그냥 두려고 안 할 것이니까.

乙　那　그럼 어떻게 할가?

利　夫　낮에는 다 각기 자기 집에 있어 태연무사한 것을 보이고 있다가 민수의 죽었다는 소식이 들리거든 곧 들 후산(候山) 숲 속으로 모이세. 다른 사람들도 될 수 있는 대로 다 모이도록 하는 게 좋겠지.

扶　素　그렇게 하는 것이 좋겠지.

利　夫　그럼 다들 통지해서 모이도록 하세.

乙　那　자, 그럼 오늘은 밤도 늦고 하니 이만 해지세.

　　　　(여러 사람 하나씩 일어선다)

利　夫　그럼 내일들 맞나세. 도우! 자네가 성사하고 무사히 돌아오기를 우리는 기대리겠네.

　　　　(모두 感慨깊은 表情)

都　友　응! (하며 고개를 끄덱한다)

扶　素　도우! 내일 후산에서 우리가 맞나게 돼야지.

乙　那　암, 같이 모여 다시 우리들은 더 일을 하고 죽어야지.

利　夫　그렇다. 우리의 할 일은 아직도 많다. 더 살아야지 그러나 오늘밤의 맞남이 최후가 되는 한이 있어도 우리는 조곰도 부끄러울 것은 없다.

都　友　염녀말게. 결코 동무들의 얼굴을 드럽히지는 아닐 것이요. 내 얼골을

───────────────

13) 成不成 : 일의 되기와 아니 되기.
14) 晏然 : 태연, 태평함.

294

내 손으로 드럽히지도 아니할 것일세!

(都友의 손을 잡는다)
(여러 사람 쭉 둘러서서 손들을 붓잡고 感慨깊이 서로 한참동안 凝視 하
는 가온데 幕 내린다)

第 二 幕

一 幕의 다음날.
舞臺, 都友의 집. 그의 居處하는 사랑. 방 가온데 書案이 놓여 있고 그
옆에는 書冊이 쌓여 있다. 書案 우에는 벼루 집과 지금 쓰다 놓은 종이,
붓. 午正 前. 幕이 열리면 都友 무엇을 생각하며 뒷짐을 집고 왔다갔다
한다. 한참 후에 書案앞에 와서 붓을 들고 편지를 쓴다. 두어 줄 쓰다가
붓을 손에 든 채 얼골을 들고 먼 산을 바라보다가 붓을 놓고 다시 이
러서서 왔다갔다 한다. 그리다가 도로와 앉어서 또 쓴다. 五月이 안에
서 나와 가만이 서서 편지 쓰는 것을 보고 섰다.

都 友 (五月이 선 것을 아러보고) 왜 나와섰어.
五 月 편지 쓰시옵니까.
都 友 보면서 뭘 무러.
五 月 어데 하시는 편지옵니까?
都 友 쓸데없는 소리를 또.
五 月 쇤네는 또 애기씨에게 하시는 것이나 아닌가 하고.
都 友 그렇지 않어도……. 아니야! 저 다른 데 하는 건데…….
五 月 그런데 요새는 당최 애기씨께 편지를 한장도 안 하시니 웬 일이시온지
        모르겠읍니다.
都 友 편지는 해야할 일이 없는데 작고 하나?
五 月 그리고 또 그 댁에 가시지도 않지 않으십니까.
都 友 에 또 쓸데없는 소리를…….
五 月 참 저 마님께서 좀 드러오시라고 합니다.
都 友 심부름을 나왔으면 바로 말할 게지, 딴소리를 짖거리다가 인제 하느냐.
五 月 네 깜박 잊었읍니다.

都　友　웨 그리 잇기를 잘해? 마님께서 지금 뭘 하고 게시냐.

五　月　아모 것도 않으십니다.

都　友　그러면 바람도 쏘일 겸 이리 나오시라고 여쭈어 뫼시고 나오너라.

五　月　네, 그런데 저 제 말슴 좀 드러보십시요.

都　友　말이 무슨 말이야. 어서 드러가 그렇게 여쭈어. (쓰는 것을 繼續한다)

五　月　저-요, 어끄적게 애기씨댁 여울애를 맞났는뎁시요. 애기씨게서는 늘 도
　　　령님을 생각하시고 게시다고 합니다. 그런데 도령님께서는 한번도 안
　　　찾어가시니 애기씨 속이 오죽하시겠에요.
　　　□□□□□□□□□□□□□□□□.

五　月　아가씨께서요.

都　友　그래.

五　月　도령님 생각하시느라고 밤잠을 못 주무신대요.

都　友　누가 그래?

五　月　여울애가 그래요.

都　友　(다시 고개를 숙으리고 쓴다)

五　月　편지라도 한장 해 드리십시요 그려.

都　友　…….

五　月　네 너머 무정하시게 구시는 것 같애요.

都　友　듣기 싫여. 잔소리 말고 어서 드러가!

五　月　네 드러가겠읍니다. (돌처서서 드러간다)

都　友　참 애 五月아!

五　月　네.

都　友　어디 가지 말고 있다가 조금 후에 이 편지 다 쓰거든 가지고 좀 가거라.

五　月　어디 옵니까.

都　友　그건 갈 제 일러줄게.

五　月　네. (안으로 드러간다)

都　友　(편지를 부즈런이 쓴다 조금 후에 그 어머니 나온다 都友 이러 서서 맞
　　　는다)

母　　(드러와 앉으며) 편지 쓰니.

都　友　네.

母　　어데 하는거야.

都　友　아녜요. 저……. 무슨 말슴하실 것이 있으세요.

母　　아니야. 별로……. 어서 쓰든 것 마저 써라.

都 友 천천이 쓰지요 뭐. (書案을 옆으로 비켜놓는다)

母   어서 쓰지 그래 나도 뭐 별로 할 말이 있어서 그러는 게 아니다. 어쩐
      지 요새 마음이 심란하고 꿈자리는 뒤숭숭하고 해서 네나 불러 얘기나
      할가 하고 드러오라고 했다.

都 友 가을이 돼서 그러신 게지요.

母   게다가 세상 인심은 흉흉하고 어째 서울을 떠나 어느 시골로 가서 조
      용이 살고싶은 생각만 작고 드는구나.

都 友 글세 저도 그런 생각도 듭니다마는…….

母   □□□□□□□□□□□□□□□□□ 너의 하라버지께서도 너의 아버지
      께서도 다 현달15)하시여 그 이름을 세상에 드날리셨으니까 너도 그 자
      손으로서 조상의 이름을 욕되게 마러야지.

都 友 그런데 어머니 다만 부귀와 영화만 탐하야 아첨하고 추종해서 영욕의
      종이 되는 것과 나갈 때 나가고 물러갈 때 물러가며 바른 일을 위해 부
      월16)을 무서워 아니하고 의를 위해서는 영화도 헌신짝같이 버리는 그
      것과 어느 길을 취해야 옳겠읍니까.

母   물른 나종 길을 취해야지 너의 하라버지께서와 너의 아버지께서도 다
      같이 충직하신 신하이시였다. 충의로 그 지위를 얻으신 것은 이 두 분
      이시고 또 지금 사러게신 분으로는 창조리(倉助利) 대감뿐이실 것이다.
      그러니까 너더러 조상의 이름을 드럽히지 말라는 것은 오즉 네가 높은
      지위에 올르는 것을 말하는 것이 아니다.

都 友 그러면 어머니 제가 나종 의를 위해 이 몸을 버리는 일이 있으면 영욕
      에 사로잡혀 드러온 이름을 드러가면서 사러있는 이보다 좋게 여기시
      겠지요.

母   그렇고 말고 네가 오늘이라도 옳은 길에 죽었다면 나는 기뻐할 것이
      다. 그러나 악명을 드러가면서도 영화를 탐해 사러있다면 나는 슬퍼할
      것이다.

都 友 (感激해서) 어머니 옳습니다. 저는 어머니를 동무들에게, 이 세상사람
      에게 자랑하고 싶습니다.

母   나를 자랑식히고 싶으면 네가 반드시 옳은 길에 죽어라. 그러면 네 어
      미의 이름도 날 것이고 저생에 가서도 너의 조상 앞에나 너의 부친 앞
      에 나는 얼골을 번쩍 들 수 있을 것이니까…….

---

15) 顯達 : 지위와 이름이 함께 높아서 드러남.
16) 斧鉞 : 큰 도끼와 작은 도끼. 정벌, 중형의 뜻이 있다.

都　友　(눈물을 먹음고) 어머니 감사합니다.

母　　애 그런데 나라정사가 점점 이렇게 어지러워가고 이 나라가 어떻게 되
　　　겠니. 임군의 어두심이 오늘날 같고 그 나라가 잘된 법이 없느니라. 대
　　　궐은 무슨 대궐을 또 수축하신다고 이 흉년에 민재[17]와 인력을 기우려
　　　큰 역사를 시작하시니 이게 국운이 기울 장본이다. 란세에는 가장 몸가
　　　지기가 어려운 법이다. 이런 때 나는 차라리 몸을 피해 시골 같은데 가
　　　조용히 사는 것이 좋을 것 같다.

都　友　그렇지만 어머니 이런 때일수록 저의 같은 사람의 할 일이 많은 것이
　　　아닙니까. 백성은 도탄에 울고 국정은 어지러워지는 것을 보고 어떻게
　　　나는 모르노라 숨어 있겠읍니까.

母　　(고개만 끄데거린다)

(짧은 沈默)

母　　□□□□□□□□□□□□□□□□ 사흘을 두고 고약한 꿈이 꿔여진단
　　　말이야?

都　友　(딴 생각을 하고 있다)

母　　어서 편지 써라. (이러선다)

都　友　드러가시겠어요? (이러선다)

母　　고만 드러가 보아야겠다.

(母 안으로 드러가고 都友 그 어머니를 보내고 다시 자리에 와 앉어 書
案을 바로 놓고 편지를 쓴다 한참 붓을 빨리 놀리여 끝을 내고는 펴 놓
고 큰소리로 읽어 본다)

　　　　×

봄꽃이 봉오리질 때 옥안을 뵈웠드니 어느듯 오동잎이 섬돌 우에 떠러
지니 격조한 동안이 벌서 다섯 달이 넘었나 보오이다. 그 사이 부즈럽
슨 생각이 량가에 틈을 짓게 하야 귀댁 비녀의 발이 비가에 이르지 않
고 생이 또한 나아가 뵈옵는 례를 궐하였아오니 왕사를 다시 말코저 아
니 하오나 죄스런 마음 비할 데 없읍니다. 이제 지난날의 얕은 생각과
어리석은 뜻을 버리옵고 대감께 나가 그동안 잘못을 사죄하는 동시에
대감 신상에 박두한 놀라운 일에 대하야 일깨워 드리고저 하옵는 바 오
늘 나가 뵈올 수 있을는지 품달[18]하여 보아주시기 바라나이다. 지금 이

부 등의 무리 대감을 해할 무서운 계교를 세우고 있아온 바 일인즉 시
각이 급하온 일이라 곧 말슴 여쭈어 좋은 방책을 취하시도록 해드리고
저 하오니 이 말슴을 잘 여쭈어드리시고 곧 회답을 주시기 바랍니다.
사태가 급박하온즉 곧 생이 나아가 뵈옵게 일을 만드러 주십시요. 총 망
중 이만 적습니다.

도우 상장

×

都　友　(읽기를 마치고) 이만하면 나를 의심 아니할 것이다. 이부의 무리가 일
　　　을 꾸몄다고 바로 일러준 것은 좀 위태하기도 하나 이렇게 명백히 써
　　　놔야 내 마음을 믿을 것이니까 그는 마음을 돌렸나보다 하고 곧 맞나
　　　줄 것이다. 이런 편지를 보내기까지 하고 맞나려는 것은 좀 비겁한 것
　　　도 같지마는 일을 위해서는 이런 수단이라도 쓸 수밖에……. 나를 맞나
　　　주기만 하면 그때는 시각을 지체치 않고 이것이다. (칼로 치는 흉내를
　　　낸다) ……. 그러나 설희는 어떻게 할가? 저의 아버지를 죽이고 내가
　　　그와 살 수 있을가? 예부터 아버지를 죽이면 불구대천의 원수라고 하
　　　였다……. 암만 해도 설희만은 내 마음에서 제해버릴 수가 없는 것은
　　　무슨 까닭일가! (머리를 숙이고 괴로히 생각한다 한참 후에 고개를 들
　　　고) 지금 그런 생각을 하고 있을 때가 아니다! (편지를 봉하고 이러나
　　　안쪽을 향해) 五月아!
五　月　(금방 "네" 하고 나온다 어데 심부럼 가는 길이다)
都　友　너 어데 가니.
五　月　네 잠간 단녀오겠읍니다.
都　友　곧 드러와. 이 편지 좀 가지고 가거라.
五　月　어뎁니까.
都　友　얼는 댕겨 드러와. (五月이 나간다)
都　友　설희는 이 편지를 보면 멋도 모르고 조하 하겠지……. (왔다갔다 한다
　　　조곰 후에 五月이 드러온다)
五　月　어듸 가지고 갈 게예요?
都　友　설희 애기씨께.
五　月　그것보세요. 아까 쉰네도 벌서 그런 줄 알었지요.
都　友　잔소리 말고 얼는 갔다와.
五　月　답장 맡어가지고 와요?
都　友　응. 꼭 맡어가지고 오는데 불이나케19) 오너라.
五　月　네, (편지를 받어가지고 안으로 드러가드니 그 편지를 보에 싸 가지고

이동규·洛花圖 299

　　　　　나온다)

都　友　꼭 답장해 주십사고 그래.

五　月　네, 단녀오겠읍니다. (五月이 생글 생글 웃으며 편지를 가지고 나간다)

都　友　재가 단녀오기만 하면 곳 가야할 게다.

　　　　(벽장에서 칼을 꺼내 자루에서 빼여 살펴보고는 도로 끼여 한편에 밀 어 놓는다 인기척 소리 나며 都友의 母夫人 안에서 나온다 都友 이러 나 앉는다)

母　　　(방으로 드러와 선 채) 너 설희에게 편지했니?

都　友　(그 어머니를 처다보며) 네.

母　　　(正色하고) 네라니? (앉는다)

都　友　…….

母　　　아까 쓰든 편지가 그거냐?

都　友　네. (앉는다)

母　　　아까 내게 한 말은 네 바른 정신에서 나온 말이겠지.

都　友　(微笑하며) 그렇지요.

母　　　그리고 또 설희에게 편지한 것도 바른 정신으로 한 것일가? 나는 네가 그리 어리석은 사낸 줄은 몰랐구나. 새로히 민수의 권세에 아첨하야 영화라도 누리고 싶은 생각이 드러갔든?
　　　　□□□□□□□□□□□□□□□□□□□□□□□

母　　　아니면 뭐야! 그리고도 내 얼골을 바로 볼 터이냐. 지하에 가서 너의 아버지를 뵈옵고 또 조상을 뵈올 테냐. 나는 지금까지 내 자식을 그렇게 비겁하게 가르친 일이 없어! 민수와는 세교의 사이요. 그 때문에 너의 부친께서 사러 게실 때 설희와 너와 혼인까지 정한 것이었지만 민수가 자기 권세를 쌓어올리기에 급급하고 혼암한 임군을 도와 백성의 질고를 안 도라보는 간신이 되였을 때 그 집과 우리 사이의 교분은 이미 끄친 것과 마찬가지요. 너도 그 집에 발을 끈은지 오래지 않으냐. 돌연 오늘 네가 그 집에 편지를 보내는 것은 뭐냐. 잘못했다고 비는 편지냐 벼슬을 구걸하는 거냐! 대대 이 집은 청백하고 충직한 집안이다. 조상을 욕되게 하는 자는 이 집 자손이 아니요. 부모 낯을 깎이게 하는 자식은 내 자식이 아니다.

都　友　(고개를 숙이고 말이 없다)

---

19) 부리나케.

母   의를 위해 죽겠다고 한 것은 아까 네 입으로 한 말이 아니냐!

都 友 어머니! (눈에 눈물이 이런 채 무슨 말을 하려고 하다 고만둔다)

母   설희를 참아 잊지 못하겠드냐! 물론 너의들 사이에 정이 두터운 줄도 나
       는 잘 안다. 그러나 연약한 아녀자의 정에 휘둘리는 네가 무슨 큰일을
       하겠니. 민수는 무서운 사람이다. 네가 지금 항복하고 그의 앞에 무릎
       을 꾼다드래도 그는 너를 다시 용납하지 아니할 것이다.

都 友 어머니 그런 게 아니올시다.

母   아니면 그 집에 편지 보낼 일이 왜 생겼느냐 말이다. 다른 말로 꾸며
       보려 해도 나는 듯지 않을 게다.

都 友 어머니 잠간 진정하시고 제 말을 드르십시요.

母   그래 무슨 말이냐. 어서 해라. 드러보자.

都 友 어머니 사실은 그런 게 아닙니다.

母   그럼 어째서 편지를 보냈단 말이야.

都 友 어머니……. (말을 하려다 고만둔다)

母   왜 말을 못하는 거야.

都 友 (그 어머니 얼골을 처다보며 말이 없다)

母   흥 할말이 없는 모양이로구나. 나는 네가 그리 어리석은 줄은 몰랐다.
       그 곧으신 아버지의 피를 받은 네가…….

       (둘이 다 沈默 都友 고개를 숙으리고 있다)

都 友 (고개를 들고) 저는 민수와 설희를 좀 맞나 보아야겠읍니다.

母   왜 맞나 보는거야?

都 友 맞나보고 할말이 있읍니다.

母   무슨 말? 높은 벼슬을 청하는 말? 그렇지 않으면 사죄하는 말?

都 友 (씩씩하게) 그런 말이 아니올시다!

母   그런 말이 아니라고? 알 수 없고나. 그들을 맞나보고 할 말이 그밖에
       더 있느냐?

都 友 또 있읍니다. 민수를 달래여 보겠읍니다.

母   무엇? 점점 너는 못난 소리를 하는구나. 네 세 치 혀에 놀어날 민수
       같으면 그는 오늘날 저만한 지위도 못 얻었을 것이다. 흥 대체 그런 대
       략이 뉘 생각에서 나온 것이냐. 좀 드러보잣구나.

都 友 어머니 달래보아서 안 드르면 고만이지요.

母   그럴수록 네 얼골이 뭣이 되는데 그래.

都　友　(다시 고개를 숙이고 말이 없다)

　　　　(間)

母　　(탄식하는 말로) 그래도 나는 사당에 드러갈 때마다 조상의 신위 앞에
　　　너를 옳은 자식을 만들겠다고 맹서하였다. 집이 가난하면 어진 안해를
　　　생각하고 나라가 어지러울 때에는 어진 신하를 생각는단 말이 있지마
　　　는 이때야말로 너의 같은 사람들이 도탄에 빠진 백성들을 건저내고 비
　　　뚜러진 국정을 바로잡을 일을 해야 할 때인데 적은 괴롬을 못참어 간
　　　당의 무리에게 발길을 가까이 하려 하니 한심할 일이 아니야.
都　友　어머니 그건 억울합니다.
母　　다 듯기 싫다.

　　　(둘이 다 말이 없다 한참만에 그 어머니 암말도 않고 이러 서서 안으로
　　　드러간다)

都　友　(이러나 沈痛한 얼골로) 어머니! ……. 어머니. (母 도라보지도 않고 드
　　　러간다 都友 도로 앉어 書案에 엎드린다 間. 五月이 드러온다)
五　月　도령님!
都　友　응! (놀라 얼는 고개를 든다)
五　月　다녀왔읍니다.
都　友　회답을 가지고 왔니?
五　月　네 여기 가지고 왔읍니다. (보에서 편지를 끄내어 공손이 바친다)
都　友　(것봉을 보며) 애기씨 게시든?
五　月　네 게세요. 아주 반가워하서요.
都　友　대감 병환은 어떠시다든?
五　月　아마 좀 나으신 모양이예요.
都　友　그래 답장을 그 자리에서 써 주시드냐.
五　月　편지를 보시드니 대감 게신 데로 가시든구먼요. 그래 한참만에 나오시
　　　드니 답장을 써주시어요. 그런데 답장을 쓰시는 동안 대감 게신 방에서
　　　는 사람들이 들락날락 하고 바뿐 듯이 나가는 사람에 수선수선한 것이
　　　아주 이상스러워요.
都　友　흥 그 집엔 늘 그러니까……. 애썼다. 어서 안으로 드러가 보아라.
五　月　네. (五月이 안으로 드러간다)
都　友　(편지를 뜯어 크게 읽는다)

존안을 배별하온 지 반년이 가까웁고 글월을 대하온지 또한 서너 달 이
지나오매 탐탐이 사모하옵는 마음 헤아릴 수 없압드니 의외에 화 한을
받드러 읽사오니 기뿐 마음과 반가온 마음이 교집하와 잠시 동안 어찌
할 바를 몰랐나이다. 그동안 적조한 모든 죄는 이곳에 있압고 꽃 피는
아래와 달뜨는 뜰에서 남모르게 사모하옵는 눈물에 옷깃 적심이 하로
이틀이 아니였아오나 엄부의 명을 거역지 못하와 오늘까지 안 후[20]를
뭇자옵는 정성도 드리지 못하였압드니 이제 과거의 혐의를 물에 띄이
시고 비가를 찾으신다는 말슴을 듯사오매 오즉 기뿐 눈물이 흐를 따름
이옵나이다. 아바님께 편지를 가지고 드러가 보시게 하였압 든 바 대단
이 기뻐하시며 곳 오시면 맞나시겠다 하시나이다. 곳 뵈옵 겠기 이만 올
리나이다.

즉일 설 희

(都友 편지를 읽고 나서 다시 한번 훑어보고 잠간 무슨 생각을 하다가
書案을 닥어놓고 종이를 펼치고 편지를 써서 읽어본다)
어머님 이 자식이 어리석은 놈인지 아닌가는 오늘 저녁까지 기대려보
시면 아실 것이외다. 자세한 말슴을 드리려 하였아오나 어찌 조그만 사
정을 위해 큰 계획을 미리 루설하겠읍니까. 늘 말슴 여쭌 바와 같이 이
몸은 대의에 죽을 것이옵고 굽어보아 땅이 뿌끄럽지 않고 처다보 아 하
눌이 부끄럽지 아니한 일을 하겠읍니다. 어머님께 대해서는 불효 가 적
지 않사오나 이역 어찌할 수 없는 일이라는 것은 어머님께서도 잘 아
실 것이올시다. 운이 좃사오면 다시 어머님 얼골을 뵈올 것이옵 고 그렇
지 아니하오면 내생에 다시 뵈옵겠읍니다.

도 우 상서

(읽기를 마치고 접어서 書案우에 놓고 벼루로 눌러놓는다 그리고 띄를
졸라매고 칼을 품에 품고 이러 서서 방안을 한번 휘 둘러보고 밖으로
나온다 나와서 얼골에 슬픈 빛을 띄고 안을 한참 드러다보다가 안을 향
해 절을 한다)

都 友 어머니 이것이 마지막일지도 모르겠읍니다. (참아 발길이 안도라서는
    듯이 한참 섰다가 決然히 발을 돌려 뚜벅뚜벅 거러나간다)

幕.

---

20) 安候 : 편안하다는 소기. 안신(安信)의 높임말.

第 三 幕

舞臺 敏首의 집. 그의 방, 벽에 족자들이 걸려 있고 書案, 書冊이 옆으로 노여 있다. 左편 벽에 佩刀가 걸려 있다. 幕이 열리면 敏首 아랫목에 앉어 책을 펴놓고 책장을 뒤적뒤적 한다.

敏 首　(冊을 탁 엎어놓고) 흥 이놈들이 그런 음모를 꾸미는 것이야. 내 잘 알고 있었지만 그리 속히 나를 죽이려고까지 할 줄이야 누가 알었나. 참 고현 놈들이지……. 그러나 까땍했드면 큰일날 뻔한 것을 미리 아러 다행이 미연에 방지하게 되였으니 이도 또한 하날이 나를 저바리시지 아니하신 까닭이겠지……. 그 도우를 아조 못쓸 놈으로 돌렸드니 그렇지 않단 말이야. 저도 큰 세력을 어찌하지 못할 것을 깨다른 탓이겠지. 아 참 까땍했드면 큰일이 날 뻔했군. 그러나 저러나 이 청직이는 가드니 안 오니 웬일이냐. 에-헴! (다시 冊을 뒤저거린다 間. 청직이 드러온다)

청직이　(敏首 앞에 엎드려) 단녀왔읍니다.

敏 首　그래 어찌 되였다든?

청직이　다 잡었다고 합니다.

敏 首　하나도 안 빼놓고?

청직이　네.

敏 首　아 그 참 잘됐군. 놈들의 운수가 고만이든게시.

청직이　그런가 보옵니다.

敏 首　아 민수가 그리 문문이[21] 놈들의 속에 너머 가서야 되느냐. 하날이 무심하실 리 없지.

청직이　그렀읍지요.

敏 首　그래 다들 집에 있었드라드냐?

청직이　네 거의 다 집에 있드라합니다.

敏 首　아, 그 참 잘되였다.

청직이　인제는 벼개를 높이 하시고 편안이 들어누실 수 있읍니다.

敏 首　(고개를 흔들며) 어듸를! 어듸를! 내 목숨을 노리는 자가 이 땅에 한둘일세 말이지.

청직이　그놈들을 모두 잡어 처치할 방도가 없겠읍니까.

敏 首　흥 그랬으면 좋겠지만 내가 그로라고 명토[22]를 박어가지고 단니는 놈

---

21) 만만히. 거리낄 것 없이.

이 있어야지. 오늘 내편이 내일 나의 적이 되고 어제 나의 적이였든 것이 오늘 내편이 되는 이런 세상형편이니까, 더군다나 조정의 인물들이라는 참□로 변복무쌍해서 믿을 수가 없거든. 내 권세가 이러한 오늘에는 모두 내 앞에 고개를 숙으리든 놈들이 내 힘이 조금만 기우는 빛이 보이면 금방 와-하고 다른 데로 쏠린단 말이지. 마음이 정말 쇠같이 굳은 놈이라는 이 세상에 몇 없는 것이니까.

청직이　그랬읍지요.

敏　首　보란 말이야. 내일이나 모레쯤 되면 창조리에게 붓좇든 놈들이 거의 반은 내 쪽으로 머리를 숙이게 될 테니까……. 도우도 그래도 젊은 놈들 축에서는 꼬장꼬장하고 꽤 빳빳하든 놈이였는데……. 참 야므진 사람이지 나를 간당의 두목이라고 배반하고 가드니 어떻게 생각하였는지 도로 내게로 왔단 말이야……. 하기야 저도 대세를 보니까 나를 좇지 않고는 안되겠든 게지. 그런 점이 도우의 똑똑한 점이거든…….

청직이　그 량반이야말로 참 얌전하고도 톡톡하시지요. 오늘 일은 전부 그 량반의 공이 아닙니까.

敏　首　아 그렇고말고……. 인제는 곧 혼인을 해서 내 사위를 꽉 만들고 내가 꼭 붓들고 일을 해야지.

청직이　그렇게만 하시면 대감의 한 팔이 넉넉히 되실 것이올시다.

敏　首　아 되고말고……. 넉넉히 되고 남지……. 곧 올 게야 지금 온다고 했으니까.

청직이　대감운수의 무강하심을 알 수 있읍니다. 대감께 반역의 화살을 드리대든 그 량반이 다시 대감 앞으로 도라오시니 이보다 더 경사 있읍니까.

敏　首　허허! 오늘 도우가 오면 곧 잔치를 베풀터니 그 준비를 하도록 해라.

청직이　네.

敏　首　그러면 곧 손님들 몇 분 청해야겠는데.

청직이　그러하옵지요.

敏　首　늘 모이시는 분 그분들을 청하도록 하는 게 좋겠다.

청직이　알겠읍니다.

敏　首　그럼 곧 잔치를 채리도록.

청직이　그리하겠읍니다.

　　　　(청직이 나간다)

---

22) 일부러 꼭 꼬집어 말하는 이름이나 설명 따위.

敏　首　어-참 오늘은 통쾌하다. 오랜 병이 금방 나은 것 같은 걸! (이러나다가 비틀거리며 도로 앉는다) 아직도 멀었구나. 벌서 그럭저럭 두 달 남짓하게 두러누었었드니 다리에 아조 힘이 없는 걸.

　　　　　(間) (雪姬 登場 드러와 선다)

敏　首　거기 앉어라. 都友 안 왔니?
雪　姬　(앉으며) 아직 안 왔읍니다.
敏　首　어쩐 일일가. 곧 온다고 그랬겠다?
雪　姬　네.
敏　首　너도 오래 간 만에 맞나니 반갑겠구나.
雪　姬　(부끄러워 고개를 숙으린다)
敏　首　그동안 일은 그게 다 풍파니라, 젊었을 때의 풍파지……. 그렇지만 도우가 그리 쉽게 내게로 도라올 줄은 몰렀다. 참 다행한 일이다. 너를 위해서도……. 이만 다행한 일이 없지. 제가 이렇게 마음을 안 돌렸드면 나는 영영 그와 끊었을 것이니까…….
雪　姬　(고개를 숙이고 말이 없다)
敏　首　오늘 오면 지난 잘못은 말하지 않고 이번 공을 크게 표창하련다.
雪　姬　공예요?
敏　首　응 그는 큰공을 세웠으니까……. 아까 네게 한 편지에 왜 그런 말이 씨여있지 않데. 이부의 무리가 나를 죽이려고 하니 거기 대해 의론하러 온다고……. 이런 일은 시각을 지체해서는 안되니까 우선 그들을 몽탕 잡어다 가두었단 말이다. 이게 전혀 그의 공이 아니고 무엇이냐.
雪　姬　네. (고개를 끄데거린다)
敏　首　그래도 그놈이 나를 배반하고 도라섰어도 마음 속으르는 켕기는 게 있든 모양이야. 반당들하고 같이 일을 하다가 나를 죽이자는 의논이나니까. 그것을 내게 먼저 고해서 나를 구하려고 한 것을 보니 그리 고약한 놈은 아니란 말이야. 허허허! (間) 雪姬야 오늘 잔치를 베플겠다.
雪　姬　잔치예요?
敏　首　응 도우를 위해 잔치를 베플런다. 너도 오늘은 새 옷을 입고 단장을 하고 나오너라.
雪　姬　(거기는 無關心한 드시 무엇을 생각고 앉었다)
敏　首　손님을 청해다 놀며 도우가 오거든 여러 사람 앞에 그를 자랑하겠다.
雪　姬　그런데 아버님 도우의 동무가 모두 잽혔읍니까.

敏　首　응 내 목숨을 노리는 놈들을 모두 잡었다. 전부터 이런 꼬투리 얻기를
　　　　　기대리든 차에 시원이 다 처치하게 되였다. 이만하면 도우의 공이 얼마
　　　　　나 큰지 알겠구나.

雪　姬　그러면 도우는 그 동무들에게 원망을 듣겠구면요.

敏　首　원망뿐인가? 죽일 놈이라고 이를 갈 께지.

雪　姬　그것 안됐네.

敏　首　안되다니 너 그게 무슨 소리야.

雪　姬　동무들에게 배반을 받고 어떻게 버젓이 살어요.

敏　首　그게 무슨 철없는 소리야. 도우가 드르면 노하라고?

雪　姬　노할가요?

敏　首　그럼 노하고 말고 저는 그래도 내나 너를 위해서 이렇게 힘을 썼는
　　　　　데…….

雪　姬　글세요…….

敏　首　글세요라니, 너 도우와 틀렸구나.

雪　姬　…….

敏　首　아니 틀릴 리도 없는데. 아까 네가 도우에게서 편지왔다고 그렇게 좋
　　　　　아하며 드러오지 않었니? 너 도우가 싫으냐?

雪　姬　아―니예요.

敏　首　그러면 그렇지 그전에 그리 정답든 새인데 틀릴 리가 있나. 그런데 아
　　　　　까 먼저 한 말은 무슨 소리야.

雪　姬　저는 걱정이 됩니다. 도우가 동무를 파러먹는 사람이 되니 장래 그에
　　　　　게 좋은 일이 있을 것 같지 아니해요.

敏　首　허 참 그게 무슨 소리야. 아직 지각이 안 나서……. 참 사람이란 마음
　　　　　이 그래가지고는 출세를 못하는 거야. 이렇게도 해보고 저렇게도 해보
　　　　　고 배반해야 할 일이 있을 때는 배반도 하고…….

雪　姬　저는 의리를 모르는 사람을 싫여합니다. 도우는 그런 사람이 아닐 것
　　　　　이라고 믿습니다. 그런데…….

敏　首　의리를 아는 사람인 까닭에 내게로 다시 도라왔거든……. 그러치 않으
　　　　　냐, 그 사람이 무도한 놈 같애 봐라. 제가 오늘과 같은 편지를 했겠나,
　　　　　다 옛 의리를 생각고 그리는 거야. 그런 점이 도우가 똑똑한 점이거
　　　　　든…….

雪　姬　저는 그렇게 생각하지 않습니다.

敏　首　허 이것 탈났군 너는 때때 가다 모르는 소리만 하는 통에……. (間) 그

이동규 · 洛花圖　307

러고 저러고 좀 나가봐라. 도우가 곧 올 게다…… 오늘 그와 의논해서
곧 혼인을 이루도록 해야지 너도 나이 찾고 또 그도 장가가 늦었어!

雪　姫　(한참 있다) 아버님 그 이부와 그 다른 사람들 다 잡은 것을 어찌하시
　　　　렵니까.

敏　首　허 그것은 왜 무러?

雪　姫　도우를 생각하옴으로…….

敏　首　도우를 생각해서 그런다?

雪　姫　네.

敏　首　아비는?

雪　姫　아버님도 생각하옵는 게 될 것이라고 합니다. 요새 아버님의 하시는 일
　　　　은 그리 옳은 일만 하시는 것 같지 않어 보입니다. 어떤 시대에든지 최
　　　　후에는 정도가 이겼읍니다. 지금 상감마마의 하시는 일이 옳지 않은 것
　　　　은 누구나 다 아는 일이온데 아버님께서는 높은 지위에 서 게시며 그
　　　　것을 간쟁 못하시고 도로혀 임군의 어질지 아니하심을 도으시니…….

敏　首　(怒해) 입 다무러! 계집년이 철없이!

雪　姫　결코 철없는 말이 아니올시다.

敏　首　나중에는 참……. 불이 집안에서 이러나겠구나.

雪　姫　아버님은 사면에 적을 만들고 계십니다.

敏　首　듣기 싫여!

　　　　　　(雪姫 엎드려 운다 都友 여울애에게 引導되여 登場)

都　友　(모통이에 선 채) 애기씨는 방에 게시냐?

여울애　대감 뵈오러 가섰읍니다.

都　友　대감께서는 그저 자리에 누어게시냐?

여울애　요새 겨우 괴동을 하시게 되섰읍니다.

都　友　응!

여울애　대감 계신 대로 인도하올가요?

都　友　아니 애기씨를 먼저 좀 뵈옵고…….

여울애　그러면 나오시라고 하겠읍니다.

　　　　(여울애 敏首의 처소로 가려고 할 때 설희 나온다 都友와 雪姫 서로 맞
　　　　난다 雪姫 都友를 한번 처다보드니 눈에 눈물이 핑 돌며 말이 없다 都
　　　　友도 아모 말도 못한다 間)

都　友　(한참만에) 그동안 잘못을 사죄합니다.

雪　姬　……. 어쩌면 그렇게도……. 원망스럽소이다.

都　友　나도 할말이 있읍니다. 그동안 나는 대감과 다른 길을 것기 때문에…….

雪　姬　시방은?

都　友　시방은 아까 편지로 올린 바와 같습니다. (雪姬 고개를 숙으리고 운다)

都　友　(한참 섰다가) 다시 이 집에 발ㅅ길을 드려놓게 되었는데 왜 이리 슬퍼하십니까.

雪　姬　(고개를 들고) 동무를 파시는 몸이 되여 오시기 때문에 더욱 슬픕니다.

都　友　(그 말 듯고 약간 놀라며 말없이 서 있다가) 대감 병환은 좀 어떠신지요?

雪　姬　지금은 거의 쾌차되신 모양입니다.

都　友　그동안 아모 연고없이 지내셨읍니까?

雪　姬　네 덕분으로 이 몸은 잘 있었읍니다마는 어느 때 하로 한시를 사모 아니하고 있을 때가 있겠읍니까. 찾어주심은 바랄 수도 없는 일이옵고 어쩌면 그렇게 글월 한 장 아니 주시옵니까.

都　友　이 몸도 마음속으로 애기씨를 어찌 잊었겠읍니까. 그러나 대감과 다른 길을 거르면서 어떻게 신서 래왕을 할 수 있읍니까. 몇 번이나 나도 아조 잊어버리려고 하여보았으나 오늘까지 아조 딱 끊어버리지를 못하고 있읍니다 그려.

　　　(여울애 退場)

雪　姬　(약간 부끄러워하며) 신색시[23] 여위셨읍니다.

都　友　마음이 편하지 않으니까요. 대감께서는 곧 맞나 주실가요?

雪　姬　대단이 기대리고 게십니다. 잔치를 베프러 공을 표창하신다고까지 하십니다.

都　友　잔치를요?

雪　姬　네 대단이 마음이 기뿌셔서…….

都　友　흥 그건 참 감사하군요.

雪　姬　네 고마워하십시요.

都　友　그런데 왜 그리 비웃는 것 같이 말슴하십니까.

雪　姬　세상일이 하도 잘 변하오므로.

都　友　허허 나를 두고 하시는 말슴입니다 그려. 그러나 할 수 없지요. 사람은

---

23) ‘신색이’ 의 오자인 듯.

방편을 좇어 사러야 하니까요.

雪　姬　아버님 생각과 꼭 같으시군요.

都　友　그러니까 다시 여길 오게 되였지요. 내가 다시 이렇게 된 것이 기뿌지
　　　　않습니까.

雪　姬　저는 잘 모르겠읍니다. 다만 맞나뵙게 된 것 그것 하나만이 기뿔 뿐,
　　　　그 외의 일은 모두 어쩐지 슬픈 생각만 듭니다.

　　　　(都友 다시 생각고 서 있다 間)

雪　姬　(한참 후에 都友의 옆으로 닥어서며 나즉이) 거퍼 뭇습니다마는 아까
　　　　그 편지는 정말입니까.

都　友　아 정말입니다.

雪　姬　어떻게 그렇게 되셨에요.

都　友　여러 가지로 생각한 끝에……．

雪　姬　(슬픈 얼골을 짓고 말이 없다 都友도 하눌을 처다보며 잠잣고 서 있다)

都　友　(한참만에 돌처서서) 뭐 그리 상심하실 것 없읍니다. 그저 이렁저렁 살
　　　　다 죽는 게 인생이니 그럭저럭 살다 죽지요.

雪　姬　아조 달러지셨읍니다.

都　友　모진 풍상에 그리되였지요.

雪　姬　년세는 아직 젊으실 터인데……．

都　友　나이는 젊어도 세상이 어지러운 탓이지요.

雪　姬　(다시 말이 없다 間)

都　友　인제 그런 말은 고만두십시다. 그보다 아버님께 여쭈어 쉬 혼인을 하
　　　　도록 하려는데 생각이 어떠신지요.

雪　姬　(약간 부끄러워하며) 하시는 대로 따러갈 뿐이지요.

都　友　왜 그리 풀이 하나 없으십니까. 변한 것은 나뿐이 아니구면요.

雪　姬　못 믿을 손 세상일 저도 변했나봅니다.

都　友　다른 것은 변했드래도 나에 향한 마음만 변하시지 않으셨다면……．

雪　姬　제 마음도 믿기 어려운 세상입니다마는 설희는 아직 그렇게까지는 안되
　　　　였으니 다행인지 불행인지 모르겠읍니다.

都　友　(고개를 숙이고 잠간 무엇을 생각한다 間 氣色을 고처가지고는) 지금
　　　　곧 드러가 뵈올 수 있겠지요.

雪　姬　네 어더 드러가 보십시요. 기대리시고 게십니다.

(雪姬 앞서서 인도하고 都友 그 뒤를 따러 敏首의 방으로 드러간다 敏
首 冊을 보고 있다가 얼골을 들어보며 반가워하는 氣色, 都友 앞으로
나가 절을 한다)

敏　首　(和色으로) 그동안 별고 없었니?
都　友　네.
敏　首　자당게서도 안녕하시냐.
都　友　네, 병환이 좀 어떠하십니까.
敏　首　요새 겨우 조금씩 기동을 하게 되였지만 아직도 나가 단니자면 멀었
　　　어. 거기 앉어라.

(都友 앉고 雪姬도 안는다) ……. 네가 이렇게 다시 나를 찾어와보니 참
기뿌고 반갑다……. 사람이란 젊었을 때는 혈기가 성한 관게로 가끔
앞일을 내다보지 못하고 날뛰는 일이 많은 거야. 우리도 그랬으니
까……. 그러나 좀 나이가 드러서 생각해보면 그게 다 우습고 철없는
짓이였다는 것을 깨닷게 된단 말이지……. 그리고 나라일로 말하드래 도
흉년이 든 것은 천수요 대궐을 수축하는 것은 나라의 위신을 세우 기
위해 맛당이 해야 할 일이요. 상감께서 다소 연락(宴樂)을 즐겨하신다
하드래도 이역 크게 잘못된 일은 아닌데 이것을 가지고 공연이 국상 창
조리는 성급히 간쟁하다가 상감의 노염을 샀으니 무에 유익한 것이야.
(都友 때때로 敏首를 처다본다) 또 젊은 무리들은 대세를 살 피지 못하
고 공연이 덤벙대니 여름밤에 불에 뛰여드는 버레들과 마치 같거
든……. 무엇보다도 도우 네가 일즉 깨다른 것은 너를 위해서도 좋은
일이고 내게 대해서도 기뿐 일이다. 저 설희가 너를 얼마나 기대 리고
있었는지 아니. 허허허…….

都　友　(입을 딱 다믈고 고개를 숙이고 말이 없다)
敏　首　(都友 雪姬를 한번 둘러보며) 참 오늘같이 내 마음이 쾌한 적은 없구
　　　나 도우! 참 잘했다. 너 때문에 나라 일로 잘 되고 나도 좀 벼개를 높이
　　　고 편안이 잘 수가 있게 됐어. 네가 안 가르처주었드면 큰일날 번했지.
　　　너는 참 큰공을 세웠다.
都　友　공이라고 하시면?
敏　首　아 그놈들을 몽탕 잡었으니까?
都　友　(깜짝 놀라) 네!
敏　首　아, 뭐 그리 놀랄 것은 없어. 네 편지를 보고 불과 식경만에 다 잡었으
　　　니까 참 신속하게 했지.

都　友　(얼골빛이 土色이 되여가지고) 아 그럼 이부의 무리가 모두 잽혔읍니까?

敏　首　다 잡었다. 참 통쾌한 일이다. 이 모두 네 공이야!

都　友　(벌떡 이러나 客席을 向해) 그러면 나는 게략을 쓴다는 것이 도로혀 동무들을 죽인 것이나 마찬가지로구나! (품에서 칼을 꺼내 빼든다 敏首 놀라 뒤로 움칫한다)

都　友　(칼을 빼들고 敏首의 앞으로 닥어가며) 모든 것이 너를 맞나 죽이려는 게략이였다. 그러나 내 꾀가 얕었든 까닭에 도로혀 내 동무들을 다 죽이였다!

(칼을 드러 敏首를 치는데 雪姬 새에 드러 막으려다 칼을 맞고 나둥그러진다 敏首 부들부들 떨며 이러나 벽에 걸린 칼을 떼려할 때 都友 칼을 드러 친다 敏首 나자뻐진다)

都　友　죽었다! 백성을 괴롭히는 간당 민수는 죽었다! 그러나 나는 무슨 낯으로 동무들을 대하랴! 민수에게 믿엄을 주고 그를 맞나 처치하려든 내 꾀가 도로혀 일을 그릇처노앗구나! (칼로 自殺하려다가 雪姬의 쓰러진 것을 보고 그 앞으로 가 그를 반쯤 않어 이르킨다)

都　友　雪姬! (雪姬 가늘게 눈을 뜬다) 雪姬!

雪　姬　(입안의 소리로) 나는 조금도 원망치 않습니다……. 아까는 모르고……. 잘못하였읍니다……. 당신은 의로운 사나이……. (눈을 감는다)

都　友　(흔들며) 雪姬! (雪姬 눈을 뜨고 微笑하며 그대로 눈을 감는다 다시는 불러도 대답이 없다) 죽었다! 이부 을나 부소 여러 동무들아! 다 용서하라! 그대들도 곧 지하에서 맞나게 되겠지……. 雪姬 나도 그대의 뒤를 따르리라. (칼로 가슴을 찔러 自殺한다)

　　幕.

해방 전(1940~1945) 공연희곡의 몇 가지 경향 1

1. 다양한 경향의 장막 희곡

이 자료집에 수록된 희곡은 김태진, 남궁만, 서항석, 유치진, 이동규의 작품이다. 모두 1940~1945년 사이에 쓰여진 장막 희곡들로, 그 시절의 이념이나 극작술을 알려주는 문제작이다. 이 중 김태진, 남궁만, 이동규는 카프 계열 작가이고 서항석, 유치진은 극예술연구회 출신의 작가로 해방 이후 남한을 중심으로 신극 운동을 전개한 대표적 인물들이다. 그러나 좌우의 구분을 막론하고 소위 신체제 시기라 할만한 이 시기에 대부분의 희곡 작가들은 다소의 경중은 있지만, 대부분 친일 성향의 작품을 쓰거나 제작 과정에 참여하였다.

이 책에 수록된 작가들도 예외가 아닌데, 서항석과 이동규의 작품을 제외하고는 그 흔적이 엿보인다. 여기에서 이동규가 예외인 것은 원래 소설을 쓰던 작가였고 또 그가 쓴 희곡도 공연된 경우가 드물었기 때문에 기존의 경향이나 검열로부터 일정부분 자유로울 수 있었던 것 같다. 또 서항석의 경우에도 여기 수록된 작품은 체제의 감시를 덜 받은 가극 대본이기 때문에 가능했던 것으로 보인다.

신체제에 순응한 작품들의 공통점을 찾아보자면 등장인물들의 낙관적 비전, 난관을 이겨내는 의지력, 체제 선전의 계몽적 요소, 공간적 특성으로 벽촌, 만주가 주요한 공간으로 등장한다는 점 등을 들 수 있다. 이외에 가장 일제의 탄압이 극악했으리라 여겨지는 이 시기에, 정치적 선전물이 아닌 가극류의 대중극이 활성화되었다는 점 그리고 순수 역사극이 존재한다는 사실도 주목을 필요로 한다. 작품 이해를 위해 작가별로 짤막한 해제를 첨부한다. 작품 제목과 극단 명 등은 당시의 표기원칙을 따랐다.

2. 새로운 문물에 대한 계몽, 김태진의 <행복의 게시>와 <그 전날 밤>

김태진(金兌鎭)은 초기에 카프(KAPF)에서 활동한 작가다. 카프 연극부 지도 아래 설립된 '靑服극장'이나 '신건설'의 구성원으로 활동하였다. 그 후 대중 연극의 요람이었던 동양극장 문예부 산하의 전속작가로 활동하였으며 1940년대엔 신체제에 순응하여 친일 계열의 작품을 썼고, 해방이 되면 조선연극건설본부를 비롯한 좌파 계열의 연극 조직에서 중심인물로 활동하다가 월북하였다. 월북 이후의 행적은 아직 알려지지 않았다.

카프의 중심인물로 활동하던 행적과 달리, 김태진의 구체적인 작품세계는 알려진 바가 적다. 따라서 이 책에 수록된 <그 전날 밤>과 <행복의 게시(幸福의 啓示)>는 신체제 시기에 김태진의 행보를 알려주는 작품이면서, 동시에 김태진의 극작술을 알려주는 중요한 자료다. 특히 미국 옌칭 도서실에서 발견된 <행복의 게시>는 소실된 부분 없이 완전한 상태로 발견되었으며, 1942년 시행된 제1회 연극경연대회 참가 작품으로, 당시 친일 성향을 지닌 경연대회의 실체를 파악할 수 있게 해 준다.

이 대본이 경연대회 참가를 위한 심의용 대본인 관계로 비교적 구체적인 공연 정보를 알 수 있다. 여기에 따르면 당시 <행복의 게시>는 극단 아랑(阿娘)이 제작하였고, 김태진과 여러 번 호흡을 맞추었던 안영일(安英一)이 연출을 맡았으며 부민관에서 공연되었다. 당대 최고 배우였던 황철(黃澈)이 주인공 젊은 의사 한철진(韓澈眞)으로 출연하였으며, 장치는 김일영(金一影)이 담당하였다. 공연 결과에 대한 평가는 상이한데, 임화(林和)는 조선 희곡 가운데서 가장 인간을 소중하고 아름답게 다룬 작품으로 경연 대회 최고의 작품으로 평가하였다. 반면 김건이나 실제 이 작품에 출연하기도 하였던 고설봉의 평가는 기대에 비해 성과가 부족한 작품, 경연 대회 출품작 중 가장 처지는 작품이라는 입장이다.

전체 4막 구장으로 구성된 장막극으로, 부분적이긴 하지만 일본어(당시의 국어) 표기가 산재해 있어, 경연대회에서의 일본어 사용이 1회부터 시도되었음을 짐작하게 해 준다. 작품의 주된 플롯은 박사학위를 준비하던 의사 한철진이 입신출세의 길을 포기하고, 바닷가 벽지에서 의술을 필요로 하는 주민들을 위해 자신의 인생을 헌신하는 사건을 중심으로 전개된다. 이 과정에서 한철진을 둘러싼 삼각관계의 사랑 이야기와 또 마을 사람들의 갈등이 부차적인 플롯으로 전개된다. 어촌의 이미지와 사랑 이야기가 배합된 서정적인 작품으로, 당시의 체제에 대한 직접적인 선전은 보이지 않는다. 그러나 전문적인 의학지식과 새로운 문물에 대한 낙천적인 계몽성을 통해, 조선에 근대를 소개한 일본에 대한 간접적인 지지를 보여주고 있다. 특히 4막 2장에선 마을의 문제아였던 청년(억칠)이 회개하고 일본으로 떠나는 농업 보국대에 참여하는 모습이 보여져, 체제 선전의 기미를 보여 주기도 한다.

1943년에 공연되었던 <그 전날 밤>에 와서는 보다 적극적인 친일 경향을 발견할 수 있다. 이 작품은 극단 태양의 창립공연으로 기획되어, 전창근 연출로 영보극장에서 공연되었는데, 현재 대본은 4막 5장 중 2막까지만 발굴되어서 전체적인 면모를 확인할 수 없다. 그렇지만 사금 채취를 위해 마을 사람들과 부당한 계약을 맺고 심지어 소년을 납치하기까지 하는 악덕 금광주로 미국인 브라운을 설정하여 당시 연합군과 전쟁 중이었던 일본의 '미영귀축(米英鬼畜)'에 대한 적개심을 그대로 반영하고 있다. 비록 정도의 차이는 있지만 <행복의 게시>와도 극작술상의 공통점이 발견되는데, 시골 마을이 공간적 배경이고 도시에서 공부한 지식인 청년이 고향에 남아 촌민들을 위한 삶을 선택하고, 역시 그를 사랑하는 여성의 이야기가 포함된다는 점이 그러하다. 김태진의 극작술상의 한 특징, 혹은 신체제 시기의 극작술의 한 유형으로 연구할 가치가 있다.

이들 작품 외에도 김태진은 1940-1945년 사이에 <성길사한(成吉思汗)>, <세기의 가족>, <동경(憧憬)>, <사막의 왕자> 등과 같은 작품들을 발표했다.

314

3. 기층 민중을 바라보는 따뜻한 시선, 남궁만의 <전설>

　남궁만(南宮滿 1915-?)은 평양고무공장의 문예부 소속의 작가로, 중앙에서는 거의 활동하지 않은 재북 극작가다. 1929년 평양고무공장 노동자로 일하면서 공장 내의 문예 서클에서 창작활동을 시작, 노동연극운동에 가담하였다. 당시 소년문학을 지도하던 송영에게 <하느님의 선물>이 인정되어 작가로서의 수업을 쌓게 되며, 1934년엔 평양에서 극단 신예술좌를 조직, 활동하다가 경찰에 피검되기도 한다.

　1936년 조선중앙일보 신춘문예에 <데릴사위>가 당선되면서부터는 중앙문단에도 알려져, <산막> <청춘> <판용이네> 와 같은 작품을 잇달아 발표한다. 여기 수록된 <전설(傳說)> 역시 같은 시기의 작품으로, 1941년 매일신보 당선작이다. 특히 이 작품은 유치진의 인정을 받아 함세덕의 <추석>과 함께 현대극장의 국민연극연구소 제 1기 졸업생 시연회 작품으로 선정되었는데, 이로써 당대 남궁만의 극작술이 당시에 촉망받던 함세덕과 어깨를 겨룰 정도로 인정받았음을 알 수 있다. 당시 연출은 유치진이 맡았고, 공연은 1941년 8월 종로기독청년회관에서 이루어졌다.

　이 작품은 같은 해 10월 친일성향이 강한 연극보국주간의 공연작으로 선정, <부민관>에서 재공연 되기도 하지만, 실제 작품은 징병제가 잠깐 언급될 뿐 친일 성향이 그다지 강한 작품은 아니다. 아직 신체제 연극이 본격화되기 전인 1941년이 그 이유거나, 아니면 남궁만의 작가적 특성일 수 있겠다. 오히려 친일성향보다는 기층 민중의 삶을 토대로 희곡을 써 온 남궁만 특유의 극작술을 확인할 수 있다는 점에서, 또 당대 평안도 고유의 사투리를 생생하게 살려내고 있다는 점에서 가치 있는 작품이다. 특히 기층민중에 대한 생동감 있는 묘사, 갈등의 적절한 구축과 해소 그리고 그에 따른 긴장미가 뛰어난 작품으로, 우리에게 잘 알려져 있지 않은 극작가 남궁만의 역량을 알려주는 작품이다.

　작품은 전체 일 막 이 장으로 구성되어 있고, 평안북도 시골의 나루터가 주된 공간이다. 벼랑을 뒤에 둔 나루터에는 귀신이 나온다는 소문(전설)이 흉흉하고, 이전의 나루지기 역시 딸 언년이만 남겨놓고 행방불명이 되어 소문을 더 무성하게 한다. 이 때 마을로 흘러 들어온 가난한 유랑민인 동식 모자가 구장의 배려로 나루지기 일과 집을 맡게 된다. 전설은 여기에서 시작하여, 집을 사이에 둔 언년이와 모자의 갈등, 언년이와 승조의 사랑, 승조 아버지 이주사와 언년이, 또 이주사와 구장의 갈등이 짜임새 있게 전개된다.

　특히 이주사와 구장의 갈등은 표면적으론 전통과 근대의 갈등, 내면적으론 개인의 이기심과 공공의 도덕 사이의 갈등으로 해석될 여지를 남긴다. 이주사는 귀신의 이야기를 그대로 믿으면서 나루터를 흉가로 만들고 새로이 뒷산에 나루터를 세울 계획이고, 구장은 귀신 이야기란 부풀려진 이야기에 불과하다는 입장으로 나루터에 동식 모자를 들인다. 또 나루터를 옮기려는 이주사의 계획 역시 벌목사업을 위한 욕심이란 것이 구장에 의해 밝혀지고, 이주사의 아들 승조의 징집을 둘러싸고서도 반대와 격려 쪽으로 의견이 갈라진다. 일제의 정책을 시행하는 구장에 대한 합리적이며 인간적인 성품을 부여한 데서 이 작품의 친일 성향이미약하지만 반영되며, 귀신이야기와 이주사로 대표되는 전설/전통적 잔재는 청산되어야 함을 암시하는 작품이다.

그동안의 연구에 따르면 신체제 시기라 할 이 시기에 남궁만의 작품 활동은 <전설> 정도로, 비교적 소강상태다. 그러나 해방이 된 뒤로는 북한에서 조선작가동맹중앙위원회 위원 겸 극문학분과위원회 위원으로 활발하게 활동하며 희곡 외에도 소설, 실화문학 등 다양한 장르에 걸쳐 문학 활동을 전개하였다. 1965년 단편소설 <회상>을 발표한 뒤로는 북한문학사에서도 자취를 감춘다.

4. 전통 민담의 창작 가극화, 서항석의 <견우직녀>와 <은하수>

서항석(徐恒錫 1900-1985)은 동경제국대학에서 독문학을 전공하였고, 1931년 극예술연구회 창립 동인으로 본격적인 연극인생을 시작하였다. 해방이 된 뒤에는 유치진과 함께 남한 연극계의 중심인물로 활동하였으며, 중앙국립극장 극장장 및 연극협회 이사장 등 요직을 거쳤다.

이 책에 수록된 가극 대본 <견우직녀 牽牛織女> 지상 편과 천상 편은, 1940년대에 발표한 작품이다. 1939년 극예술연구회가 해체된 뒤, 서항석은 설의식(薛義植)과 함께 조선예흥사(朝鮮藝興社)를 설립하고, 콜롬비아 레코드 회사와 절충하여 산하에 콜롬비아 악극단을 두고 본격적인 가극 제작에 나선다. <견우직녀>는 이런 여건 속에서 만들어진 작품으로, 당시 여타의 악극단과 달리 전통적 민담을 극화한 창작 가극이란 점에서 의의가 있는 작품이다. 또 신체제시기에 조선의 민담에서 출발한 가극이 존속할 수 있었다는 점에서, 일반적으로 받아들여지는 일제 치하의 전통 말살 정책이 달리 생각할 여지가 있음을 알려주는 사례이기도 하다.

전편인 <견우직녀 – 지상편>은 1941년 부민관에서 서항석 연출, 설의식 가사로 콜롬비아 악극단이 공연하였다. 모두 구경(九景)으로 구성되었으며 선녀의 옷을 나무꾼이 훔치던 우의전설(羽衣傳說)을 모티브로 차용한다. 공간적 배경은 금강산으로, 소를 타고 금강산을 주유하던 견우가 사냥꾼에게 쫓기던 사슴을 살려준 뒤, 그 사슴의 보은으로 팔담(八潭)에 내려온 선녀 한 명과 혼인하여 십년 간 지상의 사랑을 누린다는 이야기다. 선녀를 비롯하여, 사슴, 소등의 출연으로 환상적인 색채가 가미된 작품이며 음악적으로 민요풍, 덕담풍, 단가풍 등의 전통적 음률에 재즈풍을 가미한 가극이다. 당시 작곡은 안기영(安基永)이 맡았고 주요배역은 견우 역에 송진혁(宋鎭爀)이, 직녀 역에 성애란(成愛蘭)이 출연하였다. 초연 이후 지방순회 공연, 반도 가극단의 재공연이 따를 정도로 대중적 지지를 받은 작품이다.

지상 편의 마지막은, 사슴에게 선녀의 옷을 돌려 받은 직녀와 가족들이 모두 천계로 떠나는 것으로 마감된다. 그리고 후편인 천상 편 <은하수>에서 이야기가 계속 이어지는데, 이 후편 역시 전통 민담인 칠석 이야기에서 소재를 따온 가극이다. 천상에 올라간 견우와 직녀는 옥황의 명으로, 은하수를 사이에 두고 각자 다른 별자리를 관장하게 되어 서로를 만날 수 없게 된다. 이를 불상히 여

긴 태을진군(太乙眞君)이 까마귀와 까치에게 명하여 은하수에 다리를 놓아주어
견우와 직녀가 만나게 되며, 옥황 역시 이 사랑에 감동하여 둘이 함께 살 수 있
도록 명을 내린다. 작품은 모두 칠경(七景)으로 구성되어 있으며, 지상 편에서
보여졌던 노래에 명곡, 민요풍의 노래가 새롭게 가미된 작품이다. 서항석은 지
상 편과 천상 편의 전체 구성을 통하여, 천상엔 영원이 있지만 죽음이 있는 지
상의 삶에는 사랑이 있다며 두 세계를 대비시키고, 유한한 지상의 사랑이 천상
세계의 영원함 보다 더 지고함을 보여 주고 있다.

<은하수>의 공연은 당시 빚에 쪼들리던 설의식에 의해 서항석의 동의 없이,
1942년 나미라가극단(羅美羅歌劇團) 제작으로 공연된다. 나미라가극단은 콜롬비
아 악극단의 명칭이 바뀐 것으로, 당시 일본의 외래어 추방정책에 따라 극단의
이름이 개명된 것이다. 그러나 부민관에서의 초연과 일본 공연 이후에도 불구
하고, 나미라 극단은 경제적인 이유로 다른 사람에게 권리를 양도하고, 서항석
도 반도가극단 등 극단을 바꿔 활동을 지속한다.

이외에도 이 시기에 서항석은 <콩쥐 팥쥐> <심청> 등 다양한 가극을 집필,
연출하였다. 또 유치진의 현대극장에도 가담하여 1회 연극 경연대회에서 유치
진의 <대추나무>를 연출하여 대상을 받기도 하고, 조선연예회작가 회장 및 조
선연극문화협회 이사 등 신체제 시기의 연극관련 요직을 두루 거쳤다.

5. 일제의 만주국 건립 옹호, 유치진의 <흑룡강>과 <대추나무>

동랑(東朗) 유치진(柳致眞 1905-1974)은 한국 연극계의 대표적 극작가다.
1931년 일본 리쿄대학(立敎大學) 영문과를 졸업한 뒤, 귀국 후 극예술연구회 창
립을 주도했으며 이후 지속적으로 신극운동을 전개해 나갔다. 작품으로는 1932
년 <토막>으로 문예지에 정식 등단한 뒤로 <버드나무 선 동리의 풍경> <소>
등의 대표적 농촌 삼부작과 <마의태자> 등의 역사극을 발표하였다.

유치진의 작품 연보에서 친일 연극으로 분류할 수 있는 작품은 여기 수록된
<흑룡강>, <대추나무>와 미발굴된 <북진대> 세 편이다. 1930년대에 유치진은
극예술연구회의 아마츄어리즘을 프로페셔날리즘으로 바꾸기 위해 단체를 극연
좌로 바꾸지만 성과가 여의치 않자, 연극운동에 환멸을 느끼고 공식적 활동을
중단하였다. 그러나 1940년 12월 일제의 신체제 정책에 기반한 조선연극협회와
극작가동호회가 결성되고, 이 모임의 이사와 회장으로 추대되면서 다시 연극계
로 복귀한다. 이듬해 유치진은 일제의 지원 속에 현대극장을 창립하며, 이를 본
거지 삼아 본격적인 연극 활동을 전개하였고 앞서 말한 친일연극을 발표하였다.

현대극장은 출발부터 친일연극을 표방한 단체로 유치진과 함대훈이 주도하였
으며 '전일의 예술연구회와 동경학생 예술좌와 토월회와 일부 상업극단과 영화
인들로 구성되어 마치 예술계 전반의 대동단결'로 보여진다는 박영호의 지적처
럼, 당대의 대표적 연극인들이 총망라된 단체다. 유치진은 이 단체의 대표로 활
동하며 1941년 <흑룡강>을 발표하였고, 다음 해인 1942년에는 일진회를 중심
으로 일한 합병을 열망하는 <북진대>와 제 1회 연극경연대회에서 작품상을 수

상한 <대추나무>를 발표하였다.

　현대극장의 창립 공연이며 주영섭이 연출한 <흑룡강>은 만주 건국의 이념을 다룬 작품이다. 1937년의 만주사변에서 승리한 뒤 일본은 만주국을 세우고 조선인의 만주이주정책을 적극 장려한다. <흑룡강>과 <대추나무>는 이런 시대적 맥락과 궤를 같이 하는 작품이다. 특히 <흑룡강>은 1932년을 배경 삼아, 만주 건국 이전에 이미 조선 농민이 만주 건국을 위해 싸웠던 이야기를 기본 골격으로 삼아 일본에 대한 친화정책을 적극적으로 보여준다. 이 작품을 위해 유치진은 만주 노야령(老爺嶺)에서 삼 개월 간 체류하면서 현지 조사와 견문체험을 통해 만주의 풍물과 생활을 사실적으로 공부하면서, 창작의 토대를 닦았다고 한다. 공연은 1941년 6월 6일부터 삼일 간 5회 상연되었으며, 9240명의 관객이 입장하는 성황을 이루었다.

　<흑룡강>이 만주에 정착한 조선족의 애환을 다룬 작품이라면, <대추나무>는 만주이주정책을 장려하는 작품이다. 대추나무를 경계로 이웃한 두 집안이 대추나무를 서로 차지하기 위해 싸우는 소동이 작품의 기본 갈등인데, 결론은 좁은 조선 땅에서 대추나무를 차지하기 위해 싸우느니 드넓은 만주벌판으로 떠나라는 취지다. 작가가 밝힌 바에 따르면, 작품의 기본 틀은 셰익스피어의 <로미오와 줄리엣>에서 차용된 것으로 두 집안의 아들, 딸인 유희와 동욱은 서로 사랑하는 사이지만 부모의 갈등으로 인해 어려움에 처한다는 내용이다. 그러나 작품의 결말은 화해와 만주 이주에 대한 낙관적 비전으로 마감되어, 1930년대 유치진의 비극적인 색채의 희곡이 이 시기에 접어들어 변모했음을 알 수 있다. 특히 이 작품은 해방 후에 <왜 싸워>라는 제목으로 개작되었다가, 친일 논쟁에 말려든 작품이기도 해서 연극사적으로 다양한 의미를 가진 작품이다. 이 책에 수록된 <대추나무> 희곡은 연극 경연대회 심사용 대본으로 옌칭 도서실 소장본을 정리한 것이다. 이 외에 공연 이후에 재정리된 희곡 판본이 신시대 잡지에 게재되어 있다.

6. 역사 속에 묻힌 이야기의 극화, 이동규의 <낙랑공주>와 <낙화도>

　철아(鐵兒) 이동규(李東珪 1911-1952)는 1930년, 소설 <빈자의 봄>으로 정식 등단하였다. 이후 카프 계열 작가로 활동하며 잡지 야담(野談)의 편집사원으로도 일하였다. 1934년에는 신건설사 사건으로 검거되기도 하며, 해방된 뒤에는 월북하여 조선문학예술총동맹 중앙상임위원을 지냈다. 6.25 전쟁 때는 종군작가로 남하하였다가 북행길이 막히자 지리산에 입산하여 남부군위원회지도원으로 일하다가 1952년 사살되었다.

　주로 소설 창작에 전념하였지만 1937년 이후로는 지평을 넓혀 <이광수론> <임화론>과 같은 비평 논문을 발표하기도 하고, 희곡을 쓰기도 했다. 특히 희곡은 1945년 명문당(明文堂)에서 발행된 그의 유일한 작품집 <낙랑공주(樂浪公主)>에 여러 편 수록되어 있는데, 이 책에 수록된 <낙화도(洛花圖)> <낙랑공주>를 비롯하여 3막의 <온달(溫達)>, 6경의 가극 <운림지(雲林池)>, 3경의 아

동극 <화병> 등이 게재되어 있다. 그의 희곡이 주로 온달, 낙랑공주와 같은 소재를 선택한 것은, 역사 뒤에 묻힌 이야기들을 발굴했던 야담 잡지에서 일한 것이 일정 부분 작용한 것으로 보인다. 희곡 발표에 비해 공연은 드물었는데, 1941년 신향 악극단에 의해 <낙랑공주>는 남선 순회 공연된 바 있다.

<낙랑공주>는 왕자 호동과 낙랑공주의 사랑 이야기에서 소재를 취했다. 사실 이 이야기는 연극사적으로 이미 여러 번 창작의 소재가 된 모티프다. 이제 여기에 이동규의 <낙랑공주>가 추가되어 낙랑공주의 사랑이 희곡으로 만들어지는 또 하나의 과정을 보여준다. 작품은 모두 3막 6장으로 구성되어 있으며, 특히 흥미로운 점은 인물들의 심리 묘사에 비중을 두었다는 점이다. 1막에서 낙랑의 북을 찾아내려는 호동의 심리적 갈등이 부각된다면, 2막에서는 고구려에서 온 호동의 전갈에 따라 자명고를 찢으려는 공주의 심리적 갈등이, 3막에서는 이 사실을 숨기려는 공주의 불안과 모든 사실이 규명되어 공주가 죽게 된 뒤의 왕자의 좌절이 그려진다.

<낙화도>는 고구려 봉상왕(烽上王) 시절을 배경으로 삼은 작품이다. 폭군 왕에 저항하여 모반을 꾀하는 젊은이들이 작품의 주인공으로 설정되어 있어, 카프 계열 작가인 이동규의 성향을 알려주는 작품이라 하겠다. 작품의 주된 사건은 도우(都友)에 의해 전개된다. 도우는 왕의 외척권신인 민수(敏首)의 딸 설희(雪姬)와 정혼한 사이지만, 의를 위하여 민수를 처치하고자 한다. 그러나 그 과정에서 오히려 민수가 친구들을 역적으로 체포하게 하는 우를 범하게 되고, 이를 복수하기 위하여 민수의 집에 찾아가지만 오히려 민수의 칼을 막으려던 설희가 죽임을 당하고, 이에 격분하여 민수를 죽인 뒤 자신도 자결한다는 내용이다. 혁명을 소재로 삼은 작품이지만, 주된 정서는 오히려 아이러니와 좌절감이라는 점에서 식민지 작가의 정서가 반영된 듯하다.

이동규의 희곡은 아직 제대로 알려져 있지 않지만, 이 두 편의 작품에서 역사적 야담을 소재로 차용하고, 조국애(명분)와 사랑의 갈등, 사랑의 희생이란 점에서 공통의 극작술이 나타나는 것은 주목할 현상이다. 그리고 친일 경향이 전혀 묻어나지 않은 작품이란 점도 특기할 현상이다. 이는 이동규가 희곡작가로 입지를 굳히지 않았고, 또 희곡을 발표한 뒤로도 공연보다는 문학지에 게재하는 정도로만 활동을 국한시켰기 때문인 것으로 보인다. (해제 : 김명화)

▷ 부록 : 해방 전(1940~1945) 공연 연보 일부

작가	제목	막/장	극단	연출	장치	장소	공연일자	비 고
김태진	성길사한(成吉思汗)		아랑				41.10.11.-	남선순연
	성길사한			안영일		성보극장	42.1.24.-	재공연
	성길사한						42.2.06.-	남선순연
	세기의 가족	4막	국민좌			동양극장	41.10.20.-	
	세기의 가족					제일극장	42.5.4.	재공연
	백마강	4/5	성군	홍해성	원우전	동양극장	41.11.23.-	
	백마강						42.1.15.-	재공연
	모계가족	4막	성군	홍해성	원우전	동양극장	42.3.30.-	石川達三원작
	밤 안개	2막 3장	청춘좌			동양극장	42.5.12.-	각색
	여름밤의 꿈	2막 3장	김희좌			우미관	42.8.1.-	
	인정춘추	3막	김희좌			우미관	42.8.5.-	
	행복의 계시	4막 8장	아랑	안영일	김영일	부미관	42.10.2.-	1회 연극경연대회 참가작
	동 경	4막 5장	청춘좌	나 웅	원우전	동양극장	43.1.14.-	
	삼남매	3막 7장	고협				43.2.5.-	서선 순연
	삼남매					제일극장	44.7.1.-	재공연
	삼남매					약초극장	45.1.4.-	재공연
	사막의 왕자	5막	아랑	안영일	김영일	부민관	43.2.25.-	
	그 전날 밤	4막	태양	전창근		영보극장	43.7.31.-	창립공연
	그 전날 밤						43.8.3.-	서선순연
	그 전날 밤						43.12.12.-	재공연

작가	제목	막/장	극단	연출	장치	장소	공연일자	비고
	그 전날 밤						44.8.18.-	재공연
	모란꽃 필 때	4/6	태양	전창근		영보극장	43.7.31.-	창립공연
	모란꽃 필 때						43.8.3.-	서선 순연
	아름다운 고향	4/6	고협	신고송	김정환	부민관	43.12.2.-	2회 연극경연대회
	맹진사댁 경사	2/4	태양	김일영		제일극장	44.4.16.-	오영진 원작 각색본
	화랑도	3/6	태양			부민관	44.10.5.-	창립 1주년 기념
남궁만	전 설	1/2	현대극장	유치진 지도		종로기독 청년회관	41.8.23.	국민연극연구소 1기 졸업생 시연회
	전 설		현대극장			부민관	41.10.8.	연극보국주간
서항석	견우직녀	9경	콜롬비아악극단	서항석		부민관	41.8.28.-	
	견우직녀		라미라(콜롬비아 악극단 개칭)			부민관	41.12.5.-	재공연
	견우직녀		반도가극단			중앙극장	44.11.1.-	재공연
	견우직녀						45.3.23.-	재공연
	견우직녀					중앙극장	45.7.14.-	재공연
	콩쥐팥쥐	12경	콜롬비아악극단			부민관	41.9.12.-	
	콩쥐팥쥐					신부좌	41.9.16.-	재공연
	콩쥐팥쥐	13경	반도가극단			제일극장	44.3.19.-	재공연
	콩쥐팥쥐					부민관	44.4.5.-	재공연
	콩쥐팥쥐					제일극장	44.5.6.-	재공연
	콩쥐팥쥐					제일극장	44.6.15.	재공연
	콩쥐팥쥐					중앙극장	44.10.7.	재공연

작가	제목	막/장	극단	연출	장치	장소	공연일자	비고
	견우직녀						45.4.21.-	재공연
	은하수	7경	라미라가극단			부민관	42.1.15.-	견우직녀 2부
	은하수						42.1.17.-	일본공연출국
	은하수					동경	42.8.17.-	일본공연
	은하수		반도가극단			성보	45.6.26.-	재공연
	은하수					중앙극장	45.7.14.-	재공연
	かじめ (鶴)	1막	조선악극단			동양극장	42.8.13.-	
	심청	11경	반도가극단 (각색)				43.7.10.-	서선순연
	심청					제일극장	43.7.24.-	재공연
	심청					부민관	44.1.8.-	재공연
	심청					중앙극장	45.2.2.-	재공연
	심청						45.3.28.-	재공연
	자매화	12경	반도가극단			제일극장	44.1.11.	악극
	자매화						44.3.29.-	재공연
	여성の道	5경	반도가극단	김건		제일극장	44.5.16.-	
	여성の道					제일극장	44.6.15.-	재공연
	여성の道					중앙극장	44.10.7.-	재공연
	明るい仲間	5경	약초가극단			약초극장	44.8.10.-	
	明るい仲間					동양극장	44.8.18-	재공연
	世紀の歌姫	1경	약초가극단/조선악극단	남실		제일극장	45.3.20.-	

작가	제목	막/장	극단	연출	장치	장소	공연일자	비고
	世紀の歌姫						45.4.20.-	재공연
	路傍の歌	3경	약초가극단/ 조선악극단	남실		부민관	45.6.8.-	
	路傍の歌					제일극장	45.7.19.-	재공연
유치진	춘향전	5/8	고협			부민관	40.3.23.-	개각색
	춘향전						41.4.29.-	서북선 만주순연
	춘향전		현대극장	허남실	김일영	문화극장	42.12.17.-	재공연
	춘향전					도화극장	43.1.8.	재공연
	춘향전					부민관	43.1.26.-	재공연
	춘향전						43.8.18.-	북선순연
	춘향전					성보	44.4.16.-	재공연
	마의태자와 낙랑공주	4/5	고협				41.1.27.-	남북선 순연
	마의태자와 낙랑공주			나웅		동양극장	41.3.10.-	재공연
	마의태자와 낙랑공주						41.3.17.-	남선순연
	마의태자와 낙랑공주					부민관	41.4.25.-	재공연
	마의태자와 낙랑공주						41.4.29.-	서북선 만주순연
	흑룡강	5막	현대극장	주영섭	이원경		41.6.6.-	
	흑룡강					인천 애우관	41.8.30.-	재공연
	흑룡강					영등포 연예관	41.9.1.-	재공연
	흑룡강					부민관	41.10.2.-	재공연
	북진대	4/5	현대극장	주영섭	김일영	부민관	42.4.4.-	

* 공연연보 내용은 『경안 서항석 전집 ⑥』 (하선출판사, 1987) "연극이론" 내용을 정리하였음.

근대희곡 · 시나리오선집④

해방전(1940~1945) 공연희곡집④

초판 1쇄 발행일/ 2004년 10월 15일

지은이/ 김태진 외
엮은이/ 이재명
펴낸이/ 이정옥
펴낸곳/ 평민사

주소/ 서울시 서대문구 남가좌2동 370-40
전화/ 02)375-8571(영업) · 02)375-8572(편집)
fax/ 02)375-8573
e-mail/ pms1976@korea.com
home-page/ www.pyungminsa.co.kr
등록번호/ 제10-328호

값/ 18,000원

ISBN 89-7115-426-8 04680
ISBN 89-7115-432-2 (set)

* 잘못 만들어진 책은 바꾸어 드립니다.